भारत में सामाजिक समस्या

भारत में सामाजिक समस्या

कविता सिंह

इशिका पब्लिशिंग हाउस
जयपुर दिल्ली

इशिका पब्लिशिंग हाउस
ए –25, "गणेश सदन", गली न. 4, आदर्श बस्ती,
बी.एल. हाउस के पास, टोंक फाटक,
जयपुर–302018 (राजस्थान) भारत
फोन : 0141-2761280, Mob. 9887532741
Email: ishikapublishinghouse@yahoo.in

दिल्ली कार्यालय : 102, प्रथम मंजिल, 'सत्यम हाउस'
4324 / 3, अंसारी रोड़, दरियागंज, नई दिल्ली – 110 002
फोन : 011–45652440

ISBN: 9788189471170

Price: ₹ 1750.00

टाइपसेटिंग : बी.एस. कम्प्यूटर्स, जयपुर

मुद्रक : थॉमसन प्रेस, नई दिल्ली

भूमिका

भारत में सभी प्रकार की सामाजिक समस्याओं का प्रमुख कारक जनसंख्या विस्फोट है। 1891 में भारत की कुल जनसंख्या 23.59 करोड़ थी जो बढ़कर 2001 में 107.01 करोड़ हो गई है। भारत में जनसंख्या घनत्व 1901 में 72 व्यक्ति से बढ़कर 1991 में 267 और 2001 में 324 व्यक्ति प्रति वर्ग किलोमीटर पाया गया। इस वृद्धि के कारण प्रतिवर्ष 118.5 लाख टन खाद्यान्न, 1800 लाख मीटर कपड़ा, 2391 लाख नए मकान, 121 हजार स्कूल, 335 हजार अध्यापक तथा 3813 हजार नौकरियों की आवश्यकता होती हैं। क्या हमारा देश इतनी व्यवस्था कर सकता है, जिसकी आधी आबादी आज भी गरीबी की रेखा के नीचे जीवन बसर करने को बाध्य है? यह प्रश्न हमें हमारे मानव संसाधनों के सही प्रबन्धन व शिक्षा की ओर सोचने व कुछ कर गुजरने के लिए आमन्त्रित करता है। भारतीय समाज की सभी प्रकार की सामाजिक समस्याओं का कारक जनसंख्या विस्फोट है जिसने सभी प्रकार की योजनाओं को विफल कर दिया है।

सामाजिक समस्याओं का प्रमुख कारक क्षेत्र से सम्बन्धित क्षेत्रवाद है। भारत वर्ष में क्षेत्रवाद के कारण स्थानीय लोगों ने प्रभावशली बनने की लालसा के कारण क्षेत्रवाद को बढ़ावा दिया है। क्षेत्रवाद को लेकर ये नेता लोगों को भड़काते हैं। नारे लगाते हैं, निवासियों को गुमराह करते हैं, सरकार पर दबाव डालते हैं, स्थानीय अधिकारियों की काम नहीं करने देते हैं। पृथक् क्षेत्र की माँग को लेकर हड़ताल, आगजनी, मारपीट, तोड़फोड़ करके स्थानीय लोग नेता बनने का सपना देखते हैं। क्षेत्र की समस्याएँ तथा उनके समाधान की माँग करना इन बरसाती नेताओं का व्यवसाय-सा बन गया जो कि क्षेत्रवाद का ही परिणाम है। क्षेत्रवाद ने भारतवर्ष में भाषावाद को बढ़ावा दिया है। यह कारक राष्ट्रीय एकता में बाधक रहा है। इसने क्षेत्रीय तनावों को बढ़ावा दिया है।

भारतवर्ष में भाषा सामाजिक समस्याओं का एक प्रमुख कारक है। भाषाशास्त्रियों के अनुसार भारत में 1652 भाषाएँ बोली जाती है, इनमें से वर्तमान 18 भार्षाओं को मान्यता दी गई है नेताओंने अपने स्वार्थपूर्ति के लिए भाषा को एक सामाजिक समस्या का रूप देकर एवं भाषावाद के आधार पर अनेक समस्याएँ खड़ी कर दी है। भारतवर्ष में भाषा के कारण अनेक प्रान्तों में केन्द्र सरकार को पुनर्गठन करना पड़ा जैसे-पंजाब को, पंजाब और हरियाणा में बाँटा।

लेखक

अनुक्रमणिका

1

सामाजिक समस्याओं के प्रकार

क्लेरेन्स मार्श केस (1924 : 268–273) ने सामाजिक समस्या की उत्पत्ति के आधार पर इन्हें चार भागों में रखा है–

(i) प्राकृतिक पर्यावरण से उत्पन्न होने वाली सामाजिक समस्याएँ– सामाजिक जीवन की दशाओं को प्राकृतिक पर्यावरण भी प्रभावित करता है। अतिवृष्टि, भूकम्प, अकाल आदि से उत्पादन पर विपरीत असर पड़ता है तथा बेरोजगारी और निर्धनता जैसी सामाजिक समस्याएँ उत्पन्न होने लगती है।

(ii) सम्बन्धित जनसंख्या की प्रकृति से भी सामाजिक समस्याएँ उत्पन्न होती है, जैसे जनसंख्या का घनत्व अधिक होता है तो जनसंख्या नियंत्रण की समस्या उत्पन्न होती है, गन्दी बतियाँ, नगरीकरण आदि का सम्बन्ध भी जनसंख्या की प्रकृति से होता है।

(iii) कमजोर सामाजिक संगठन से उत्पन्न सामाजिक समस्याएँ–इसके अन्तर्गत उन सामाजिक समस्याओं को सम्मिलित किया जा सकता है जिनकी उत्पत्ति समाज के विभिन्न अंगों की अन्तर्निभरता में ढीलेपन से होती है या फिर संस्थागत व्यवहार का उल्लंघन होने से। जैसे सामाजिक नियन्त्रण रखने वाले अभिकरण कमजोर

हो जाते हैं तो आर्थिक अपराधों में वृद्धि होती है, कालाबाजारी और भ्रष्टाचार को बढ़ावा मिलता है।

(iv) समाज के सांस्कृतिक मूल्यों में टकराव से उत्पन्न होने वाली सामाजिक समस्याएँ–इसके अन्तर्गत उन सामाजिक समस्याओं को सम्मिलित कियाजा सकता है जिनकी उत्पत्ति तत्कालीन दशाओं में सामाजिक मानदंडों के अनुरूप नहीं हुई और धीरे-धीरे उसे समाप्त करने के लिए संघर्ष करना पड़ा हो, जैसे विधवा पुनर्विवाह, सती प्रथा, बाल विवाह आदि।

सामाजिक समस्या की प्रकृति के आधार पर

सामाजिक समस्या की प्रकृति को आधार मानकर फुल्लर और मायर्स ने इसे तीन भागों में विभाजित किया है–

(i) प्राकृतिक समस्याएँ–जिनका सम्बन्ध प्रकृति के प्रकोप से होता है जैसे अतिवृष्टि, भूकम्प, अकाल आदि।

(ii) सुधारात्मक समस्याएँ– इसमें उन समस्याओं को सम्मिलित किया जाता है जिन्हें सुधार कर सामान्य स्थिति में लाया जा सके, जैसे वेश्यावृत्ति, मद्यपान, दहेज आदि।

(iii) नैतिक समस्याएँ–इन समस्याओं को नैतिकता के आधार पर ही समाज अवांछनीय समझता है, जैसे भ्रष्टाचार, जुआ, विवाह-विच्छेद आदि।

जागरूकता और निराकरण के आधार पर सामाजिक समस्या के प्रकार

सामाजिक समस्याओं के प्रति जागरूक होना और उनका निवारण करना सामाजिक समया का अवधारणात्मक पहलू है, इसी आधार पर जोन जे. केन ने दो प्रकारों का उल्लेख किया है।

(i) प्रकट सामाजिक समस्या–जिन समस्याओं के प्रति लोग जागरूक होते हैं तथा जिन्हें समाज के लिए हानिकारक माना जाता है। इन समस्याओं का निराकरण करने के लिए सरकारी और गैर-सरकारी स्तर पर प्रयास किये जाते हैं, जैसे-निर्धनता, निरक्षरता, जनसंख्या विस्फोट आदि।

(ii) अप्रकट सामाजिक समस्या–इसे सामाजिक समस्या की उत्पत्ति का प्रारम्भिक स्वरूप भी कह सकते हैं। इसके अन्तर्गत उन सामाजिक समस्याओं को सम्मिलित किया जाता है जिनके प्रति जागरूकता उत्पन्न नहीं होती। इनके निराकरण के लिए भी सामूहिक प्रयास नहीं होते, लेकिन कालान्तर में इस प्रकार की सामाजिक

समस्याएँ प्रकट सामाजिक समस्याओं की श्रेणी में आ जाती है, जैसे एड्स, कालाबाजारी, अस्पृश्यता, बाल-विवाह आदि।

सामाजिक समस्याओं और सामाजिक विघटन में सम्बन्ध

रोनाल्ड एल. वारेन ने अपने एक लेख **''सोशियल डिसऑर्गेनाइजेशन एण्ड दा इन्टररिलेशनशिप ऑफ कल्चरल रोल्स''**, अमेरिकन सोशियोलॉजिकल रिव्यू, (14) 1949 में सामाजिक समस्याएँ और सामाजिक विघटन के परस्पर सम्बन्धों की विस्तार से विवेचना की है। सर्वप्रथम अपने सामाजिक विघटन का अर्थ स्पष्ट किया है तथा बाद में सम्बन्धों पर निम्न प्रकार से प्रकाश डाला है-

वारेन ने सामाजिक विघटन की निम्न परिभाषा दी है, ''सामाजिक विघटन एक ऐसी स्थिति है जिसमें मतैक्य की कमी, संस्थाओं के एकीकरण का अभाव और सामाजिक नियन्त्रण के साधनों में कमी पाई जाती है।'' वारेन का यह कहना है कि जब समाज के अधिकतर लोगों के मत तथा सुझाव एक-से नहीं होते हैं, उनमें मतभेद होता है, लोगों के लक्ष्य समाजसम्मत नहीं होते हैं, संस्थाओं में एकता नहीं होती है, विभिन्न संस्थाएँ एक-दूसरे के विरोध में कार्य करती है, विभिन्न संस्थाओं में परस्पर तनाव, खिचाव, संघर्ष आदि पैदा हो जाता है, तो इससे समाज में अव्यवस्था फैल जाती है। समाज की विभिन्न छोटी-बड़ी इकाइयाँ, समूह तथा व्यक्ति नियुमानुसार कार्य नहीं करती है। यहाँ आगे चल कर अनेक सामाजिक, समस्याओं को जन्म देती हैं। लोगों में मतभेद होने से सभी मनमानी करते हैं तो उनमें झगड़ा होता है। जब समाज के अधिकांश लोगों की ऐसी स्थिति हो जाती है तो वह सामाजिक विघटन के रूप में सामने आती है। सामाजिक विघटन को सामाजिक समस्या का प्रमुख कारण मानने वालों का कहना है कि प्राचीन काल में समाज स्थिर साम्यवादी तथा सुखी थी। उस काल के लोग उन्हीं सामाजिक लक्ष्यों तथा साधनों का चयन करते थे जो समाज के मूल्यों के द्वारा मान्य थे। उनकी क्रियाओं तथा मूल्यों में तालमेल था। सभी में परस्पर एकमत था। संस्थाओं में एकीकरण था। सामाजिक नियन्त्रण के साधन पर्याप्त थे। एक मत के कारण समूहों के लक्ष्यों के सम्बन्ध में सामञ्जस्य था। भावात्मक धारणाओं में तालमेल मिलता था। समाज को विभिन्न संस्थाएँ एक-दूसरे के साथ संगठनात्मक कार्य करती थीं। व्यक्ति समाज में नियमानुसार कार्य करते थे। वह संगठित सामाजिक व्यवस्था का उदाहरण था। सामाजिक परिवर्तन की गति बहुत धीमी थी। समाज का प्रत्येक व्यक्ति अपनी-अपनी भूमिकाएँ कर्त्तव्यों के अनुसार पूर्ण करता था। समाज की रीतियों, प्रथाओं तथा कानून का उल्लंघन नहीं करते थे। प्राचीन काल में समाज में सामाजिक समस्या और सामाजिक विघटन नहीं था।

सामाजिक विघटन को सामाजिक समस्या का एकमात्र कारण मानने वालों का कहना है कि धीरे-धीरे समाज के परिवर्तन की गति बढ़ने लगी। परिवर्तन का कारण समाज में आवश्यकताओं की पूर्ति के साधनों का बढ़ना होता है। लोग प्रचलित साधनों के स्थान पर नवीन साधनों से अपनी इच्छा पूर्ण करने लगे। समाजसम्मत लक्ष्य तथा साधनों के स्थान पर नवीन लक्ष्य तथा साधनों का चयन करने लगे। समाज की परम्पराओं, मूल्यों तथा कानून आदि का उल्लंघन करने लगे। उनकी क्रियाओं तथा मूल्यों में टकराव होने लगा। लोगों के विचारों तथा मान्यताओं में मतभेद पैदा हो गए। सामाजिक नियन्त्रण के साधनों में कमी आ गई उनका प्रभाव भी कम होने लगा। व्यक्तियों के व्यवहार अनियन्त्रित होने लगे। अनेक मतों के कारण समूहों के लक्ष्यों के सम्बन्ध में टकराव बढ़ा तथा सामञ्जस्य का अभाव हो गया। इससे सामाजिक संगठन के स्थान पर सामाजिक विघटन हो गया। इससे अनेक सामाजिक समस्याएँ उत्पन्न हो गई। **थामस** तथा **जनानिकी** का कहना है कि सामाजिक विघटन के कारण ही अनेक सामाजिक समस्याएँ उत्पन्न होती हैं। विघटन की अवस्था में लोग मनमाने लक्ष्यों का चयन तथा मनमाने साधनों का प्रयोग करते हैं।

वारेन ने सामाजिक विघटन को समाज की ऐसी स्थिति बताया है जिसमें अव्यवस्था, टकराव, मतभेद, शिथिल सामाजिक नियन्त्रण आदि होते हैं। संथाएँ एक-दूसरे के विरुद्ध कार्य करती हैं। सामाजिक विघटन की अवस्था में समाज में अनेक सामाजिक समस्याएँ उत्पन्न होती हैं जो समाज को असंतुलित कर देती हैं। पावन लक्षणों की कमी, अधिक व्यक्तिगत स्वतन्त्रता, निजी स्वार्थों का प्रभुत्व, अशान्ति, अविश्वास आदि सामाजिक विघटन के लक्षणों से सामाजिक समस्याएँ उत्पन्न होती हैं। सार रूप में सामाजिक समस्याओं का प्रमुख कारण सामाजिक विघटन है।

हार्टन और **लेस्ले** ने सामाजिक विघटन के द्वारा सामाजिक समस्याओं को ज्ञात करने के लिए अग्र प्रकार के प्रश्नों को पूछने का सूझाव दिया है-

सामाजिक समस्याएँ सामाजिक आदर्शों का विचलन होती हैं जो व्यक्ति की कल्याणकारी अपूर्ण आकांक्षाओं का परिणाम होती है। समाज के अधिकतर सदस्य इनसे प्रभावित रहते हैं। ये आपत्तिजनक होती हैं। इनके द्वारा समाज में गतिहीनता उत्पन्न होती है जो समाज के लिए एक गम्भीर खतरा होती है। सामाजिक समस्याएँ समाज में चिन्ता, तनाव, संघर्ष आदि पैदा करती हैं। इनका समाधान सामाजिक प्रयत्नों, जैसे-सुधार नीतियों, कार्यक्रमों तथा सेवाओं के द्वारा किया जाता है। इनसे समाज में एकता, व्यवस्था, सुदृढ़ता आदि पर नकारात्मक प्रभाव पड़ता है।

फुलर के अनुसार सामाजिक समस्या से सम्बन्धित निम्नलिखित तीन बातें विशेष महत्वपूर्ण हैं–

1. चेतनता–किसी सामाजिक स्थिति के सम्बन्ध में लोगों में अटूट विश्वास है कि वह स्थिति उनकी मूल्य-व्यवस्था के अनुसार उचित नहीं है तथा उसके समाधान के लिए कुछ करना चाहिए तो वह स्थिति सामाजिक समस्या है। लोगों में सामाजिक समस्या के प्रति चेतनता का होना आवश्यक है।

2. नीति-निर्धारण–जब सामाजिक समस्या का अस्तित्व निश्चित हो जाता है तब उसके समाधान के लिए सुझाव दिए जाते हैं। उन सुझावों में से एक उपयुक्त सुझाव को तय करके उसके अनुसार साधन खोजने के प्रयास किये जाते हैं। नीति-निर्धारित की जाती है।

3. सुधार–उपयुक्त साधन की खोज करने के बाद परिस्थिति में सुधार लाने के लिए उसे लागू किया जाता है। सामाजिक समस्याओं का व्यवस्थित एवं क्रमबद्ध अध्ययन के लिए आवश्यक है कि हम पहले सामाजिक समस्याओं के प्रकारों को निर्धारित करें। जो अग्रलिखित है।

सामाजिक समस्याओं के प्रकारों के वर्गीकरण अनेक वैज्ञानिको ने किए हैं। यहाँ पर हम दो प्रमुख समाजशास्त्रियों द्वारा दिए गए सामाजिक समस्याओं के वर्गीकरणों का वर्णन कर रहे हैं जो इस प्रकार है–

जोन जे. केन का वर्गीकरण–*जोन. जे. केन* ने *सोशियल प्रोब्लम्स* में सामाजिक समस्या के दो प्रकार बताए हैं–(1) प्रकट सामाजिक समस्या और (2) अप्रकट (गुप्त) सामाजिक समस्या। इनकी व्याख्या निम्न हैं–

1. प्रकट सामाजिक समस्या–प्रकट या प्रत्यक्ष सामाजिक समस्यायें समाज की वे समस्याएँ होती हैं जिनके समाधान तथा निराकरण के लिए राज्य सरकार अथवा-और निजी अभिकरण (एजेन्सी) मिलकर प्रयास करते हैं। लोग भी इन समस्याओं के प्रति सजग होते हैं। वे इसे समाज के लिए हानिकारक भी मानते हैं। निर्धनता, बेरोजगारी, जनसंख्या में वृद्धि, अपराध, बाल-अपराध आदि प्रकट सामाजिक समस्याओं के उदाहरण है।

2. अप्रकट सामाजिक समस्या–अप्रकट सामाजिक समस्या उसे कहते हैं जिसके प्रति सरकार, निजी संस्थाएं तथा लोग जागरूक नहीं होते हैं तथा उनके निराकरण के लिए सामूहिक प्रयास नहीं किया जाता है। लेकिन जैसे ही इन समस्याओं के प्रति जागरूकता आ जाती है तथा समाधान के लिए सामूहिक प्रयास किया जाता है तो ये

प्रकट सामाजिक समस्याएँ बन जाती हैं। ऐसी अनेक समस्याएँ हैं जो अप्रकट से प्रकट सामाजिक समस्याओं के वर्ग में चली गई है; जैसे-अस्पृश्यता, बाल-विवाह, सती-प्रथा, विधवा पुनर्विवाह आदि। ये सदियों से अप्रकट सामाजिक समस्याएँ ाी परन्तु बाद में उनके निराकरण के लिए सरकार तथा निजी संगठनों जैसे ब्रह्म समाज, आर्य समाज आदि ने सामूहिक प्रयास किए। जनता में इनके प्रति जागरूकता पैदा हो गई।

(1) सामाजिक विघटन–मर्टन के अनुसार सामाजिक समस्याओं का पहला प्रकार सामाजिक विघटन है। आपके अनुसार सामाजिक विघटन समाज में अव्यवस्था के कारण होता है तथा व्यक्ति की परिस्थिति और भूमिका में सामंजस्य का अभाव होता है। आपने लिखा है कि सामाजिक विघटन समाज में निश्चित प्रकार की समस्याओं को जन्म देता है जैसे-निर्धनता, विवाह-विच्छेद, हिंसा, सामुदायिक विघटन, पारिवारिक विघटन आदि। इस प्रकार की सामाजिक समस्याएँ समाज में तब उत्पन्न होती है जब समाज के सदस्यों के सांस्कृतिक मूल्यों और संस्थागत हितों में संघर्ष होता है। जब यह संघर्ष असहनीय मात्र में बढ़ जाते हैं तो समाज में विघटन स्पष्ट दिखाई देता है।

समाज में सामाजिक समस्याओं का जन्म सामाजिक विघटन के रूप में विकसित होता है जिसका कारण समाज के सदस्यों की परिस्थिति और भूमिका में तालमेल का अभाव होता है। समाज के सदस्यों की अनेक परिस्थितियाँ होती हैं। परिवार में वह पुत्र, भाई, पिता, पति आदि के रूप में अनेक भूमिकाएँ करता हैं। परिवार के बाहर वह पड़ौस व्यावसायिक संगठन, मित्र-समूह, क्लर्क, धार्मिक संगठन आदि में भिन्न-भिन्न भूमिकाएँ करता है। सभी परिस्थितियों में उसे अपनी परिस्थितियों और भूमिकाओं के मध्य व्यक्ति समाज सम्मत निर्णय नहीं कर पाता है और उनमें संघर्ष उत्पन्न हो जाता है तब व्यक्ति और समूह दोनों स्तरों पर सामाजिक विघटन की प्रक्रिया उत्पन्न होती है और धीरे-धीरे उग्र रूप धारण कर लेती है।

मर्टन का कहना है कि सामाजिक समस्याओं के सामाजिक विघटन का प्रकार भूमिका और परिस्थिति में परस्पर टकराव के कारण होता है जिसको आपने सामाजीकरण की प्रक्रिया के द्वारा भी स्पष्ट किया है।

मर्टन ने लिखा है कि जब समाजीकरण की प्रक्रिया के द्वारा समाज के सदस्यों का समाज की परम्पराओं, मूल्यों, प्रथाओं, भाषा, संस्कृति आदि का ज्ञान पूर्ण रूप से सिखा दिया जाता है तब सामाजिक विघटन पैदा नहीं होता है। सामाजिक विघटन तब उत्पन्न और विकसित होता है जब समाजीकरण के अभिकरण जैसे-परिवार, संयुक्त परिवार, बंधुत्व समूह, पड़ौस, विद्यालय, व्यावसायिक समूह आदि व्यक्ति का समाजीकरण ठीक से नहीं करते हैं। इस प्रकार सामाजीकरण के अभाव में व्यक्ति

अपराधी बन जाता है और उसके व्यवहार को समाज सम्मत बनाने के लि सामाजिक नियन्त्रण के अनौपचारिक और औपचारिक अभिकरणों की आवश्यकता होती है।

निष्कर्षतः सामाजिक समस्याओं का प्रथम प्रकार सामाजिक विघटन समाज में मूल्यों, हितों एवं परिस्थिति और भूमिकाओं के असन्तुलन ओर टकराव के कारण उत्पन्न होता है। ऐसी सामाजिक विघटनकारी समस्यएँ-सामुदायिक विघटन, पारिवारिक विघटन, विवाह-विच्छेद, गरीबी, बेरोजगारी, जनसंख्या, विस्फोट, भाषावाद, जातिवाद, साम्प्रदायिकता, क्षेत्रवाद आदि निश्चित की जा सकती है।

(2) विचलनकारी व्यवहार–मर्टन के अनुसार सभी समाजों में समाज द्वारा व्यक्ति के व्यवहार स्वीकृत प्रतिमानों द्वारा नियन्त्रित, निर्देशित और संचालित होते हैं। जब व्यक्ति समाज द्वारा मान्रू अपेक्षित व्यवहार से हटकर असामान्य व्यवहार करता है तो वह विचलनकारी व्यवहार कहलाता है। यह विचलनकारी व्यवहार मर्टन के अनुसार सामाजिक समस्याओं का दूसरा प्रभाव है। अनेक समाजशास्त्रियों और अपराधशास्त्रियों ने समाज की निश्चित आधार संहिताओं से हटकर व्यवहारों को विचलन व्यवहारों के अन्तर्गत रखा है जिनके उदाहरण, बाल अपराध, अपराध, मद्यपान, मादक द्रव्य व्यसन आदि है।

सामाजिक समस्याओं के कारक

अनेक समाजशास्त्रियों और अपराधशास्त्रियों ने सामाजिक समस्याओं को समाज के लिए हानिकारक, विघटनकारी अवांछनीय और नकारात्मक बताया है। इन विद्वानों का यह भी कहना है कि समाज की सामाजिक समस्याओं का अध्ययन वस्तुनिष्ठ, क्रमबद्ध और व्यवस्थित किया जा सकता है। क्योंकि सामाजिक समस्याएँ समाज के विभिन्न व्यक्ति के समूहों और समुदायों से सम्बन्धित होती है। विद्वानों ने इस तथ्य पर भी प्रकाश डाला है कि सामाजिक समस्याओं के अध्ययन से पूर्व उनकी सामाजिक पृष्ठ्भूमि का ज्ञान भी आवश्यक है। इसी वास्तविकता को ध्यान में रखते हुए अपराधशास्त्रियों और समाजशास्त्रियों ने सामाजिक समस्याओं के प्रमुख सामाजिक कारकों का व्याख्यात्मक विश्लेषण किया है। भारतीय समाज के सन्दर्भ में विद्वानों ने भारतीय सामाजिक समस्याओं के प्रमुख सामाजिक कारक अग्रलिखित निश्चित किए हैं–

सामाजिक समस्याएँ एवं उनके प्रकार

(1) जनसंख्या–भारत में सभी प्रकार की सामाजिक समस्याओं का प्रमुख कारक जनसंख्या विस्फोट है। 1891 में भारत की कुल जनसंख्या 23.59 करोड़ थी जो बढ़कर 2001 में 107.01 करोड़ हो गई है। भारत में जनसंख्या घनत्व 1901 में 72 व्यक्ति से बढ़कर 1991 में 267 और 2001 में 324 व्यक्ति प्रति वर्ग किलोमीटर

पाया गया। इस वृद्धि के कारण प्रतिवर्ष 118.5 लाख टन खाद्यान्न, 1800 लाख मीटर कपड़ा, 2391 लाख नए मकान, 121 हजार स्कूल, 335 हजार अध्यापक तथा 3813 हजार नौकरियों की आवश्यकता होती हैं। क्या हमारा देश इतनी व्यवस्था कर सकता है, जिसकी आधी आबादी आज भी गरीबी की रेखा के नीचे जीवन बसर करने को बाध्य है? यह प्रश्न हमें हमारे मानव संसाधनों के सही प्रबन्धन व शिक्षा की ओर सोचने व कुछ कर गुजरने के लिए आमन्त्रित करता है। भारतीय समाज की सभी प्रकार की सामाजिक समस्याओं का कारक जनसंख्या विस्फोट है जिसने सभी प्रकार की योजनाओं को विफल कर दिया है।

(2) क्षेत्र–सामाजिक समस्याओं का प्रमुख कारक क्षेत्र से सम्बन्धित क्षेत्रवाद है। भारत वर्ष में क्षेत्रवाद के कारण स्थानीय लोगों ने प्रभावशली बनने की लालसा के कारण क्षेत्रवाद को बढ़ावा दिया है। क्षेत्रवाद को लेकर ये नेता लोगों को भड़काते हैं। नारे लगाते हैं, निवासियों को गुमराह करते हैं, सरकार पर दबाव डालते हैं, स्थानीय अधिकारियों की काम नहीं करने देते हैं। पृथक् क्षेत्र की माँग को लेकर हड़ताल, आगजनी, मारपीट, तोड़फोड़ करके स्थानीय लोग नेता बनने का सपना देखते हैं। क्षेत्र की समस्याएँ तथा उनके समाधान की माँग करना इन बरसाती नेताओं का व्यवसाय-सा बन गया जो कि क्षेत्रवाद का ही परिणाम है।

क्षेत्रवाद ने भारतवर्ष में भाषावाद को बढ़ावा दिया है। यह कारक राष्ट्रीय एकता में बाधक रहा है। इसने क्षेत्रीय तनावों को बढ़ावा दिया है।

(3) भाषा–भारतवर्ष में भाषा सामाजिक समस्याओं का एक प्रमुख कारक है। भाषाशास्त्रियों के अनुसार भारत में 1652 भाषाएँ बोली जाती है, इनमें से वर्तमान 18 भार्षाओं को मान्यता दी गई है नेताओंने अपने स्वार्थपूर्ति के लिए भाषा को एक सामाजिक समस्या का रूप देकर एवं भाषावाद के आधार पर अनेक समस्याएँ खड़ी कर दी है। भारतवर्ष में भाषा के कारण अनेक प्रान्तों में केन्द्र सरकार को पुनर्गठन करना पड़ा जैसे-पंजाब को, पंजाब और हरियाणा में बाँटा। महाराष्ट्र को, महाराष्ट्र और गुजरात में बाँटा। स्थानीय और राष्ट्रीय सामाजिक समस्याओं के प्रमुख कारकों में आज भी भाषा एक प्रमुख कारक है। भाषावाद के कारण अभी तक राष्ट्रीय भाषा का निश्चयन नहीं हो सकता है।

(4) धर्म–भारती समाज की सामाजक समस्याओं का एक प्रमख कारक धर्म की भिन्नता है। भारतवर्ष में जनसंख्या के अधिकतम से निम्न संख्या में धर्मावलम्बियों के क्रम में हिन्दू, इस्लाम, ईसाई, सिख, बौद्ध, जैन, पारसी आदि है। पिछली कुछ शताब्दी सेदो प्रमुख धर्मों में साम्प्रदायिक तनाव देखा जा सकता है। पिछले

कुछ दशकों से अल्प धार्मिक समुदायों में भी भेद-भाव है तथा विवाद काफी पनपा है, इन विभिन्न धार्मिक सम्प्रदायों से अलगाववाद और पृथक्करण की भावना पनप गई है जिसने पारस्परिक घृणा, संघर्ष, आगजनी, झगड़े, मारपीट आदि समस्याओं को बढ़ावा दिया है। अत: धार्मिक भिन्नता ने राष्ट्र में अनेक विकट समस्याओं को जन्म दिया है।

(5) जाति–जे.एस. हट्टन के अनुसार भारतवर्ष में 1931 में 3000 से अधिक जातियाँ थीं। वर्तमान में जातियों की संख्या निश्चित करना संभव नहीं है लेकिन सभी जातियाँ अपने सदस्यों के मध्य जाति-भक्ति, जाति-निष्ठा, जातीयता की भावना रखती हैंजिसने भारतीय समाज में जातिवाद को जन्म देकर एक विकट सामाजिक समस्या बना दिया है। वर्तमान में यह राष्ट्रीय एकता में बाधक है। जातिवाद ने समाज में भेद-भाव और जातीय संघर्ष को बढ़ावा दिया है। जातिवाद की विशेषताएँ लक्ष्य, उद्देश्य, भावना, मूल्य निष्ठा आदि प्रजातन्त्र के मूल्य उद्देश्य भावना, विशेषताओं आदि के विरोधी हैं। इस प्रकार से जातिवाद ने प्रजातन्त्रीय एकता का विरोध किया है। संविधान की धारा 15 (1) में जातिवाद को समाप्त कर दिया गया है लेकिन यह अभी भी एक सामाजिक समस्या है।

(6) अशिक्षा–शिक्षाशास्त्रियों एवं अर्थशास्त्रियों के अनुसार भारतीय सामाजिक समस्याओं के कारण और निराकरण का कारक निरक्षरता या अशिक्षा है। समग्र तौर पर देश की साक्षरता दरें वर्ष 1951 की 18.33 प्रतिशत से बढ़कर 2001 में 65.38 प्रतिशत हो गई है जिसमें पुरुषों की साक्षरता दर 78.85 प्रतिशत और महिलाओं की 54.16 प्रतिशत है। ग्रामीण क्षेत्र में साक्षरता बहुत कम है। अधिकांश बालक चौथी कक्षा तक पहुँचने से पूर्व विद्यालय छोड़ देते हैं। अशिक्षा व्यक्ति, समाज और आर्थिक विकास में एक प्रमुख बाधा है। अशिक्षा अन्धविश्वास को बढ़ावा देती है तथा राष्ट्रीय, अन्तर्राष्ट्रीय में भी अशिक्षा प्रमुख समस्याओं को महत्वपूर्ण कारक है। मानवीय समाज की सामाजिक समस्याओं के निराकरण के लिए इस अशिक्षा के कारक को यथाशीघ्र समाप्त करना चाहिए।

(7) अल्पसंख्यक–भारतीय समाज जहाँ कुछ लोग समृद्ध हैं, सुख-सुविधाओं से सम्पन्न हैं, तो वहीं कुछ लोग ऐसे भी हैं, जिनके पास आवश्यक सुख-सुविधाएँ भी उपलब्ध नहीं है। वे अल्पसंख्यक लोग अन्धविश्वासों, परम्पराओं और जड़ मान्यताओं से घिरे हैं। भारतीय समाज की सामाजिक समस्याओं के प्रमुख कारकों में ये अल्पसंख्यक स्वयं भी हैं और ये अनेक समस्याओं से घिरे भी हैं। भारतीय समाज में पहचाने गए प्रमुख अल्पसंख्यक भाषा और धर्म पर आधारित हैं। इनकी

समस्याओं के निराकरण के लिए अनेक आयोग बिठाए गए हैं और अनेक योजनाएँ चलाई जा रही हैं। अल्पसंख्यक सामाजिक समस्याओं के एक महत्वपूर्ण कारक कहे जा सकते हैं।

(8) जनजातियाँ–भारत की भौगोलिक विशेषताओं के कारण यहाँ अनेक जनजातियाँ निवास करती हैं। कुछ इतिहासकारों, समाजशास्त्रियों एवं विद्वानों ने भारत को ज़नजातियों का अजायबघर कहा है। ये आज भी सभ्यता से अत्यधिक दूर हैं क्योंकि ये लोग सुदूर जंगलों, पहाड़ों अथवा पठारी क्षेत्रों में जीवन यापन करते हैं। ये लोग अत्यधिक पिछड़े हुए हैं। ये भारतीय समाज के मुख्य अंग हैं। ये जनजातियाँ 1991 की जनगणनानुसार सम्पूर्ण भारत की जसंख्या की 8006 प्रतिशत है तथा इनकी कुल संख्या 6,77,50,380 है। इनमें से 6,27,51,026 आदिवासी ग्रामों में तथा 50,07,354 नगरों में निवास करते हैं। इनके विकास के लिए अनेक कार्यक्रम चलाए जा रहे हैं जिनके द्वारा इनकी प्रमुख सामाजिक समस्याओं-ऋणग्रस्तता, अंधविश्वास, भाषा सम्बन्धी समस्या, धार्मिक भेद-भाव, स्वास्थ्य सम्बन्धी समस्या, अशिक्षा, वैश्यावृत्ति, बाल-विवाह, कन्या मूल्य आदि के निवारणार्थ प्रयास किए जा रहे हैं।

(9) भाग्यवाद–भारत की अधिकतर जनसंख्या भाग्यवाद में विश्वास करती है। जाति के लोग अपनी जाति सम्बन्धी सदस्यता को पिछले जन्म का कर्म मानते हैं। लोग भाग्य को सभी फलों, सुख-दुःख, सफलता-असफलता, लाभ-हानि का कारण मानते हैं। अपनाजीवन भाग, धर्म में विश्वास, पुनर्जन्म के सिद्धान्त के भरोसे छोड़ देते हैं तथा अपनी सामाजिक, आर्थिक, शैक्षिक आदि परिस्थिति को सुधारने के लिए प्रयास नहीं करते हैं। भाग्यवाद ने भारतवासियों को आलसी, उदासीन एवं निष्क्रिय बना दिया है। लोग कर्महीन हो गए हैं जो समाज की समस्याओं का प्रमुख कारक बन गया है।

(10) पितृसत्तात्मकता–भारतीय समाज पितृ प्रधन है। पुरुष को परिवार में सर्वोपरि माना जाता है। वंश पिता से पुत्र की दिशा में चलता है। परिवार के सबसे वृद्ध पुरुष के पास सभी निर्णय करने के अधिकार होते हैं। स्त्री की परिस्थिति पुरुष से हीन मानी जाती रही है। मोक्ष प्राप्ति के लिए पुत्र का जन्म महत्वपूर्ण माना जाता है। भारतीय समाज में पुरुष की तुलना में महिलाओं की परिस्थिति हीन मानी जाती है। पुत्री का जन्म उतना अच्छा नहीं माना जाता है जितना कि पुत्र का। इसी पितृसत्तात्मकता के कारक के कारण भारतीय समाज के महिलाओं की अनेक सामाजिक समस्याओं का उद्‌भव और विकास हुआ है जैसे बाल-विवाह, दहेज, विधवा पुनर्विवाह पर रोक, विवाह-विच्छेद को बुरा मानना, महिलाओं के विरुद्ध हिंसा पुत्र-वधु के साथ दुर्व्यवहार, स्त्रियों में अशिक्षा, कन्या की भ्रुण हत्या, आदि।

(11) निर्धनता–भारतवर्ष में अनेक सामाजिक समस्याओं का प्रमुख कारक निर्धनता है। निर्धनता के कारण बच्चे अशिक्षित रह जाते हैं। कुपोषण का जीवन व्यतीत करते हैं। रोटी, कपड़ा और मकान तथा स्वास्थ्य की सुविधाओं से वचित जीवन यापन करते हैं। राष्ट्रीय प्रतिदर्श सर्वेक्षण संगठन जुलाई, 1999–लून, 2000 के अनुसार भारत में गरीबी अ़नुपात ग्रामीण क्षेत्रों में 27.09 प्रतिशत, शहरी क्षेत्रों में 23.62 प्रतिशत और सम्पूर्ण देश में 26.10 प्रतिशत अनुमानित है। गरीबी की रेखा से नीचे रहने वाले लोगों को प्रतिशत 1973–74 में 55 प्रतिशत से निरन्तर गिरावट तक हो गई है। जनसंख्या में वृद्धि के कारण देश में गरीबों की संख्या दो दशक (1973–1993) में लगभग 320 मिलियन पर स्थिर रही यह संख्या 1990–2000 में 260 मिलियन हो गई है।

इन तथ्यों से स्पष्ट हो जाता है कि भारतीय समाज की सामाजिक समस्याओं का प्रमुख कारण निर्धनता है इसके निवारण के बिना भारतीय समाज एक समृद्ध समाज नहीं बन सकता।

(12) बेरोजगारी–समाज में धनोपार्जन का कार्य अत्यन्त महत्वपूर्ण व आवश्यक कार्य है जो व्यक्ति द्वारा भोजन, वस्त्र आदि की व्यवस्था करने के लिए, उसे नियमित व व्यस्त रखने के लिए एवं सामाजिक दायित्वों के निर्वाहं व प्रतिष्ठा प्राप्त कराने के उद्देश्य से किया जाता है। जब व्यक्ति शारीरिक व मानसिक रूप से कार्य करने के लिएसक्षम व इच्छुक होता है और उस समय भी वह कार्य प्राप्त नहीं कर पाता तो उसे बेरोजगार का नाम दिया जाता है और कार्य प्राप्त न करने की स्थिति बेरोजगारी कहलाती है। बेरोजगारी आज केवल भारत की नहीं अपितु सम्पूर्ण विश्व की अत्युग्र समस्या है। आज बेरोजगारी केवल भारत की ही नहीं अपितु सम्पूर्ण विश्व की अत्युग्र स़मस्या है। आज न केवल विकासशील राष्ट्र इस समस्या से त्रस्त हैं, बल्कि विकसित और सम्पन्न देश भी इस समस्या का सामना कर रहे हैं किन्तु कुछ समाजों में यह अत्यधिक रूप से व्याप्त है। औद्योगिकरण व नगरीकरण के परिणामस्वरूप रोजगार के अनेक साधन विकसित हुए हैं मशीनीकरण के कारण प्रतिस्पर्द्धा में वृद्धि हुई है किन्तु इनके कारण बेरोजगारी अधिक बढ़ी है। बड़े उद्योगों के समक्ष कुटीर उद्योग व लघु

ए बाध्य कर रखा है। बाल–श्रम के कारण बच्चे शिक्षा से वंचित रह जाते हैं। उनके खाने–खेलने के दिन कमाई के लिए श्रम करने मं व्यतीत हो जाते हैं। बाल–श्रमिक मालिकों को कम वेतन पर उपलब्ध हो जाते हैं। हड़ताल का डर नहीं रहता है। अधिक समय तक काम करवा कर थोड़ा वेतन देकर उनका मालिक ख़ूब शोषण करते हैं। इस समस्या के निवारण के लिए सरकार को बहुत कुछ करना है।

(14) नगरीकरण–यह दुर्भाग्य ही है कि व्यक्ति सुखमय एवं खुशहाल जीवन की खोज में ग्राम से चलकर नगर में रहने के लिए आता है लेकिन उसे नगर में मिलता क्या है? नगर की असंख्य समस्याएँ। असुरक्षा, मानसिक तनाव, आर्थिक विसंगतियाँ, खतरों से पूर्ण कार्य-प्रणालियाँ, धुआँ, घुटन, भीड़, गन्दगी के ढेर, भीड़ के होते हुए भी अकेलेपन का अहसास, बीमारियाँ, खाने-पीने रहने जैसी समस्याएँ तो किसी भी छोटे-बड़े नगर के लिए सामान्य बातें हैं। पिछले कुछ वर्षों में नशीले पदार्थों का व्यसन, भ्रष्टाचार, बेरोजगारी, एड्स जैसी समस्याओं के केन्द्र नगर और महानगर बनते जा रहे हैं। नगवासियों के लिए आज भी प्रमुख आवश्यकता स्वास्थ्य एवं निरापद जीवन की है। नगरीकरण अनेक सामाजिक समस्याओं का प्रमुख कारक बनता जा रहा है।

(15) औद्योगीकरण–औद्योगिकरण के जहाँ अनेक सकारात्मक प्रभाव एवं लाभ, वहाँ इसके हानिकारक प्रभाव भी है। औद्योगीकरण के कारण अनेक सामाजिक समस्यायें उत्पन्न हुई हैं जिनके कारण समाज, परिवार, श्रमिक आदि कोअनेक कठिनाईयों कासामना करना पड़ रहा है। औद्योगिकरण के कारण मुख्य समस्यायें-बेरोजगारी, श्रमिकों की समस्याएँ, वायु, पानी एवं ध्वनि प्रदूषण, वेश्यावृत्ति, संयुक्त परिवारों का विघटन, श्रमिक एवं पूँजीपतियों के बीच संघर्ष आदि हैं।

(16) गन्दी बस्तियाँ–औद्योगिक केन्द्रों में जनसंख्या का घनत्व बहुत अधिक होने के कारण अधिकतर श्रमिक गन्दी बस्तियों में निवास करते हैं। ऐसी गन्दी बस्तियाँ मुम्बई, कलकत्ता, दिल्ली आदि कहीं भीदेखी जासकती है। इन गन्दी बस्तियों में पानी भरा रहता है। मक्खी-मच्छर बहुत होते हैं, इसलिये यहाँ पर श्रमिक अनेक बीमारियों से घिरे रहते हैं। ये बस्तियाँ नगर के निचले हिस्सों में होती हैं, वहाँ नगर की गन्दगी भी डाली जाती है। गन्दी बस्तियाँ भी अनेक सामाजिक समस्याओं के प्रमुख कारक हैं। सामाजिक समस्याओं के लिए उत्तरदायी कारकऔर भी अनेक हैं जो भारतवर्ष की विभिन्न विविधताओं से सम्बन्धित है जिनका वर्णन भौगोलिक, प्रजातीय, व्यावसायिक, राजनैतिक, सांस्कृतिक आदि के आधार पर किया जा सकता है। भारत एक विविधताओं का देश है इसलिए भारतीय समाज की सामाजिक समयाओं के कारक भी अनेक हैं।

2

समाज में मौलिक समस्याएँ

सामाजिक समस्या को परिभाषित करना यद्यपि कठिन अवश्य है परन्तु फिर भी बहुत-से विद्वानों ने अपने-अपने दृष्टिकोण से इसे परिभाषित किया है। **डब्ल्यू. वेलेस वीबर** के अनुसार, **''सामाजिक समस्या एक ऐसी दशा है जो चिन्ता, तनाव, संघर्ष या नैराश्य उत्पन्न करती है और आवश्यकता की पूर्ति में बाधा डालती है।''** सामाजिक समस्या उद्वेगात्मक अथवा मानसिक व्याकुलता के लिए उत्तरदायी है। चिन्ता, समस्या में गतिशील तत्व के रूप में पायी जाती है। एक समस्यामूलक परिस्थिति उन व्यक्तियों को इसका हल खोजने के लिए बाध्य करती है जो इससे प्रभावित हों। समस्या से छुटकारा प्राप्त करने के लिए परिस्थिति को सामाजिक परिवर्तनों के माध्यम से बदलना आवश्यक होता है। सामाजिक समस्याओं के अध्ययन में ध्यान सामाजिक परिस्थितियों पर केन्द्रित किया जाता है। राब तथा सेल्जनिक ने सामाजिक समस्या को ''मानवीय सम्बन्धों से सम्बन्धित एक समस्या माना है जो समाज के लिए गम्भीर खतरा पैदा करती है अथवा जो व्यक्तियों की महत्वपूर्ण आकांक्षाओं की प्राप्ति में बाधाएँ उत्पन्न करती है।'' पाल लैण्डिस के अनुसार, ''सामाजिक समस्याएं व्यक्तियों की कल्याण सम्बन्धी अपूर्ण आकांक्षाएं हैं।'' **क्लेरेंस मार्शकेस के मतानुसार,** ''सामाजिक मसस्या का तात्पर्य किसी ऐसी सामाजिक परिस्थिति से है जो एक समाज

में काफी संख्या में योग्य अवलोकनकर्त्ताओं के ध्यान को आकर्षित करती है, और सामाजिक अर्थात् सामूहिक, किसी एक अथवा दूसरे किस्म की क्रिया के द्वारा पुनः सामंजस्य या हल के लिए उन्हें आग्रह करती है।''

रिचार्ड सी. फुल्लर तथा रिचार्ड मायर्स के अनुसार, ''व्यवहार के जिन प्रतिमानों या परिस्थितियों को किसी समय समाज के बहुत-से सदस्य आपत्तिजनक अथवा अवांछनीय मानते हों, वे ही सामाजिक समस्याएं हैं। इन सदस्यों की यह मान्यता रहती है कि इन समस्याओं को हल करने और उनके कार्यक्षेत्र को कम करने के लिए सुधार-नीतियों, कार्यक्रमों एवं सेवाओं की आवश्यकता होती है।''

मैरिल तथा एल्डरिज ने बताया है कि ''सामाजिक समस्याएँ उस समय उत्पन्न होती हैं जब गतिहीनता के कारण काफी संख्या में लोग अपनी-अपनी अपेक्षित सामाजिक भूमिकाओं में कार्य करने में असमर्थ होते हैं।''

हॉर्टन तथा लेस्ले के अनुसार, ''सामाजिक समस्या एक ऐसी स्थिति है जो बहुत-से लोगों को प्रतिकूल रूप से प्रभावित करती है तथा जिसका हल सामूहिक क्रिया द्वारा ही हो सकता है।'' वाल्स एवं फर्फे की मान्यता है कि ''सामाजिक समस्या सामाजिक आदर्शों का विलचन है जिसका निराकरण सामूहिक प्रयास से ही सम्भव है।'' अरनाल्ड एम. रोज ने लिखा है कि ''सामाजिक समस्या एक ऐसी परिस्थिति है जो किसी समूह के द्वारा अपने सदस्यों के लिए असन्तोष के एक स्रोत के रूप में देखी जाती है और जिसमें बेहतर विकल्पों को मान्यता दी जाती है ताकि समूह या समूह में व्यक्ति **कोई परिवर्तन लाने के लिए प्रेरित होते हैं। इसे सामाजिक समस्या प्रमुखतः इसलिए माना जाता है क्योंकि यह सामाजिक वातावरण में ही पायी जाती है और उत्तरदायी कारणों को इस रूप में देखा जाता है कि ये पर्यावरण में ही मौजूद हैं।''**

शेपर्ड तथा **बॉस** के अनुसार, **''एक सामाजिक समस्या समाज की कोई भी ऐसी सामाजिक दशा है जिसे समाज के एक बहुत बड़े भाग या शक्तिशाली भाग द्वारा अवांछनीय और ध्यान देने योग्य समझा जाता है।''**

उपर्युक्त परिभाषाओं के आधार पर सामाजिक समस्याओं के अर्थ को भली भांति समझा जा सकत है। इन परिभाषाओं के आधार पर कहा जा सकता है कि **सामाजिक समस्या के अर्थ में निम्नलिखित सामान्य तत्व पाये जाते हैं :**

(1) सामाजिक समस्या एक ऐसी कष्टप्रद दशा है जो व्यक्ति और समाज दोनों के विकास की दृष्टि से बाधक है।

(2) सामाजिक समस्या का मनावैज्ञानिक एवं भौतिक विस्तार इतना होता है कि उससे एक महसूस की जाने वाली आवश्यकता की पूर्ति में बाधा पड़ती है।

(3) किसी सामाजिक दशा के सामाजिक समस्या कहलाने के लिए यह आवश्यक है कि समूह की जाने वाली आवश्यकता की पूर्ति में बाधा पड़ती है।

(4) असामंजस्यपूर्ण शक्तियों तथा उनके परिणामों को रोकने के लिए सामाजिक क्रिया एवं नियन्त्रण की आवश्यकता पड़ती है।

(5) पुनः सामंजस्य स्थापित करने के लिए पर्यावरण सम्बन्धी परिस्थिति में सरंचनात्मक संशोधन आवश्यक रहता है।

स्पष्ट है कि सामाजिक समयाएं वे सामाजिक दशएं या परिस्थितियाँ हैं जो समाज में सामंजस्य, सुदृढ़ता एवं सामाजिक मूल्य-व्यवस्था के लिए खतरा मानी जाती हैं। अतः **सामाजिक समस्याओं को हम उन सामाजिक दशाओं के रूप में परिभाषित कर सकते हैं जो सामाजिक कल्याण के लिए काफी खतरे के रूप में होती है, जिनके प्रति एक समाज के काफी लोग जागरूक होते हैं और निराकरण के लिए सामूहिक रूप से कोई रचनात्मक कार्य या प्रयास करने की आवश्यकता अनुभव करते हैं।** किसी सामाजिक समस्या को हल करने हेतु सार्वजनिक धन से व्यय किया जाता है।

किसी सामाजिक दशा को सामाजिक समस्या के रूप में समझने और हल करने के लिए **फुल्लर** के अनुसार तीन अवस्थाओं से गुजरना आवश्यक है। **प्रथम,** किसी परिस्थिति को सामाजिक समस्या मानने के लिए यह आवश्यक है कि लोगों को यह दृढ़ विश्वास हो कि वह परिस्थिति लोगों की मूल्य-व्यवस्था की दृष्टि से अनुचित है और उसको हल करने के लिए कुछ करना चाहिए। **द्वितीय,** किसी सामाजिक समस्या के अस्तित्व को स्वीकार करने पर उसके निवारण के लिए अनेक सुझावों में से किसी एक को मानकर उसके अनुरूप साधन ढूंढने का प्रयास किया जाता है। **तृतीय,** किसी साधन को ढूँढने के पश्चात् उसको कार्यान्वित कर सुधार लाने की कोशिश की जाती है।

सामाजिक समस्याओं को मापना और उनकी प्रकृति का पता लगाना वास्तव में एक कठिन कार्य है। इसका कारण यह है कि जो दशा या स्थिति एक समाज में सामाजिक समस्या के रूप में मानी जाती है, वही दूसरे समाज में सामान्य तथ्य के रूप में मानी जा सकती है। इसके अलावा एक काल या समय विशेष में जो दशा सामाजिक समस्या के रूप में चित्रित की जाती है, वही किसी दूसरे काल में सामान्य स्थिति मानी जा सकती है। इसके अतिरिक्त एक ही समाज के भिन्न-भिन्न लोग किसी

दशा या स्थिति को भिन्न-भिन्न दृष्टिकोण से देखते हैं, कुछ उसे समस्या के रूप में मानते हैं जबकि अन्य सामान्य परिस्थिति के रूप में। इन कठिनाईयों के उपरान्त भी सामाजिक समस्या को मापा जा सकता है और इसके माप की तीन विधियां या आधार हो सकते हैं जो इस प्रकार है-

(1) भावात्मक आधार–सामाजिक समस्या और भावना का एक-दूसरे के साथ निकट का सम्बन्ध पाया जाता है। किसी भी दश को उसी समय सामाजिक समस्या माना जायेगा जब वह जनसाधारण की भावनाओं के प्रतिकूल हो। जन-भावनाएं किसी दशा या स्थिति के जितनी अधिक प्रतिकूल होंगी, सामाजिक समस्या भी उतनी ही अधिक गम्भीर होगी। वर्तमान में अनेक कारणों से नारी के प्रति पुरुष की भावनाओं में परिवर्तन आने से वेश्यावृत्ति को एक सामाजिक समस्या के रूप में देखा जाता है। किसी समय शादी-विवाह तथा सामाजिक उत्सवों के अवसर पर वेश्याओं के नाच-गानों को उचित समझा जाता था। उस समय वेश्यावृत्ति सामाजिक समस्या के रूप में नहीं मानी जाती थी। वास्तव में जन-सामान्य की भावनाओं के पीछे नैतिकता की धारणा पायी जाती है जिसके आधार पर उचित-अनुचित का भेद किया जाता है। जो व्यवहार या दशा नैतिक दृष्टि से अनुचित समझे जाते हैं, जन-भावनाएं उनके प्रति काफी प्रतिकूल होती हैं और उन्हें सामाजिक समस्या के रूप में देखा जाता है। इससे स्पष्ट है कि जब समाज के अधिकांश लोग किसी व्यवहार को नैतिक दृष्टि से अनुचित समझते हैं, तब वह व्यवहार सामाजिक समस्या माना जाता है। सामाजिक समस्याओं के माप का यह आधार दोषपूर्ण है क्योंकि भावनाएं मूलतः व्यक्तिगत होती हैं, न कि सामूहिक। अतः भावनाओं को मापना और उनके आधार पर किसी सामाजिक समस्या की गम्भीरता का पता लगाना कठिन है।

(2) सांस्कृतिक आधार–जो स्थिति या व्यवहार एक समाज विशेष की सांस्कृतिक विशेषताओं या परम्पराओं के प्रतिकूल होता है, उसे सामाजिक समस्या के रूप में देखा जाता है। प्रत्येक समाज की संस्कृति के अन्तर्गत कुछ मूल्य, आचरण के तरीके तथा आदर्श-नियम आदि आते हैं। समाज के सभी सदस्यों से इन सांस्कृतिक विशेषताओं को बनाये रखने की आशा की जाती है। जब किसी समाज में काफी लोग सांस्कृतिक मूल्यों, आदर्श-नियमों और मान्य व्यवहार प्रतिमानों के विपरीत आचरण करने लगते हैं तो ऐसे व्यवहार को सामाजिक समस्या माना जाता है। वर्तमान में हमारे सांस्कृतिक मूल्यों में परिवर्तन आया है, आदर्श नियम भी कुछ बदले हैं तथा कुछ नवीन व्यवहार-प्रतिमान पनपे हैं। यही कारण है कि आज अस्पृश्यता, बाल-विवाह, दहेज-प्रथा तथा विधवा-विवाह निषेध आदि को सामाजिक समस्याएँ माना जाता है। किसी समय ये समस्याओं के रूप में नहीं थी क्योंकि इनसे सम्बन्धित व्यवहार को

सांस्कृतिक विशेषताओं के अनुरूप माना जाता था, उचित समझा जाता था। परन्तु आज ऐसा व्यवहार हमारे बदले हुए सांस्कृतिक मूल्यों के विपरीत समझा जाता है और इसी कारण वह समस्या की श्रेणी में आता है। सामाजिक समस्या के माप के सांस्कृतिक आधार में एक प्रमुख कमी यह है कि सांस्कृतिक मूल्य भी एक भावनात्मक तथ्य ही है। इसके आधार पर किसी सामाजिक समस्या की गम्भीरता का अनुभव तो किया जा सकता है परन्तु उस गम्भीरता को मापना सम्भव नहीं है।

(3) सांख्यिकीय आधार—सामाजिक समस्याओं को मापने में आजकल सांख्यिकीय विधि का प्रयोग दिनोदिन बढ़ता जा रहा है। यह समस्याओं के माप का एक निश्चित, सुस्पष्ट और वैज्ञानिक आधार है। इसके द्वारा यह पता लगाया जाता है कि किसी व्यवहार या स्थिति का जनसाधारण पर क्या प्रभाव पड़ता है, इससे कितनी मात्रा में लोग प्रभावित हैं। इस सम्बन्ध में तथ्यों को एकत्रित करने या सांख्यिकी प्राप्त करने हेतु सरकारी, अर्द्ध-सरकारी एवं गैर-सरकारी संगठनों या कुछ विद्वानों द्वारा सर्वेक्षण किये जाते हैं। ऐसे सर्वेक्षणों से किसी स्थिति या व्यवहार विशेष के सम्बन्ध में लोगों की प्रतिक्रिया का पता चलता है, उनकी अभिवृत्तियों के सम्बन्ध में जानकारी मिलती है, यह ज्ञात होता है कि लोग उसे किस रूप में देखते हैं। आज सांख्यिकीय विधि की सहायता से यह पता लगाया जा सकता है कि कितने लोग बेकारी और निर्धनता की समस्या से पीड़ित हैं, लोगों में मद्यपान की प्रवृत्ति किस मात्रा में पायी जाती है, कितने लोग विधवाविवाह को उचित समझते हैं और कितने अनुचित, कितनी विधवाएं विवाह करना चाहती हैं और कितनी नहीं। इस विधि से यह जानकारी प्राप्त की जासकती है कि किसी समस्या का समाज के किस-किस वर्ग के लोगों पर क्या प्रभाव पड़ता है तथा इससे कौन-कौन कितने गम्भीर रूप से प्रभावित हैं। इस प्रकार के तथ्य या आंकड़े एकत्रित करके किसी सामाजिक समस्या की गम्भीरता को मापा जा सकता है और उसे हल करने के लिए ठोस कदम उठाये जा सकते हैं। अन्य विधियों या आधारों की तुलना में यह विधि अधिक विकसित और प्रामाणिक है।

विचलन—सामान्यत: विचलन को अनुरूपता के विपरीत माना जाता है। सभी मानव समाजों में व्यवहार के कुछ निश्चित प्रतिमान एवं सामाजिक मानदण्ड पाये जाते हैं। **इन सामाजिक प्रतिमानों एवं मानदण्डों के विपरीत आचरण को ही सामान्यतः विचलन माना जाता है।** संयुक्त राज्य अमरीका में विचलन का अध्ययन कुछ विशिष्ट समस्याओं जैसे अपराध, बाल-अपराध, वेश्यावृत्ति, सफेदपोश-अपराध एवं नशावृत्ति आदि के सन्दर्भ में प्रारम्भ हुआ और इन्हीं समस्याओं तक सीमित रहा। ये समस्याएं निम्न वर्ग और विशेषतः उद्योगों में काम करने वाले श्रमिकों तक सीमित थीं। शिकागो विश्वविद्यालय में इस क्षेत्र में बहुत कार्य हुआ क्योंकि शिकागो शहर

इन समस्याओं के अध्ययन के लिए व्यापक क्षेत्र प्रदान करता रहा। इस प्रकार के अध्ययनों के पीछे समाजशास्त्रियों में यह धारणा थी कि **विचलन के लिए स्वयं समाज उत्तरदायी है न कि व्यक्ति के शारीरिक एवं मानसिक लक्षण।** क्लिफोर्ड शा, ग्लेकूस, रिचार्ड क्लोवार्ड तथा लॉयड ओहलिन एवं सदरलैण्ड आदि विद्वानों ने विभिन्न प्रकार के अपराधों का अध्ययन विचलन के रूप में ही किया।

जॉनसन लिखते हैं, ''विपथगामी व्यवहार केवल ऐसा व्यवहार नहीं है जिसमें किसी मानदण्ड का उल्लघंन होता है। यह ऐसा व्यवहार है जो उस मानदण्ड का उल्लांन करता है जिसकी ओर कर्त्ता उस समय अभिमुख हो, यह जान-बूझकर किया गया उल्लंघन है।''

जॉनसन की इस परिभाषा में विचलन में तीन तत्वों पर जोर दिया गया है– (i) सामाजिक मानदण्ड, (ii) मानदण्डों का व्यक्ति को ज्ञान होना, (iii) जान-बूझकर मानदण्डों का उल्लंघन करना अर्थात् विचलन उसी व्यवहार को कहेंगे जब एक व्यक्ति उन सामाजिक मानदण्डों का जान-बूझकर उल्लंघन करता है जिसका उसे ज्ञान है।

रॉबर्ट बेल ने विचलन को सांख्यिकीय आधार पर समझाते हुए लिखा है, ''समाज में औसत व्यवहार से बहुत अधिक भिन्नता प्रकट करना ही विचलन है।''

सिम्मन्स लिखते हैं, ''अगर आप औसत के लगभग निकट हैं तो आप ठीक है, पर यदि आप औसत से बहुत दूर हैं तो आप निश्चय ही ठीक नहीं है।'' यही विचलन की स्थिति है।

एलेक्स इंकेल्स के अनुसार, ''विचलन का तात्पर्य न तो सामान्य रूप से स्वीकृति मानक से हट जाने और न अल्पसंख्यक विचार रखने से है। यह तो सांख्यिकी विचलन है। सामाजिक विचलन तब पैदा होता है जब स्वीकृत मानदण्डों से दूर हट जाते हैं जिसे समाज गम्भीर समझता है और इतना गम्भीर कि उसे रोकने या नियन्त्रित करने के लिए कुछ उपाय अपनाने पड़ते हैं।''

''विचलन का अर्थ सामाजिक मानदण्डों के प्रति प्रतिरूपता है।'' विचलन की परिभाषा एवं सीमा को बताते हुए **कोहन** लिखते हैं, ''विचलन से मेरा तात्पर्य अपराध व बाल-अपराध से ही नहीं वरन् उस प्रत्येक व्यवहार से है जो सामान्य रूप से स्वीकृत आचरण का उल्लंघन है। इसके अन्तर्गत उद्वेगवश जीवन-साथी की हत्या से लेकर किसी राजनेता की योजनाबद्ध हत्या तक आ जाती है। सरकारी कर्मचारियों के भ्रष्ट आचरणों से लेकर परीक्षा में छात्रों द्वारा किये गये अपराध भी विपथगमन है। पिथगमन के कई प्रकार हैं-व्यापार के नियमों का उल्लंघन, आत्महत्या, अैक्स से बचना और बीमा की राशि गलत रूप से पा लेना आदि। एक स्थिति यह है कि

इसका क्षेत्र इतना व्यापक व विवादास्पद है कि वेश्यावृत्ति का समाजशास्त्र, गबन का समाजशास्त्र, नशाखोरी का समाजशास्त्र आदि इसके अनेक भाग हो सकते हैं लेकिन ''मैं इस चरम स्थिति से भी सहमत नहीं हूँ। किसी समय विपथगमन अधिक है तो शेष प्रकार के विपथगमन कम दृष्टिगत होते हैं।''

फ्रीडमेन और **डूब** के अनुसार विचलित व्यक्ति वह है जो उस समूह के शेष सदस्यों से भिन्न होता है जिससे वह सम्बद्ध होता है। समूह के आदर्शों से भिन्न रूप से व्यवहार करना ही विचलन है।

विचलन की परिभाषा सदैव ही विशिष्ट मानदण्डों के सन्दर्भ में ही की जाती है। एक समूह एवं समाज में जो व्यवहार विचलन है वह दूसरे में नहीं। आधुनिक जटिल समाजों में समूहों की अधिकता इतनी अधिक है कि एक समूह के मानदण्ड कई बार दूसरे के विपरीत होते हैं। अतः एक ही व्यवहार एक समूह द्वारा अनुरूप व दूसरे समूह द्वारा विचलन माना जाता है। विचलित व्यवहार तब ही मानना चाहिए जब यह जान-बूझकर किया जाय अर्थात् जब कर्त्ता को सामाजिक मानदण्डों का ज्ञान हो और वह उनका जानबूझकर उल्लंघन करे। मानदण्डों के ज्ञान के अभाव में कर्त्ता द्वारा उनके विपरीत किया गया व्यवहार विचलन नहीं माना जायेगा। किन्तु सदैव ही यह बात सही नहीं है। कानून के ज्ञान के अभाव में उनका उल्लंघन विचलन कहलायेगा ही। विचलित व्यवहार में मात्रा का प्रश्न अधिक महत्वपूर्ण है। छोटे-से सामाजिक आदर्श के उल्लंघन से लेकर बड़े-बड़े कानूनों तक को तोड़ना विचलन है। जब विचलन वैयक्तिकत होता है तो वह कर्त्ता के व्यक्तित्व को ही प्रभावित करता है, किन्तु जब वह सामाजिक होता है तब इससे समाज एवं सामाजिक संगठन को खतरा पैदा हो जाता है।

भारत में सभी प्रकार की सामाजिक समस्याओं का प्रमुख कारक जनसंख्या विस्फोट है। 1891 में भारत की कुल जनसंख्या 23.59 करोड़ थी जो बढ़कर 2001 में 107.01 करोड़ हो गई है। भारत में जनसंख्या घनत्व 1901 में 72 व्यक्ति से बढ़कर 1991 में 267 और 2001 में 324 व्यक्ति प्रति वर्ग किलोमीटर पाया गया। इस वृद्धि के कारण प्रतिवर्ष 118.5 लाख टन खाद्यान्न, 1800 लाख मीटर कपड़ा, 2391 लाख नए मकान, 121 हजार स्कूल, 335 हजार अध्यापक तथा 3813 हजार नौकरियों की आवश्यकता होती हैं। क्या हमारा देश इतनी व्यवस्था कर सकता है, जिसकी आधी आबादी आज भी गरीबी की रेखा के नीचे जीवन बसर करने को बाध्य है? यह प्रश्न हमें हमारे मानव संसाधनों के सही प्रबन्धन व शिक्षा की ओर सोचने व कुछ कर गुजरने के लिए आमन्त्रित करता है। भारतीय समाज की सभी प्रकार की सामाजिक

समस्याओं का कारक जनसंख्या विस्फोट है जिसने सभी प्रकार की योजनाओं को विफल कर दिया है।

सामाजिक समस्याओं का प्रमुख कारक क्षेत्र से सम्बन्धित क्षेत्रवाद है। भारत वर्ष में क्षेत्रवाद के कारण स्थानीय लोगों ने प्रभावशली बनने की लालसा के कारण क्षेत्रवाद को बढ़ावा दिया है। क्षेत्रवाद को लेकर ये नेता लोगों को भड़काते हैं। नारे लगाते हैं, निवासियों को गुमराह करते हैं, सरकार पर दबाव डालते हैं, स्थानीय अधिकारियों की काम नहीं करने देते हैं। पृथक् क्षेत्र की माँग को लेकर हड़ताल, आगजनी, मारपीट, तोड़फोड़ करके स्थानीय लोग नेता बनने का सपना देखते हैं। क्षेत्र की समस्याएँ तथा उनके समाधान की माँग करना इन बरसाती नेताओं का व्यवसाय-सा बन गया जो कि क्षेत्रवाद का ही परिणाम है। क्षेत्रवाद ने भारतवर्ष में भाषावाद को बढ़ावा दिया हैं। यह कारक राष्ट्रीय एकता में बाधक रहा है। इसने क्षेत्रीय तनावों को बढ़ावा दिया है।

भारतवर्ष में भाषा सामाजिक समस्याओं का एक प्रमुख कारक है। भाषाशास्त्रियों के अनुसार भारत में 1652 भाषाएँ बोली जाती है, इनमें से वर्तमान 18 भार्षाओं को मान्यता दी गई है नेताओंने अपने स्वार्थपूर्ति के लिए भाषा को एक सामाजिक समस्या का रूप देकर एवं भाषावाद के आधार पर अनेक समस्याएँ खड़ी कर दी है। भारतवर्ष में भाषा के कारण अनेक प्रान्तों में केन्द्र सरकार को पुनर्गठन करना पड़ा जैसे-पंजाब को, पंजाब और हरियाणा में बाँटा। महाराष्ट्र को, महाराष्ट्र और गुजरात में बाँटा। स्थानीय और राष्ट्रीय सामाजिक समस्याओं के प्रमुख कारकों में आज भी भाषा एक प्रमुख कारक है। भाषावाद के कारण अभी तक राष्ट्रीय भाषा का निश्चयन नहीं हो सकता है। भारती समाज की सामाजक समस्याओं का एक प्रमख कारक धर्म की भिन्नता है। भारतवर्ष में जनसंख्या के अधिकतम से निम्न संख्या में धर्मावलम्बियों के क्रम में हिन्दू, इस्लाम, ईसाई, सिख, बौद्ध, जैन, पारसी आदि है। पिछली कुछ शताब्दी सेदो प्रमुख धर्मों में साम्प्रदायिक तनाव देखा जा सकता है। पिछले कुछ दशकों से अल्प धार्मिक समुदायों में भी भेद-भाव है तथा विवाद काफी पनपा है, इन विभिन्न धार्मिक सम्प्रदायों से अलगाववाद और पृथक्करण की भावना पनप गई है जिसने पारस्परिक घृणा, संघर्ष, आगजनी, झगड़े, मारपीट आदि समस्याओं को बढ़ावा दिया है। अत: धार्मिक भिन्नता ने राष्ट्र में अनेक विकट समस्याओं को जन्म दिया है। जे.एस. हट्टन के अनुसार भारतवर्ष में 1931 में 3000 से अधिक जातियाँ थीं। वर्तमान में जातियों की संख्या निश्चित करना संभव नहीं है लेकिन सभी जातियाँ अपने सदस्यों के मध्य जाति-भक्ति, जाति-निष्ठा, जातीयता की भावना रखती हैंजिसने भारतीय समाज में जातिवाद को जन्म देकर एक विकट सामाजिक समस्या बना दिया

है। वर्तमान में यह राष्ट्रीय एकता में बाधक है। जातिवाद ने समाज में भेद-भाव और जातीय संघर्ष को बढ़ावा दिया है। जातिवाद की विशेषताएँ लक्ष्य, उद्देश्य, भावना, मूल्य निष्ठा आदि प्रजातन्त्र के मूल्य उद्देश्य भावना, विशेषताओं आदि के विरोधी हैं। इस प्रकार से जातिवाद ने प्रजातन्त्रीय एकता का विरोध किया है। संविधान की धारा 15 (1) में जातिवाद को समाप्त कर दिया गया है लेकिन यह अभी भी एक सामाजिक समस्या है।

शिक्षाशास्त्रियों एवं अर्थशास्त्रियों के अनुसार भारतीय सामाजिक समस्याओं के कारण और निराकरण का कारक निरक्षरता या अशिक्षा है। समग्र तौर पर देश की साक्षरता दरें वर्ष 1951 की 18.33 प्रतिशत से बढ़कर 2001 में 65.38 प्रतिशत हो गई है जिसमें पुरुषों की साक्षरता दर 78.85 प्रतिशत और महिलाओं की 54.16 प्रतिशत है। ग्रामीण क्षेत्र में साक्षरता बहुत कम है। अधिकांश बालक चौथी कक्षा तक पहुँचने से पूर्व विद्यालय छोड़ देते हैं। अशिक्षा व्यक्ति, समाज और आर्थिक विकास में एक प्रमुख बाधा है। अशिक्षा अन्धविश्वास को बढ़ावा देती है तथा राष्ट्रीय, अन्तर्राष्ट्रीय में भी अशिक्षा प्रमुख समस्याओं को महत्वपूर्ण कारक है। मानवीय समाज की सामाजिक समस्याओं के निराकरण के लिए इस अशिक्षा के कारक को यथाशीघ्र समाप्त करना चाहिए। भारतीय समाज जहाँ कुछ लोग समृद्ध हैं, सुख-सुविधाओं से सम्पन्न हैं, तो वहीं कुछ लोग ऐसे भी हैं, जिनके पास आवश्यक सुख-सुविधाएँ भी उपलब्ध नहीं है। वे अल्पसंख्यक लोग अन्धविश्वासों, परम्पराओं और जड़ मान्यताओं से घिरे हैं। भारतीय समाज की सामाजिक समस्याओं के प्रमुख कारकों में ये अल्पसंख्यक स्वयं भी हैं और ये अनेक समस्याओं से घिरे भी हैं। भारतीय समाज में पहचाने गए प्रमुख अल्पसंख्यक भाषा और धर्म पर आधारित हैं। इनकी समस्याओं के निराकरण के लिए अनेक आयोग बिठाए गए हैं और अनेक योजनाएँ चलाई जा रही हैं। अल्पसंख्यक सामाजिक समस्याओं के एक महत्वपूर्ण कारक कहे जा सकते हैं।

भारत की भौगोलिक विशेषताओं के कारण यहाँ अनेक जनजातियाँ निवास करती हैं। कुछ इतिहासकारों, समाजशास्त्रियों एवं विद्वानों ने भारत को जनजातियों का अजायबघर कहा है। ये आज भी सभ्यता से अत्यधिक दूर हैं क्योंकि ये लोग सुदूर जंगलों, पहाड़ों अथवा पठारी क्षेत्रों में जीवन यापन करते हैं। ये लोग अत्यधिक पिछड़े हुए हैं। ये भारतीय समाज के मुख्य अंग हैं। ये जनजातियाँ 1991 की जनगणनानुसार सम्पूर्ण भारत की जसंख्या की 8006 प्रतिशत है तथा इनकी कुल संख्या 6,77,50,380 है। इनमें से 6,27,51,026 आदिवासी ग्रामों में तथा 50,07,354 नगरों में निवास करते हैं। इनके विकास के लिए अनेक कार्यक्रम चलाए जा रहे हैं जिनके द्वारा इनकी प्रमुख सामाजिक समस्याओं-ऋणग्रस्तता, अंधविश्वास, भाषा सम्बन्धी

समस्या, धार्मिक भेद-भाव, स्वास्थ्य सम्बन्धी समस्या, अशिक्षा, वैश्यावृत्ति, बाल-विवाह, कन्या मूल्य आदि के निवारणार्थ प्रयास किए जा रहे हैं।

भारत की अधिकतर जनसंख्या भाग्यवाद में विश्वास करती है। जाति के लोग अपनी जाति सम्बन्धी सदस्यता को पिछले जन्म का कर्म मानते हैं। लोग भाग्य को सभी फलों, सुख-दु:ख, सफलता-असफलता, लाभ-हानि का कारण मानते हैं। अपनाजीवन भाग, धर्म में विश्वास, पुनर्जन्म के सिद्धान्त के भरोसे छोड़ देते हैं तथा अपनी सामाजिक, आर्थिक, शैक्षिक आदि परिस्थिति को सुधारने के लिए प्रयास नहीं करते हैं। भाग्यवाद ने भारतवासियों को आलसी, उदासीन एवं निष्क्रिय बना दिया है। लोग कर्महीन हो गए हैं जो समाज की समस्याओं का प्रमुख कारक बन गया है।

भारतीय समाज पितृ प्रधन है। पुरुष को परिवार में सर्वोपरि माना जाता है। वंश पिता से पुत्र की दिशा में चलता है। परिवार के सबसे वृद्ध पुरुष के पास सभी निर्णय करने के अधिकार होते हैं। स्त्री की परिस्थिति पुरुष से हीन मानी जाती रही है। मोक्ष प्राप्ति के लिए पुत्र का जन्म महत्वपूर्ण माना जाता है। भारतीय समाज में पुरुष की तुलना में महिलाओं की परिस्थिति हीन मानी जाती है। पुत्री का जन्म उतना अच्छा नहीं माना जाता है जितना कि पुत्र का। इसी पितृसत्तात्मकता के कारक के कारण भारतीय समाज के महिलाओं की अनेक सामाजिक समस्याओं का उद्‌भव और विकास हुआ है जैसे बाल-विवाह, दहेज, विधवा पुनर्विवाह पर रोक, विवाह-विच्छेद को बुरा मानना, महिलाओं के विरुद्ध हिंसा पुत्र-वधु के साथ दुर्व्यवहार, स्त्रियों में अशिक्षा, कन्या की भ्रुण हत्या, आदि।

भारतवर्ष में अनेक सामाजिक समस्याओं का प्रमुख कारक निर्धनता है। निर्धनता के कारण बच्चे अशिक्षित रह जाते हैं। कुपोषण का जीवन व्यतीत करते हैं। रोटी, कपड़ा और मकान तथा स्वास्थ्य की सुविधाओं से वचित जीवन यापन करते हैं। राष्ट्रीय प्रतिदर्श सर्वेक्षण संगठन जुलाई, 1999-लून, 2000 के अनुसार भारत में गरीबी अनुपात ग्रामीण क्षेत्रों में 27.09 प्रतिशत, शहरी क्षेत्रों में 23.62 प्रतिशत और सम्पूर्ण देश में 26.10 प्रतिशत अनुमानित है। गरीबी की रेखा से नीचे रहने वाले लोगों को प्रतिशत 1973-74 में 55 प्रतिशत से निरन्तर गिरावट तक हो गई है। जनसंख्या में वृद्धि के कारण देश में गरीबों की संख्या दो दशक (1973-1993) में लगभग 320 मिलियन पर स्थिर रही यह संख्या 1990-2000 में 260 मिलियन हो गई है।

इन तथ्यों से स्पष्ट हो जाता है कि भारतीय समाज की सामाजिक समस्याओं का प्रमुख कारण निर्धनता है इसके निवारण के बिना भारतीय समाज एक समृद्ध समाज नहीं बन सकता।

समाज में धनोपार्जन का कार्य अत्यन्त महत्वपूर्ण व आवश्यक कार्य है जो व्यक्ति द्वारा भोजन, वस्त्र आदि की व्यवस्था करने के लिए, उसे नियमित व व्यस्त रखने के लिए एवं सामाजिक दायित्वों के निर्वाह व प्रतिष्ठा प्राप्त कराने के उद्देश्य से किया जाता है। जब व्यक्ति शारीरिक व मानसिक रूप से कार्य करने के लिएसक्षम व इच्छुक होता है और उस समय भी वह कार्य प्राप्त नहीं कर पाता तो उसे बेरोजगार का नाम्म दिया जाता है और कार्य प्राप्त न करने की स्थिति बेरोजगारी कहलाती है। बेरोजगारी आज केवल भारत की नहीं अपितु सम्पूर्ण विश्व की अत्युग्र समस्या है। आज बेरोजगारी केवल भारत की ही नहीं अपितु सम्पूर्ण विश्व की अत्युग्र समस्या है। आज न केवल विकासशील राष्ट्र इस समस्या से त्रस्त हैं, बल्कि विकसित और सम्पन्न देश भी इस समस्या का सामना कर रहे हैं किन्तु कुछ समाजों में यह अत्यधिक रूप से व्याप्त है। औद्योगिकरण व नगरीकरण के परिणामस्वरूप रोजगार के अनेक साधन विकसित हुए हैं मशीनीकरण के कारण प्रतिस्पर्द्धा में वृद्धि हुई है किन्तु इनके कारण बेरोजगारी अधिक बढ़ी है। बड़े उद्योगों के समक्ष कुटीर उद्योग व लघु

ए बाध्य कर रखा है। बाल-श्रम के कारण बच्चे शिक्षा से वंचित रह जाते हैं। उनके खाने-खेलने के दिन कमाई के लिए श्रम करने मं व्यतीत हो जाते हैं। बाल-श्रमिक मालिकों को कम वेतन पर उपलब्ध हो जाते हैं। हड़ताल का डर नहीं रहता है। अधिक समय तक काम करवा कर थोड़ा वेतन देकर उनका मालिक खूब शोषण करते हैं। इस समस्या के निवारण के लिए सरकार को बहुत कुछ करना है।

यह दुर्भाग्य ही है कि व्यक्ति सुखमय एवं खुशहाल जीवन की खोज में ग्राम से चलकर नगर में रहने के लिए आता है लेकिन उसे नगर में मिलता क्या है? नगर की असंख्य समस्याएँ। असुरक्षा, मानसिक तनाव, आर्थिक विसंगतियाँ, खतरों से पूर्ण कार्य-प्रणालियाँ, धुआँ, घुटन, भीड़, गन्दगी के ढेर, भीड़ के होते हुए भी अकेलेपन का अहसास, बीमारियाँ, खाने-पीने रहने जैसी समस्याएँ तो किसी भी छोटे-बड़े नगर के लिए सामान्य बातें हैं। पिछले कुछ वर्षों में नशीले पदार्थों का व्यसन, भ्रष्टाचार, बेरोजगारी, एड्स जैसी समस्याओं के केन्द्र नगर और महानगर बनते जा रहे हैं। नगवासियों के लिए आज भी प्रमुख आवश्यकता स्वास्थ्य एवं निरापद जीवन की है। नगरीकरण अनेक सामाजिक समस्याओं का प्रमुख कारक बनता जा रहा है।

औद्योगिकरण के जहाँ अनेक सकारात्मक प्रभाव एवं लाभ, वहाँ इसके हानिकारक प्रभाव भी है। औद्योगीकरण के कारण अनेक सामाजिक समस्यायें उत्पन्न हुई हैं जिनके कारण समाज, परिवार, श्रमिक आदि कोअनेक कठिनाईयों कासामना करना पड़ रहा है। औद्योगिकरण के कारण मुख्य समस्यायें-बेरोजगारी, श्रमिकों की

समस्याएँ, वायु, पानी एवं ध्वनि प्रदूषण, वेश्यावृत्ति, संयुक्त परिवारों का विघटन, श्रमिक एवं पूँजीपतियों के बीच संघर्ष आदि हैं।

औद्योगिक केन्द्रों में जनसंख्या का घनत्व बहुत अधिक होने के कारण अधिकतर श्रमिक गन्दी बस्तियों में निवास करते हैं। ऐसी गन्दी बस्तियाँ मुम्बई, कलकत्ता, दिल्ली आदि कहीं भीदेखी जासकती है। इन गन्दी बस्तियों में पानी भरा रहता है। मक्खी-मच्छर बहुत होते हैं, इसलिये यहाँ पर श्रमिक अनेक बीमारियों से घिरे रहते हैं। ये बस्तियाँ नगर के निचले हिस्सों में होती हैं, वहाँ नगर की गन्दगी भी डाली जाती है। गन्दी बस्तियाँ भी अनेक सामाजिक समस्याओं के प्रमुख कारक हैं।

सामाजिक समस्याओं के लिए उत्तरदायी कारकऔर भी अनेक हैं जो भारतवर्ष की विभिन्न विविधताओं से सम्बन्धित है जिनका वर्णन भौगोलिक, प्रजातीय, व्यावसायिक, राजनैतिक, सांस्कृतिक आदि के आधार पर किया जा सकता है। भारत एक विविधताओं का देश है इसलिए भारतीय समाज की सामाजिक समयाओं के कारक भी अनेक हैं।

समाजशास्त्र काफी लम्बे समय से सामाजिक समस्याओं के अध्ययन में रुचि लेता रहा है। यदि यह कहा जाय कि समाजशास्त्र का विकास समस्यामूलक परिस्थितियों को कम करने के प्रयत्न के रूप में ही हुआ, तो कोई अतिशयोक्ति नहीं होगी। सामाजिक समस्याएं एक उपयोगी समाजशास्त्रीय अवधारणा है। सामाजिक समस्याओं के अध्ययन में लोगों की रुचि के बने रहने का कारण यह है कि ये सामाजिक जीवन का अभिन्न अंग हैं। मनुष्य कभी भी सामाजिक समस्याओं से पूर्णतः मुक्त नहीं रहा है। इतना अवश्य है कि आज संचार के साधनों तथा शिक्षा के प्रसार के कारण वह इन समस्याओं के प्रति अधिक संवेदनशील हो गया है। परिणाम यह हुआ है कि असन्तुष्ट लोगों के व्यवहार के प्रति समाज में जागरूकता आयी है। लोग यह अनुभव करने लगे हैं कि राष्ट्र के साधनों का कुछ भाग सामाजिक समस्याओं को हल करने में खर्च किया जाना चाहिए। तीव्र गति से होने वाले सामाजिक परिवर्तनों के साथ-साथ सामाजिक समस्याओं में लोगों की रुचि बढ़ती जा रही है। वर्तमान में सामाजिक के निवारण के लिए लोग अर्थशास्त्रियों, मनोवैज्ञानिकों तथा समाजशास्त्रियों के विशिष्ट ज्ञान का लाभ उठाना चाहते हैं। पिछले कुछ ही वर्षों से, विशेषतः स्वतन्त्रता-प्राप्ि त के बाद, समाजशास्त्रियों ने सामाजिक समस्याओंके वैज्ञानिक अध्ययन की ओर अपना ध्यान केन्द्रित किया है। इस अध्ययन में एक सबसे बड़ी कठिनाई इस बात को लेकर आती है है सामाजिक समस्या को हल कैसे किया जाय, सामाजिक समस्या कैसे बनती है, सामाजिक समस्या किसे माना जाय तथा किन समस्याओं को प्राथमिकता दी जाय।

सामाजिक समस्याओं के समाधान को लेकर समाजशास्त्रियों में मतभेद पाया जाता है। इसका कारण यह है कि किसी भी समस्या के निराकरण के लिए अनेक विकल्प हो सकते हैं। किसी सामाजिक समस्या का उदाहरण प्रस्तुत करना सरल है परन्तु उसे परिभाषित करना कठिन है। बाल-अपराध, वयस्क-अपराध, बेकारी, निर्धनता, शारीरिक और मानसिक बीमारी, मद्यपान, विवाह-विच्छेद, जातिवाद, युद्ध आदि सामाजिक समस्याओं के उदाहरण हैं। इन सभी समस्याओं के बीच एक पारस्परिक सम्बन्ध पाया जाता है। एक लम्बे समय तक बेकारी के बने रहने से निर्धनता उत्पन्न होती है। इसी प्रकार एक लम्बी अवधि तक युद्ध के चलने के विवाह-विच्छेदों, बाल-अपराधों तथा मानसिक बीमारियों की संख्या में वृद्धि होती है। कहने का तात्पर्य यह है कि सामाजिक समस्याएं एक-दूंसरे पर अन्तर-निर्भर होती हैं। अत: इनमें से किसी को भी सुलझाने के लिए इन सभी के निवारण के लिए एक साथ प्रयत्न करना आवश्यक होता है। साधारणत: यह भी विश्वास किया जाता है कि एक समस्या के निराकरण से कोइ दूसरी समस्या उत्पन्न हो सकती है।

एक सामाजिक समस्या की किसी भी परिभाषा में तीन तत्व पाये जाते हैं : प्रथम, सामाजिक समस्या एक ऐसी दशा है जिसमें सापेक्ष रूप से काफी लोग उलझे होते हैं, यद्यपि यह कहना कठिन है कि कितने लोग। **द्वितीय,** इस दशा को अधिकांश लोगों की मूल्य-व्यवस्था की दृष्टि से समाज कल्याण के लिए खतरा समझा जाता। **तृतीय,** यह मानकर चला जाता है कि सामूहिक प्रयत्न के द्वारा इस दशा को नियन्त्रित किया जा सकता है। यहाँ हमें इस बात को भी ध्यान में रखना है कि क सामाजिक समस्या वस्तुनिष्ठ दृष्टि से (यथार्थ में) मौजूद हो सकती है, परन्तु वह व्यक्तिपरक ढंग से अस्तित्व में नहीं आ सकती है जब एक कि समाज के बहुत-से लोग उसके प्रति जागरूक न हों। अत: यह कहा जा सकता है कि एक सामाजिक समस्या का अस्तित्व उसके प्रति जनता में जागरूकता पर निर्भर करता है। उस समस्या को हल करने के प्रयत्न इस बात पर निर्भर करते हैं कि उसके विरुद्ध जनमत को कितने प्रभावशली ढंग से संगठित किया जाता है?

सामाजिक समस्या की परिभाषा में **एक तत्व यह भी है कि यह ऐ ऐसी दशा है जिसे समाज खतरे के रूप में देखता है।** इसका तात्पर्य यह हुआ कि एक विशिष्ट दशा की उपस्थिति मात्र से सामाजिक समस्या निर्मित नहीं होती है। महत्वपूर्ण बात यह है कि लोग उस दश को किस रूप में परिभाषित करते हैं। वे विभिन्न परिस्थितियों या दशाओं को अपने मूल्यों, मनोवृत्तियों तथा प्रेरणाओं की पृष्ठभूमि में ही देखने या समझने की कोशिश करते हैं। इनमें सबसे अधिक महत्व मूल्यों का है जो व्यक्ति की मनोवृत्तियों को प्रभावित करते हैं। अत: यह कहा जा सकता है कि

एक ऐसी सामाजिक दशा जो सामान्य रूप से अधिकांश लोगों के मूल्यों की दृष्टि से खतरे के रूप में देखी जाती है, सामाजिक समस्या मानी जाती है। बाल अपराध तथा वयस्क-अपराध निजी सम्पत्ति तथा जीवन के लिए खतरे के रूप में हैं। इसी कारण इन्हें सामाजिक समस्याओं के रूप में देखा जाता है। स्पष्ट है कि एक सामाजिक दशा को सामाजिक समस्या के रूप में परिभाषित करने में समाज विशेष की मूल्य-व्यवस्था का काफी महत्व होता है। जब तक किसी सामाजिक दशा को समाज के अधिकतर लोग अपने कल्याण के लिए खतरे के रूप में नहीं देखें, तब तक वह सामाजिक समस्या नहीं कहला सकती। बेकारी अथवा मद्यपान उसी समय सामाजिक समस्याओं की श्रेणी में आते हैं जब इनकी मात्रा इतनी बढ़ जाये कि समाज को इनसे खतरा पैदा हो जाय। ये समस्या का रूप उसी समय ग्रहण करते हैं जब बहुत से लोग इनसे प्रभावित हों, इनके प्रति जागरूक हों और इनके हल के लिए सामूहिक रूप से प्रयत्नशील हों।सामाजिक समस्या को परिभाषित करना यद्यपि कठिन अवश्य है परन्तु फिर भी बहुत-से विद्वानां ने अपने-अपने दृष्टिकोण से इसे परिभाषित किया है। **डब्ल्यू. वेलेस वीबर** के अनुसार, **''सामाजिक समस्या एक ऐसी दशा है जो चिन्ता, तनाव, संघर्ष या नैराश्य उत्पन्न करती है और आवश्यकता की पूर्ति में बाधा डालती है।''**

सामाजिक समस्या उद्वेगात्मक अथवा मानसिक व्याकुलता के लिए उत्तरदायी है। चिन्ता, समस्या में गतिशील तत्व के रूप में पायी जाती है। एक समस्यामूलक परिस्थिति उन व्यक्तियों को इसका हल खोजने के लिए बाध्य करती है जो इससे प्रभावित हों। समस्या से छुटकारा प्राप्त करने के लिए परिस्थिति को सामाजिक परिवर्तनों के माध्यम से बदलना आवश्यक होता है। सामाजिक समस्याओं के अध्ययन में ध्यान सामाजिक परिस्थितियों पर केन्द्रित किया जाता है।

राब तथा सेल्जनिक ने सामाजिक समस्या को ''मानवीय सम्बन्धों से सम्बन्धित एक समस्या माना है जो समाज के लिए गम्भीर खतरा पैदा करती है अथवा जो व्यक्तियों की महत्वपूर्ण आकांक्षाओं की प्राप्ति में बाधाएँ उत्पन्न करती है।''

पाल लैण्डिस के अनुसार, ''सामाजिक समस्याएं व्यक्तियों की कल्याण सम्बन्धी अपूर्ण आकांक्षाएं हैं।''

क्लेरेंस मार्शकेस के मतानुसार, ''सामाजिक मसस्या का तात्पर्य किसी ऐसी सामाजिक परिस्थिति से है जो एक समाज में काफी संख्या में योग्य अवलोकनकर्त्ताओं के ध्यान को आकर्षित करती है, और सामाजिक अर्थात् सामूहिक, किसी एक अथवा दूसरे किस्म की क्रिया के द्वारा पुनः सामंजस्य या हल के लिए उन्हें आग्रह करती

है।" रिचार्ड सी. फुल्लर तथा रिचार्ड मायर्स के अनुसार, "व्यवहार के जिन प्रतिमानों या परिस्थितियों को किसी समय समाज के बहुत-से सदस्य आपत्तिजनक अथवा अवांछनीय मानते हों, वे ही सामाजिक समस्याएं हैं। इन सदस्यों की यह मान्यता रहती है कि इन समस्याओं को हल करने और उनके कार्यक्षेत्र को कम करने के लिए सुधार-नीतियों, कार्यक्रमों एवं सेवाओं की आवश्यकता होती है।"

मैरिल तथा एल्डरिज ने बताया है कि "सामाजिक समस्याएँ उस समय उत्पन्न होती हैं जब गतिहीनता के कारण काफी संख्या में लोग अपनी-अपनी अपेक्षित सामाजिक भूमिकाओं में कार्य करने में असमर्थ होते हैं।"

हॉर्टन तथा लेस्ले के अनुसार, "सामाजिक समस्या एक ऐसी स्थिति है जो बहुत-से लोगों को प्रतिकूल रूप से प्रभावित करती है तथा जिसका हल सामूहिक क्रिया द्वारा ही हो सकता है।"

वाल्स एवं फर्फे की मान्यता है कि "सामाजिक समस्या सामाजिक आदर्शों का विलचन है जिसका निराकरण सामूहिक प्रयास से ही सम्भव है।"

अरनाल्ड एम. रोज ने लिखा है कि "सामाजिक समस्या एक ऐसी परिस्थिति है जो किसी समूह के द्वारा अपने सदस्यों के लिए असन्‍तोष के एक स्त्रोत के रूप में देखी जाती है और जिसमें बेहतर विकल्पों को मान्यता दी जाती है ताकि समूह या समूह में व्यक्ति **कोई परिवर्तन लाने के लिए प्रेरित होते हैं। इसे सामाजिक समस्या प्रमुखतः इसलिए माना जाता है क्योंकि यह सामाजिक वातावरण में ही पायी जाती है और उत्तरदायी कारणों को इस रूप में देखा जाता है कि ये पर्यावरण में ही मौजूद हैं।"**

शेपर्ड तथा **बॉस** के अनुसार, "**एक सामाजिक समस्या समाज की कोई भी ऐसी सामाजिक दशा है जिसे समाज के एक बहुत बड़े भाग या शक्तिशाली भाग द्वारा अवांछनीय और ध्यान देने योग्य समझा जाता है।"**

उपर्युक्त परिभाषाओं के आधार पर सामाजिक समस्याओं के अर्थ को भली भांति समझा जा सकत है। इन परिभाषाओं के आधार पर कहा जा सकता है कि **सामाजिक समस्या के अर्थ में निम्नलिखित सामान्य तत्व पाये जाते हैं :**

(1) सामाजिक समस्या एक ऐसी कष्टप्रद दशा है जो व्यक्ति और समाज दोनों के विकास की दृष्टि से बाधक है।

(2) सामाजिक समस्या का मनावैज्ञानिक एवं भौतिक विस्तार इतना होता है कि उससे एक महसूस की जाने वाली आवश्यकता की पूर्ति में बाधा पड़ती है।

(3) किसी सामाजिक दशा के सामाजिक समस्या कहलाने के लिए यह आवश्यक है कि समूह की जाने वाली आवश्यकता की पूर्ति में बाधा पड़ती है।

(4) असामंजस्यपूर्ण शक्तियों तथा उनके परिणामों को रोकने के लिए सामाजिक क्रिया एवं नियन्त्रण की आवश्यकता पड़ती है।

(5) पुनः सामंजस्य स्थापित करने के लिए पर्यावरण सम्बन्धी परिस्थिति में सरंचनात्मक संशोधन आवश्यक रहता है।

स्पष्ट है कि सामाजिक समयाएं वे सामाजिक दशएं या परिस्थितियाँ हैं जो समाज में सामंजस्य, सुदृढ़ता एवं सामाजिक मूल्य-व्यवस्था के लिए खतरा मानी जाती हैं। **अतः सामाजिक समस्याओं को हम उन सामाजिक दशाओं के रूप में परिभाषित कर सकते हैं जो सामाजिक कल्याण के लिए काफी खतरे के रूप में होती है, जिनके प्रति एक समाज के काफी लोग जागरूक होते हैं और निराकरण के लिए सामूहिक रूप से कोई रचनात्मक कार्य या प्रयास करने की आवश्यकता अनुभव करते हैं।** किसी सामाजिक समस्या को हल करने हेतु सार्वजनिक धन से व्यय किया जाता है।

किसी सामाजिक दशा को सामाजिक समस्या के रूप में समझने और हल करने के लिए **फुल्लर** के अनुसार तीन अवस्थाओं से गुजरना आवश्यक है। **प्रथम,** किसी परिस्थिति को सामाजिक समस्या मानने के लिए यह आवश्यक है कि लोगों को यह दृढ़ विश्वास हो कि वह परिस्थिति लोगों की मूल्य-व्यवस्था की दृष्टि से अनुचित है और उसको हल करने के लिए कुछ करना चाहिए। **द्वितीय,** किसी सामाजिक समस्या के अस्तित्व को स्वीकार करने पर उसके निवारण के लिए अनेक सुझावों में से किसी एक को मानकर उसके अनुरूप साधन ढूंढने का प्रयास किया जाता है। **तृतीय,** किसी साधन को ढूँढने के पश्चात् उसको कार्यान्वित कर सुधार लाने की कोशिश की जाती है।

3

सामाजिक विघटन

सामाजिक समस्याओं के अनेक कारण हैं। विभिन्न विद्वानों ने सामाजिक समस्याओं के कारणों पर अपने विचार प्रकट किए हैं जो निम्न हैं–

(1) **रॉब** और **सेल्जनिक** ने **'मेजर सोशियल प्रोब्लम्स'** में सामाजिक समस्याओं के अग्रलिखित पाँच कारण बताए हैं–

1. जब संगठित समाज के लोगों की पारस्परिक सम्बन्धों को व्यवस्थित करने की क्षमता समाप्त होती दिखाई देती है, तो सामाजिक समस्या उत्पन्न होती है।

2. जब समाज की अनेक संस्थाएँ विचलित होने लगती हैं तो सामाजिक समस्याएँ उत्पन्न होने लगती है।

3. जब समाज के कानूनों को लोग तोड़ते हैं, उनक पालन नहीं करते हैं, तब सामाजिक समस्याएँ उत्पन्न होती है।

4. जब समाज के मूल्यों का हस्तान्तरण एक पीढ़ी से दूसरी पीढ़ी को होना बन्द हो जाता है, तब सामाजिक समस्याएँ उत्पन्न होने लगती हैं।

5. जब समाज के सामान्य सदस्यों की आकांक्षाओं तथा अपेक्षाओं की सरंचना बिगड़ने लगती है, तब सामाजिक समस्याएँ उत्पन्न होती हैं।

(2) रॉबर्ट ए. निस्बेत ने सामाजिक समस्या की उत्पत्ति के निम्न चार कारण बताए हैं–

1. **संस्थाओं में संघर्ष** सामाजिक समस्याओं को जन्म देते हैं।

2. **सामाजिक गतिशीलता** के कारण सामाजिक समस्याएँ उत्पन्न होती हैं।

3. **व्यक्तिवादिता** सामाजिक समस्या का प्रमुख कारण हैं।

4. **व्याधिकीय स्थिति** सामाजिक समस्याओं को जन्म देती है।

(3) पॉल लैंडिस के अनुसार सामाजिक समस्या के निम्न चार कारण हैं–

1. व्यक्ति का समायोजन करने में असफल होना।

2. सामाजिक संरचना का दोषपूर्ण होना।

3. संस्थागत समायोजन में असफल होना।

4. सामाजिक नीतियों में संस्थागत विलम्बन का होना।

(4) गिलिन और **गिलिन** की मान्यता है कि व्यक्तिगत समायोजन की असफलता का कारण अपूर्ण समाजीकरण है। अगर व्यक्ति का सामाजिकरण अच्छा किया जाए तो सामाजिक तथा व्यक्तिगत समस्याएँ उत्पन्न ही नहीं हों।

(5) हरमन एवं **वाल्श** के अनुसार विभिन्न सामाजिक समस्याएँ तथा उनके कारण परस्पर एक-दूसरे से इतने अधिक सम्बन्धित तथा गुंफित होते हैं कि उनकी अलग-अलग व्याख्या करना अवैज्ञानिक तथा तर्कहीन हैं। **हरमन** तथा **वाल्श** ने रॉब, सेल्जनिक और पाल लैंडिस की इस बात की आलोचना की है कि इन्होंने सामाजिक समस्या के अलग-अलग कारण बता कर वर्णन तथा व्याख्या की है। समाज एक जटिल व्यवस्था है जिसमें अनेक कारक तथा लक्षण विद्यमान होते हैं जो परस्पर एक-दूसरे से सबन्धित होते हैं जिनमें असन्तुलन आने पर सामाजिक समस्याएँ उत्पन्न होती हैं। उपर्युक्त वैज्ञानिक द्वारा व्यक्त किए गए सामाजिक समस्याओं के कारणों से अस्पष्ट होता है कि सामाजिक समस्याओं को मनोविकारी, विकृत और व्याधिकीय सामाजिक एवं व्यक्तिगत परिस्थितियाँ जन्म देती हैं। ये ऐसी विकृत परिस्थितियाँ आदिम, ग्रामीण, कस्बाई, नगरीय और महानगरीय सभी छोटे-बड़े समाजों में पैदा होती हैं, जो समाज

आकार में छोटे होते हैं, जिनमें यान्त्रिक एकता होती है तथा परिवर्तन की गति धीमी होती है उनमें सामाजिक समस्याएँ कम होती है, जो समाज आकार में बड़े होते हैं जिनमें सावयवी एकता होती है तथा परिवर्तन की गति तीव्र होती है उनमें सामाजिक समस्याएँ अधिक होती है।

सामाजिक समस्याओं का समाधान

मानव एक ऐसा प्राणी है जो निरन्तर समस्याओं का समाधान खोजता रहता है। सामाजिक समस्याओं के समाधान के लिए मानव समाज तथा विद्वानों द्वारा खोज करना कोई नई बात नहीं है। सामाजिक समस्याओं के समाधान के लिए निम्नलिखित तीन दृष्टिकोण महत्वपूर्ण है–

(1) बहुकारकरवादी दृष्टिकोण–समाज एक जटिल व्यवस्था है। इसलिए इससे सम्बन्धित समस्याएँ भी जटिल हो जाती हैं। सामाजिक समस्या अनेक कारणों के सम्मिलित प्रभावों का परिणाम होती है। जाति-व्यवस्था से सम्बन्धित किसी भी सामाजिक समस्या को ले लीजिए, उसका कोई एक कारण निश्चित करना बहुत कठिन है। उदाहरण के रूप में अस्पृश्यता की समस्या के अनेक कारण हैं, जैसे–धार्मिक कर्म का सिद्धान्त, निर्धनता, पिछड़ापन, अन्धविश्वास, अशिक्षा, राजनैतिक, सांस्कृतिक, सामाजिक आदि–आदि। इसी प्रकार बेरोजगारी, निर्धनता, दहेज, बाल विवाह, भिक्षावृत्ति, भाषावाद आदि सामाजिक समस्याओं के अनेक कारण हैं। इसीलिए किसी भी सामाजिक समस्या से सम्बन्धित दृष्टिकोण बहुकारकों के सिद्धान्त पर आधारित होना चाहिए तभी समस्या से सम्बन्धित पूर्ण, क्रमबद्ध, व्यवस्थित तथा वैज्ञानिक जानकारी प्राप्त हो सकेगी। इसी को बहुकारकवादी दृष्टिकोण कहते हैं।

(2) पारस्परिक सम्बद्धता–सामाजिक समस्याएँ सामाजिक व्यवस्था और संगठन का अंग होती हैं। समस्याओं के अनेक कारण होते हैं जो परस्पर एक-दूसरे से सम्बन्धित तथा अन्योन्याश्रित होते हैं। कोई एक सामाजिक समस्या अलग-थलग तथा स्वतन्त्र रूप से विद्यमान नहीं होती है, वह तो अनेक सामाजिक समस्याओं का परिणाम होती है। इसलिए किसी भी सामाजिक समस्या के निराकरण के लिए अनेक परस्पर सम्बन्धित कारकों तथा कारणों का अध्ययन तथा समाधान खोज निकालना आवश्यक हो जाता है जो निम्न उदाहरण से और स्पष्ट हो जाएगा। बेकारी की सामाजिक समस्या के कारण–जनसंख्या वृद्धि, दोषपूर्ण शिक्षा, कुटीर एवं लघु उद्योग-धन्धों का विनाश, भौगोलिक गतिहीनता, नौकरी की प्रतिष्ठा आदि हैं, जो परस्पर सम्बन्धित भी हैं। बेकारी की समस्या का निराकरण भी इन सभी कारणों तथा इनसे सम्बन्धित समस्याओं के साथ-साथ निराकरण से ही हो सकता है। जनसंख्या वृद्धि को रोकने

के लिए परिवार कल्याण कार्यक्रम को तेज करना होगा। इसके लिए शिक्षा का प्रसार करना होगा। शिक्षा को व्यावसायिक आधार देना होगा। भौगोलिक गतिशीलता की वृद्धि के लिए यातायात तथा संचार के साधनों का विकास करना होगा। इस प्रकार सामाजिक समस्या अन्य बहुत सी समस्याओं से सम्बन्धित समस्या है जिसे हल करने में उनका ध्यान रखना आवश्यक है।

(3) सापेक्षता–सामाजिक समस्याएँ समाज तथा स्थान सापेक्ष होती है जिसमें तात्पर्य है कि एक समाज में एक समय विशेष में एक क्रिया सामाजिक समस्या हो सकती है परन्तु उसी समाज में दूसरे काल में वह मान्य क्रिया हो सकती है, जैसे–व्यवसायों पर प्रतिबन्ध जाति–व्यवस्था के अन्तर्गत प्राचीनकाल में प्रथा थी। कोई परम्परागत व्यवसाय छोड़कर अन्य व्यवसाय नहीं कर सकता था। अस्पृश्यता पहिले सामाजिक मूल्य था, अब एक समस्या है। स्थान सापेक्षता से तात्पर्य है कि एक समाज में वह सामाजिक समस्या है तथा दूसरे समाज में नहीं है जैसे–प्रजातीय संघर्ष की समस्या अफ्रीका तथा अमेरिका में उग्र रूप में हैं, भारत में नहीं है। जनसंख्या वृद्धि भारत में जटिल समस्या है, चीन में नहीं है। इस प्रकार यह कहा जा सकता है कि सामाजिक समस्याओं के निराकरण में समय तथा स्थान सापेक्षता का भी ध्यान रखना आवश्यक है।

सामाजिक समस्याओं के निराकरण में बाधाएँ–सामाजिक समस्याओं के निराकरण में जो बाधाएँ आती हैं वे **जानॅसन** के अनुसार निम्न तीन है।

(1) शक्तिशाली भावनाओं तथा निहित स्वार्थों का समर्थन–जॉनसन ने लिखा है कि अनेक समस्याओं के समाधान में शक्तिशाली मनोभाव और निहित स्वार्थों के कारण लोग सामाजिक संरचना को समर्थन देते हैं जिसे बदले बिना समस्याओं का समाधान करना कठिन कार्य होता है। कुछ स्वार्थी लोग समस्या कोहल करने का केवल दिखावा करते हैं, अन्दर से चाहते हैं कि समस्या बनी रहे, क्योंकि समस्या के बनी रहने से उनके स्वार्थ पूर्ण होते रहते हैं। भारतवर्ष में आवास की समस्या, अशिक्षा, निर्धनता, भ्रष्टाचार आदि इसके उदाहरण है।

(2) सुझावों को हानिकारक बताना–जब सामाजिक समस्याओं को हल करने के लिए सुझाव दिए जाते हैं तो प्रभावशाली लोग उन सुझावों को हानिकारक बता कर पास नहीं होने देते हैं। सन् 1969 में भारत में बैंकों का जब राष्ट्रीयकरण करने की बात आई तो पूँजीपतियों ने उसक विरोध किया था। राष्ट्रीयकरण इसलिए किया गया जिससे विकास कार्यों के लिए अधिक पूँजी उपलब्ध हो सके तथा निर्धनता को दूर किया जा सके। पूँजीपति ऐसा होने देना नहीं चाहते थे।

(3) कार्य की धीमी गति–सामाजिक समस्याओं के निराकरण के लिए जो योजनाएँ बनाई जाती हैं उनको बहुत धीमी गति से कार्यान्वित किया जाता है जिससे उसके परिणाम कई वर्षों में भी देखने को मुश्लि से ही मिलते हैं। अनेक अधिनियम सामाजिक समस्याओं के समाधान के लिए बनाए गए हैं परन्तु उन्हें व्यवहार में लाने में काफी समय लगाया जा रहा है; जैसे–बाल विवाह निरोधक अधिनियम, दहेज प्रथा निरोधक अधिनियम, विवाह विच्छेद अधिनियम आदि।

कुछ प्रभावशाली लोग अपने स्वार्थवश समस्याओं के निराकरण की योजनाओं, साधनों आदि का विरोध करते हैं। ऐसा सोचना भी गलत है कि यह विरोध हमेशा स्वार्थवश ही हो। कभी-कभी निस्वार्थ विरोध भी हो सकता है, जो वास्तव में सही भी हो। इसलए विरोधों का भी मूल्यांकन निष्पक्ष रूप से करना चाहिए।

सामाजिक समस्याओं का वैज्ञानिक अध्ययन–सामाजिक समस्याओं का निराकरण करने से पहिले उनका वैज्ञानिक अध्ययन करना चाहिए। समस्या से सम्बन्धित सही कारणों को ज्ञात करना चाहिए, समस्या से सम्बन्धित तथ्यों को एकत्र करना चाहिए, उनका वर्गीकरण और सारणीयन तथा विश्लेषण करना चाहिए, उसके बाद समाधान से सम्बन्धित वास्तविक कार्य करना चाहिए।

वाल्श तथा **फरफे** ने सामाजिक समस्याओं के निराकरण के सम्बन्ध में सुझाव दिया है कि प्रत्येक समस्या के निराकरण के लिए अवलोकन, विश्लेषण, समाधान को कार्यान्वित करना चाहिए। यह कार्य अग्र प्रकार से सम्पन्न होना चाहिए–

(1) समस्या की व्याख्या–सामाजिक समस्या के निराकरण के पहिले उसका वैज्ञानिक पद्धति से अध्ययन किया जाना आवश्यक है। इसके लिए सर्वप्रथम उस समस्या का चयन किया जाता है जिसका निराकरण करना है। समस्या की व्याख्या स्पष्ट रूप से की जाती है कि सामाजिक समस्या के किन-किन पहलुओं का अध्ययन करना है। समस्या से सम्बन्धित कौन-कौन से कारण हैं जो समस्या के समाधान के लिए मालूम करने आवश्यक हैं।

(2) अवलोकन एवं तथ्यों का संकलन–सामाजिक समस्या का निराकरण तब अधिक व्यावहारिक तथा सरल हो जाता है जब उससे सम्बन्धित विभिन्न तथ्यों, कारणों तथा प्रभावों का पूर्ण ज्ञान हो। इसी उद्देश्य को ध्यान में रखकर अध्ययन के द्वितीय चरण में समस्या से सम्बन्धित तथ्यों का अवलोकन तथा संकलन किया जाता है। तथ्यों के संकलन की प्रविधि का चयन सामाजिक समस्या की प्रकृति के अनुसार किया जाता है; यह प्रविधि अवलोकन, साक्षात्कार, अनुसूची, प्रश्नावली आदि होती है।

कई बार ऐसा होता है कि लोग परिस्थिति की भिन्न-भिन्न व्याख्या करते हैं। उदाहरण के रूप में जनसंख्या के नियन्त्रण में परिवार कल्याण को लोग ठीक मानते हैं परन्तु उसके साधनों, तरीकों अथवा उपकरणों के सम्बन्ध में भिन्न-भिन्न विचार हैं। इसलिए सामाजिक समस्या के बारे में यह ज्ञात करना आवश्यक हो जाता है कि लोगों के व्यवहार और विचार क्या-क्या हैं। समाज विशेष में क्या सही है तथा क्या गलत है इसका निर्णय करने के लिए सम्बन्धित समाज के मूल्यों, परम्पराओं, नैतिक सदाचार आदि की सहायता लेनी चाहिए। समस्या को सम्बन्धित समाज के संदर्भ में अध्ययन करके समझना चाहिए।

(3) तथ्यों का वर्गीकरण, सारणीयन एवं संगठन–तथ्य संकलन के पश्चात् एकत्र सामग्री में परस्पर कारण-प्रभाव का अध्ययन करने के लिए तथ्यों को विभिन्न वर्गों या समूहों में बाँटा जाता है। उनके गुणों और वर्गों को ध्यान में रख कर एकत्र सामग्री को तालिका के रूप में व्यवस्थित किया जाता है। इससे सामाजिक समस्या से सम्बन्धित कारकों का कारण सम्बन्ध स्पष्ट हो जाता है जो समस्या के समाधान की योजना बनाने में मदद करते हैं।

समस्या का निराकरण–इस प्रकार समस्या से सम्बन्धित सम्पूर्ण जानकारी मिलने के बाद समाधान की योजना तैयार की जाती है। जहाँ *सामाजिक क्रिया* आवश्यक होता है वहाँ सामाजिक समस्या का समाधान प्रचलित सामाजिक और आर्थिक संस्थाओं में परिवर्तन करने का प्रयास करके समस्या का निवारण करते हैं। जहाँ सामाजिक कार्य की आवश्यकता होती है वहाँ पर जिन व्यक्तियों को सहायता की आवश्यकता होती है, दी जाती है। सामाजिक क्रिया समस्या को जड़ से समाप्त करती है तथा समस्या के उत्पत्ति सम्बन्धी कारणों को ही नष्ट करती है। सामाजिक कार्य तो मात्र बुराईयों का समाधान करता है। सामाजिक क्रिया बुराई को दूर करने के लिए नियम बनाती है, जैसे-बाल विवाह, दहेज प्रथा, सती प्रथा आदि को रोकने के लिए अधिनियम बनाए गए है। सामाजिक कार्य केवल सम्बन्धित लोगों को समझाता है, मदद करता है। सामाजिक क्रिया सामूहिक प्रयास है। यह एक संगठित प्रयास होता है। सामाजिक कार्य व्यक्तिगत स्तर पर भी किया जा सकता है।

इस प्रकार सामाजिक समस्या का अवलोकन, तथ्यों का संकलन, वर्गीकरण, सारणीयन, विश्लेषण आदि समस्या के समाधान में बहुत सहायक सिद्ध होते हैं।

सामाजिक समस्याओं के अनेक कारण हैं। विभिन्न विद्वानों ने सामाजिक समस्याओं के कारणों पर अपने विचार प्रकट किए हैं जो निम्न हैं–

(1) **रॉब और सेल्जनिक** ने **'मेजर सोशियल प्रोब्लम्स'** में सामाजिक समस्याओं के अग्रलिखित पाँच कारण बताए हैं–

1. जब संगठित समाज के लोगों की पारस्परिक सम्बन्धों को व्यवस्थित करने की क्षमता समाप्त होती दिखाई देती है, तो सामाजिक समस्या उत्पन्न होती है।

2. जब समाज की अनेक संस्थाएँ विचलित होने लगती हैं तो सामाजिक समस्याएँ उत्पन्न होने लगती है।

3. जब समाज के कानूनों को लोग तोड़ते हैं, उनक पालन नहीं करते हैं, तब सामाजिक समस्याएँ उत्पन्न होती है।

4. जब समाज के मूल्यों का हस्तान्तरण एक पीढ़ी से दूसरी पीढ़ी को होना बन्द हो जाता है, तब सामाजिक समस्याएँ उत्पन्न होने लगती हैं।

5. जब समाज के सामान्य सदस्यों की आकांक्षाओं तथा अपेक्षाओं की संरचना बिगड़ने लगती है, तब सामाजिक समस्याएँ उत्पन्न होती हैं।

(2) **रॉबर्ट ए. निस्बेत** ने सामाजिक समस्या की उत्पत्ति के निम्न चार कारण बताए हैं–

1. **संस्थाओं में संघर्ष** सामाजिक समस्याओं को जन्म देते हैं।

2. **सामाजिक गतिशीलता** के कारण सामाजिक समस्याएँ उत्पन्न होती हैं।

3. **व्यक्तिवादिता** सामाजिक समस्या का प्रमुख कारण हैं।

4. **व्याधिकीय स्थिति** सामाजिक समस्याओं को जन्म देती है।

(3) **पॉल लैंडिस** के अनुसार सामाजिक समस्या के निम्न चार कारण हैं–

1. व्यक्ति का समायोजन करने में असफल होना।

2. सामाजिक संरचना का दोषपूर्ण होना।

3. संस्थागत समायोजन में असफल होना।

4. सामाजिक नीतियों में संस्थागत विलम्बन का होना।

(4) **गिलिन और गिलिन** की मान्यता है कि व्यक्तिगत समायोजन की असफलता का कारण अपूर्ण समाजीकरण है। अगर व्यक्ति का सामाजिकरण अच्छा किया जाए तो सामाजिक तथा व्यक्तिगत समस्याएँ उत्पन्न ही नहीं हों।

(5) हरमन एवं **वाल्श** के अनुसार विभिन्न सामाजिक समस्याएँ तथा उनके कारण परस्पर एक-दूसरे से इतने अधिक सम्बन्धित तथा गुंफित होते हैं कि उनकी अलग-अलग व्याख्या करना अवैज्ञानिक तथा तर्कहीन हैं। **हरमन तथा वाल्श** ने रॉब, सेल्जनिक और पाल लैंडिस की इस बात की आलोचना की है कि इन्होंने सामाजिक समस्या के अलग-अलग कारण बता कर वर्णन तथा व्याख्या की है। समाज एक जटिल व्यवस्था है जिसमें अनेक कारक तथा लक्षण विद्यमान होते हैं जो परस्पर एक-दूसरे से सबन्धित होते हैं जिनमें असन्तुलन आने पर सामाजिक समस्याएँ उत्पन्न होती हैं। उपर्युक्त वैज्ञानिक द्वारा व्यक्त किए गए सामाजिक समस्याओं के कारणों से अस्पष्ट होता है कि सामाजिक समस्याओं को मनोविकारी, विकृत और व्याधिकीय सामाजिक एवं व्यक्तिगत परिस्थितियाँ जन्म देती हैं। ये ऐसी विकृत परिस्थितियाँ आदिम, ग्रामीण, कस्बाई, नगरीय और महानगरीय सभी छोटे-बड़े समाजों में पैदा होती हैं, जो समाज आकार में छोटे होते हैं, जिनमें यान्त्रिक एकता होती है तथा परिवर्तन की गति धीमी होती है उनमें सामाजिक समस्याएँ कम होती है, जो समाज आकार में बड़े होते हैं जिनमें सावयवी एकता होती है तथा परिवर्तन की गति तीव्र होती है उनमें सामाजिक समस्याएँ अधिक होती है।

सामाजिक समस्याओं का समाधान

मानव एक ऐसा प्राणी है जो निरन्तर समस्याओं का समाधान खोजता रहता है। सामाजिक समस्याओं के समाधान के लिए मानव समाज तथा विद्वानों द्वारा खोज करना कोई नई बात नहीं है। सामाजिक समस्याओं के समाधान के लिए निम्नलिखित तीन दृष्टिकोण महत्वपूर्ण है-

(1) बहुकारकरवादी दृष्टिकोण-समाज एक जटिल व्यवस्था है। इसलिए इससे सम्बन्धित समस्याएँ भी जटिल हो जाती हैं। सामाजिक समस्या अनेक कारणों के सम्मिलित प्रभावों का परिणाम होती है। जाति-व्यवस्था से सम्बन्धित किसी भी सामाजिक समस्या को ले लीजिए, उसका कोई एक कारण निश्चित करना बहुत कठिन है। उदाहरण के रूप में अस्पृश्यता की समस्या के अनेक कारण हैं, जैसे-धार्मिक कर्म का सिद्धान्त, निर्धनता, पिछड़ापन, अन्धविश्वास, अशिक्षा, राजनैतिक, सांस्कृतिक, सामाजिक आदि-आदि। इसी प्रकार बेरोजगारी, निर्धनता, दहेज, बाल विवाह, भिक्षावृत्ति, भाषावाद आदि सामाजिक समस्याओं के अनेक कारण हैं। इसीलिए किसी भी सामाजिक समस्या से सम्बन्धित दृष्टिकोण बहुकारकों के सिद्धान्त पर आधारित होना चाहिए तभी समस्या से सम्बन्धित पूर्ण, क्रमबद्ध, व्यवस्थित तथा वैज्ञानिक जानकारी प्राप्त हो सकेगी। इसी को बहुकारकवादी दृष्टिकोण कहते हैं।

(2) पारस्परिक सम्बद्धता–सामाजिक समस्याएँ सामाजिक व्यवस्था और संगठन का अंग होती हैं। समस्याओं के अनेक कारण होते हैं जो परस्पर एक-दूसरे से सम्बन्धित तथा अन्योन्याश्रित होते हैं। कोई एक सामाजिक समस्या अलग-थलग तथा स्वतन्त्र रूप से विद्यमान नहीं होती है, वह तो अनेक सामाजिक समस्याओं का परिणाम होती है। इसलिए किसी भी सामाजिक समस्या के निराकरण के लिए अनेक परस्पर सम्बन्धित कारकों तथा कारणों का अध्ययन तथा समाधान खोज निकालना आवश्यक हो जाता है जो निम्न उदाहरण से और स्पष्ट हो जाएगा। बेकारी की सामाजिक समस्या के कारण-जनसंख्या वृद्धि, दोषपूर्ण शिक्षा, कुटीर एवं लघु उद्योग-धन्धों का विनाश, भौगोलिक गतिहीनता, नौकरी की प्रतिष्ठा आदि हैं, जो परस्पर सम्बन्धित भी हैं। बेकारी की समस्या का निराकरण भी इन सभी कारणों तथा इनसे सम्बन्धित समस्याओं के साथ-साथ निराकरण से ही हो सकता है। जनसंख्या वृद्धि को रोकने के लिए परिवार कल्याण कार्यक्रम को तेज करना होगा। इसके लिए शिक्षा का प्रसार करना होगा। शिक्षा को व्यावसायिक आधार देना होगा। भौगोलिक गतिशीलता की वृद्धि के लिए यातायात तथा संचार के साधनों का विकास करना होगा। इस प्रकार सामाजिक समस्या अन्य बहुत सी समस्याओं से सम्बन्धित समस्या है जिसे हल करने में उनका ध्यान रखना आवश्यक है।

(3) सापेक्षता–सामाजिक समस्याएँ समाज तथा स्थान सापेक्ष होती है जिसमें तात्पर्य है कि एक समाज में एक समय विशेष में एक क्रिया सामाजिक समस्या हो सकती है परन्तु उसी समाज में दूसरे काल में वह मान्य क्रिया हो सकती है, जैसे-व्यवसायों पर प्रतिबन्ध जाति-व्यवस्था के अन्तर्गत प्राचीनकाल में प्रथा थी। कोई परम्परागत व्यवसाय छोड़कर अन्य व्यवसाय नहीं कर सकता था। अस्पृश्यता पहिले सामाजिक मूल्य था, अब एक समस्या है। स्थान सापेक्षता से तात्पर्य है कि एक समाज में वह सामाजिक समस्या है तथा दूसरे समाज में नहीं है जैसे-प्रजातीय संघर्ष की समस्या अफ्रीका तथा अमेरिका में उग्र रूप में हैं, भारत में नहीं है। जनसंख्या वृद्धि भारत में जटिल समस्या है, चीन में नहीं है। इस प्रकार यह कहा जा सकता है कि सामाजिक समस्याओं के निराकरण में समय तथा स्थान सापेक्षता का भी ध्यान रखना आवश्यक है।

सामाजिक समस्याओं के निराकरण में बाधाएँ–सामाजिक समस्याओं के निराकरण में जो बाधाएँ आती हैं वे **जानॅसन** के अनुसार निम्न तीन है।

(1) शक्तिशाली भावनाओं तथा निहित स्वार्थों का समर्थन–जॉनसन ने लिखा है कि अनेक समस्याओं के समाधान में शक्तिशाली मनोभाव और निहित

स्वार्थों के कारण लोग सामाजिक संरचना को समर्थन देते हैं जिसे बदले बिना समस्याओं का समाधान करना कठिन कार्य होता है। कुछ स्वार्थी लोग समस्या कोहल करने का केवल दिखावा करते हैं, अन्दर से चाहते हैं कि समस्या बनी रहे, क्योंकि समस्या के बनी रहने से उनके स्वार्थ पूर्ण होते रहते हैं। भारतवर्ष में आवास की समस्या, अशिक्षा, निर्धनता, भ्रष्टाचार आदि इसके उदाहरण है।

(2) सुझावों को हानिकारक बताना–जब सामाजिक समस्याओं को हल करने के लिए सुझाव दिए जाते हैं तो प्रभावशाली लोग उन सुझावों को हानिकारक बता कर पास नहीं होने देते हैं। सन् 1969 में भारत में बैंकों का जब राष्ट्रीयकरण करने की बात आई तो पूँजीपतियों ने उसक विरोध किया था। राष्ट्रीयकरण इसलिए किया गया जिससे विकास कार्यों के लिए अधिक पूँजी उपलब्ध हो सके तथा निर्धनता को दूर किया जा सके। पूँजीपति ऐसा होने देना नहीं चाहते थे।

(3) कार्य की धीमी गति–सामाजिक समस्याओं के निराकरण के लिए जो योजनाएँ बनाई जाती हैं उनको बहुत धीमी गति से कार्यान्वित किया जाता है जिससे उसके परिणाम कई वर्षों में भी देखने को मुश्लि से ही मिलते हैं। अनेक अधिनियम सामाजिक समस्याओं के समाधान के लिए बनाए गए हैं परन्तु उन्हें व्यवहार में लाने में काफी समय लगाया जा रहा है; जैसे–बाल विवाह निरोधक अधिनियम, दहेज प्रथा निरोधक अधिनियम, विवाह विच्छेद अधिनियम आदि।

कुछ प्रभावशाली लोग अपने स्वार्थवश समस्याओं के निराकरण की योजनाओं, साधनों आदि का विरोध करते हैं। ऐसा सोचना भी गलत है कि यह विरोध हमेशा स्वार्थवश ही हो। कभी-कभी निस्वार्थ विरोध भी हो सकता है, जो वास्तव में सही भी हो। इसलए विरोधों का भी मूल्यांकन निष्पक्ष रूप से करना चाहिए।

सामाजिक समस्याओं का वैज्ञानिक अध्ययन–सामाजिक समस्याओं का निराकरण करने से पहिले उनका वैज्ञानिक अध्ययन करना चाहिए। समस्या से सम्बन्धित सही कारणों को ज्ञात करना चाहिए, समस्या से सम्बन्धित तथ्यों को एकत्र करना चाहिए, उनका वर्गीकरण और सारणीयन तथा विश्लेषण करना चाहिए, उसके बाद समाधान से सम्बन्धित वास्तविक कार्य करना चाहिए।

वाल्श तथा **फरफे** ने सामाजिक समस्याओं के निराकरण के सम्बन्ध में सुझाव दिया है कि प्रत्येक समस्या के निराकरण के लिए अवलोकन, विश्लेषण, समाधान को कार्यान्वित करना चाहिए। यह कार्य अग्र प्रकार से सम्पन्न होना चाहिए–

(1) समस्या की व्याख्या–सामाजिक समस्या के निराकरण के पहिले उसका वैज्ञानिक पद्धति से अध्ययन किया जाना आवश्यक है। इसके लिए सर्वप्रथम

उस समस्या का चयन किया जाता है जिसका निराकरण करना है। समस्या की व्याख्या स्पष्ट रूप से की जाती है कि सामाजिक समस्या के किन-किन पहलुओं का अध्ययन करना है। समस्या से सम्बन्धित कौन-कौन से कारण हैं जो समस्या के समाधान के लिए मालूम करने आवश्यक हैं।

(2) अवलोकन एवं तथ्यों का संकलन—सामाजिक समस्या का निराकरण तब अधिक व्यावहारिक तथा सरल हो जाता है जब उससे सम्बन्धित विभिन्न तथ्यों, कारणों तथा प्रभावों का पूर्ण ज्ञान हो। इसी उद्देश्य को ध्यान में रखकर अध्ययन के द्वितीय चरण में समस्या से सम्बन्धित तथ्यों का अवलोकन तथा संकलन किया जाता है। तथ्यों के संकलन की प्रविधि का चयन सामाजिक समस्या की प्रकृति के अनुसार किया जाता है; यह प्रविधि अवलोकन, साक्षात्कार, अनुसूची, प्रश्नावली आदि होती है। कई बार ऐसा होता है कि लोग परिस्थिति की भिन्न-भिन्न व्याख्या करते हैं। उदाहरण के रूप में जनसंख्या के नियन्त्रण में परिवार कल्याण को लोग ठीक मानते हैं परन्तु उसके साधनों, तरीकों अथवा उपकरणों के सम्बन्ध में भिन्न-भिन्न विचार हैं। इसलिए सामाजिक समस्या के बारे में यह ज्ञात करना आवश्यक हो जाता है कि लोगों के व्यवहार और विचार क्या-क्या हैं। समाज विशेष में क्या सही है तथा क्या गलत है इसका निर्णय करने के लिए सम्बन्धित समाज के मूल्यों, परम्पराओं, नैतिक सदाचार आदि की सहायता लेनी चाहिए। समस्या को सम्बन्धित समाज के संदर्भ में अध्ययन करके समझना चाहिए।

(3) तथ्यों का वर्गीकरण, सारणीयन एवं संगठन—तथ्य संकलन के पश्चात् एकत्र सामग्री में परस्पर कारण-प्रभाव का अध्ययन करने के लिए तथ्यों को विभिन्न वर्गों या समूहों में बाँटा जाता है। उनके गुणों और वर्गों को ध्यान में रख कर एकत्र सामग्री को तालिका के रूप में व्यवस्थित किया जाता है। इससे सामाजिक समस्या से सम्बन्धित कारकों का कारण सम्बन्ध स्पष्ट हो जाता है जो समस्या के समाधान की योजना बनाने में मदद करते हैं।

समस्या का निराकरण—इस प्रकार समस्या से सम्बन्धित सम्पूर्ण जानकारी मिलने के बाद समाधान की योजना तैयार की जाती है। जहाँ *सामाजिक क्रिया* आवश्यक होता है वहाँ सामाजिक समस्या का समाधान प्रचलित सामाजिक और आर्थिक संस्थाओं में परिवर्तन करने का प्रयास करके समस्या का निवारण करते हैं। जहाँ सामाजिक कार्य की आवश्यकता होती है वहाँ पर जिन व्यक्तियों को सहायता की आवश्यकता होती है, दी जाती है। सामाजिक क्रिया समस्या को जड़ से समाप्त करती है तथा समस्या के उत्पत्ति सम्बन्धी कारणों को ही नष्ट करती है। सामाजिक कार्य तो मात्र

बुराईयों का समाधान करता है। सामाजिक क्रिया बुराई को दूर करने के लिए नियम बनाती है, जैसे-बाल विवाह, दहेज प्रथा, सती प्रथा आदि को रोकने के लिए अधिनियम बनाए गए है। सामाजिक कार्य केवल सम्बन्धित लोगों को समझाता है, मदद करता है। सामाजिक क्रिया सामूहिक प्रयास है। यह एक संगठित प्रयास होता है। सामाजिक कार्य व्यक्तिगत स्तर पर भी किया जा सकता है। इस प्रकार सामाजिक समस्या का अवलोकन, तथ्यों का संकलन, वर्गीकरण, सारणीयन, विश्लेषण आदि समस्या के समाधान में बहुत सहायक सिद्ध होते हैं।

समस्या के आकार को प्रभावित करने वाले कारक

किसी समस्या के आकार को प्रभावित करने वाला प्रथम कारक उस परिस्थिति में सम्मिलित व्यक्तियों की संख्या है। द्वितीय कारक समस्या द्वारा उत्पन्न भावना की तीव्रता है। इस भावना के आवेग के नाम से जाना जाता है। **निसबेट** की मान्यता है कि जो व्यक्ति या समूह किसी परिस्थिति को एक समस्या के रूप में परिभाषित करते हैं, नैतिक रोष अनुभव करते हैं। ये दो कारक परिस्थिति में सम्मिलित व्यक्तियों की संख्या तथा आवेग अनेक रूपों में पारस्परिक अन्त:क्रिय करते हैं। किसी भी परिस्थिति के आकार वाली समस्या के लिए इन दोनों की उपस्थिति आवश्यक है। इन दोनों मेंसे यदि कोई एक कारक पाया जाता है, तो समस्या की सामाजिक प्रकृति महत्वहीन होगी। उदाहरण के रूप में, किसी समाज के लाखों-करोड़ों लोग चाहे निर्धनता के शिकार क्यों न हों, लेकिन जब तक वे अपनी इस स्थिति को अनुचित या परिवर्तनीय नहीं समझते हैं, तब तक उनकी निर्धनता एक बड़ी सामाजिक समस्या नहीं है

वर्तमान भारत में प्रजातान्त्रिक मूल्यों तथा समाजवादी विचारधारा के प्रसार ने लोगों को निर्धनता के प्रति जागरूक बना दिया है और वे यह अनुभव करने लगे हैं कि निर्धनता का बना रहना अनुचित है और इसे प्रयत्न द्वारा कम अथवा समाप्त किया जा सकता है। यही कारण है कि इसने आजकल बड़े आकार की समस्या का रूप ग्रहण कर लिया है। यह कहा जा सकता है कि **एक सामाजिक समस्या का आकार स समय सबसे अधिक होता है जब लोग काफी संख्या में तीव्रता से उत्तेजित हो उठते हैं और इसलिए कोई कार्यवाही करने को प्रस्तुत हो जाते हैं।**

विचलन की विशेषताएँ

विचलन की निम्नांकित विशेषताओं के आधार पर हम इस अवधारणा को और अधिक स्पष्ट रूप से समझ सकते हैं-

(1) विचलन सामाजिक मानदण्डों से बहुत अधिक दूर हटना है-प्रत्येक समाज में सामाजिक मानदण्डों की थोड़ी-बहुत अवहेलना तो अनदेखी कर दी जाती

है किन्तु जब वह अवहेलना समाज व्यवस्था में विघटन पैदा करने या समाज में खतरा उत्पन्न करने लग जाय तो उसे विचलन कहा जाता है। उदाहरण के लिए, घर में बच्चे द्वारा बिना पूछे केला उठाकर खा लेना उतना गम्भीर व्यवहार नहीं माना जाता है जितना कि घर में आभूषण चुराना। इस प्रकार विचलन में व्यक्तिइस प्रकार का व्यवहार करता है जो सामाजिक मानदण्डों से बहुत हट कर हो।

(2) विचलन वैयक्तिक एवं सामाजिक दोनों स्तरों पर हो सकता है– एक व्यक्ति जब सामाजिक मानदण्डों के विपरीत आचरण करे तो वह वैयक्तिक विचलन है। यदि ऐसा व्यवहार सम्पूर्ण समूह या समुदाय द्वारा किया जाय तो वह सामाजिक स्तर का विचलन है।

(3) विचलन का सम्बन्ध एक विशिष्ट समाज एवं संस्कृति से है– चूंकि प्रत्येक समाज एवं संस्कृति में भिन्न-भिन्न प्रकार के सामाजिक मानदण्ड पाये जाते हैं, अत: एक समाज व संस्कृति में जिसे विचलन कहते हैं, उसे दूसरे समाज में भी विचलन माना जाय, यह आवश्यक नहीं है, जैसे अन्तर्जातीय विवाह भारत में विचलन है किन्तु अमरीका में नहीं। इस प्रकार से एक ही समाज में एक व्यवहार को एक समूह विचलन मानता है तो दूसरा समूह नहीं।

(4) विचलन नियन्त्रण को जन्म देता है–चूंकि विचलन के कारण माज में समस्याएं पैदा होती है, समाज व्यवस्था को खतरा उत्पन्न हो जाता है, इसलिए ऐसे व्यवहारों को रोकने के लिए प्रत्येक समाज नियन्त्रण की कुछ व्यवस्था करता है। पुलिस, जेल, न्यायालय आदि इसी नियन्त्रण व्यवस्था के अंग है।

विचलन के कारण

एक व्यक्ति सदैव ही सामाजिक आदर्शों का उल्लंघन नही करता, कुछ विशिष्ट कारण इसके लिए उत्तरदायी हैं। जॉनसन ने उन कारणों का उल्लेख किया है जो विचलन को प्रोत्साहन देते हैं या उसके लिए उत्तदायी है :

(1) दोषपूर्ण समाजीकरण–जब व्यक्ति को सामाजिक मूल्यों की दोषपूर्ण शिक्षा दी जाती है या उसका समुचित समाजीकरण नहीं किया जाता है तब वह विपथगामी व्यवहार करता है। अपूर्ण एवं दोषपूर्ण समाजीकरण विचलन के लिए उत्तरदायी है।

(2) दुर्बल अनुशास्तियाँ–अनुशास्तियों से तात्पर्य उस व्यवस्था से है जिसमें व्यक्ति द्वारा 'अनुरूपता' प्रकट करने या समाज स्वीकृत व्यवहार करने पर पुरस्कार एवं विचलित व्यवहार करने पर दण्ड दिया जाता है। जब व्यक्ति को उसके उचित

व्यवहार का उपयुक्त पुरस्कार एवं अनुचित व्यवहार का दण्ड नहीं मिलता है तो वह विचलन करने लगता है। तब उसमें यह धारणा पैदा होती है कि यहाँ तो सब ऐसे ही चलता है।

(3) कानून को लागू करने में कमी–अनुचित व्यवहार करने पर समाज में दण्ड की व्यवस्था तो हो किन्तु जब यह व्यवस्था निष्क्रिय या उदासीन हो अथवा उसे लागू करने वालों की संख्या कम हो तो विचलित व्यवहार बढ़ता है। उपर्युक्त तीनों कारक सफेदपोश अपराध के लिए उत्तरदायी हैं। जब अपराधियों को अपराध करने पर पकड़ा जाय या पकड़ने पर रिश्वत लेकर छोड़ दिया जाय तो इससे विचलन को बढ़ावा मिला है।

(4) तार्किकीकरण की सरलता–विचलित व्यवहार में तब भी वृद्धि होती है जब हम सरल एवं गलत तर्क द्वारा उसे सही घोषित करने की चेष्टा करते हैं। उदाहरणार्थ, कोई डाकू अपनी डकैती के लिए यह तर्क दे कि वह लूट के माल को गरीबों में बांटाता है, शोषण से एकत्रित धन का समान वितरण करता है। द्वितीय विश्वयुद्ध में कई स्त्रियों ने अपने वेश्यावृत्ति के व्यवसाय को उचित ठहराने के लिए यह दलील दी कि वह योद्धाओं को आराम देती है। उन्होंने अपने आप को 'विक्ट्री गर्ल्स' कहना शुरू किया और वेश्यावृत्ति को चालू रखा।

(5) सामाजिक मानदण्डों की अनिश्चित सीमा–क्रान्तिकारी राजनीतिक कोटि का विचलन समाज के वैध मूल्यों और अपने बीच की खाई को सामान्तया पाट देता है, जैसे देशभक्ति या स्वतन्त्रता का क्षेत्र स्पष्ट रूप से परिभाषित नहीं है। सामान्यत: किसी व्यक्ति की हत्या करना विचलन है किन्तु युद्ध के दौरान शत्रु पक्ष के लोगों की हत्या करना विचलन नहीं माना जायेगा।

(6) उल्लंघनकारी व्यवहार की गोपनीयता–जिस सामाजिक मानदण्ड का उल्लंघन हो रहा हो वह समाज के सामने स्पष्ट होना चाहिए वरना वह अन्दर ही अन्दर बढ़ता जाता है। मर्टन ने अनुरूपता और सामाजिक नियन्त्रण के लिए खुले रूप में व्यवहार करने पर इसलए ही बार-बार जोर दिया है।

(7) अनुचित या गलत ढंग से कानून लागू करना–जब कानून को गलत एवं भ्रष्ट तरीकों से लागू कया जाता है तब लोगों को उनमें विश्वास उठ जाता है और वे विचलन की ओर अग्रसर होते हैं। जब पुलिस भ्रष्टाचार एवं अवैध हिंसा का प्रयोग करती है तो लोग कानून में और प्रौढ़-अपराधी भी पाये जाते हैं जो समाज के सन्मुख समस्या उत्पन्न करते हैं। यहाँ जनसंख्या की बढ़ोत्तरी भी तेजी के साथ होती जा रही है। निरक्षरता, निम्न जीवन-स्तर, शराबखोरी, जुआ, वेश्यावृत्ति और राजनीतिक

एवं प्रशासनिक भ्रष्टाचार की समस्याओं का भी देशवासियों को सामना करना पड़ रहा है। यहाँ औद्योगिकरण एवं नगरीकरण से सम्बन्धित समस्याएं गम्भीर रूप धारण करती जा रही है। इन समस्याओं पर प्रस्तुत पुस्तक में समाजशास्त्रीय-तार्किक दृष्टिकोण से विचार किया गया है। यहाँ इतना कहना काफी है कि भारतवर्ष काफी लम्बे समय तक अंग्रेजों के अधीन रहा जिन्होंने इस देश की समस्याओं को हल करने और विकास कार्यक्रमों को आगे बढ़ाने में अपने निहित स्वार्थों के कारण विशेष रुचि नहीं ली। स्वतन्त्रभारत में भी जितना ध्यान इन समस्याओं पर दिया जाना चाहिए था, नहीं दिया जा सका। समस्याओं का निवारण इस तथ्य पर आधारित है कि किसी समाज विशेष का नेतृत्व उन समस्याओं को हल करनेके प्रति कितना दृढ़ संकल्प और देशवासियों में समस्याओं के प्रति जनचेतना जाग्रत करने में कितना समर्थ है। कानून बना देने मात्र से सामाजिक समस्याओं से छुटकारा प्राप्त नहीं किया जा सकता। आज देश में दहेज विरोधी कानून है परन्तु समाज दहेज-प्रथा से छुटकारा प्राप्त नहीं कर सका है।

सामाजिक समस्याओं का निवारण

यहां एक प्रश्न उठता है कि क्या सामाजिक समस्याओं को हल किया जा सकता है, क्या इनका निवारण सम्भव है? इसका उत्तर हाँ में दिया जा सकता है। विश्व के सामाजिक समस्याओं के इतिहास का अवलोकन करने करनेपर ज्ञात होता है कि वास्तव में बहुत-सी सामाजिक समस्याओं को समय-समय पर हल किया गया। गुलामी की प्रथा से लोगों को मुक्त कराया जा सका। प्रतिदिन बारह घण्टे तथा सप्ताह में सात दिन तक मजदूरों से काम लेने की समस्या को हल किया जा सका। इसी प्रकार बाल-श्रम की समस्या का निवारण सम्भव हुआ। आज अनेक देशें ने निर्धनता अथवा अभाव की स्थिति पर काफी नियन्त्रण प्राप्त कर लिया है और बहुत-से देश इस दिशा में आगे बढ़ रहे हैं। वर्तमान में अनेक बीमारियों की रोकथाम का भी सफलतापूर्वक प्रयत्न किया जा सका है। कुछ विद्वानों की यह भी मान्यता है कि परिस्थितियों के बदलने के साथ-साथ नवीन समस्याएँ उठ खड़ी होती है। ऐसी स्थिति में पुरानी समस्याओं का स्थान नवीन समस्याएँ ले लेती हैं। इस दृष्टि से सामाजिक समस्याएँ हल नहीं होती, बल्कि उनके स्थान पर नवीन समस्याएँ उठ खड़ी होती है। यहाँ इस सम्बन्ध में इतना कहना ही पर्याप्त नहीं कि सामाजिक समस्याओं को हल करने के लिए काफी कुछ किया जा सकता है लेकिन यह सब कुछ निश्चित सीमाओं से ही सम्भव है।

प्रथम, बहुकारकवादी दृष्टिकोण के अनुसार यह माना जाता है कि किसी भी सामाजिक समस्या का जन्म अनेक कारकों के फलस्वरूप होता है। सामाजिक

समस्या के लिए कोई एक कारक उत्तरदायी नहीं है। उदाहरण के रूप में, यह नहीं माना जा सकता कि केवल निर्धनता के कारण ही सम्पत्ति के विरुद्ध अपराध होते हैं। यदि ऐसा होता तो अनेक धनी व्यक्तियों के द्वारा अपराध क्यों किये जाते? इसी प्रकार बेकारी अथवा छात्र असन्तोष के पीछे कोई एक ही कारण नहीं पाया जाता।

द्वितीय, पारस्परिक सम्बन्ध का तात्पर्य विभिन्न सामाजिक समस्याओं के एक-दूसरे से घनिष्ठ रूप से सम्बन्धित होने से है। यदि हम किसी एक समस्या को पृथक्करण में सुलझाना चाहें, तो यह सम्भव नहीं है। उदाहरण के रूप में, अस्पृश्यता निवारण के लिए यह आवश्यक है कि अस्पृश्य या अछूत समझे जाने वालों को आर्थिक एवं सामाजिक प्रगति के अवसर प्रदान किये जाये। परन्तु इसके साथ ही यह भी अनिवार्य है कि अन्य जातियों के लोगों में उनके प्रति पायी जाने वाली पूर्व-निर्धारित धारणाओं को दूर किया जाय। यह शिक्षा के माध्यम से अज्ञानता को दूर करने से ही सम्भव है। इसके साथ ही अस्पृश्यता निवारण से सम्बन्धित कानून को कठोरतापूर्वक लागू करने की आवश्यकता भी है। अस्पृश्यों द्वारा अपनाये जाने वाले व्यवसायों के आधुनिकीकरण की ओर भी ध्यन दिया जाना चाहिए ताकि इन लोगों के व्यवसाय को घृणित अथवा अपमानजनक न माना जाय। स्पष्ट है कि किसी भी समस्या को हल करने के लिए उससे सम्बन्धित अन्य समस्याओं के निराकरण की ओर ध्यान देना भी आवश्यक है।

तृतीय, सापेक्षिकता का तात्पर्य यह है कि सामाजिक समस्या का स्थान एवं समय के साथ हरा सम्बन्ध पाया जाता है। यह सम्भव है कि आज भारत में जिस स्थिति या दशा को एक सामाजिक समस्या के रूप में माना जाता है, वह कुछ समय पूर्व उस रूप में नहीं मानी जाती हो। उदाहरण के रूप में, आज अस्पृश्यता को एक गम्भीर सामाजिक समस्या माना जाता है लेकिन भूतकाल में यह समस्या नहीं समझी जाती थी। अमरीका तथा अफ्रीका में प्रजातीय-भेदभाव समस्या के रूप में है, परन्तु भारत में नहीं। आज जिसे लोग सामाजिक समस्या के रूप में देखते हैं, सम्भव है वही स्थिति निकट भविष्य में सामान्य स्थिति बन जाय और लोग उसे समस्या नहीं मानें। किसी स्थिति को समस्या के रूप में देखना समाज विशेष के लोगों के दृष्टिकोण पर भी निर्भर करता है। उपर्युक्त तीन दृष्टिकोणों के आधार पर ही सामाजिक समस्याओं से छुटकारा प्राप्त करना सम्भव है। परन्तु फिर भी किसी ऐसे समाज की कल्पना करना कठिन है जो समस्याओं से पूर्णतः मुक्त हो। इतना अवश्य है कि अलग-अलग कालों और समाजों में सामाजिक समस्याओं की मात्रा और गम्भीरता में अन्तर अवश्य पाया जाता है। किसी सामाजिक समस्या को हल करने में नेताओं की प्रमुख भूमिका होती है। वे स्वयं के उदाहरण द्वारा जनता को समस्या के निराकरण के सम्बन्ध में

स्वस्थ विचार प्रदान कर और समस्या कोहल करने में सफलता-प्राप्ति के पूर्व सफलता की एक हवा या वातावरण तैयार कर लोगों में एक सामूहिक अभिरुचि उत्पन्न कर सकते हैं। ऐसा होने पर लोगों में आवश्यक धारणाएं निर्मित हो पायेंगी और सामाजिक समस्याओं के निराकरण में वे सक्रिय योग दे सकेंगे।

सामाजिक समस्याओं को हल करने में कुछ कठिनाइयां भी आती हैं जिनके सम्बन्ध में जॉनसन तथा अन्य विद्वानों ने विचार व्यक्त किये हैं। जॉनसन ने बतलाया है : (i) शक्तिशाली मनोभव तथा निहित स्वार्थों द्वारा समर्थित सामाजिक संरचना सामाजिक समयाओं को हल करने में कठिनाई पैदा करती है। सामाजिक समस्या के बने रहने से कुछ शक्तिशाली लोगों के स्वार्थों की पूर्ति होती है। ऐसे लोग बाहरी तौर पर उस समस्या के हल में रुचि दिखाते हैं परन्तु आतरिक रूप से उनका प्रयत्न यही रहता है कि समस्या समस्या ही बनी रहे। इसके उदाहरण के रूप में, अमरीका में पायी जाने वाली प्रजातीय भेदभाव की समस्या का उल्लेख किया जा सकता है। (ii) सामाजिक समस्या के हल में कठिनाई यह आती है कि निहित स्वार्थ वाले लोगों के द्वारा यह तर्क दिया जाता है कि समस्या के निराकरण के लिए प्रस्तावित सुझाव समस्या को हल करने के बजाय उसे और अधिक गम्भीर बना देंगे। (iii) समस्या को हल करने में तीसरी कठिनाई धीरे-धीरे पीछे की ओर मुड़ने या कार्य करने से सम्बन्धित है। कई लोग काफी समय तक समस्या को समस्या के रूप में मानने को तौयार नहीं होते। भारत में लोग राजनीतिक और प्रशासनिक भ्रष्टाचार को मानने को तैयार नहीं थे अब लोग यह स्वीकार करने लगे हैं कि वास्तव में व्यापक पैमाने पर भ्रष्टाचार व्याप्त है और उसे दूर करने की आवश्यकता है। भ्रष्टाचार का उन्मूलन उसी समय सम्भव है जब इसे समस्या के रूप में समझा जाय और धीरे-धीरे कार्य करने की प्रवृत्ति को छोड़ा जाय।

▣▣▣

4

सामाजिक समस्याओं के विभिन्न रूप

किसी समस्या के आकार को प्रभावित करने वाला प्रथम कारक उस परिस्थिति में सम्मिलित व्यक्तियों की संख्या है। द्वितीय कारक समस्या द्वारा उत्पन्न भावना की तीव्रता है। इस भावना के आवेग के नाम से जाना जाता है। **निसबेट** की मान्यता है कि जो व्यक्ति या समूह किसी परिस्थिति को एक समस्या के रूप में परिभाषित करते हैं, नैतिक रोष अनुभव करते हैं। ये दो कारक परिस्थिति में सम्मिलित व्यक्तियों की संख्या तथा आवेग अनेक रूपों में पारस्परिक अन्त:क्रिय करते हैं। किसी भी परिस्थिति के आकार वाली समस्या के लिए इन दोनों की उपस्थिति आवश्यक है। इन दोनों मेंसे यदि कोई एक कारक पाया जाता है, तो समस्या की सामाजिक प्रकृति महत्वहीन होगी। उदाहरण के रूप में, किसी समाज के लाखों-करोड़ों लोग चाहे निर्धनता के शिकार क्यों न हों, लेकिन जब तक वे अपनी इस स्थिति को अनुचित या परिवर्तनीय नहीं समझते हैं, तब तक उनकी निर्धनता एक बड़ी सामाजिक समस्या नहीं है

वर्तमान भारत में प्रजातान्त्रिक मूल्यों तथा समाजवादी विचारधारा के प्रसार ने लोगों को निर्धनता के प्रति जागरूक बना दिया है और वे यह अनुभव करने लगे हैं कि निर्धनता का बना रहना अनुचित है और इसे प्रयत्न द्वारा कम अथवा समाप्त किया जा सकता है। यही कारण है कि इसने आजकल बड़े आकार की समस्या का

रूप ग्रहण कर लिया है। यह कहा जा सकता है कि **एक सामाजिक समस्या का आकार स समय सबसे अधिक होता है जब लोग काफी संख्या में तीव्रता से उत्तेजित हो उठते हैं और इसलिए कोई कार्यवाही करने को प्रस्तुत हो जाते हैं।**

सामाजिक समस्याओं का माप

सामाजिक समस्याओं को मापना और उनकी प्रकृति का पता लगाना वास्तव में एक कठिन कार्य है। इसका कारण यह है कि जो दशा या स्थिति एक समाज में सामाजिक समस्या के रूप में मानी जाती है, वही दूसरे समाज में सामान्य तथ्य के रूप में मानी जा सकती है। इसके अलावा एक काल या समय विशेष में जो दशा सामाजिक समस्या के रूप में चित्रित की जाती है, वही किसी दूसरे काल में सामान्य स्थिति मानी जा सकती है। इसके अतिरिक्त एक ही समाज के भिन्न-भिन्न लोग किसी दशा या स्थिति को भिन्न-भिन्न दृष्टिकोण से देखते हैं, कुछ उसे समस्या के रूप में मानते हैं जबकि अन्य सामान्य परिस्थिति के रूप में। इन कठिनाईयों के उपरान्त भी सामाजिक समस्या को मापा जा सकता है और इसके माप की तीन विधियां या आधार हो सकते हैं जो इस प्रकार है–

(1) **भावात्मक आधार**–सामाजिक समस्या और भावना का एक-दूसरे के साथ निकट का सम्बन्ध पाया जाता है। किसी भी दश को उसी समय सामाजिक समस्या माना जायेगा जब वह जनसाधारण की भावनाओं के प्रतिकूल हो। जन-भावनाएं किसी दशा या स्थिति के जितनी अधिक प्रतिकूल होंगी, सामाजिक समस्या भी उतनी ही अधिक गम्भीर होगी। वर्तमान में अनेक कारणों से नारी के प्रति पुरुष की भावनाओं में परिवर्तन आने से वेश्यावृत्ति को एक सामाजिक समस्या के रूप में देखा जाता है। किसी समय शादी-विवाह तथा सामाजिक उत्सवों के अवसर पर वेश्याओं के नाच-गानों को उचित समझा जाता था। उस समय वेश्यावृत्ति सामाजिक समस्या के रूप में नहीं मानी जाती थी। वास्तव में जन-सामान्य की भावनाओं के पीछे नैतिकता की धारणा पायी जाती है जिसके आधार पर उचित-अनुचित का भेद किया जाता है। जो व्यवहार या दशा नैतिक दृष्टि से अनुचित समझे जाते हैं, जन-भावनाएं उनके प्रति काफी प्रतिकूल होती हैं और उन्हें सामाजिक समस्या के रूप में देखा जाता है। इससे स्पष्ट है कि जब समाज के अधिकांश लोग किसी व्यवहार को नैतिक दृष्टि से अनुचित समझते हैं, तब वह व्यवहार सामाजिक समस्या माना जाता है। सामाजिक समस्याओं के माप का यह आधार दोषपूर्ण है क्योंकि भावनाएं मूलत: व्यक्तिगत होती हैं, न कि सामूहिक। अत: भावनाओं को मापना और उनके आधार पर किसी सामाजिक समस्या की गम्भीरता का पता लगाना कठिन है।

(2) सांस्कृतिक आधार–जो स्थिति या व्यवहार एक समाज विशेष की सांस्कृतिक विशेषताओं या परम्पराओं के प्रतिकूल होता है, उसे सामाजिक समस्या के रूप में देखा जाता है। प्रत्येक समाज की संस्कृति के अन्तर्गत कुछ मूल्य, आचरण के तरीके तथा आदर्श-नियम आदि आते हैं। समाज के सभी सदस्यों से इन सांस्कृतिक विशेषताओं को बनाये रखने की आशा की जाती है। जब किसी समाज में काफी लोग सांस्कृतिक मूल्यों, आदर्श-नियमों और मान्य व्यवहार प्रतिमानों के विपरीत आचरण करने लगते हैं तो ऐसे व्यवहार को सामाजिक समस्या माना जाता है। वर्तमान में हमारे सांस्कृतिक मूल्यों में परिवर्तन आया है, आदर्श नियम भी कुछ बदले हैं तथा कुछ नवीन व्यवहार-प्रतिमान पनपे हैं। यही कारण है कि आज अस्पृश्यता, बाल-विवाह, दहेज-प्रथा तथा विधवा-विवाह निषेध आदि को सामाजिक समस्याएँ माना जाता है। किसी समय ये समस्याओं के रूप में नहीं थी क्योंकि इनसे सम्बन्धित व्यवहार को सांस्कृतिक विशेषताओं के अनुरूप माना जाता था, उचित समझा जाता था। परन्तु आज ऐसा व्यवहार हमारे बदले हुए सांस्कृतिक मूल्यों के विपरीत समझा जाता है और इसी कारण वह समस्या की श्रेणी में आता है। सामाजिक समस्या के माप के सांस्कृतिक आधार में एक प्रमुख कमी यह है कि सांस्कृतिक मूल्य भी एक भावनात्मक तथ्य ही है। इसके आधार पर किसी सामाजिक समस्या की गम्भीरता का अनुभव तो किया जा सकता है परन्तु उस गम्भीरता को मापना सम्भव नहीं है।

(3) सांख्यिकीय आधार–सामाजिक समस्याओं को मापने में आजकल सांख्यिकीय विधि का प्रयोग दिनोदिन बढ़ता जा रहा है। यह समस्याओं के माप का एक निश्चित, सुस्पष्ट और वैज्ञानिक आधार है। इसके द्वारा यह पता लगाया जाता है कि किसी व्यवहार या स्थिति का जनसाधारण पर क्या प्रभाव पड़ता है, इससे कितनी मात्रा में लोग प्रभावित हैं। इस सम्बन्ध में तथ्यों को एकत्रित करने या सांख्यिकी प्राप्त करने हेतु सरकारी, अर्द्ध-सरकारी एवं गैर-सरकारी संगठनों या कुछ विद्वानों द्वारा सर्वेक्षण किये जाते हैं। ऐसे सर्वेक्षणों से किसी स्थिति या व्यवहार विशेष के सम्बन्ध में लोगों की प्रतिक्रिया का पता चलता है, उनकी अभिवृत्तियों के सम्बन्ध में जानकारी मिलती है, यह ज्ञात होता है कि लोग उसे किस रूप में देखते हैं। आज सांख्यिकीय विधि की सहायता से यह पता लगाया जा सकता है कि कितने लोग बेकारी और निर्धनता की समस्या से पीड़ित हैं, लोगों में मद्यपान की प्रवृत्ति किस मात्रा में पायी जाती है, कितने लोग विधवाविवाह को उचित समझते हैं और कितने अनुचित, कितनी विधवाएं विवाह करना चाहती हैं और कितनी नहीं। इस विधि से यह जानकारी प्राप्त की जासकती है कि किसी समस्या का समाज के किस-किस वर्ग के लोगों पर क्या प्रभाव पड़ता है तथा इससे कौन-कौन कितने गम्भीर रूप से प्रभावित हैं। इस प्रकार के

तथ्य या आंकड़े एकत्रित करके किसी सामाजिक समस्या की गम्भीरता को मापा जा सकता है और उसे हल करने के लिए ठोस कदम उठाये जा सकते हैं। अन्य विधियों या आधारों की तुलना में यह विधि अधिक विकसित और प्रामाणिक है।

विचलन–सामान्यतः विचलन को अनुरूपता के विपरीत माना जाता है। सभी मानव समाजों में व्यवहार के कुछ निश्चित प्रतिमान एवं सामाजिक मानदण्ड पाये जाते हैं। **इन सामाजिक प्रतिमानों एवं मानदण्डों के विपरीत आचरण को ही सामान्यतः विचलन माना जाता है।** संयुक्त राज्य अमरीका में विचलन का अध्ययन कुछ विशिष्ट समस्याओं जैसे अपराध, बाल-अपराध, वेश्यावृत्ति, सफेदपोश-अपराध एवं नशावृत्ति आदि के सन्दर्भ में प्रारम्भ हुआ और इन्हीं समस्याओं तक सीमित रहा। ये समस्याएं निम्न वर्ग और विशेषतः उद्योगों में काम करने वाले श्रमिकों तक सीमित थीं। शिकागो विश्वविद्यालय में इस क्षेत्र में बहुत कार्य हुआ क्योंकि शिकागो शहर इन समस्याओं के अध्ययन के लिए व्यापक क्षेत्र प्रदान करता रहा। इस प्रकार के अध्ययनों के पीछे समाजशास्त्रियों में यह धारणा थी कि **विचलन के लिए स्वयं समाज उत्तरदायी है न कि व्यक्ति के शारीरिक एवं मानसिक लक्षण।** क्लिफोर्ड शा, ग्लेकूस, रिचार्ड क्लोवार्ड तथा लॉयड ओहलिन एवं सदरलैण्ड आदि विद्वानों ने विभिन्न प्रकार के अपराधों का अध्ययन विचलन के रूप में ही किया।

जॉनसन लिखते हैं, "विपथगामी व्यवहार केवल ऐसा व्यवहार नहीं है जिसमें किसी मानदण्ड का उल्लघंन होता है। यह ऐसा व्यवहार है जो उस मानदण्ड का उल्लांन करता है जिसकी ओर कर्त्ता उस समय अभिमुख हो, यह जान-बूझकर किया गया उल्लंघन है।"

जॉनसन की इस परिभाषा में विचलन में तीन तत्वों पर जोर दिया गया है– (i) सामाजिक मानदण्ड, (ii) मानदण्डों का व्यक्ति को ज्ञान होना, (iii) जान-बूझकर मानदण्डों का उल्लंघन करना अर्थात् विचलन उसी व्यवहार को कहेंगे जब एक व्यक्ति उन सामाजिक मानदण्डों का जान-बूझकर उल्लंघन करता है जिसका उसे ज्ञान है।

रॉबर्ट बेल ने विचलन को सांख्यिकीय आधार पर समझाते हुए लिखा है, "समाज में औसत व्यवहार से बहुत अधिक भिन्नता प्रकट करना ही विचलन है।"

सिम्मन्स लिखते हैं, "अगर आप औसत के लगभग निकट हैं तो आप ठीक है, पर यदि आप औसत से बहुत दूर हैं तो आप निश्चय ही ठीक नहीं है।" यही विचलन की स्थिति है।

एलेक्स इंकेल्स के अनुसार, "विचलन का तात्पर्य न तो सामान्य रूप से स्वीकृति मानक से हट जाने और न अल्पसंख्यक विचार रखने से है। यह तो सांख्यिकी

विचलन है। सामाजिक विचलन तब पैदा होता है जब स्वीकृत मानदण्डों से दूर हट जाते हैं जिसे समाज गम्भीर समझता है और इतना गम्भीर कि उसे रोकने या नियन्त्रित करने के लिए कुछ उपाय अपनाने पड़ते हैं।''

''विचलन का अर्थ सामाजिक मानदण्डों के प्रति प्रतिरूपता है।'' विचलन की परिभाषा एवं सीमा को बताते हुए **कोहन** लिखते हैं, ''विचलन से मेरा तात्पर्य अपराध व बाल-अपराध से ही नहीं वरन् उस प्रत्येक व्यवहार से है जो सामान्य रूप से स्वीकृत आचरण का उल्लंघन है। इसके अन्तर्गत उद्वेगवश जीवन-साथी की हत्या से लेकर किसी राजनेता की योजनाबद्ध हत्या तक आ जाती है। सरकारी कर्मचारियों के भ्रष्ट आचरणों से लेकर परीक्षा में छात्रों द्वारा किये गये अपराध भी विपथगमन है। पिथगमन के कई प्रकार हैं-व्यापार के नियमों का उल्लंघन, आत्महत्या, अैक्स से बचना और बीमा की राशि गलत रूप से पा लेना आदि। एक स्थिति यह है कि इसका क्षेत्र इतना व्यापक व विवादास्पद है कि वेश्यावृत्ति का समाजशास्त्र, गबन का समाजशास्त्र, नशाखोरी का समाजशास्त्र आदि इसके अनेक भाग हो सकते हैं लेकिन ''मैं इस चरम स्थिति से भी सहमत नहीं हूँ। किसी समय विपथगमन अधिक है तो शेष प्रकार के विपथगमन कम दृष्टिगत होते हैं।''

फ्रीडमेन और **डूब** के अनुसार विचलित व्यक्ति वह है जो उस समूह के शेष सदस्यों से भिन्न होता है जिससे वह सम्बद्ध होता है। समूह के आदर्शों से भिन्न रूप से व्यवहार करना ही विचलन है।

विचलन की परिभाषा सदैव ही विशिष्ट मानदण्डों के सन्दर्भ में ही की जाती है। एक समूह एवं समाज में जो व्यवहार विचलन है वह दूसरे में नहीं। आधुनिक जटिल समाजों में समूहों की अधिकता इतनी अधिक है कि एक समूह के मानदण्ड कई बार दूसरे के विपरीत होते हैं। अत: एक ही व्यवहार एक समूह द्वारा अनुरूप व दूसरे समूह द्वारा विचलन माना जाता है। विचलित व्यवहार तब ही मानना चाहिए जब यह जान-बूझकर किया जाय अर्थात् जब कर्त्ता को सामाजिक मानदण्डों का ज्ञान हो और वह उनका जानबूझकर उल्लंघन करे। मानदण्डों के ज्ञान के अभाव में कर्त्ता द्वारा उनके विपरीत किया गया व्यवहार विचलन नहीं माना जायेगा। किन्तु सदैव ही यह बात सही नहीं है। कानून के ज्ञान के अभाव में उनका उल्लंघन विचलन कहलायेगा ही। विचलित व्यवहार में मात्रा का प्रश्न अधिक महत्वपूर्ण है। छोटे-से सामाजिक आदर्श के उल्लंघन से लेकर बड़े-बड़े कानूनों तक को तोड़ना विचलन है। जब विचलन वैयक्तिकत होता है तो वह कर्त्ता के व्यक्तित्व को ही प्रभावित करता है, किन्तु जब वह सामाजिक होता है तब इससे समाज एवं सामाजिक संगठन को खतरा पैदा हो जाता है।

साव्यक्तिगत समस्या सामाजिक समस्या नहीं है। सामाजिक समस्या की अवधारणा को अच्छी तरह से समझने के लिए व्यक्तिगत समस्या के साथ इसको देखना उपयुक्त है। वैसे तो शाब्दिक अर्थ से स्पष्ट है कि व्यक्तिगतसमस्या व्यक्ति के हित और व्यक्तिगत प्रयास से सम्बन्धित है जबकि सामाजक समस्या का सम्बन्ध सम्पूर्ण समाज के हित तथा सामूहिक प्रयास से है।

व्यक्तिगम समस्या को सामाजिक समस्या से निम्न आधारों पर अलग किया जा सकता है–

(1) समस्या की उत्पत्ति पर प्रभाव–व्यक्तिगत समस्या की उत्पति व्यक्ति के स्तर पर होती है न कि समाज के स्तर पर तथा व्यक्ति विशेष ही इससे प्रभावित होता है। जैसे आर्थिक स्थिति कमजोर होने के कारण एक व्यक्ति मकान बनाने के लिए उधार लेता है और वह पुन: उधार लौटाने में असमर्थ है तो यह उसकी व्यक्तिगत समस्या है, जबकि सामाजिक समस्या से अनेक व्यक्ति सामूहिक रूप से प्रभावित होते हैं, उदाहरण के लिए, भारत में लगभग 35 करोड़ बच्चे गरीबी, भूख, कुपोषण व अल्प पोषण से पीड़ित हैं–यह एक सामाजिक समस्या है।

(2) सांस्कृतिक लक्ष्य और संस्थागत साधन–जब व्यक्ति सांस्कृतिक लक्ष्यों को अस्वीकृत करता है अथवासंस्थागत साधनों को अस्वीकृत करता है अथवा दोनों को अस्वीकृत कर देता है तो इससे व्यक्ति असंतुलित हो जाता है लेकिन सामाजिक समस्या की स्थिति में तो समाज के अधिकांश सदस्य सांस्कृतिक लक्ष्यों अथवा संस्थागत साधनों अथवा दोनों को अस्वीकृत कर देते है। जैसे विश्वविद्यालय से डिग्री प्राप्त करने के लिये छात्र या तो सामूहिक नकल करते हैं या पैसे देकर फर्जी डिग्री बनवाते हैं अर्थात् न तो नियम पालन करते हैं और न ही परीक्षा पास कर लक्ष्य प्राप्ति। अधिकांश छात्र इन तरीकों को अपनाते हैं तो इसे सामाजिक समस्या कहेंगे। इससे समाजमें असंतोष और असंतुलन उत्पन्न होगा, विश्वविद्यालय की परीक्षा व्यवस्था संकटग्रस्त हो जायेगी।

(3) समस्या की अवधि–व्यक्तिगत समस्या व्यक्ति की जीवनकाल तक बनीरह सकती है। समाधान नहीं होने पर व्यक्ति के मरने के बाद स्वत: समाप्त हो जाती है, जबकि सामाजिक समस्या लम्बी अवधि तक बनी रहती है। इसे समाप्त करने हेतु सामूहिक प्रयास निरन्तर होते रहते हैं।

(4) समाधान हेतु प्रयास–व्यक्ति द्वारा अपनी समस्या के निराकरण हेतु व्यक्तिगत प्रयास ही किया जाता है, जबकि सामाजिक समस्या को दूर करने का प्रयास सामूहिक रूप से मिलकर किया जाता है। इसमें सरकारी, गैर सरकारी संगठन तथा आम जनता की भागीदारी का महत्व होता है।

उपर्युक्त आधारों पर व्यक्तिगत समस्या को सामाजिक समस्या से पृथक करके समझाया जा सकता है लेकिन व्यक्तिगत और सामाजिक समस्या एकदूसरे से उसी प्रकार सम्बन्धित है जिस प्रकार व्यक्ति का सम्बन्ध समाज से है। व्यक्तिगत समस्या धीरे-धीरे सामाजिक समस्या के रूप में बदल सकती है। व्यक्तिगत समस्या जब अपना प्रभाव क्षेत्र बढ़ाती है तो यह सामाजिक समस्या बन जाती है। दोनों समस्याओं को अलग करके देखा नहीं जा सकता लेकिन दोनों के सम्बन्ध ओर एक-दूसरे पर प्रभाव की उपेक्षा नहीं की जा सकती। जैसे एक व्यक्ति को अपनी बेटी के विवाह के लिए दहेज का प्रबंध करना उसकी व्यक्तिगत समस्या है। यही समया जब समाज के अधिकांश लोगों के लिए उत्पन्न होने लगती है तो यह सामाजिक समस्या बन जाती है। इससे सम्पूर्ण समाज प्रभावित होता है तथा समाधान के लिए सामूहिक प्रयास किये जाते हैं ।माजिक समस्या व्यक्तिगत समस्या से भिन्न है। सामाजिक समस्या को समाज की एक असमान्य दशा के रूप में देखा जाता है जिससे समाज का एक बहुत बड़ा भाग (आकार निश्चित नहीं होता) प्रतिकूल रूप से प्रभावित होता है। यह असामान्य दशा समाज के ढाँचे को असन्तुलित कर देती है तथा इस स्थिति से निपटने के लिए सामूहिक प्रयास की आवश्यकता होती है। सामाजिक समस्या की अवधारणा को स्पष्ट करने के लिए यहाँ समाजशास्त्रियों के दृष्टिकोणों को प्रस्तुत करना समीचीन होगा।

समाज के एक बड़े भाग का प्रभावित होना, दूसरे शब्दों में उस स्थिति को सामाजिकसमस्या कहेंगे जिसका प्रभाव विभिन्न मंचों में प्रतिबिम्बित होता है, जिसको चर्चा आम आदमी करने लगे, जनसंचार माध्यमों के द्वारा जिसका उल्लेख किया जाये। जैसे भारत में विभिन्न समारोहों मेंदेश के प्रधानमन्त्री द्वारा भ्रष्टाचार के बारे में गंभीर टिप्पणी करना तथा विभिन्न क्षेत्रों में व्याप्त भ्रष्टाचार की दशा से आम व्यक्ति का प्रभावित होना यह प्रमाणित करता है कि भ्रष्टाचार एक सामाजिक समस्या है। अवधारणा का पहला तत्व इस स्थिति के लिए आनुभविक आधार पर प्रामाणिक है।

सामाजिक समस्या की अवधारणा का दूसरा तत्व समाज पर अवांछनीय प्रभाव अथवा प्रतिकूल प्रभाव है। सामान्तया समाज में कई दशाएँ उत्पन्न होती हैं, लेकिन जिस स्थिति का प्रभाव समाज के एक बड़े भाग के लिए अवांछनीय या प्रतिकूल हों, उस स्थिति को ही सामाजिक समस्या कहा जाता है। अवांछनीय एवं प्रतिकूल प्रभाव समय और स्थान से सम्बन्धित होता है अर्थात् जो दशा समकालीन समाज में अनुकूल है वही दशा कालांतर में यदि प्रतिकूल बनकर व्यक्तियों की एक बड़ी संख्या को प्रभावित करेगी तो वह सामाजिक समस्या होगी। प्राचीन काल में ब्रह्म विवाह के अवसर पर पिता अपनी कन्या को रत्नाभूषणों से अलंकृत करके किसी योग्य वर को

दान स्वरूप देता था, साथ ही अनेक घोड़े, हाथी व दास-दासी भी दिया करता था लेकिन 19वीं शताब्दी के उत्तरार्द्ध से ही इस स्थिति का प्रतिकूल प्रभाव होने लगा और 20वीं शताब्दी के उत्तरार्द्ध तक दहेज के रूप में एक गंभीर सामाजिक समस्या बन गई।

सामूहिक प्रयास से ही समाधान, सामाजिक समस्या की अवधारणा का तीसरा महत्वपूर्ण तत्व है। सामाजिक समस्या के लिए समाधान भी सामूहिक रूप से निकाला जाता है। अकेला व्यक्त किसी भी सामाजिक समस्या से नहीं निपट सकता चाहे वह समाज के सर्वोच्च पद पर ही क्यों न हो। भारत में समाज के विभिन्न क्षेत्रों में व्याप्त भ्रष्टाचार को समाप्त करने के लिए देश के प्रधानमन्त्री ने, स्वतन्त्रता की स्वर्ण जन्ती के अवसर पर लाल किले की प्राचीर से, देश की जनता से सहयोग का आह्वान किया। प्रधानमन्त्री ने देश के सभी नागरिकों से अपील की थी कि वे रिश्वत नहीं दें, रिश्वत देने वालों की शिकायत करें। पूरा समाज सामूहिक रूप से प्रयास करेगा तभी सामाजिक समस्या का समाधान संभव है। निर्धनता, जनसंख्या विस्फोट, साम्प्रदायिकता, जातिवाद, निरक्षरता, आतंकवाद जैसी स्थितियों के समाधान के लिए सरकार द्वारा नई-नई योजनाएँ बनायी जाती है। सरकारी तंत्र इन योजनाओं को क्रियान्वित करता है, इस दशा में स्वैच्छिक संगठन भी अपनी भूमिका निभाते हैं, साथ ही समाज के सदस्यों की भागीदारी भी सुनिश्चित की जाती है, तभी इन समस्याओं को नियन्त्रित किया जा सकता है। समाधान की सम्पूर्ण प्रक्रिया में समाज का एक बहुत बड़ा भाग सम्मिलित होता है। उपर्युक्त सामाजिक समस्याओं के संदर्भ में विस्तृत विवेचना आगे के अध्यायों में की गई है। यहाँ हम यह समझ लें कि जिसे सामाजिक समस्या कहा जाता है उसे हल करना सामूहिक प्रयास से ही संभव होता है।

सामाजिक समस्या को परिभाषित करने वाले समाजशास्त्रियों की सूची लम्बी है। सभी विद्वानों की परिभाषाओं की विषयवस्तु में समानता है। सामाजिक समस्या की अवधारणा को अच्छी तरह से समझने के लिए कुछ और दृष्टिकोणों का उल्लेख किया जा सकता है।

फुल्लर और मायर्स (1941 : 320) के अनुसार सामाजिक समस्या व्यवहार के वे प्रतिमान हैं जिन्हें किसी समय में समाज के अधिकांश सदस्य अनअपेक्षित मानते हैं। मर्टन और निस्बट (1963 : 11-12) ने भी व्यवहार के उस रूप को सामाजिक समस्या कहा है जिसे समाज के एक बड़े भाग द्वारा स्वीकृत एवं अनुमोदित मानदंडों का उल्लंघन माना जाता है। जैसे मादक पदार्थों का सेवर करना, कम आयु के बालकों से फैक्ट्री में काम करवाना, खाद्य पदार्थों में मिलावट करना, साम्प्रदायिक दंगे भड़काना

आदि समाज के स्वीकृत मानदंडों का उल्लंघन है तथा इन दशाओं में समाज का एक बहुत बड़ा भाग नकारात्मक रूप से प्रभावित होता है। रेनहार्ट (1952 : 14) सामाजिक समस्या को समाज की वह स्थिति बताते हैं जिससे समाज का एक बड़ा भाग हानिकारक परिणामों से भावित होता है तथा इस स्थिति का समाधान सामूहिक रूप से संभव होता है। राब और सेल्जनिक (1964 : 4) ने मानवीय सम्बन्धों की समस्या को ही सामाजिक समस्या के रूप में समझाते हुए कहा कि यह समाज के लिए एक गम्भीर खतरा है अथवा यह अधिकांश व्यक्तियों की आकांक्षाओं की पूर्ति में व्यवधान पैदा करती है। वेलेस बीवर ने तो सामाजिक समस्या को चिन्ता, संघर्ष, तनाव और निराशा उत्पन्न करने वाली स्थिति बताया जिससे आवश्यकता की पूर्ति भी बाधित होती है। हर्बट ब्लूमर (1971 : 19) के अनुसार वे कार्य और व्यवहार के प्रतिमान (संरूप) जिन्हें समाज का एक बड़ा भाग समाज के प्रति घातक मानता है अथवा सामाजिक मानदण्डों का उल्लंघन समझा जाता है और जिन्हें सुधारना संभव और वांछनीय माना जाता है, सामाजिक समस्या है। मेरिल और एल्डरिज ने सामाजिक समस्या को इसकी उत्पत्ति को स्थिति के संदर्भ में समझाया है कि जब गतिहीनता के कारण बहुत से लोग अपनी अपेक्षित सामाजिक भूमिकाओं में कार्य करने में अक्षम होते हैं तो सामाजिक समस्याएँ उत्पन्न होती है। कार (1955 : 306) ने भी सामाजिक समस्या का अर्थ इसकी उत्पत्ति के परिवेश में देते हुए लिखा है कि सामाजिक समस्या ऐसे समय उत्पन्न होती है जब हम किसी कठिनाई के प्रति चेतन हो जाते हैं, जब हमारी प्राथमिकताओं और यथार्थता के बीच खाई बन जाती है। वेन बर्ग (1960 : 4) ने सामाजिक समस्या की अवधारणा को इसकी छः विशेषताओं के आधार पर स्पष्ट किया है–

(1) समाज के अनेक सदस्यों द्वारा आपत्ति जनक मानी जाने वाली स्थिति ही सामाजिक समस्या है अर्थात् जिस स्थितिको समाज के अधिकांश सदस्यों द्वारा आपत्तिजनक नहीं माना जाता, उस स्थिति को सामाजक समस्या की श्रेणी में नहीं रखा जाता।

(2) सम्बन्धित व्यवहार प्रतिमानों की व्याख्या के अनुरूप सामाजिक समस्यएँ भी परिवर्तित हो जाती हैं। एक समय में जिस व्यवहार को समाज द्वारा स्वीकृत व्यवहार कहा जाता था, कालान्तर में वही व्यवहार सामाजिक समस्या की श्रेणी में आ जाता है, जैसे जाति के संस्तरण के अनुसार खान-पान पर प्रतिबंध एक स्वीकृत व्यवहार था। यदि इसका उल्लंघन किया जाता था तो इसे दण्डनीय कृत्य माना जाता था लेकिन समाज सुधारकों के आन्दोलन तथा स्वतन्त्रता आन्दोलन के प्रभाव से जाति के संस्तरण पर आधारित खान-पान के प्रतिबंध को सामाजिक समस्या के रूप में समझाया जाता है।

(3) सामाजिक समस्याओं के महत्व तथा उन्हें हल करने सम्बन्धी जागरूकता उत्पन्न करने में जनसंचार माध्यम (जैसे समाचार-पत्र-पत्रिकाएँ, दूरदर्शन, आकाशवाणी, सिनेमा) महत्वपूर्ण भूमिका निभाते हैं।

(4) सामाजिक समस्याओं को समाज के मूल्यों और संस्थाओं के संदर्भ में देखा जाना चाहिए। जैसे अमेरिका के रंगभेद के आधार पर भेदभाव, भारत के जातीय भेदभाव (छुआछूत) से भिन्न है।

(5) सामाजिक समस्याओं का विश्लेषण उन पर पड़ने वाले उन प्रभावों को ध्यान में रखकर किया जाना चाहिए जो सामूहिक प्रतिक्रियाओं तथा सामाजिक सम्बन्धों के फलस्वरूप होते हैं।

(6) सामाजिक समस्याएँ इतिहास के साथ बदलती रहती हैं इसलिए समाज को समकालीन समस्याओं पर ध्यान केन्द्रित करना चाहिए। भारत में बीसवीं शताब्दी के 80 के दशक से आतंकवाद की समस्या ने भारत का ध्यान विशेष रूप से आकृष्ट करना प्रारम्भ किया, जबकि इससे पूर्व निर्धनता की समस्या को प्रमुखता से प्रचारित किया जा रहा था। सामाजिक समस्या को समझाने के लिए अनेक विद्वानों ने अपने विचार प्रस्तुत किये हैं जिनके आधार पर कहा जा सकता है कि सामाजिक समस्या एक समाजशास्त्रीय अवधारणा है जिसे हम सामाजिक अव्यवस्था के रूप में समझ सकते हैं। जब समाज में अपराधी प्रवृत्ति चरम पर हो, तनाव, संघर्ष, असंतोष, समाज के आदर्शों तथा अपेक्षित व्यवहारों का उल्लंघन हो, तो ऐसी दशा सामाजिक समस्या कहलाती है।

सामाजिक समस्या की विशेषताएँ अथवा तत्व

सामाजिक समस्या को समझाने के लिए अनेक विद्वानों ने अपने विचार प्रस्तुत किये हैं जिनके आधार पर कहा जा सकता है कि सामाजिक समस्या एक समाजशास्त्रीय अवधारणा है जिसे हम सामाजिक अव्यवस्था के रूप में समझ सकते हैं। जब समाज में अपराधी प्रवृत्ति चरम पर हो, तनाव, संघर्ष, असंतोष, समाज के आदर्शों तथा अपेक्षित व्यवहारों का उल्लंघन हो, तो ऐसी दशा सामाजिक समस्या कहलाती है।

सामाजिक समस्या की विशेषताएँ अथवा तत्व

सामाजिक समस्या की अवधारणा से यह स्पष्ट हो जाता है कि सामाजिक समस्या समाज की एक असामान्य दशा है। इस असामान्य दशा की पहचान करने के लिए निम्नांकित बातों को आधार बनाया जा सकता है, इन्हीं आधारों को सामाजिक समस्या की विशेषताएँ या तत्व कहते हैं–

(i) सभी सामाजिक समस्याएँ मूल रूप से सामाजिक होती है। यहाँ सामाजिक का अर्थ समाज की सरंचना या संगठन या व्यवस्था से है। सामाजिक समस्या का जन्म समाज के सरंचनात्मक पक्ष से सम्बन्धित होता है। प्राकृतिक प्रकोप या अलौकिक स्थिति को सामाजिक समस्या की उत्पत्ति का आधार नहीं माना जा सकता, अर्थात् सामाजिक समस्या की पहचान इसकी उत्पत्ति की सामाजिक पृष्ठभूमि में की जाती है।

(ii) सामाजिक आदर्शों का विचलन होता है। समाज की जिस स्थिति को अपेक्षित व्यवहार के उल्लघंन के रूप्में देखा जाता है, ऐसी स्थिति की पहचान सामाजिक समस्या के रूप में होती है।,

(iii) सामाजिक समस्या के परिणाम सामाजिक ही होते हैं अर्थात् सामाजिक समस्या को इसके प्रभाव के आधार पर ही समझ सकते हैं। जब समाज के अधिकांश लोग असामान्य तरीके से प्रभावित होते हैं अथवा अपने सामान्य जीवन में पीड़ा का अनुभव करते हैं या उन पर कोई हानिकारक प्रभाव होता है तो यह सामाजिक समस्या का परिणाम है। यहाँ पर समाज के एक बड़े भाग का प्रभावित होना महत्वपूर्ण है।

(iv) सामाजिक समस्याएँ समान आधार पर उत्पन्न होती है। उदाहरण के लिए एड्स अब एकसामाजिक समस्या है, इसकी उत्पत्ति का आधार एच.आई.वी. संक्रमण है जो है कि विश्व के सभी देशों के लिए समान आधार है।

(v) **आवश्यकता की पूर्ति में बाधक**—सामाजिक समस्या के फलस्वरूप समाज में चिन्ता, तनाव एवं संघर्ष उत्पन्न होता है। असमान्य स्थिति आवश्यकता पूर्ति में बाधक होती है।

(vi) **समाज के लिए गम्भीर खतरा**—सामाजिक समस्याएँ समाज की संरचना को विखण्डित कर सकती है। समाज में असंतुलन की स्थिति उत्पन्न हो जाती है, अतः सामाजिक समस्या से निपटने के प्रयास आवश्यक हो जाते हैं।

(vii) सामाजिक समस्याओं का समाधान, सामूहिक प्रयासों, सुधार कार्यक्रमों व नीतियों द्वारा ही करने की आवश्यकता होती है।

सामाजिक समस्याएँ सामाजिक पृष्ठभूमि में ही उत्पन्न होती हैं तथा समाज के संगठन और व्यवस्था पर नकारात्मक प्रभाव डालती है। समाज अपनी प्रारम्भिक अवस्था में बहुत सरल सरंचनात्मक व्यवस्था में रहा है। धीरे-धीरे जटिलताएँ बढ़ती गई और सरंचनात्मक व्यवस्था भी जटिल होती रही, अतः सामाजिक समस्याएँ समाज की जटिलता के साथ बढ़ती रही। वर्तमान में सामाजिक समस्या का स्वरूप बहुत

व्यापक हो गया है। इसकी व्यापकता को हम सामाजिक समस्या के समाधान हेतु किये जाने वाले राष्ट्रीय और अन्तर्राष्ट्रीय स्तर के प्रयासों के आधार पर समझ सकते हैं। विश्व बैंक की योजनाएँ, संयुक्त राष्ट्र संघ के कार्यक्रम, दक्षेस राष्ट्रों के सम्मलेनों में उठाये जाने वाले मुद्दे, यह प्रमाणित करते हैं कि आज सामाजिक समस्या का विस्तार अन्तर्राष्ट्रीय सीमाओं को पार कर गया है। सामाजिक समस्याओं के प्रकारों में हम मोटे तौर पर प्रमुख सामाजिक समस्याओं को कुछ श्रेणियों में विभिन्न आधारों पर प्रस्तुत कर सकते हैं। सामाजिक समस्याओं का वर्गीकरण सामाजिक समस्याओं की उत्पत्ति, प्रकृति तथा सामाजिक समस्या के प्रति जागरूकता और निराकरण के आधार पर किया गया है।

सामाजिक समस्याओं के प्रकार : उत्पत्ति के आधार पर

क्लेरेन्स मार्श केस (1924 : 268-273) ने सामाजिक समस्या की उत्पत्ति के आधार पर इन्हें चार भागों में रखा है-

(i) प्राकृतिक पर्यावरण से उत्पन्न होने वाली सामाजिक समस्याएँ- सामाजिक जीवन की दशाओं को प्राकृतिक पर्यावरण भी प्रभावित करता है। अतिवृष्टि, भूकम्प, अकाल आदि से उत्पादन पर विपरीत असर पड़ता है तथा बेरोजगारी और निर्धनता जैसी सामाजिक समस्याएँ उत्पन्न होने लगती है।

(ii) सम्बन्धित जनसंख्या की प्रकृति से भी सामाजिक समस्याएँ उत्पन्न होती है, जैसे जनसंख्या का घनत्व अधिक होता है तो जनसंख्या नियंत्रण की समस्या उत्पन्न होती है, गन्दी बतियाँ, नगरीकरण आदि का सम्बन्ध भी जनसंख्या की प्रकृति से होता है।

(iii) कमजोर सामाजिक संगठन से उत्पन्न सामाजिक समस्याएँ-इसके अन्तर्गत उन सामाजिक समस्याओं को सम्मिलित किया जा सकता है जिनकी उत्पत्ति समाज के विभिन्न अंगों की अन्तर्निभरता में ढीलेपन से होती है या फिर संस्थागत व्यवहार का उल्लंघन होने से। जैसे सामाजिक नियन्त्रण रखने वाले अभिकरण कमजोर हो जाते हैं तो आर्थिक अपराधों में वृद्धि होती है, कालाबाजारी और भ्रष्टाचार को बढ़ावा मिलता है।

(iv) समाज के सांस्कृतिक मूल्यों में टकराव से उत्पन्न होने वाली सामाजिक समस्याएँ-इसके अन्तर्गत उन सामाजिक समस्याओं को सम्मिलित कियाजा सकता है जिनकी उत्पत्ति तत्कालीन दशाओं में सामाजिक मानदंडों के अनुरूप नहीं हुई और धीरे-धीरे उसे समाप्त करने के लिए संघर्ष करना पड़ा हो, जैसे विधवा पुनर्विवाह, सती प्रथा, बाल विवाह आदि।

सामाजिक समस्या की प्रकृति को आधार मानकर फुल्लर और मायर्स ने इसे तीन भागों में विभाजित किया है–

(i) प्राकृतिक समस्याएँ–जिनका सम्बन्ध प्रकृति के प्रकोप से होता है जैसे अतिवृष्टि, भूकम्प, अकाल आदि।

(ii) सुधारात्मक समस्याएँ– इसमें उन समस्याओं को सम्मिलित किया जाता है जिन्हें सुधार कर सामान्य स्थिति में लाया जा सके, जैसे वेश्यावृत्ति, मद्यपान, दहेज आदि।

(iii) नैतिक समस्याएँ–इन समस्याओं को नैतिकता के आधार पर ही समाज अवांछनीय समझता है, जैसे भ्रष्टाचार, जुआ, विवाह-विच्छेद आदि।

जागरूकता और निराकरण के आधार पर सामाजिक समस्या के प्रकार

सामाजिक समस्याओं के प्रति जागरूक होना और उनका निवारण करना सामाजिक समया का अवधारणात्मक पहलू है, इसी आधार पर जोन जे. केन ने दो प्रकारों का उल्लेख किया है।

(i) प्रकट सामाजिक समस्या–जिन समस्याओं के प्रति लोग जागरूक होते हैं तथा जिन्हें समाज के लिए हानिकारक माना जाता है। इन समस्याओं का निराकरण करने के लिए सरकारी और गैर-सरकारी स्तर पर प्रयास किये जाते हैं, जैसे-निर्धनता, निरक्षरता, जनसंख्या विस्फोट आदि।

(ii) अप्रकट सामाजिक समस्या–इसे सामाजिक समस्या की उत्पत्ति का प्रारम्भिक स्वरूप भी कह सकते हैं। इसके अन्तर्गत उन सामाजिक समस्याओं को सम्मिलित किया जाता है जिनके प्रति जागरूकता उत्पन्न नहीं होती। इनके निराकरण के लिए भी सामूहिक प्रयास नहीं होते, लेकिन कालान्तर में इस प्रकार की सामाजिक समस्याएँ प्रकट सामाजिक समस्याओं की श्रेणी में आ जाती है, जैसे एड्स, कालाबाजारी, अस्पृश्यता, बाल-विवाह आदि।

सामाजिक समस्याओं और सामाजिक विघटन में सम्बन्ध

रोनाल्ड एल. वारेन ने अपने एक लेख **''सोशियल डिसऑर्गेनाइजेशन एण्ड दा इन्टररिलेशनशिप ऑफ कल्चरल रोल्स''**, अमेरिकन सोशियोलॉजिकल रिव्यू, (14) 1949 में सामाजिक समस्याएँ और सामाजिक विघटन के परस्पर सम्बन्धों की विस्तार से विवेचना की है। सर्वप्रथम अपने सामाजिक विघटन का अर्थ स्पष्ट किया है तथा बाद में सम्बन्धों पर निम्न प्रकार से प्रकाश डाला है–

वारेन ने सामाजिक विघटन की निम्न परिभाषा दी है, "सामाजिक विघटन एक ऐसी स्थिति है जिसमें मतैक्य की कमी, संस्थाओं के एकीकरण का अभाव और सामाजिक नियन्त्रण के साधनों में कमी पाई जाती है।" वारेन का यह कहना है कि जब समाज के अधिकतर लोगों के मत तथा सुझाव एक-से नहीं होते हैं, उनमें मतभेद होता है, लोगों के लक्ष्य समाजसम्मत नहीं होते हैं, संस्थाओं में एकता नहीं होती है, विभिन्न संस्थाएँ एक-दूसरे के विरोध में कार्य करती है, विभिन्न संस्थाओं में परस्पर तनाव, खिचाव, संघर्ष आदि पैदा हो जाता है, तो इससे समाज में अव्यवस्था फैल जाती है। समाज की विभिन्न छोटी-बड़ी इकाइयाँ, समूह तथा व्यक्ति नियुमानुसार कार्य नहीं करती है। यहाँ आगे चल कर अनेक सामाजिक, समस्याओं को जन्म देती हैं। लोगों में मतभेद होने से सभी मनमानी करते हैं तो उनमें झगड़ा होता है। जब समाज के अधिकांश लोगों की ऐसी स्थिति हो जाती है तो वह सामाजिक विघटन के रूप में सामने आती है।

सामाजिक विघटन को सामाजिक समस्या का प्रमुख कारण मानने वालों का कहना है कि प्राचीन काल में समाज स्थिर साम्यवादी तथा सुखी थी। उस काल के लोग उन्हीं सामाजिक लक्ष्यों तथा साधनों का चयन करते थे जो समाज के मूल्यों के द्वारा मान्य थे। उनकी क्रियाओं तथा मूल्यों में तालमेल था। सभी में परस्पर एकमत था। संस्थाओं में एकीकरण था। सामाजिक नियन्त्रण के साधन पर्याप्त थे। एक मत के कारण समूहों के लक्ष्यों के सम्बन्ध में सामञ्जस्य था। भावात्मक धारणाओं में तालमेल मिलता था। समाज को विभिन्न संस्थाएँ एक-दूसरे के साथ संगठनात्मक कार्य करती थीं। व्यक्ति समाज में नियमानुसार कार्य करते थे। वह संगठित सामाजिक व्यवस्था का उदाहरण था। सामाजिक परिवर्तन की गति बहुत धीमी थी। समाज का प्रत्येक व्यक्ति अपनी-अपनी भूमिकाएँ कर्त्तव्यों के अनुसार पूर्ण करता था। समाज की रीतियों, प्रथाओं तथा कानून का उल्लंघन नहीं करते थे। प्राचीन काल में समाज में सामाजिक समस्या और सामाजिक विघटन नहीं था।

सामाजिक विघटन को सामाजिक समस्या का एकमात्र कारण मानने वालों का कहना है कि धीरे-धीरे समाज के परिवर्तन की गति बढ़ने लगी। परिवर्तन का कारण समाज में आवश्यकताओं की पूर्ति के साधनों का बढ़ना होता है। लोग प्रचलित साधनों के सीान पर नवीन साधनों से अपनी इच्छा पूर्ण करने लगे। समाजसम्मत लक्ष्य तथा साधनों के सीान पर नवीन लक्ष्य तथा साधनों का चयन करने लगे। समाज की परम्पराओं, मूल्यों तथा कानून आदि का उल्लंघन करने लगे। उनकी क्रियाओं तथा मूल्यों में टकराव होने लगा। लोगों के विचारों तथा मान्यताओं में मतभेद पैदा हो गए। सामाजिक नियन्त्रण के साधनों में कमी आ गई।उनका प्रभाव भी कम होने लगा।

व्यक्तियों के व्यवहार अनियन्त्रित होने लगे। अनेक मतों के कारण समूहों के लक्ष्यों के सम्बन्ध में टकराव बढ़ा तथा सामञ्जस्य का अभाव हो गया। इससे सामाजिक संगठन के स्थान पर सामाजिक विघटन हो गया। इससे अनेक सामाजिक समस्याएँ उत्पन्न हो गई। **थामस** तथा **जनानिकी** का कहना है कि सामाजिक विघटन के कारण ही अनेक सामाजिक समस्याएँ उत्पन्न होती हैं। विघटन की अवस्था में लोग मनमाने लक्ष्यों का चयन तथा मनमाने साधनों का प्रयोग करते हैं।

◘◘◘

5

सामाजिक विचलन

विचलन की निम्नांकित विशेषताओं के आधार पर हम इस अवधारणा को और अधिक स्पष्ट रूप से समझ सकते हैं–

(1) विचलन सामाजिक मानदण्डों से बहुत अधिक दूर हटना है–प्रत्येक समाज में सामाजिक मानदण्डों की थोड़ी-बहुत अवहेलना तो अनदेखी कर दी जाती है किन्तु जब वह अवहेलना समाज व्यवस्था में विघटन पैदा करने या समाज में खतरा उत्पन्न करने लग जाय तो उसे विचलन कहा जाता है। उदाहरण के लिए, घर में बच्चे द्वारा बिना पूछे केला उठाकर खा लेना उतना गम्भीर व्यवहार नहीं माना जाता है जितना कि घर में आभूषण चुराना। इस प्रकार विचलन में व्यक्तिइस प्रकार का व्यवहार करता है जो सामाजिक मानदण्डों से बहुत हट कर हो।

(2) विचलन वैयक्तिक एवं सामाजिक दोनों स्तरों पर हो सकता है– एक व्यक्ति जब सामाजिक मानदण्डों के विपरीत आचरण करे तो वह वैयक्तिक विचलन है। यदि ऐसा व्यवहार सम्पूर्ण समूह या समुदाय द्वारा किया जाय तो वह सामाजिक स्तर का विचलन है।

(3) विचलन का सम्बन्ध एक विशिष्ट समाज एवं संस्कृति से है–चूंकि प्रत्येक समाज एवं संस्कृति में भिन्न-भिन्न प्रकार के सामाजिक मानदण्ड पाये जाते हैं, अतः एक समाज व संस्कृति में जिसे विचलन कहते हैं, उसे दूसरे समाज में भी विचलन माना जाय, यह आवश्यक नहीं है, जैसे अन्तर्जातीय विवाह भारत में विचलन है किन्तु अमरीका में नहीं। इस प्रकार से एक ही समाज में एक व्यवहार को एक समूह विचलन मानता है तो दूसरा समूह नहीं।

(4) विचलन नियन्त्रण को जन्म देता है–चूंकि विचलन के कारण माज में समस्याएं पैदा होती है, समाज व्यवस्था को खतरा उत्पन्न हो जाता है, इसलिए ऐसे व्यवहारों को रोकने के लिए प्रत्येक समाज नियन्त्रण की कुछ व्यवस्था करता है। पुलिस, जेल, न्यायालय आदि इसी नियन्त्रण व्यवस्था के अंग है।

विचलन के कारण

एक व्यक्ति सदैव ही सामाजिक आदर्शों का उल्लंघन नही करता, कुछ विशिष्ट कारण इसके लिए उत्तरदायी हैं। जॉनसन ने उन कारणों का उल्लेख किया है जो विचलन को प्रोत्साहन देते हैं या उसके लिए उत्तदायी है :

(1) दोषपूर्ण समाजीकरण–जब व्यक्ति को सामाजिक मूल्यों की दोषपूर्ण शिक्षा दी जाती है या उसका समुचित समाजीकरण नहीं किया जाता है तब वह विपथगामी व्यवहार करता है। अपूर्ण एवं दोषपूर्ण समाजीकरण विचलन के लिए उत्तरदायी है।

(2) दुर्बल अनुशास्तियाँ–अनुशास्तियों से तात्पर्य उस व्यवस्था से है जिसमें व्यक्ति द्वारा 'अनुरूपता' प्रकट करने या समाज स्वीकृत व्यवहार करने पर पुरस्कार एवं विचलित व्यवहार करने पर दण्ड दिया जाता है। जब व्यक्ति को उसके उचित व्यवहार का उपयुक्त पुरस्कार एवं अनुचित व्यवहार का दण्ड नहीं मिलता है तो वह विचलन करने लगता है। तब उसमें यह धारणा पैदा होती है कि यहाँ तो सब ऐसे ही चलता है।

(3) कानून को लागू करने में कमी–अनुचित व्यवहार करने पर समाज में दण्ड की व्यवस्था तो हो किन्तु जब यह व्यवस्था निष्क्रिय या उदासीन हो अथवा उसे लागू करने वालों की संख्या कम हो तो विचलित व्यवहार बढ़ता है। उपर्युक्त तीनों कारक सफेदपोश अपराध के लिए उत्तरदायी हैं। जब अपराधियों को अपराध करने पर पकड़ा जाय या पकड़ने पर रिश्वत लेकर छोड़ दिया जाय तो इससे विचलन को बढ़ावा मिला है।

(4) तार्किकीकरण की सरलता–विचलित व्यवहार में तब भी वृद्धि होती है जब हम सरल एवं गलत तर्क द्वारा उसे सही घोषित करने की चेष्टा करते हैं। उदाहरणार्थ, कोई डाकू अपनी डकैती के लिए यह तर्क दे कि वह लूट के माल को गरीबों में बांटाता है, शोषण से एकत्रित धन का समान वितरण करता है। द्वितीय विश्वयुद्ध में कई स्त्रियों ने अपने वेश्यावृत्ति के व्यवसाय को उचित ठहराने के लिए यह दलील दी कि वह योद्धाओं को आराम देती है। उन्होंने अपने आप को 'विक्ट्री गर्ल्स' कहना शुरू किया और वेश्यावृत्ति को चालू रखा।

(5) सामाजिक मानदण्डों की अनिश्चित सीमा–क्रान्तिकारी राजनीतिक कोटि का विचलन समाज के वैध मूल्यों और अपने बीच की खाई को सामान्तया पाट देता है, जैसे देशभक्ति या स्वतन्त्रता का क्षेत्र स्पष्ट रूप से परिभाषित नहीं है। सामान्यत: किसी व्यक्ति की हत्या करना विचलन है किन्तु युद्ध के दौरान शत्रु पक्ष के लोगों की हत्या करना विचलन नहीं माना जायेगा।

(6) उल्लंघनकारी व्यवहार की गोपनीयता–जिस सामाजिक मानदण्ड का उल्लंघन हो रहा हो वह समाज के सामने स्पष्ट होना चाहिए वरना वह अन्दर ही अन्दर बढ़ता जाता है। मर्टन ने अनुरूपता और सामाजिक नियन्त्रण के लिए खुले रूप में व्यवहार करने पर इसलए ही बार-बार जोर दिया है।

(7) अनुचित या गलत ढंग से कानून लागू करना–जब कानून को गलत एवं भ्रष्ट तरीकों से लागू कया जाता है तब लोगों को उनमें विश्वास उठ जाता है और वे विचलन की ओर अग्रसर होते हैं। जब पुलिस भ्रष्टाचार एवं अवैध हिंसा का प्रयोग करती है तो लोग कानून में और प्रौढ़-अपराधी भी पाये जाते हैं जो समाज के सन्मुख समस्या उत्पन्न करते हैं। यहाँ जनसंख्या की बढ़ोत्तरी भी तेजी के साथ होती जा रही है। निरक्षरता, निम्न जीवन-स्तर, शराबखोरी, जुआ, वेश्यावृत्ति और राजनीतिक एवं प्रशासनिक भ्रष्टाचार की समस्याओं का भी देशवासियों को सामना करना पड़ रहा है। यहाँ औद्योगिकरण एवं नगरीकरण से सम्बन्धित समस्याएं गम्भीर रूप धारण करती जा रही है।

इन समस्याओं पर प्रस्तुत पुस्तक में समाजशास्त्रीय-तार्किक दृष्टिकोण से विचार किया गया है। यहाँ इतना कहना काफी है कि भारतवर्ष काफी लम्बे समय तक अंग्रेजों के अधीन रहा जिन्होंने इस देश की समस्याओं को हल करने और विकास कार्यक्रमों को आगे बढ़ाने में अपने निहित स्वार्थों के कारण विशेष रुचि नहीं ली। स्वतन्त्रभारत में भी जितना ध्यान इन समस्याओं पर दिया जाना चाहिए था, नहीं दिया जा सका। समस्याओं का निवारण इस तथ्य पर आधारित है कि किसी समाज विशेष

का नेतृत्व उन समस्याओं को हल करनेके प्रति कितना दृढ़ संकल्प और देशवासियों में समस्याओं के प्रति जनचेतना जाग्रत करने में कितना समर्थ है। कानून बना देने मात्र से सामाजिक समस्याओं से छुटकारा प्राप्त नहीं किया जा सकता। आज देश में दहेज विरोधी कानून है परन्तु समाज दहेज-प्रथा से छुटकारा प्राप्त नहीं कर सका है।

सामाजिक समस्याओं का निवारण

यहां एक प्रश्न उठता है कि क्या सामाजिक समस्याओं को हल किया जा सकता है, क्या इनका निवारण सम्भव है? इसका उत्तर हाँ में दिया जा सकता है। विश्व के सामाजिक समस्याओं के इतिहास का अवलोकन करने करनेपर ज्ञात होता है कि वास्तव में बहुत-सी सामाजिक समस्याओं को समय-समय पर हल किया गया। गुलामी की प्रथा से लोगों को मुक्त कराया जा सका। प्रतिदिन बारह घण्टे तथा सप्ताह में सात दिन तक मजदूरों से काम लेने की समस्या को हल किया जा सका। इसी प्रकार बाल-श्रम की समस्या का निवारण सम्भव हुआ। आज अनेक देशें ने निर्धनता अथवा अभाव की स्थिति पर काफी नियन्त्रण प्राप्त कर लिया है और बहुत-से देश इस दिशा में आगे बढ़ रहे हैं। वर्तमान में अनेक बीमारियों की रोकथाम का भी सफलतापूर्वक प्रयत्न किया जा सका है। कुछ विद्वानों की यह भी मान्यता है कि परिस्थितियों के बदलने के साथ-साथ नवीन समस्याएँ उठ खड़ी होती है। ऐसी स्थिति में पुरानी समस्याओं का स्थान नवीन समस्याएँ ले लेती हैं। इस दृष्टि से सामाजिक समस्याएँ हल नहीं होती, बल्कि उनके स्थान पर नवीन समस्याएँ उठ खड़ी होती है। यहाँ इस सम्बन्ध में इतना कहना ही पर्याप्त नहीं कि सामाजिक समस्याओं को हल करने के लिए काफी कुछ किया जा सकता है लेकिन यह सब कुछ निश्चित सीमाओं से ही सम्भव है।

यहाँ सामाजिक समस्याओं को हल करने के लिए तीन दृष्टिकोणों पर विचार करना आवश्यक है।

प्रथम, बहुकारकवादी दृष्टिकोण के अनुसार यह माना जाता है कि किसी भी सामाजिक समस्या का जन्म अनेक कारकों के फलस्वरूप होता है। सामाजिक समस्या के लिए कोई एक कारक उत्तरदायी नहीं है। उदाहरण के रूप में, यह नहीं माना जा सकता कि केवल निर्धनता के कारण ही सम्पत्ति के विरुद्ध अपराध होते हैं। यदि ऐसा होता तो अनेक धनी व्यक्तियों के द्वारा अपराध क्यों किये जाते? इसी प्रकार बेकारी अथवा छात्र असन्तोष के पीछे कोई एक ही कारण नहीं पाया जाता।

द्वितीय, पारस्परिक सम्बन्ध का तात्पर्य विभिन्न सामाजिक समस्याओं के एक-दूसरे से घनिष्ठ रूप से सम्बन्धित होने से है। यदि हम किसी एक समस्या को

पृथक्करण में सुलझाना चाहें, तो यह सम्भव नहीं है। उदाहरण के रूप में, अस्पृश्यता निवारण के लिए यह आवश्यक है कि अस्पृश्य या अछूत समझे जाने वालों को आर्थिक एवं सामाजिक प्रगति के अवसर प्रदान किये जाये। परन्तु इसके साथ ही यह भी अनिवार्य है कि अन्य जातियों के लोगों में उनके प्रति पायी जाने वाली पूर्व-निर्धारित धारणाओं को दूर किया जाय। यह शिक्षा के माध्यम से अज्ञानता को दूर करने से ही सम्भव है। इसके साथ ही अस्पृश्यता निवारण से सम्बन्धित कानून को कठोरतापूर्वक लागू करने की आवश्यकता भी है। अस्पृश्यों द्वारा अपनाये जाने वाले व्यवसायों के आधुनिकीकरण की ओर भी ध्यन दिया जाना चाहिए ताकि इन लोगों के व्यवसाय को घृणित अथवा अपमानजनक न माना जाय। स्पष्ट है कि किसी भी समस्या को हल करने के लिए उससे सम्बन्धित अन्य समस्याओं के निराकरण की ओर ध्यान देना भी आवश्यक है।

तृतीय, सापेक्षिकता का तात्पर्य यह है कि सामाजिक समस्या का स्थान एवं समय के साथ हरा सम्बन्ध पाया जाता है। यह सम्भव है कि आज भारत में जिस स्थिति या दशा को एक सामाजिक समस्या के रूप में माना जाता है, वह कुछ समय पूर्व उस रूप में नहीं मानी जाती हो। उदाहरण के रूप में, आज अस्पृश्यता को एक गम्भीर सामाजिक समस्या माना जाता है लेकिन भूतकाल में यह समस्या नहीं समझी जाती थी। अमरीका तथा अफ्रीका में प्रजातीय-भेदभाव समस्या के रूप में है, परन्तु भारत में नहीं। आज जिसे लोग सामाजिक समस्या के रूप में देखते हैं, सम्भव है वही स्थिति निकट भविष्य में सामान्य स्थिति बन जाय और लोग उसे समस्या नहीं मानें। किसी स्थिति को समस्या के रूप में द्रेखना समाज विशेष के लोगों के दृष्टिकोण पर भी निर्भर करता है।

उपर्युक्त तीन दृष्टिकोणों के आधार पर ही सामाजिक समस्याओं से छुटकारा प्राप्त करना सम्भव है। परन्तु फिर भी किसी ऐसे समाज की कल्पना करना कठिन है जो समस्याओं से पूर्णतः मुक्त हो। इतना अवश्य है कि अलग-अलग कालों और समाजों में सामाजिक समस्याओं की मात्रा और गम्भीरता में अन्तर अवश्य पाया जाता है। किसी सामाजिक समस्या को हल करने में नेताओं की प्रमुख भूमिका होती है। वे स्वयं के उदाहरण द्वारा जनता को समस्या के निराकरण के सम्बन्ध में स्वस्थ विचार प्रदान कर और समस्या कोहल करने में सफलता-प्राप्ति के पूर्व सफलता की एक हवा या वातावरण तैयार कर लोगों में एक सामूहिक अभिरुचि उत्पन्न कर सकते हैं। ऐसा होने पर लोगों में आवश्यक धारणाएं निर्मित हो पायेंगी और सामाजिक समस्याओं के निराकरण में वे सक्रिय योग दे सकेंगे।

सामाजिक समस्याओं को हल करने में कुछ कठिनाइयां भी आती हैं जिनके सम्बन्ध में जॉनसन तथा अन्य विद्वानों ने विचार व्यक्त किये हैं। जॉनसन ने बतलाया है : (i) शक्तिशाली मनोभव तथा निहित स्वार्थों द्वारा समर्थित सामाजिक संरचना सामाजिक समयाओं को हल करने में कठिनाई पैदा करती है। सामाजिक समस्या के बने रहने से कुछ शक्तिशाली लोगों के स्वार्थों की पूर्ति होती है। ऐसे लोग बाहरी तौर पर उस समस्या के हल में रुचि दिखाते हैं परन्तु आतरिक रूप से उनका प्रयत्न यही रहता है कि समस्या समस्या ही बनी रहे। इसके उदाहरण के रूप में, अमरीका में पायी जाने वाली प्रजातीय भेदभाव की समस्या का उल्लेख किया जा सकता है। (ii) सामाजिक समस्या के हल में कठिनाई यह आती है कि निहित स्वार्थ वाले लोगों के द्वारा यह तर्क दिया जाता है कि समस्या के निराकरण के लिए प्रस्तावित सुझाव समस्या को हल करने के बजाय उसे और अधिक गम्भीर बना देंगे। (iii) समस्या को हल करने में तीसरी कठिनाई धीरे-धीरे पीछे की ओर मुड़ने या कार्य करने से सम्बन्धित है। कई लोग काफी समय तक समस्या को समस्या के रूप में मानने को तौयार नहीं होते। भारत में लोग राजनीतिक और प्रशासनिक भ्रष्टाचार को मानने को तैयार नहीं थे अब लोग यह स्वीकार करने लगे हैं कि वास्तव में व्यापक पैमाने पर भ्रष्टाचार व्याप्त है और उसे दूर करने की आवश्यकता है। भ्रष्टाचार का उन्मूलन उसी समय सम्भव है जब इसे समस्या के रूप में समझा जाय और धीरे-धीरे कार्य करने की प्रवृत्ति को छोड़ा जाय।

समस्यामूलक अवधारणा

सामाजिक समस्या व्यक्तिगत समस्या से भिन्न है। सामाजिक समस्या को समाज की एक असमान्य दशा के रूप में देखा जाता है जिससे समाज का एक बहुत बड़ा भाग (आकार निश्चित नहीं होता) प्रतिकूल रूप से प्रभावित होता है। यह असामान्य दशा समाज के ढाँचे को असन्तुलित कर देती है तथा इस स्थिति से निपटने के लिए सामूहिक प्रयास की आवश्यकता होती है। सामाजिक समस्या की अवधारणा को स्पष्ट करने के लिए यहाँ समाजशास्त्रियों के दृष्टिकोणों को प्रस्तुत करना समीचीन होगा।

समाज के एक बड़े भाग का प्रभावित होना, दूसरे शब्दों में उस स्थिति को सामाजिकसमस्या कहेंगे जिसका प्रभाव विभिन्न मंचों में प्रतिबिम्बित होता है, जिसको चर्चा आम आदमी करने लगे, जनसंचार माध्यमों के द्वारा जिसका उल्लेख किया जाये। जैसे भारत में विभिन्न समारोहों मेंदेश के प्रधानमन्त्री द्वारा भ्रष्टाचार के बारे में गंभीर टिप्पणी करना तथा विभिन्न क्षेत्रों में व्याप्त भ्रष्टाचार की दशा से आम व्यक्ति का

प्रभावित होना यह प्रमाणित करता है कि भ्रष्टाचार एक सामाजिक समस्या है। अवधारणा का पहला तत्व इस स्थिति के लिए आनुभविक आधार पर प्रामाणिक है।

सामाजिक समस्या की अवधारणा का दूसरा तत्व समाज पर अवांछनीय प्रभाव अथवा प्रतिकूल प्रभाव है। सामान्तया समाज में कई दशाएँ उत्पन्न होती हैं, लेकिन जिस स्थिति का प्रभाव समाज के एक बड़े भाग के लिए अवांछनीय या प्रतिकूल हों, उस स्थिति को ही सामाजिक समस्या कहा जाता है। अवांछनीय एवं प्रतिकूल प्रभाव समय और स्थान से सम्बन्धित होता है अर्थात् जो दशा समकालीन समाज में अनुकूल है वही दशा कालांतर में यदि प्रतिकूल बनकर व्यक्तियों की एक बड़ी संख्या को प्रभावित करेगी तो वह सामाजिक समस्या होगी। प्राचीन काल में ब्रह्म विवाह के अवसर पर पिता अपनी कन्या को रत्नाभूषणों से अलंकृत करके किसी योग्य वर को दान स्वरूप देता था, साथ ही अनेक घोड़े, हाथी व दास-दासी भी दिया करता था लेकिन 19वीं शताब्दी के उत्तरार्द्ध से ही इस स्थिति का प्रतिकूल प्रभाव होने लगा और 20वीं शताब्दी के उत्तरार्द्ध तक दहेज के रूप में एक गंभीर सामाजिक समस्या बन गई।

सामूहिक प्रयास से ही समाधान, सामाजिक समस्या की अवधारणा का तीसरा महत्वपूर्ण तत्व है। सामाजिक समस्या के लिए समाधान भी सामूहिक रूप से निकाला जाता है। अकेला व्यक्त किसी भी सामाजिक समस्या से नहीं निपट सकता चाहे वह समाज के सर्वोच्च पद पर ही क्यों न हो। भारत में समाज के विभिन्न क्षेत्रों में व्याप्त भ्रष्टाचार को समाप्त करने के लिए देश के प्रधानमन्त्री ने, स्वतन्त्रता की स्वर्ण जन्ती के अवसर पर लाल किले की प्राचीर से, देश की जनता से सहयोग का आह्वान किया। प्रधानमन्त्री ने देश के सभी नागरिकों से अपील की थी कि वे रिश्वत नहीं दें, रिश्वत देने वालों की शिकायत करें। पूरा समाज सामूहिक रूप से प्रयास करेगा तभी सामाजिक समस्या का समाधान संभव है। निर्धनता, जनसंख्या विस्फोट, साम्प्रदायिकता, जातिवाद, निरक्षरता, आतंकवाद जैसी स्थितियों के समाधान के लिए सरकार द्वारा नई-नई योजनाएँ बनायी जाती है। सरकारी तंत्र इन योजनाओं को क्रियान्वित करता है, इस दशा में स्वैच्छिक संगठन भी अपनी भूमिका निभाते हैं, साथ ही समाज के सदस्यों की भागीदारी भी सुनिश्चित की जाती है, तभी इन समस्याओं को नियन्त्रित किया जा सकता है। समाधान की सम्पूर्ण प्रक्रिया में समाज का एक बहुत बड़ा भाग सम्मिलित होता है। उपर्युक्त सामाजिक समस्याओं के संदर्भ में विस्तृत विवेचना आगे के अध्यायों में की गई है। यहाँ हम यह समझ लें कि जिसे सामाजिक समस्या कहा जाता है उसे हल करना सामूहिक प्रयास से ही संभव होता है।

सामाजिक समस्या को परिभाषित करने वाले समाजशास्त्रियों की सूची लम्बी है। सभी विद्वानों की परिभाषाओं की विषयवस्तु में समानता है। सामाजिक समस्या की अवधारणा को अच्छी तरह से समझने के लिए कुछ और दृष्टिकोणों का उल्लेख किया जा सकता है।

फुल्लर और मायर्स (1941 : 320) के अनुसार सामाजिक समस्या व्यवहार के वे प्रतिमान हैं जिन्हें किसी समय में समाज के अधिकांश सदस्य अनअपेक्षित मानते हैं। मर्टन और निस्बट (1963 : 11–12) ने भी व्यवहार के उस रूप को सामाजिक समस्या कहा है जिसे समाज के एक बड़े भाग द्वारा स्वीकृत एवं अनुमोदित मानदंडों का उल्लंघन माना जाता है। जैसे मादक पदार्थों का सेवर करना, कम आयु के बालकों से फैक्ट्री में काम करवाना, खाद्य पदार्थों में मिलावट करना, साम्प्रदायिक दंगे भड़काना आदि समाज के स्वीकृत मानदंडों का उल्लंघन है तथा इन दशाओं में समाज का एक बहुत बड़ा भाग नकारात्मक रूप से प्रभावित होता है।

रेनहार्ट (1952 : 14) सामाजिक समस्या को समाज की वह स्थिति बताते हैं जिससे समाज का एक बड़ा भाग हानिकारक परिणामों से भावित होता है तथा इस स्थिति का समाधान सामूहिक रूप से संभव होता है। राब और सेल्जनिक (1964 : 4) ने मानवीय सम्बन्धों की समस्या को ही सामाजिक समस्या के रूप में समझाते हुए कहा कि यह समाज के लिए एक गम्भीर खतरा है अथवा यह अधिकांश व्यक्तियों की आकांक्षाओं की पूर्ति में व्यवधान पैदा करती है। वेलेस बीवर ने तो सामाजिक समस्या को चिन्ता, संघर्ष, तनाव और निराशा उत्पन्न करने वाली स्थिति बताया जिससे आवश्यकता की पूर्ति भी बाधित होती है। हर्बट ब्लूमर (1971 : 19) के अनुसार वे कार्य और व्यवहार के प्रतिमान (संरूप) जिन्हें समाज का एक बड़ा भाग समाज के प्रति घातक मानता है अथवा सामाजिक मानदण्डों का उल्लंघन समझा जाता है और जिन्हें सुधारना संभव और वांछनीय माना जाता है, सामाजिक समस्या है। मेरिल और एल्डरिज ने सामाजिक समस्या को इसकी उत्पत्ति को स्थिति के संदर्भ में समझाया है कि जब गतिहीनता के कारण बहुत से लोग अपनी अपेक्षित सामाजिक भूमिकाओं में कार्य करने में अक्षम होते हैं तो सामाजिक समस्याएँ उत्पन्न होती है। कार (1955 : 306) ने भी सामाजिक समस्या का अर्थ इसकी उत्पत्ति के परिवेश में देते हुए लिखा है कि सामाजिक समस्या ऐसे समय उत्पन्न होती है जब हम किसी कठिनाई के प्रति चेतन हो जाते हैं, जब हमारी प्राथमिकताओं और यथार्थता के बीच खाई बन जाती है। वेन बर्ग (1960 : 4) ने सामाजिक समस्या की अवधारणा को इसकी छः विशेषताओं के आधार पर स्पष्ट किया है–

(1) समाज के अनेक सदस्यों द्वारा आपत्ति जनक मानी जाने वाली स्थिति ही सामाजिक समस्या है अर्थात् जिस स्थितिको समाज के अधिकांश सदस्यों द्वारा आपत्तिजनक नहीं माना जाता, उस स्थिति को सामाजक समस्या की श्रेणी में नहीं रखा जाता।

(2) सम्बन्धित व्यवहार प्रतिमानों की व्याख्या के अनुरूप सामाजिक समस्यएँ भी परिवर्तित हो जाती हैं। एक समय में जिस व्यवहार को समाज द्वारा स्वीकृत व्यवहार कहा जाता था, कालान्तर में वही व्यवहार सामाजिक समस्या की श्रेणी में आ जाता है, जैसे जाति के संस्तरण के अनुसार खान-पान पर प्रतिबंध एक स्वीकृत व्यवहार था। यदि इसका उल्लंघन किया जाता था तो इसे दण्डनीय कृत्य माना जाता था लेकिन समाज सुधारकों के आन्दोलन तथा स्वतन्त्रता आन्दोलन के प्रभाव से जाति के संस्तरण पर आधारित खान-पान के प्रतिबंध को सामाजिक समस्या के रूप में समझाया जाता है।

(3) सामाजिक समस्याओं के महत्व तथा उन्हें हल करने सम्बन्धी जागरूकता उत्पन्न करने में जनसंचार माध्यम (जैसे समाचार-पत्र-पत्रिकाएँ, दूरदर्शन, आकाशवाणी, सिनेमा) महत्वपूर्ण भूमिका निभाते हैं।

(4) सामाजिक समस्याओं को समाज के मूल्यों और संस्थाओं के संदर्भ में देखा जाना चाहिए। जैसे अमेरिका के रंगभेद के आधार पर भेदभाव, भारत के जातीय भेदभाव (छुआछूत) से भिन्न है।

(5) सामाजिक समस्यांओं का विश्लेषण उन पर पड़ने वाले उन प्रभावों को ध्यान में रखकर किया जाना चाहिए जो सामूहिक प्रतिक्रियाओं तथा सामाजिक सम्बन्धों के फलस्वरूप होते हैं।

(6) सामाजिक समस्याएँ इतिहास के साथ बदलती रहती हैं इसलिए समाज को समकालीन समस्याओं पर ध्यान केन्द्रित करना चाहिए। भारत में बीसवीं शताब्दी के 80 के दशक से आतंकवाद की समस्या ने भारत का ध्यान विशेष रूप से आकृष्ट करना प्रारम्भ किया, जबकि इससे पूर्व निर्धनता की समस्या को प्रमुखता से प्रचारित किया जा रहा था। सामाजिक समस्या को समझाने के लिए अनेक विद्वानों ने अपने विचार प्रस्तुत किये हैं जिनके आधार पर कहा जा सकता है कि सामाजिक समस्या एक समाजशास्त्रीय अवधारणा है जिसे हम सामाजिक अव्यवस्था के रूप में समझ सकते हैं। जब समाज में अपराधी प्रवृत्ति चरम पर हो, तनाव, संघर्ष, असंतोष, समाज के आदर्शों तथा अपेक्षित व्यवहारों का उल्लंघन हो, तो ऐसी दशा सामाजिक समस्या कहलाती है।

सामाजिक समस्या की विशेषताएँ अथवा तत्व

सामाजिक समस्या को समझने के लिए अनेक विद्वानों ने अपने विचार प्रस्तुत किये हैं जिनके आधार पर कहा जा सकता है कि सामाजिक समस्या एक समाजशास्त्रीय अवधारणा है जिसे हम सामाजिक अव्यवस्था के रूप में समझ सकते हैं। जब समाज में अपराधी प्रवृत्ति चरम पर हो, तनाव, संघर्ष, असंतोष, समाज के आदर्शों तथा अपेक्षित व्यवहारों का उल्लंघन हो, तो ऐसी दशा सामाजिक समस्या कहलाती है।

सामाजिक समस्या की विशेषताएँ अथवा तत्व

सामाजिक समस्या की अवधारणा से यह स्पष्ट हो जाता है कि सामाजिक समस्या समाज की एक असामान्य दशा है। इस असामान्य दशा की पहचान करने के लिए निम्नांकित बातों को आधार बनाया जा सकता है, इन्हीं आधारों को सामाजिक समस्या की विशेषताएँ या तत्व कहते हैं–

(i) सभी सामाजिक समस्याएँ मूल रूप से सामाजिक होती है। यहाँ सामाजिक का अर्थ समाज की सरंचना या संगठन या व्यवस्था से है। सामाजिक समस्या का जन्म समाज के सरंचनात्मक पक्ष से सम्बन्धित होता है। प्राकृतिक प्रकोप या अलौकिक स्थिति को सामाजिक समस्या की उत्पत्ति का आधार नहीं माना जा सकता, अर्थात् सामाजिक समस्या की पहचान इसकी उत्पत्ति की सामाजिक पृष्ठभूमि में की जाती है।

(ii) सामाजिक आदर्शों का विचलन होता है। समाज की जिस स्थिति को अपेक्षित व्यवहार के उल्लघंन के रूप्में देखा जाता है, ऐसी स्थिति की पहचान सामाजिक समस्या के रूप में होती है।,

(iii) सामाजिक समस्या के परिणाम सामाजिक ही होते हैं अर्थात् सामाजिक समस्या को इसके प्रभाव के आधार पर ही समझ सकते हैं। जब समाज के अधिकांश लोग असामान्य तरीके से प्रभावित होते हैं अथवा अपने सामान्य जीवन में पीड़ा का अनुभव करते हैं या उन पर कोई हानिकारक प्रभाव होता है तो यह सामाजिक समस्या का परिणाम है। यहाँ पर समाज के एक बड़े भाग का प्रभावित होना महत्वपूर्ण है।

(iv) सामाजिक समस्याएँ समान आधार पर उत्पन्न होती है। उदाहरण के लिए एड्स अब एकसामाजिक समस्या है, इसकी उत्पत्ति का आधार एच.आई.वी. संक्रमण है जो है कि विश्व के सभी देशों के लिए समान आधार है।

(v) **आवश्यकता की पूर्ति में बाधक**–सामाजिक समस्या के फलस्वरूप समाज में चिन्ता, तनाव एवं संघर्ष उत्पन्न होता है। असमान्य स्थिति आवश्यकता पूर्ति में बाधक होती है।

(vi) **समाज के लिए गम्भीर खतरा**–सामाजिक समस्याएँ समाज की संरचना को विखण्डित कर सकती है। समाज में असंतुलन की स्थिति उत्पन्न हो जाती है, अतः सामाजिक समस्या से निपटने के प्रयास आवश्यक हो जाते हैं।

(vii) सामाजिक समस्याओं का समाधान, सामूहिक प्रयासों, सुधार कार्यक्रमों व नीतियों द्वारा ही करने की आवश्यकता होती है।

व्यक्तिगत समस्या और सामाजिक समस्या

व्यक्तिगत समस्या सामाजिक समस्या नहीं है। सामाजिक समस्या की अवधारणा को अच्छी तरह से समझने के लिए व्यक्तिगत समस्या के साथ इसको देखना उपयुक्त है। वैसे तो शाब्दिक अर्थ से स्पष्ट है कि व्यक्तिगतसमस्या व्यक्ति के हित और व्यक्तिगत प्रयास से सम्बन्धित है जबकि सामाजक समस्या का सम्बन्ध सम्पूर्ण समाज के हित तथा सामूहिक प्रयास से है।

व्यक्तिगम समस्या को सामाजिक समस्या से निम्न आधारों पर अलग किया जा सकता है–

(1) समस्या की उत्पत्ति पर प्रभाव–व्यक्तिगत समस्या की उत्पति व्यक्ति के स्तर पर होती है न कि समाज के स्तर पर तथा व्यक्ति विशेष ही इससे प्रभावित होता है। जैसे आर्थिक स्थिति कमजोर होने के कारण एक व्यक्ति मकान बनाने के लिए उधार लेता है और वह पुनः उधार लौटाने में असमर्थ है तो यह उसकी व्यक्तिगत समस्या है, जबकि सामाजिक समस्या से अनेक व्यक्ति सामूहिक रूप से प्रभावित होते हैं, उदाहरण के लिए, भारत में लगभग 35 करोड़ बच्चे गरीबी, भूख, कुपोषण व अल्प पोषण से पीड़ित हैं–यह एक सामाजिक समस्या है।

(2) सांस्कृतिक लक्ष्य और संस्थागत साधन–जब व्यक्ति सांस्कृतिक लक्ष्यों को अस्वीकृत करता है अथवासंस्थागत साधनों को अस्वीकृत करता है अथवा दोनों को अस्वीकृत कर देता है तो इससे व्यक्ति असंतुलित हो जाता है लेकिन सामाजिक समस्या की स्थिति में तो समाज के अधिकांश सदस्य सांस्कृतिक लक्ष्यों अथवा संस्थागत साधनों अथवा दोनों को अस्वीकृत कर देते है। जैसे विश्वविद्यालय से डिग्री प्राप्त करने के लिये छात्र या तो सामूहिक नकल करते हैं या पैसे देकर फर्जी डिग्री बनवाते हैं अर्थात् न तो नियम पालन करते हैं और न ही परीक्षा पास कर लक्ष्य प्राप्ति। अधिकांश छात्र इन तरीकों को अपनाते हैं तो इसे सामाजिक समस्या कहेंगे। इससे समाजमें असंतोष और असंतुलन उत्पन्न होगा, विश्वविद्यालय की परीक्षा व्यवस्था संकटग्रस्त हो जायेगी।

(3) समस्या की अवधि–व्यक्तिगत समस्या व्यक्ति की जीवनकाल तक बनीरह सकती है। समाधान नहीं होने पर व्यक्ति के मरने के बाद स्वतः समाप्त हो जाती है, जबकि सामाजिक समस्या लम्बी अवधि तक बनी रहती है। इसे समाप्त करने हेतु सामूहिक प्रयास निरन्तर होते रहते हैं।

(4) समाधान हेतु प्रयास–व्यक्ति द्वारा अपनी समस्या के निराकरण हेतु व्यक्तिगत प्रयास ही किया जाता है, जबकि सामाजिक समस्या को दूर करने का प्रयास सामूहिक रूप से मिलकर किया जाता है। इसमें सरकारी, गैर सरकारी संगठन तथा आम जनता की भागीदारी का महत्व होता है।

उपर्युक्त आधारों पर व्यक्तिगत समस्या को सामाजिक समस्या से पृथक करके समझाया जा सकता है लेकिन व्यक्तिगत और सामाजिक समस्या एकदूसरे से उसी प्रकार सम्बन्धित है जिस प्रकार व्यक्ति का सम्बन्ध समाज से है। व्यक्तिगत समस्या धीरे-धीरे सामाजिक समस्या के रूप में बदल सकती है। व्यक्तिगत समस्या जब अपना प्रभाव क्षेत्र बढ़ाती है तो यह सामाजिक समस्या बन जाती है। दोनों समस्याओं को अलग करके देखा नहीं जा सकता लेकिन दोनों के सम्बन्ध ओर एक-दूसरे पर प्रभाव की उपेक्षा नहीं की जा सकती। जैसे एक व्यक्ति को अपनी बेटी के विवाह के लिए दहेज का प्रबंध करना उसकी व्यक्तिगत समस्या है। यही समया जब समाज के अधिकांश लोगों के लिए उत्पन्न होने लगती है तो यह सामाजिक समस्या बन जाती है। इससे सम्पूर्ण समाज प्रभावित होता है तथा समाधान के लिए सामूहिक प्रयास किये जाते हैं।

सामाजिक समस्याओं के प्रकार

सामाजिक समस्याएँ सामाजिक पृष्ठभूमि में ही उत्पन्न होती हैं तथा समाज के संगठन और व्यवस्था पर नकारात्मक प्रभाव डालती है। समाज अपनी प्रारम्भिक अवस्था में बहुत सरल सरंचनात्मक व्यवस्था में रहा है। धीरे-धीरे जटिलताएँ बढ़ती गई और सरंचनात्मक व्यवस्था भी जटिल होती रही, अतः सामाजिक समस्याएँ समाज की जटिलता के साथ बढ़ती रही। वर्तमान में सामाजिक समस्या का स्वरूप बहुत व्यापक हो गया है।

6

सामाजिक समस्याओं के ज्वलंत रूप

भारत विविधताओं का देश है। यहाँ पर सांस्कृतिक, भौगोलिक, धार्मिक और भाषाई विविधताएँ भी हैं तो साथ ही जाति, संयुक्त परिवार, नातेदारी व्यवस्था यहाँ की विचित्र सामाजिक संस्थाएँ भी है। इन सब के होते हुए भी यहाँ एकता के आधार हैं। इस अध्याय में हम उन पहलुओं का विवेचन करेंगे जो राष्ट्रीय एकीकरण में बाधक बने हैं, जिन पहलुओं ने देश की एकता और अखण्डता को चुनौती दी है। भारत में राष्ट्रवाद का उदय चुनौतियों का मुकाबला करने के लिए हुआ। स्वतन्त्रता आन्दोलन देश को विदेशी शासन सेमुक्त करवाने के लिए चला था। स्वतन्त्रता प्राप्ति के समय ब्रिटिश सरकार ने राष्ट्रीय एकीकरण की प्रक्रिया में बाधक बनने वाले विषयों के बीज बो दिये थे। स्वतन्त्रता प्राप्ति के समयउन विषयों का अंकुरण प्रारम्भ हुआ और आज उन विषयों को हल करने के लिए सरकार और देशवाशियों को खूब जोर लगाना पड़ रहा है। राष्ट्रीय एकीकरण में बाधक बनने वाली समस्याओं पर चर्चा करने से पूर्व राष्ट्रीय एकीकरण का अवधारणात्मक पक्ष रखना प्रासंगिक है। भारत के प्रथम प्रधानमन्त्री जवाहरलाल नेहरू ने राष्ट्रीय एकता सम्मेलन में राष्ट्रीय एकता के बारे में कहा था, ''राष्ट्रीय एकता एक मनोवैनिक और शैक्षिक प्रक्रिया है जिसके द्वारा सभी लोगों के दिलों में एकता की भावना, समान-नागरिकता का अनुभव और राष्ट्र के प्रति निष्ठा और प्रेम की भावना को विकसित किया

जाता है।'' घुर्ये ने राष्ट्रीय एकता को एक मनोवैज्ञानिक और शैक्षिक प्रक्रिया के रूप में समझाते हुए लिखा है कि राष्ट्रीय एकीकरण में एकता, दृढ़ता और सम्बद्धता की भावना का विकास सम्मिलित है जिसमें लोगों के हृदयों में सामान्य नागरिकता की धारणा तथा वफादारी की भावना सम्मिलित है।

समाजशास्त्रीय दृष्टि से राष्ट्रीय एकीकरण एक प्रक्रिया भी है और एक स्थिति भी। प्रक्रिया के रूप में एकीकरण के लिए प्रयास होते हैं तथा स्थिति के रूप में हम राष्ट्रीय एकीकरण की अवस्था में होते हैं।

बृजमोहन (1972 : 107-110) के अनुसार, हम राष्ट्रीय एकीकरण को एक मनोसामाजिक प्रक्रिया के रूप में परिभाषित कर सकते हैं जिसमें स्थानीय वफादारी से परे राष्ट्र द्वारा स्वीकृत उद्देश्यों को प्राप्त करने के लिए सभी समूहों द्वारा सहभागिक प्रयास किया जाता है। एक अव्यवहार्य लक्ष्य के रूप में राष्ट्रीय एकीकरण एक अमूर्त धारणा है, क्योंकि इच्छित और वास्तविक में सदा ही विलम्बन पाया जाता है।

विनोबा भावे ने राष्ट्रीय एकीकरण के सम्बद्ध में कहा था, ''यह भावात्मक एकता, भाईचारे और राष्ट्रप्रेम को वह दृढ़ भावना है जो एक देश के सभी निवासियों को अपनी व्यक्तिगत, क्षेत्रीय, धार्मिक और भाषाई विभिन्नताओं को भुलाने में सहायता देती है।'' राष्ट्रीयकरण को हम भावात्मक दशा और प्रक्रिया कह सकते हैं जिसमें व्यक्ति राष्ट्रीय उद्देश्यों को सर्वोपरि समझता है। ऐसी भावनाएँ सभी देशवासियों में उत्पन्न हो जाती है। ये विभिन्न आधारों पर विविधताओं को महत्व न देकर विभिन्न इकाईयों के बीच समन्वय को महत्व देते हैं।

राष्ट्रीय एकीकरण के आधार

राष्ट्रीय एकीकरण समाज के विविध आयामों के आपसी सम्बन्ध का परिणाम है। विद्वानों ने एकीकरण के अलग-अलग प्रकार भी बताये हैं, जैसे वेरनर और लेनडेकर ने चार प्रकार के एकीकरण का उल्लेख किया है-

(i) सांस्कृतिक एकीकरण

(ii) आदर्शात्मक एकीकरण

(iii) संरचनात्मक एकीकरण तथा

(iv) प्रकार्यात्मक एकीकरण।

कोलमैन और कार्ल जी. रोजबर्ग ने राजनीतिक एकीकरण और भू-क्षेत्रीय एकीकरण की चर्चा की है।

भारत में राष्ट्रीय एकीकरण के अनेक आधार हैं, उनमें से कुछ महत्वपूर्ण आधारों का उल्लेख यहाँ किया जा रहा है–

(1) भौगोलिक एकता–भौगोलिक दृष्टि से भारत की सीमाएँ उत्तर में कश्मीर और हिमालय की बर्फीली चोटियों से लेकर समुद्र के अन्दर दक्षिण में कन्याकुमारी, रामेश्वरम् तक, पूर्व में असम, मणिपुर से लेकर गुजरात तक फैली हुई है, लेकिन भौगोलिक दूरियों के होते हुए भी पूरा राष्ट्र एकता के सूत्र में बंधा हुआ है। भारत की पहचान इसकी समस्त चारों ओर विस्तारित भौगोलिक आधार पर सम्पूर्ण राष्ट्र की एकता के दृष्टान्त मिलते हैं। वैदिक ऋषियों ने मातृभूमि को सर्वोपरि माना–**'अहमस्मि सहयान उतरोनाम् भूस्याम्।' अभिषाऽस्मि विश्वाषाडाशामाशा विषामहि।''** अर्थात् मैं अपनी मातृभूमि और उसके दु:ख को दूर करने के लिए सब प्रकार के कष्ट सहने को तैयार हूँ। वे कष्ट चाहे जिस ओर से और चाहे जिस समय आयें, कोई चिन्ता नहीं।' यह उद्धरण भौगोलिक आधार पर राष्ट्रीय एकता की स्पष्ट करता है।

(2) ऐतिहासिक एकता–भारतीय समाज का इतिहास बहुत गहरा है, इसकी परम्पराओं में भी अनेकता रही है फिर भी इसकी एकता एक सांस्कृतिक निरन्तरता को प्रतिबिम्बित करती है (Singh : 1994 : 28)। योगेन्द्र सिंह ने भारतीय समाज के एतिहासिक सत्य को लघु परम्पराओं और वृहद् परम्पराओंके अन्तर्सम्बन्धों के आधार पर समझाया है। परिवर्तन की प्रक्रिया में वृहद् परम्परा सदैव समन्वय करती रही। कई युग बीत गये, अनेक विदेशी आक्रमणकारी भारत में आये, शासन किया, अनेक सांकृतिक समूह भी भारत में आये, लेकिन इस देश की अखण्उडता अक्षुण्ण रही। ऐतिहासिक दृष्टि से प्राचीन भारतीय शास्त्र, भारतीय सामाजिक व्यवथा की स्थिरता तथा अपरिवर्तनीय स्वरूप का विस्तृत ब्यौरा प्रस्तुत करते हैं।

(3) सामाजिक व सांस्कृतिक एकता–भारत की सामाजिक व्यवस्था भारतीय समाज को संगठित रखने में योगदान करती रही हैं। प्राचीन समय में वर्ण व्यवस्था व आश्रम व्यवस्था सम्पूर्ण समाज को नियमबद्ध तरीके सेसंचालित करने वाली तार्किक व्यवस्थाएँ थी। आज भी सम्पूर्ण समाज विभिन्न संस्थाओं की अन्तनिर्भरता के कारण एकीकृत है। विभिन्न प्रकार के रीति-रिवाज, खान-पान, रहन-सहन, प्रथा, परम्पराएँ, त्यौहार, मेले, उत्सव भारतीय समाज की रंगीन संस्कृति के तत्व हैं। इन तत्वों के आधार पर सारा राष्ट्र एक भारतीय संस्कृति की पहचान है। इसी आधार पर यह राष्ट्रीय एकीकरण है।

(4) धार्मिक एकता–विश्व के सभी धर्मों के अनुयायी भारत में निवास करते हैं। भारतीय राष्ट्र का धर्म भी अलग-अलग विश्वास, पूजा-पद्धति एवं मानव

धर्म है। सभी धर्मों को मानने वाले अन्य धर्मों का आदर करते हैं। उत्तराखण्ड में मध्य हिमालय में अवस्थित बद्रीकाश्रम में पूजा करने वाले दक्षिण भारत के निवासी है। अमरनाथ (कश्मीर) मेंकठिन यात्रा करवाने वाले परम्परागत मुसलमान हैं। अमृतसर में पवित्र स्वर्ण मन्दिर मेंहिन्दू भी उसी श्रद्धा भाव से मत्था टेकने हजारों की संख्या में जाते हैं। किसी भीपंथ का कोई भी प्रसिद्ध तीर्थस्थल ऐसा नहीं है जहाँ सभी धर्मों के लोग नहीं पहुँचते हों। भारत में धर्म के आधार पर सहिष्णुता एवं आदर भाव के कारण एकता दिखाई देती है।

(5) राजनीतिक एकता–भारतीय लोकतन्त्र में अनेक विचारधाराओं वाले संगठन हैं, अनेक राजनीतिक दल हैं। कोई दल वामपंथी है तो कोई दक्षिणापंथी, कोई समाजवादी। नब्बे के दशक में तो भारतीय राजनीति में अप्रत्याशित रूप से राजनीतिक दलों का निर्माण हुआ। किसी राजनीतिक दल का जन्म सुबह एक विशेष विचारधारा से प्रेरित होकर हो जाता है, दोपहर से उसकी उपशाखा एक विरोधांभास के रूप में प्रकट होती है और शाम होने तक एक नया दल उसी में से तैयार हो जाता है। नब्बे के दशक को गठबंधन सरकारों केदशक के रूप में जाना जायेगा। वैचारिक मतभेद के कारण भारतीय राजनीति में राजनीतिक दलों की अनेकता है लेकिन भारत राष्ट्र की एकता और अखण्डता के लिए सभी दल एकजुट हैं। राष्ट्रीय अस्मिता के लिए किसी भी चुनौती का मुकाबला करनेके लिए कोई मतभेद नहीं है। यही राष्ट्रीय एकीकरण का आधार है, साथ ही पंचायतीराज स्तर, राज्य विधानसभा तथा संसद के स्तर तक लोकतान्त्रिक विकेन्द्रीकरण व्यवस्था है। प्रत्येक स्तर एकदूसरे से भिन्न है लेकिन आपस के समन्वय के कारण पूरा भारतीय संघ एकीकृत है।

(6) जातीय एकता–जाति व्यवस्था भारतीय समाज की एक प्रमुख विशेषता है जो विश्व के अन्य समाजों से इसे एक अलग समाज के रूप में पहचान प्रदान करती है। जाति व्यवस्था के आधार पर पूरा समाज अलग-अलग खण्डों में एक ऊँच-नीच के क्रम में बंधा हुआ है। प्रत्येक जाति का अपना परम्परागत व्यवसाय रहा है। जाति व्यवस्था के कारण समाज में एकीकरण और अन्तनिर्भरता की व्यवस्था भी विकसित हुई थी जिसे जजमानी व्यवस्था कहते हैं। एक जाति की सेवाएँ अन्य जातियों के लिए दी जा रही तथा सेवाओं का अदान-प्रदान एक सहयोग की व्यवस्था के रूप में प्रचलित रहा। आपसी अन्तनिर्भरता एवं आदान-प्रदान ही जाति व्यवस्था और देश के एकीकरण का आधार है।

भारत को उपनिवेश शासन से मुक्त हुए 52 वर्ष हो गये। राष्ट्रीय एकता की समीक्षा अतीत और भविष्य के परिप्रेक्ष्य में की जा सकती है। इतिहास में कई

मोड़ आये, इतिहास ने कई करवटें बदली, समाज की विविधता के अनेक आधार विकसित होते रहे, लेकिन भारतीय समाज एकीकृत है। योगेन्द्र सिंह ने भारतीय समाज में राष्ट्रीय एकता का उल्लेख तीन भागों में किया (Singh : 1993 182-198)। पहले भाग में उन्होंने 'वैचारिकी का मूल्य एकीकरण' की विवेचना में बताया कि मूल्य एकीकरण के अन्तर्गत हमारे जीवन के उन खण्डों को सम्मिलित करते हैं जिनका सावयवी विकास समाज के उद्‌विकास और विभेदीकरण के द्वारा हुआ है। जैसे-देश का संघीय संगठन, राजनीतिक दलों की प्रतिस्पर्द्धात्मक संरचना, अल्पसंख्यकों के विशेष अधिकार, अनुसूचित जातियाँ, जनजातियाँ, अन्य पिछड़ा वर्ग की महिलाएँ आदि राष्ट्रीय एकीकरण के संरचनात्मक तत्व हैं। इनका विभेदीकरण और एकीकरण ही मूल्य एकीकरण हैं। सिंह ने राष्ट्रीय एकता के दूसरे भाग में "विकास और मूल्य एकीकरण" की चर्चा की है। जैसे-जैसे विकास की प्रक्रिया ने गति पकड़ी, राष्ट्रीय एकीकरण के लिए नई चुनौतियाँ उभर कर आने लगी। पिछले दशकों में अनेक क्षेत्रों में विकास हुआ। इनको संरचनात्मक पहलुओं के आधार पर राष्ट्रीय एकीकरण के संदर्भ में देखा जा सकता है। तीसरा भाग राजनीतिक संस्कृति और राष्ट्रीय एकीकरण से सम्बद्ध है। राजनीतिक संस्कृति के संदर्भ में योगेन्द्र सिंह ने कहा कि कुछ निराशाजनक प्रवृत्तियों का सामना करना पड़ता है। हमारे राजनीतिक अभिजात्य वर्ग की संस्कृति और शैली पूर्वाग्रहों से ग्रसित और अविश्वसनीय होती जा रही है। इस संस्कृति ने युवाओं और नागरिकों पर नकारात्मक प्रभाव डाला है। भारत में राजनीतिक दलों में व्यक्तिगत प्रभाव और करिश्मा ने महत्वपूर्ण भूमिका निभाई है। अवसरवाद और गुटवाद हमारी राजनीतिक संस्कृति में निरन्तर बढ़ रहा है। राजनीतिक संस्कृति में गिरावट राष्ट्रीय एकीकरण की दिशा में एक नकारात्मक प्रवृत्ति है।

एम. एन. श्रीनिवास (1962 : 105) ने भारत की एकता को आवश्यक रूप से धार्मिक एकता कहा है। भले ही लोग विविध देवी-देवताओं की पूजा करें, लेकिन धर्म ग्रन्थ, पुराण, ब्राह्मण, महाकाव्य और वेद-विविध विषम रूपी समूहों को एक ताने-बाने में पिराये हुए एक वृहद् धार्मिक समाज बनाए हुए हैं तथा उन्हें अपने देश की एकता का आभास कराते रहते हैं।

▣▣▣

7

आतंकवाद एक राष्ट्रीय समस्या

भारत में आतंकवाद राष्ट्रीय एकीकरण के लिए एक गंभीर चुनौती है। जम्मू, कश्मीर, असम, मणिपुर, त्रिपुरा व मिजोरम में आतंकवादी बड़े पैमाने पर हिंसा करते रहे हैं। सर्वाधिक वीभत्स घटनाएँ जम्मू-कश्मीर में पाकिस्तान समर्थक आतंकवादियों द्वारा की गई हैं। कश्मीर घाटी, डोडा और हिमाचल में भी आतंकवादियों ने हत्याएँ करके पूरे देश को स्तब्ध कर दिया। पाकिस्तानी आतंकवादी इन नरसंहारों के जिए जिम्मेदार बताये जाते हैं। दिल्ली में सेना ने 14 जुलाई 1998 को उन हथियारों की एक प्रदर्शनी लगाई थी जो भारतीय सैनिकों ने आतंकवादियों से बरामद किए थे। केवल कश्मीर के आतंकवादियों से सेना ने 13 हजार से अधिक ए.के. राइफलें, आठ सौ मशीनगनें, 5 हजार पिस्तौलें तथा 39 हजार हथगोले पकड़े थे। इस प्रकार के तथ्यों से आतंकवादियों गतिविधियों की ओर पूरे देश का ध्यान आकृष्ट होता है। आतंकवाद को एक राष्ट्रीय और अन्तर्राष्ट्रीय समस्या के रूप में समझना आवश्यक है। आतंकवाद एक हिंसक व्यवहार है जो समाज या उसके बड़े भाग में राजनीतिक उद्देश्यों से भय उत्पन्न करने के इरादे से किया जाता है। एनसाइक्लोपीडिया ऑफ सोशल साइन्सेज के अनुसार, आतंकवाद एक ऐसा तरीका है जिसके द्वारा एक संगठित समूह अथवा दल अपने प्रकट उद्देश्यों की प्राप्ति मुख्य रूप से हिंसा के योजनाबद्ध

उपयोग से करता है। आतंकवाद सामाजिक समूहों एवं राजनीतिक शक्तियों के बीच संघर्ष है जिसमें व्यक्तियों के बीच संघर्ष नहीं होता। वर्तमान में आतंकवाद एक अन्तर्राष्ट्रीय समस्या का रूप ले चुका है। समस्त विश्व आतंकवाद के मकड़जाल में उलझता जा रहा है। अगस्त, 1998 में तंजानिया और केन्या में अमरीका के दूतावासों का निशाना बनाकर आतंकवादियों ने जबर्दस्त बम विस्फोट किया। इसके परिणामस्वरूप 200 सेअधिक लोग मारे गये और पाँच हजार से भी अधिक घायल हो गये। अमरीका ने इस विस्फोटों के बाद प्रतिक्रिया के रूप में सूडान व अफगानिस्तान स्थित आतंककारी ठिकानों पर प्रक्षेपास्त्रों से हमले किये, इनमें 26 लोग मारे गये, यह जरूरी नहीं कि वे आतंककारी ही थे। इस घटना से यह स्पष्ट हो जाता है कि आतंककारी हिंसा एक विश्वव्यापी समस्या है। पारिभाषिक शब्दावली में आतंकवाद को निरुद्देश्य और क्रुर उत्पीड़न, जोर-जबर्दस्ती या जान-माल के नुकसान की तकनीक के रूप में प्रस्तुत किया जा सकता है।

आतंकवाद का वैश्विक स्वरूप

आतंकवाद की समस्या विश्व के किसी न किसी भाग में अशांति व अस्थिरता उत्पन्न करती रही है। विश्व के कई देशों में राज्य प्रेरित आतंकवाद के उदाहरण भी मिलते हैं। जर्मनी में हिटलर द्वारा आर्य नस्ल की पवित्रता व गौरव की रक्षा के नाम पर यहूदियों पर अत्याचार व भीषण नरसंहार। दक्षिण अफ्रीका में अल्पसंख्यक श्वेत नस्ल के शासकों द्वारा अपनाई गई नस्ल-भेद की क्रुर नीति। मूल अफ्रीकी निवासियों तथा नामीबिया के लोगों केा उनके राष्ट्रीय आत्म निर्णय के अधिकार व अन्य स्वतन्त्रताओं से वंचित करना तथा उन्हें राज्य-शक्ति व हिंसा से आतंकित करने के प्रयास। श्रीलंका में तमिल नरसंहार। यूगोस्वाविया में बोस्निया, कोसोवो तथा हर्जेगोविना में हुआ व्यापक नरसंहार। तालिबान शासन द्वारा अफगानिस्तान के लोगों पर थोपा गया अनुशासन।

आतंकवाद के वैश्विक स्वरूप को दर्शाने वाली 11 सितम्बर 2001 को अमरीका पर विनाशकारी हमले की घटना सबसे अधिक महत्वपूर्ण है। विश्व के खूंखार एवं कट्टरवादी आतंकवादी गिरोह ने दिन दहाड़े वाशिंगटन एवं न्यूयार्क में विश्व की भव्य गगनचुंबी इमारतों, व्यापारिक प्रतिष्ठानों एवं रक्षा ठिकानों को बर्बाद करने का सफल प्रयास किया। विशेषज्ञों के अनुसार इस हमले का आतंक इतना व्यापक एवं गहरा था कि किसी घोषित महायुद्ध जैसी स्थिति उत्पन्न हो गई। इस हमले की साजिश काफी सावधानी एवं शातिर आतंककारियों द्वारा रची गई थी। एक निश्चित समय पर अमरीका के चार यात्री विमानों का अपहरण किया गया। एयर अमरीका के दो विमानों

को वर्ल्ड ट्रेड सेन्टर के जुड़वाँ टावरों से टकराया गया। एक बोइंग विमान 757 को पेंटागन की इमारतों से भिड़ा दिया गया। चौथ विमान भी वांशिगटन की ओर बढ़ रहा था लेकिन वह बीच में ही दुर्घटनाग्रस्त हो गया।

विश्व के कुछ देशों में कई आतंकवादी गुट सक्रिय रहे हैं। जैसे पाकिस्तान में बलूच पिपुल्स लिबरेशन फ्रंट, हरकत-उल-अंसार, जमात-उल-फारुक, मुहाजिर कौमी मूवमेंट हकीकी फेक्शन। अफगानिस्तान में हरकत-ई-इस्लामी, जमात-ए-इस्लाम, नेशनल इस्लामिक मूवमेंट, तालिबान मिलिशिया आदि। इज्राइल में हमस, पापुलर फ्रंट फोर द लिबरेशन ऑफ पेलेस्टिन, आर्गेनाइजेशन ऑफ द आर्म्ड अरब स्ट्रगल आदि। सऊदी अरेबिया में इस्लामिक जिहाद इन हेजाज, जमात अल-अदाला अल-अलामिया, मूवमेंट फॉर इस्लामिक चेंज, टाइगर्स ऑफ द गल्फ आदि। ईरान में अल हरकन अल इस्लामिया, अंसार ए हिजबुल्लाह, बैनर ऑफ कावेह, नेशनल लिबरेशन आर्मी ऑफ ईरान आदि।

11 सितम्बर 2001 को अमेरिका में हुए आतंककारी हमलों के बाद पूरे विश्व में आतंवाद से निपटने के लिए विभिन्न उपाय किये गये। सभी देशों ने अपने आतंरिक सुरक्षा परिदृश्य की समीक्षा की। अपने कानूनों में समय और परिस्थिति के अनुसार संशोधन भी किये हैं।

आतंकवाद के अर्थ को व्यापक रूप से समझने के लिए इसकी विशेषताओं का उल्लेख करना भी प्रासंगिक होगा-

(1) राज्य या समाज के विरुद्ध-समस्त प्रकार की आतंकवादी गतिविधियाँ या तो राज्य के विरुद्ध होती हैं या समाज के। समकालीन विश्व में आतंकवाद का स्वरूप अन्तर्राष्ट्रीय बन गया है। भारत में कश्मीर की स्वायत्ता की माँग को पूरा करने के लिए पाकिस्तान आतंकवादियों को प्रशिक्षण देता है तथा भारत के विरुद्ध संघर्ष की स्थिति उत्पन्न करता है अर्थात् कश्मीर का आतंकवाद राज्य के विरुद्ध है।

(2) राजनीतिक उद्देश्य-आतंकवाद के पीछे राजनीतिक उद्देश्य भी होते हैं। इन उद्देश्यों को प्राप्त करने के लिए वे समाज का ध्यान आकृष्ट करते हैं और हिंसक गतिविधियों का सहारा लेते हैं। जम्मू-कश्मीर से सम्बन्धित आतंकवादी गुट का उद्देश्य कश्मीर को स्वतन्त्र राष्ट्र बनाना है। केन्या व तंजानिया में अमरीकी दूतावासों पर बम विस्फोट करने की जिम्मेदारी लेने वाले इस्लामिक संगठन ने सऊदी अरब से अमरीकी सेनाओं को हटाने और गिरफ्तार इस्लामी उग्रवादियों को रिहा करने की माँग की है।

(3) यह अवैध और गैरकानूनी होता है–राष्ट्र की सामान्य गतिविधियों में बाधा डालना, निर्दोष लोगों की हत्या करके आतंक का वातावरण पैदा करना अवैध और गैरकानूनी कृत्य होना है। जिस देश के विरुद्ध आतंकवादी गतिविधियाँ की जाती है उनमें संलग्न आतंकवादियों के खिलाफ कानूनी कार्यवाही की जाती है।

(4) सामान्य जन में भय एवं आतंक–आतंकवाद एक माध्यम है। इस माध्यम का शिकार सामान्य जनता होती है। सामान्य जनता में भय एवं आतंक पैदा करके उसे लाचार और बेबस कर दिया जाता है। सामान्य जनता आत्मसमर्पण कर दे और सरकार पर यह आरोप लगे कि यह आज मानव की सुरक्षा नहीं कर सकती।सरकार को भी जितना अधिक से अधिक कठिनाई में डाला जा सकें इसी के लिए आतंकवादी प्रयासरत रहते हैं। उनका उद्देश्य होता है–सामान्यजन को आतंकित कर सरकार को माँगे मनवाने के लिए बाध्य करना।

जे. मेलिन (1971 : 9) ने राजनीतिक आतंकवाद के पाँच मुख्य अल्पकालिक उद्देश्य बताये हैं–

(i) सामान्य आतंकवादियों का मनोबल बढ़ाना,

(ii) आन्दोलन का प्रचार करना,

(iii) जनता को भ्रान्तिमूलक स्थिति में लाकर मनावैज्ञानिक अलगाव उत्पन्न करना,

(iv) विरोधी शक्तियों को हटाना और

(v) सरकार को भड़काना।

भारत में आतंकवाद

भारत में आतंकवाद एक गंभीर समस्या के रूप मे हैं। अब तक देश को कइ प्रकार की हानि हो चुकी है। एक अनुमान के अनुसार 1962 और 1971 में भारत–चीन तथा भारत–पाकिस्तान के बीच हुए युद्धों में मारे गये सैनिकों की संख्या 14 हजार थी, जबकि पिछले कुछ वर्षों में पंजाब और कश्मीर में आतंकवाद से संघर्ष में मार गये सैनिकों की संख्या करीब 15 हजार बताई जाती है। आतंकवाद युद्ध से भी अधिक हानिकारक साबित हुआ है।

भारत में आतंकवाद के निम्न चार स्वरूप है जिनका सामना करना पड़ा है–

(1) पंजाब में खालिस्तान की माँग को लेकर आतंकवाद

(2) कश्मीरी उग्रवादियों का आतंकवाद,

(3) बंगाल, बिहार, आन्ध्रप्रदेश में नक्सलवादी आतंकवाद एवं

(4) असम में उल्फा और बोडो आतंकवाद।

(1) पंजाब में आतंकवाद–वर्तमान स्थिति में पंजाब में आतंकवादी गतिविधियाँ लगभग समाप्त हो गई है। मार्च, 1993 से मार्च, 1994 तक एक वर्ष की अवधि में वहाँ पुलिस और सरकार द्वारा अपनाई गई रणनीति तथा पंजाब की आम जनता के सहयोग से आतंकवाद समाप्त हुआ, फिर भी भारत में एक गंभीर राष्ट्रीय एकीकरण की समस्या के रूप में यह पंजाब में ही शुरू हुआ था। इसकी शुरुआत सन् 1984-85 में एक खतरनाक स्थिति में हुई थी। इससे पूर्व स्वतन्त्र खालिस्तान की माँग को लेकर 1982-83 के दौरान अनेक निर्दोष व्यक्तियों, अनेक हिन्दुओं को मौत के घाट उतार दिया। इसके बाद हिन्दुओं के साथ-साथ निर्दोष सिक्खों को भी मारा गया। पूजा-स्थलों का उपयोग शस्त्र और आतंकवादियों को छिपाने के रूप में हुआ। विशिष्ट राजनेताओं तथा प्रमुख व्यक्तियों को मारने के लिएहिट लिस्ट बनाई गई। अकाली दल के तत्कालीन अध्यक्ष संत लोंगोवाल की 1985 में एक गुरुद्वारे के अन्दर हत्या कर दी गई।

साम्राज्यवादी ताकतें जो भारत की राष्ट्रीय एकता को छिन्न-भिन्न करना चाहती थीं, खालिस्तान की माँग को समर्थन के साथ प्रोत्साहन भी दे रही थी।

खालिस्तान की माँग को लेकर आतंकवादियों ने जो रणनीति अपनाई उसके कुछ प्रमुख बिन्दु निम्न हैं–

(i) अपने आदेश निकालकर शासन की सत्ता को कमजोर करना और विचलितों को मारकर अपनी शक्ति का परिचय देना।

(ii) स्वयं को सिक्ख और सिक्ख धर्म का प्रतिरक्षक के रूप में स्थापित करना।

(iii) निर्दोष व्यक्तियों को जान से मारना, बैंकों और दुकानों को लूटकर आतंक पैदा करना।

(iv) हिन्दुओं को पंजाब से बाहर करना और सिक्खों को पंजाब में बसने के लिए अवसर दिलाना।

(v) तस्करों के साथ पंजाब में पैसा जुटाने के लिए सम्बन्ध स्थापित करना।

अब पंजाब का आतंकवाद अतीत की बात बनता जा रहा है, लेकिन लोगों के मन में अभी भीएक भय की स्थिति बनी हुई है। आज पंजाब के लोगों की अपने ही दल अकाली दल की सरकार है। भारत सरकार ने भी पंजाब में आतंकवाद से हुई हानि की क्षतिपूर्ति करने के लिए वहाँ की सरकार का ऋण माफ कर दिया।

(2) कश्मीरी उग्रवादियों का आतंकवाद–कश्मीरी उग्रवादी कश्मीर तथा पूरे देश में राजनीतिक अस्थिरता पैदा करना चाहते हैं। इस प्रकार की उग्रवादी गतिविधियों से देश की अखण्डता को प्रत्यक्ष चुनौती दी गई है। कश्मीरी उग्रवादियों को पड़ौसी देश प्रशिक्षण देता है। उन्हें हथियार देकर भारत की सीमा पार करवाता है। कश्मीर के आतंकवाद का निशाना कश्मीरी पंडित रहे हैं। करीब 3 लाख हिन्दू कश्मीर छोड़कर दिल्ली तथा अन्य स्थानों पर शरणार्थियों के रूप में रह रहे हैं। सैकड़ों हिन्दुओं को मौत के घाट उतार दिया गया।

कश्मीर में बसने वाले हिन्दू अपनी व्यथा बताते है कि उग्रवादी कश्मीर घाटी से प्रत्येक क्षेत्र में घुस रहे हैं। वे अपना शासन चलाते हैं, वहाँ पर जम्मू-कश्मीर लिबरेशन फ्रन्ट की हुकूमत है। पाकिस्तान समर्थक शक्तियों ने घाटी क्षेत्र में अपना प्रभुत्व जमा लिया है। निर्दोष मुसलमानों को भी अनावश्यक रूप से परेशान किया जाता है। सरकारी तथ्य यह प्रमाणित करते है कि हजारो प्रशिक्षित उग्रवादी घाटी में चोरी-छिपे आने को तैयार हैं। हिजबुल-मुजाहिदीन संगठन और जम्मू और कश्मीर लिबरेशन फ्रन्ट आतंकवादी गतिविधियों का संचालन करते हैं। जम्मू और कश्मीर लिबरेशन फ्रन्ट भारत के राष्ट्रीय एकीकरण के विरुद्ध कश्मीर के लिए स्वतन्त्र राज्य की परिकल्पना रखता है।

जम्मू-कश्मीर में आतंकवाद की भेंट चढ़े अर्द्धसैनिक बलों के जवानों, निर्दोष हिन्दुओं, कश्मीर पण्डितों तथा निर्दोष मुसलमानों के सम्बन्ध में विस्तृत आँकड़े दिये जा सकते हैं। जम्मू-कश्मीर राज्य की लोकतान्त्रिक सरकार केन्द्र सरकार के सहयोग से कश्मीरी उग्रवादियों के आतंकवाद को समाप्त करने के लिए हरसंभव प्रयास कर रही है।

(3) नक्सलवादी आतंकवाद–नक्सलवादी आतंकवाद की शुरुआत 1967 में पश्चिम बंगाल में हुई। नक्सलवादी आतंकवाद को प्रतिपादित कर बढ़ावा देने में चीन की भूमिका महत्वपूर्ण रही है। चारू मजूमदार भारत में नक्सलवाद को पोषित करने में अग्रणी रहे हैं। उन्होंने एक बार घोषणा की थी कि 'चीन का चेयरमैन हमारा चेयरमेन है'। नक्सलवादी आन्दोलन भूमिहीन श्रमिकों के हितों की रक्षा करने के लिए प्रारम्भ हुआ। नक्सलवादी जमींदारों, साहूकारों और पुलिस अधिकारियों को अपना

निशाना बनाते हैं और उन्हेंमार देते हैं। नक्सलवादी आतंककारियों ने 1969 से 1972 के बीच, 1711 व्यक्तियों को मार दिया, 696 मामलों में पैसा लूटा, 8857 मामले अन्य प्रकार की हिंसा के किये।

केन्द्रिय रिजर्व पुलिस बल तथा सीमा सुरक्षा बल के सहयोग से बंगाल सरकार ने नक्सलवादी आतंकवादी को समाप्त करने का अभियान प्रारम्भ किया। पश्चिम बंगाल में 384 आतंकवादी मारे गये तथा 6000 से अधिक को जल जाना पड़ा। नक्सलवादियों की गतिविधियाँ प्रारम्भ में बंगाल और बिहार तक सीमित थीं। 1972 के बाद इनकी गतिविधियाँ आन्ध्र प्रदेश, केरल, उड़ीसा, तमिलनाडु और त्रिपुरा में भी फैल गयी।

नक्सलवादी गतिविधियाँ शोषित, निर्धन और जनजातियों केहितों के लिए होती रही हैं लेकिन अवैधानिक तरीके अपनाकर भय और आतंक का माहौल उत्पन्न करके पूर्व जमींदारों, साहूकारों और शोषण करने वालों की हत्या कर देते हैं। सरकार ने नक्सलवाद से कानून और व्यवस्था की समस्या समझ कर निपटा है।

(4) असम में उल्फा और बोडो आतंकवाद–असम में आतंकवाद 1980 के बाद आगे बढ़ा। असम आन्दोलन और असम में आतंकवाद विदेशियों को बाहर निकालने के उद्देश्य से प्रारम्भ हुआ। असम गण परिषद की सरकार बनने के बाद वहाँ दो आतंकवादी संगठन–दी युनाइटेड माइनोरिटीज फ्रन्ट (UMF) और युनाइटेड लिबरेशन फ्रन्ट ऑफ असम (ULFA) उभर कर सामने आये। दि ऑल बोडो स्टडेन्ट्स यूनियन (ABSU) ने भी अलग राज्य की माँग की तथा आन्दोलन तेज कर दिया। उल्फा ने भी हत्या, लूटमार और अपहरण करके आतंक फैलाया।

असम में पिछले करीब एक दशक से 'बोडोलैण्ड' की समस्या भी गम्भीर बनी हुई है। बोडो लोगों के दो संगठन–बोडो विद्यार्थी संगठन और बोडो पीपुल्स एक्शन कमेटी। ये दोनों संगठन अलग राज्य की माँग कर रहे हैं और अपने उद्देश्य को प्राप्त करने के लिए इन्होंने अनेक प्रकार की आतंकवादी गतिविधियाँ चला रखी है। बोडो आतंकवाद की समाप्ति के लिए 1993 में असम में 'बोडोलैण्ड ऑटोनॉमस काउन्सिल' की स्थापना की गई थी, लेकिन पाकिस्तानी गुप्तचर एजेन्सी आई.एस. आई. बोडो उग्रवादियों को भड़काती है तथा स्वतन्त्र बोडोलैण्ड के लिए विभिन्न अपहरण, बलपूर्वक वसूली और हिंसात्मक गतिविधियों में उग्रवादियों की सहायता करती है। बोडोलैण्ड के लिए उत्पन्न हुआ आतंकवाद भी देश के एकीकरण को धक्का पहुँचाने में सहायक बना।

सरकारी समाचार एजेन्सियों के माध्यम से यह कहा जा सकता है कि पड़ौसी देश अलगाववादियों और आतंकवादियों को पूरी मदद करते हैं। इस बात के पक्के

सबूत हैं कि विदेशों में आतंकवादी गतिविधियों को संचालित करने के लिए अड्डे बने हुए हैं। पाकिस्तान, बाँग्लादेश और चीन निरन्तर भारत की राष्ट्रय एकता को खण्डित करने के इरादों से आतंककारियों को प्रशिक्षण दे रहे हैं।

जब तक कश्मीरी, सिक्ख, नागा, बोडो और लिट्टे आदि उग्रवादियों को इन बाहरी देशों का समर्थन मिलता रहेगा, भारत में आतंवाद की समस्या गम्भीर ही बनी रहेगी।

आतंकवाद को समाप्त करने के उपाय

टाडा–भारत रकार ने 1985 में आतंकवाद और आतंकवादियों से निपटने के लिए 'आतंकवादी एवं विध्वंसक गतिविधि रोकथाम एक्ट' नाम से कानून बनाया। इस कानून में आतंकवादियों को दण्डित करने के अतिरिक्त मनोनीत न्यायालयों की स्थापना के लिए भी प्रावधान है लेकिन इस कानून के बहुत दुरुपयोग की बात विभिन्न मंचों द्वारा दोहराई गई। अन्ततः 1997 में **टाडा** को समाप्त कर दिया गया।

आतंकवाद को समाप्त करने के लिए कुछ सुझाव दिये गये। एन.एस. सक्सेना (1985 : 33-34) के अनुसार निम्न तरीकों को अपना कर आतंकवाद पर नियन्त्रण किया जा सकता है–

(1) पुलिस द्वारा आतंकवादियों के विरुद्ध सूचना एकत्रित करने में नागरिकों का सहयोग प्राप्त करना।

(2) आतंकवादियों के वित्तीय साधनो को उनकी गतिविधियों को रोकने के लिए घटाना।

(3) आतंकवादियों के किसी समूह की किन्हीं भी माँगों को अस्वीकार करना।

(4) बंदी आतंककारियों को शीघ्र न्यायिक दण्ड देना।

(5) आतंकवादियों, उनके साथियों, उनकी कार्यशैली और उनके वित्तीय और हथियारों के स्रोतों आदि के बारे में सूचना एकत्रित करने में अधिक प्रभावी गुप्तचर तरीकों का उपयोग।

(6) महत्वपूर्ण स्थानों पर निरन्तर सुरक्षा उपायों में सुधार।

(7) आतंकवादियों से निपटने वाले बलों को अधिक वैज्ञानिक प्रशिक्षण देना।

भारत द्वारा परमाणु परीक्षण और आतंकवादी गतिविधियाँ

भारत सरकार ने 11 मई 1998 को पश्चिमी राजस्थान के पोकरण में 24 वर्ष के अन्तराल के बाद एक बार पुनः परमाणु परीक्षण किये। इस दिन तीन परीक्षण हुए। उसके बाद 13 मई 1998 को दो परीक्षण और हुए। कुल पाँच परमाणु परीक्षण करके भारत ने पूरे विश्व को यह अहसास करवा दिया कि वह अपनी सामरिक और प्रतिरक्षात्मक नीति में स्वतन्त्र हैं, इस दृष्टि से किसी के दबाव में नहीं है।

जम्मू-कश्मीर में भाड़े के विदेशी और देशी आतंककारियों की घुसपैठ कम नहीं हो पाई, एक साथ दर्जनों परिवारों की हत्याओं का दौर समाप्त नहीं हो पाया, पाकिस्तान आतंककारियों को निरन्तर मदद दे रहा है, यहाँ तक कि मई, 1999 में हुई घुसपैठ में घुसपैठियों को खदेड़ने में भारत के संयम ने पूरी दुनिया के सामने एक मिशाल कायम कर दी। अन्य देशों जैसे, अफगानी, पाकिस्तानी, बाँग्लादेश, अज्जीरिया, लीबिया आदि से भी आतंककारी भी जम्मू-कश्मीर में आते रहे हैं। अब तक पाकिस्तानी नेता खुले तौर पर जम्मू-कश्मीर की आतंकवादी गतिविधियों के विषय में यही कहते रहे हैं कि केवल धार्मिक स्तर पर नैतिक समर्थन दे रहे हैं लेकिन वास्तविकता कुछ और ही है।

चुपचाप सहन करने की भी एक सीमा होती है। भारत ने पाकिस्तान को आतंकवादी गतिविधियाँ बन्द करने की अनेक चेतावनियाँ दी लेकिन कोई असर नहीं। भारत की एकता और अखण्डता को तोड़ने पर उतारू पड़ौसी देशों को अन्ततः चेतावनी परमाणु परीक्षणों के द्वारा दी गई। यदि पड़ौसी देश अपनी आतंकवादी गतिविधियों को प्रोत्साहन देने से बाज नहीं आते हैं तो भारत समय आने पर इस समस्या को हल करने के लिए परमाणु बम का उपयोग करने में भी संकोच नहीं करेगा।

▣▣▣

8

सम्प्रदायवाद–एक समस्या

भारत में विविध धार्मिक समूह हैं। जब सभी धर्मों में समानता का दृष्टिकोण रखना भारतीय संविधान का मूल मंत्र है तो धार्मिक उन्माद और धार्मिक कटुता नहीं होनी चाहिए। सम्प्रदायवाद का सम्बन्ध धर्म के प्रति अन्धभक्ति, कट्टरता से है। सम्प्रदायवाद एक प्रकार की भावना है जो दूसरे धर्मों से एक धर्म को अलग करती है। जवाहरलाल नेहरू ने कहा था, ''मैं साम्प्रदायिकता की अज्ञानता का सबसे बड़ा शत्रु मानता हूँ। हम सभी को साम्प्रदायिकता को समाप्त करने के लिए अपनी पूरी शक्ति लगा देनी चाहिए, क्योंकि यह भारतीयता और हमारे राष्ट्र के विरुद्ध एक भारी चुनौती है।'' भारत में साम्प्रदायिकता पूर्ण रूप से धार्मिक अन्धविश्वास, भक्ति और निष्ठा से सम्बन्धित है। स्मिथ के अनुसार, साम्प्रदायिक व्यक्ति अथवा समूह वह है जो अपने धार्मिक या भाषा-भाषी समूह को एक ऐसी पृथक् राजनीतिक तथा सामाजिक इकाई के रूप में देखता है जिसके हित अन्य समूहों से पृथक् होते हैं और जो अक्सर उनके विरोधी भी हो सकते हैं।

(i) आत्मसातकरणवादी–जिसमें छोटे धार्मिक समूहों को बड़े धार्मिक समूह अपने अन्दर समाविष्ट कर लेते हैं। छोटे धार्मिक समूहों का अलग अस्तित्व नहीं रहकर बड़े समूह के रूप में पहचान की जाती है।

(ii) कल्याणकारी साम्प्रदायिकता–इसके अन्तर्गत किसी विशेष समूह के लिए कल्याणकारी कार्य किये जाते हैं।

(iii) पलायनवादी साम्प्रदायिकता–इसमें एक छोटा धार्मिक समुदाय स्वयं को राजनीति से अलग रखता है जैसे बहाई समुदाय।

(iv) प्रतिशोधपूर्ण साम्प्रदायिकता–दूसरे धार्मिक समुदायों के सदस्यों की हानि पहुँचाना इसके अन्तर्गत आती है।

(v) पृथकतावादी साम्प्रदायिकता–इसमें एक धार्मिक समुदाय अपनी संस्कृति की विशेषता बनाये रखना चाहता है और देश मेंएक अलग राज्य की माँग करता है।

(vi) प्रथावादी साम्प्रदायिकता–एक धार्मिक समुदाय अपनी अलग राजनीतिक पहचान चाहता है तथा एक स्वतन्त्र देश की माँग करता हे, जैसे खालिस्तान की माँग।

साम्प्रदायिकता के अर्थ और इसके आयामों से स्पष्ट होता है कि साम्प्रदायिकता का सम्बन्ध धार्मिक समूहों से होता है, एक सम्प्रदाय में अपने धर्म के प्रति श्रेष्ठता का भाव होता है तथा अन्य धार्मिक समूहों के प्रति उपेक्षा की भावना होती है। इसके साथ ही एक साम्प्रदायिक समूह दूसरे साम्प्रदायिक समूह से अलग-थलग रहना पसंद करता है। उनमें एक दूसरे को क्षति पहुँचाने का भय होता है तथा धार्मिक कट्टरता कूट-कूट कर भर दी जाती है।

साम्प्रदायिकता के कारण

(1) ऐतिहासिक कारण–भारत में साम्प्रदायिकता की उत्पत्ति की विवेचना ऐतिहासिक परिवर्तनों से सम्बन्धित है। इस्लाम की परम्पराएँ और भारत में हुए परिवर्तनों की व्याख्या योगेन्द्र सिंह (1994 : 66-80) ने आधुनिकीकरण की प्रक्रिया के संदर्भ में की है। भारत में इस्लाम की वृहद् परम्पराओं के अंत: जनित परिवर्तन तीन स्तरों पर ऐतिहासिक शक्तियों के रूप में उल्लेखनीय है–

(i) इस्लाम शासन की भारत में एक लम्बी अवधि।

(ii) ब्रिटिश शासनकाल और इस्लाम।

(iii) भारत का स्वतन्त्रता आन्दोलन और देश का विभाजन तथा राजनीतिक स्वतन्त्रता।

इन तीन स्तरों पर योगेन्द्र सिंह ने तो आधुनिकीकरण की प्रक्रिया के संदर्भ में इस्लाम की परम्पराओं की विवेचना की है लेकिन हम इन तीनों स्तरों के संदर्भों में भारत में साम्प्रदायिकता की उत्पत्ति को खोज सकते हैं। मुसलमान शासकों ने इस्लाम धर्म का प्रचार-प्रसार भी किया। स्थानीय हिन्दुओं के साथ अत्याचार भी किये, इतिहास में इस्लामी शासकों की भेदभावपूर्ण नीति का उल्लेख भी है। ब्रिटिश शासनकाल में हिन्दु-मुस्लिम सौहार्द्र के साथ-साथ धार्मिक भावनाओं को भड़काने में अंग्रेजी शासकों ने भी कोई कसर नहीं छोड़ी। देश की स्वतन्त्रता के समय मुस्लिम बाहुल्य क्षेत्र को अलग देश बनाने की शुरुआत ब्रिटिश शासकों ने की ओर विभाजन के समय भड़के साम्प्रदायिक दंगे भारत में साम्प्रदायिकता के इतिहास के साक्षी बने। अत: साम्प्रदायिकता का महत्वपूर्ण कारण भारत के इतिहास में है तथा ऐतिहासिक घटनाओं के साथ इसकी उत्पत्ति का विश्लेषण किया जा सकता है।

(2) धार्मिक कट्टरता– साम्प्रदायिकता का सम्बन्ध धर्म से है। अपने समूह को श्रेष्ठ समझने की बात एक सामान्य मनोविज्ञान की बात है, लेकिन जब अन्य समूह को अर्थात् धर्म को निम्न समझना, उपेक्षा और हीन भावना से देखना साम्प्रदायिकता का कारण बन जाता है। धर्म का प्रचार करने वाले, धर्म के प्रतिनिधि तथा धर्म परिवर्तित करवाने वाले स्वयं के धर्म की अच्छी बातों की तार्किकता के साथ प्रस्तुत करते हैं, जबकि दूसरे धर्म की कमजोरियों को भी तार्किकता के साथ प्रस्तुत करते हैं। अन्य धर्म के प्रति घृणा व वैमनस्य उत्पन्न करना धार्मिक कट्टरता है। इससे तनाव और संघर्ष की स्थिति उत्पन्न हो जाती है।

(3) साम्प्रदायिक संगठन–साम्प्रदायिक संगठन सम्प्रदायवाद को मजबूत करते हैं। संचार एवं यातायात के साधनों के कारण अखिल भारतीय स्तर पर धर्म के आधार पर साम्प्रदायिक संगठनों का निर्माण हुआ। संगठन के विस्तार और संगठन को ताकतवर बनाने के लिए विदेशों में रहने वाले, धन से सहयोग करते हैं। साम्प्रदायिक संगठन अपना प्रभाव जमाने के लिए जनहित के काम भी करते हैं। इससे लोगों में विश्वास और सुरक्षा की भावना उत्पन्न होती है। भारत में साम्प्रदायिक संगठनों की भूमिका राजनीति में भी देखी जा सकती है। कई साम्प्रदायिक संगठनों के पास हथियार है। वे अपने अनुयायियों को प्रशिक्षण देते हैं तथा दंगा होने पर हिंसा, तोड़-फोड़, आगजनी आदि करवाने में अग्रणी रहते हैं। साम्प्रदायिक संगठनों की राष्ट्र विरोधी गतिविधियों की जानकारी मिलने पर, सरकार उन पर प्रतिबन्ध भी लगाती है।

(4) सांस्कृतिक भिन्नता–सम्प्रदायवाद के लिए सांस्कृतिक भिन्नता भी एक कारण है। अलग-अलग धर्म के मानने वालों के खान-पान, रहन-सहन, त्यौहार

और उत्सव भी भिन्न-भिन्न होते हैं। कई साम्प्रदायिक दंगे सांस्कृतिक परम्पराओं में टकराव से उत्पन्न होते हैं। धार्मिक जुलूस के दौरान किसी के साथ अभद्र व्यवहार करना, भड़काने वाले नारे लगाना, होली के अवसर पर मुसलमानों पर जबरदस्ती रंग डाल देना आदि अनेक घटनाएँ सांस्कृतिक गतिविधियों से सम्बन्धित होती हैं। इन घटनाओं में एक धार्मिक समुदाय दूसरे धार्मिक समुदय से व्यवहार नहीं रखना चाहता है। मन में ईर्ष्या भाव भी उत्पन्न हो जाता है। इससे तनाव, संघर्ष व झगड़े उत्पन्न होते हैं।

(5) राजनैतिक कारण–वोटों की राजनीति से भी साम्प्रदायिक तनाव और संघर्ष होता है। समुदाय विशेष से वोट प्राप्त करने के लिए तुष्टीकरण की नीति अपनाई जाती है। ग्राम पंचायत से लेकर लोकसभा के चुनावों तक जातीय और धर्म के आधार पर समीकरण बनाये जाते हैं। वोट लेने की रणनीति तय की जाती है। भारत में कुछ राजनीतिक दल तो केवल धर्म के आधार पर ही बने हैं तथा उनके चुनाव घोषणा-पत्र में भी अपने धर्म के मानने वालों के कल्याण को प्राथमिकता देने का उल्लेख होता है। ऐसी स्थिति में साम्प्रदायिकता को बढ़ावा मिलता है।

(6) प्रवास भी साम्प्रदायिक तनाव उत्पन्न करता है– कुछ समय पूर्व प्रवास को समकाली भारत में साम्प्रदायिक हिंसा के नये रूप में सिद्ध करने हेतु अध्ययन किया गया। इस अध्ययन से यह स्पष्ट होता है कि छोटे-छोटे कस्बे और शहर भी औद्योगिक और नगरीय विकास के केन्द्र बनते जा रहे हैं। रोजगार और उद्यमिता की तलाश में बड़ी संख्या में लोग शहरों और कस्बों की ओर आ रहे हैं। जिन स्थानों पर प्रवासी आते हैं, उन स्थानों पर संस्कृतिग्रहण और अनुकजूलन की समस्या उत्पन्न होती है। प्रवासियों को स्थानीय लोग बाहरी समझते हैं और परिणामस्वरूप हिंसा और दंगे होते हैं। सूरत, मुम्बई, असम और मणिपुर में हुई हिंसा के पीछे यही कारण रहे हैं। अध्ययनकर्ता ने स्वयं बताया कि प्रवास के बढ़ने तथा मेजबान समाज के अनुकूलन में असफल होने से समाज में हिंसा और तनाव बढ़ते हैं। दूसरे शब्दों में, साम्प्रदायिक दंगे और तनाव बढ़ने का प्रभावी कारण प्रवास ही है।

साम्प्रदायिकता के दुष्परिणाम

साम्प्रदायिकता से भारत जन-धन की हानि हुई है। सामाजिक तनाव बढ़े हैं, ध्रुवीकरण हुआ है और सर्वाधिक हानि राष्ट्रीय एकीकरण में हुई। 1947 में देश का विभाजन साम्प्रदायिकता का ही दुष्परिणाम था। विभाजन की त्रासदी को स्वतन्त्रता के साठ वर्ष बाद भी देश भुगत रहा है। साम्प्रदायिक तनाव, हिंसा, आतंवाद अधिक तीव्र हुए हैं। साम्प्रदायिकता राष्ट्रीय एकीकरण में बाधक है।

साम्प्रदायिकता से लोगों में राष्ट्रीय स्तर पर संघर्ष उत्पन्न हो गया। राम जन्म-भूमि और बाबरी मस्जिद का झगड़ा केवल अयोध्या और उत्तरप्रदेश तक ही सीमित नहीं रहा, इससे पूरे विश्व के हिन्दू और मुसलमान प्रभावित हुए हैं, इससे साम्प्रदायिकता की भावना उग्र हुई। लोगों के मन में एक-दूसरे के प्रति शंकाएँ बढ़ी, लोगों का जीवन असुरक्षित हुआ।

राजनीतिक दलों में फूट, तनाव, संघर्ष और घृणा साम्प्रदायिकता का ही दुष्प्रभाव है। देश में राजनीतिक अस्थिरता का वातावरण पैदा हो गया। राजनीतिक अव्यवस्था और अविश्वास भी साम्प्रदायिकता के कारण उत्पन्न हुए। समाज में कानून और व्यवस्था की स्थिति बिगड़ जाती है। औद्योगिक विकास में बाधाएँ आती हैं।

राष्ट्रीय एकता परिषद

साम्प्रदायिकता समस्याओं को हल करने के लिए केन्द्रिय स्तर पर राष्ट्रीय एकता परिषद का गठन किया गया है। 1962 में राष्ट्रीय एकता परिषद की स्थापना की गई। परिषद ने क्षेत्रवाद और सम्प्रदायवाद के निवारण के लिए दो समितियाँ नियुक्त की थी। साम्प्रदायिक हिंसा की घटनाएँ बढ़ने के कारण 1968 में राष्ट्रीय एकता परिषद की पुनर्रचना की गई, इसमें साम्प्रदायिकता, क्षेत्रवाद व शिक्षण सम्बन्धी समस्याओं के लिए तीन कमेटियाँ बनाई गई। इसके अतिरिक्त एक स्थायी कमेटी भी बनाई गई। इन कमेटियों ने दिशा-निर्देश देने कानून निर्माण व प्रशासनिक कार्यक्रम सम्बन्धी सुझाव दिये थे। प्रशासनिक इकाइयों को साम्प्रदायिक दंगों को समाप्त करने के लिए कठोर कदम उठाने का निर्देश दिया तथा अल्पसंख्यकों की समस्याओं के निवारण पर विशेष ध्यान देने पर परिषद ने जोर दिया। एक संचालन समिति को 1973 में पुनः सक्रिय करने का प्रयास किया गया लेकिन असफल रहा। इसके बाद 1980, 1984, 1986 तथा 1990 तक राष्ट्रीय एकता की बैठकें होती रहीं लेकिन परिषद का कोई ठोस परिणाम सामने नहीं आया। विभिन्न मसलों पर 1991, 1993, 1995 तथा 1997 में भी परिषद की बैठकें हुई, लेकिन साम्प्रदायिक सद्भाव के लिएइस परिषद का कोई उल्लेखनीय योगदान नहीं रहा।

चुनाव आचार संहिता

बीसवीं सदी के अन्तिम दशक में चुनाव सुधार कार्यक्रम को प्रभावी बनाने के प्रयास हुए। 1991 के बाद चुनाव आचार संहिता का प्रभाव देखने को मिलता है। चुनावों के दौरान धार्मिक और जातीय भावनाओं को भड़काने के प्रयास भी 1991 के बाद ही तेज होने लगे और 1998 के लोकसभ चुनाव आने तक प्रभावी आचार संहिता के कारण चुनावों के दौरान भड़कने वाली साम्प्रदायिक हिंसा और साम्प्रदायिक भावनाएँ

नियन्त्रित होने लगी। चुनावी नारे, पोस्टर, पर्चे, दृश्य-श्रव्य कैसेटों का अंधाधुंध उपयोग होता था। इनमें से अधिकांश सामग्री धार्मिक भावनाओं को प्रभावित करने वाली थी। चुनावी सभाओं को भी धर्मसभाओं के रूप में आयोजित किया जाने लगा। लेकिन चुनाव आचार संहिता का कठोरता से पालन होने पर सभी प्रकार की साम्प्रदायिकता भड़काने वाली प्रचार सामग्री व भाषणों पर प्रतिबन्ध लगा। इसका भी सकारात्मक परिणाम सामने आया।

साम्प्रायिक संगठनों की भूमिका को मर्यादित करना

भारत में सभी धर्मों से सम्बद्ध साम्प्रदायिक संगठन अधिक सक्रिय है। इन संगठनों की गतिविधियों पर निगरानी रखी जाती है, फिर भी ये संगठन साम्प्रदायिक तनाव उत्पन्न करने में अग्रणी रहते हैं। इन संगठनों के उन्हीं कार्यक्रमों को प्रोत्साहनदिया जाना चाहिए जो समाज कल्याण से सम्बन्धित हों, जिनसे साम्प्रदायिक सद्भाव उत्पन्न होता है। उन साम्प्रदायिक संगठनों को प्रतिबन्धित भी कर दिया जाना चाहिए जिनकीगतिविधियाँ संदेहास्पद तथा राष्ट्रविरोधी रही हो, जो अलगाव को प्रोत्साहन और आतंकवादियों को संरक्षण देती हों। भारतीय संविधान की मूल-भावनाओं का उल्लंघन करने वाले साम्प्रदायिक संगठनों की पहचान करके उन्हें समाप्त कर देने से सम्प्रदायवाद की समस्या हल हो सकेगी।

भारत में अन्य सामाजिक समस्याओं जैसे-निर्धनता, बेरोजगारी, अशिक्षा, जनसंख्या वृद्धि आदि के समाधान हेतु समयबद्ध प्रयासों की आवश्यकता होती है। इन समस्याओं पर नियन्त्रण होने पर सम्प्रदायवाद की समस्या का समाधान आसान हो सकेगा।

▣▣▣

9

क्षेत्रवाद एक समस्या

क्षेत्रवाद एक भावनात्मक पहलू है। जब व्यक्ति के मन में अपनी भाषा, अपनी संस्कृति,अपने व्यवहार–प्रतिमान और भौगोलिक दृष्टि से एक निर्धारित क्षेत्र के प्रति लगाव हो तथा वहाँ सभी लोग 'हम' भावना से प्रेरित हो जाते हैं तो उसे क्षेत्रवाद कहा जा सकता है। इन्हीं भावनात्मक आधारों पर अन्य क्षेत्रां को अलग समझा जाता है। खेत्र की समस्याएँ लोगों की समस्याएँ बनजाती हैं और क्षेत्र की विशेषता लोगों की विशेषताहोती है। बेवस्टर शब्दकोष (1966) के अनुसार, "क्षेत्रवाद में एक विशिष्ट उपराष्ट्र या अधोराष्ट्र क्षेत्र के प्रति जागरूकता और भक्ति पाई जाती है जिसकी विशेषता सामान्य संस्कृति पृष्ठभूमि या हित है।"

राधाकमल मुकर्जी ने क्षेत्रवाद को राष्ट्रीयता के अधीन बताया है। इस आधार पर क्षेत्रवाद राष्ट्रीयता के विकास में सहायक भी है।

क्षेत्रवाद को दो कारकों के आधार पर निर्धारित किया जा सकता है–

(i) व्यक्तिनिष्ठ–अभौतिक सामाजिक विरासत जैसे प्रथा, परम्परा, रीति-रिवाज, विश्वास, मूल्य, भाषा, साहित्य आदि के आधार पर समूह में क्षेत्रीयता की भावना होना।

(ii) वस्तुनिष्ठ–यह भौगोलिक आधार पर निर्धारित भू-क्षेत्र हैं, समूह इस भौगोलिक क्षेत्र से लगाव रखता है।

क्षेत्रवाद के लक्षण–

क्षेत्रवाद को राष्ट्रीय एकीकरण में बाधक माना जाता है। यह अलगाव को भावना उत्पन्न करता है। क्षेत्रवाद के कुछ लक्षण इस प्रकार है–

(1) सांस्कृतिक स्वरूप–क्षेत्रीयता का आधार संस्कृति है। भाषा, पहनावा, खान-पान, प्रथा, परम्परा के आधार पर क्षेत्र विशेष की पहचान हो जाती है और समान सांस्कृतिक पृष्ठभूमि के लोगों में अपनत्व का भाव जाग्रत होता है। पंजाब के निवासी कलकत्ता में एक-दूसरे से मिलते हैं तो अपनी भाषा में बात करेंगे, एक-दूसरे से अपरिचित होते हुए भी समान सांस्कृतिक परिवेश के कारण निकटता बनाये रखेंगे। क्षेत्रीयता की भावना संस्कृति के समान स्वरूप से विकसित होती है।

(2) स्थानीय देशभक्ति–एक निश्चित भौगोलिक क्षेत्र में निवास करने वाले अपने सीमित क्षेत्र के प्रति निष्ठा रखते हैं। स्थानीय हित प्रमुख होते हैं। देशहित तुलनात्मक दृष्टि से कम महत्वपूर्ण होता है। भावनात्मक लगाव अपने क्षेत्र के प्रति अधिक होता है।

(3) उपराष्ट्रवाद के प्रति झुकाव–क्षेत्रीयता या क्षेत्रवाद का झुकाव अपने सीमित दायरे तक रहता है। अपने क्षेत्र का विकास और अपने क्षेत्र की समृद्धि सर्वोपरि होती है। अन्य क्षेत्रों अथवा वृहद् समाज के प्रति अपेक्षाकृत कम संवेदना होती है। कोई भी आपत्ति जब तक अपने क्षेत्र को प्रभावित नहीं करती, लोगों की भावनाएँ उससे जुड़ती नहीं है। दूसरे शब्दों में हम कह सकते हैं कि क्षेत्रवाद में समग्र दृष्टिकोण का अभाव होता है।

(4) एकपक्षीय सोच–क्षेत्रवाद में लोगों के मस्तिष्क में केवल अपने क्षेत्र की भौगोलिक सीमाएँ होती है। उस सीमा में रहने वालोंकी सोच एकपक्षीय होती है, अन्य को वे अपने से भिन्न समझ कर भेदभाव भी करते हैं। एक क्षेत्र के लोग अपनी उपलब्धियों की तुलना किसी दूसरे क्षेत्र से नहीं करते, उनकी नजर में वे स्वयं उच्च सिंिति में हैं। क्षेत्रवाद का यह पक्षपातपूर्ण दृष्टिकोण एकपक्षीय तथा चरमवादी होता है।

(5) राजनीति में क्षेत्रवाद और दबाव समूह–क्षेत्रवाद भारत की राजनीति में पिछले एकदशक से हावी होता जा रहा है। राष्ट्रीय स्तर पर उन राजनीतिक दलों की संख्या ओर वर्चस्व सबसे अधिक हो गया है किसी क्षेत्र विशेष से किसी परिस्थिति के कारण उभरा है। एच.डी.देवगौड़ा जब प्रधानमन्त्री बने तो तेरह दलों के सहयोग

से सरकार का गठन हुआ। यह क्रम इनद्रकुमार गुजराल के प्रधानमन्त्री पद पर बने रहने तक जारी रहा तथा 1998 में अटल बिहारी वाजपेयी प्रधानमंत्री बने तो उन्हें 22 दलों का सहयोग मिला तब सरकार का गठन हुआ। भारतीय राजनीति में राष्ट्रीय स्तर पर क्षेत्रवाद की यह चरम सीमा है। एक अथवा दो सांसदों का प्रतिनिधित्व करने वाला क्षेत्रीय दल दबाव समूह के रूप में काम करता है, अपने क्षेत्र के लिए विशेष पैकेज की माँग करता हे। माँग मनवाने में यदि परेशानी दिखाई देती है तो सरकार को गिरा देने का भय दिखाते हैं। कुछ ही दल ऐसे है जिनका अखिल भारतीय स्वरूप है, अन्यथा प्रत्येक राज्य में लगभग क्षेत्रीयता की भावना के आधार पर ही क्षेत्रीय दल क्षेत्रवाद को बढ़ावा दे रहे हैं और दबाव समूह के रूपमें काम कर रहे हैं।

भारत में क्षेत्रवाद के कारण और प्रभाव

भारत में क्षेत्रवाद के कारणों में भौगोलिक पृथकता, सांस्कृतिक भिन्नता, राजनीतिक हित तथा आर्थिक विषमता को सम्मिलित किया जा सकता है। इन कारणों का उल्लेख क्षेत्रवाद के लक्षणों की विवेचना में विस्तृत रूप से आ गया है। यहां पर हम क्षेत्रवाद के प्रभावों की चर्चा करेंगे -

(1) **संकीर्ण नेतृत्व का विकास**-क्षेत्रवाद की भावना से स्थानीय स्तर पर संकीर्ण नेतृत्व विकसित हो रहा है। सस्ती लोकप्रियता प्राप्त करने के लिए स्थानीय लोगों के प्रति सहानुभूति दर्शाकर, अपना प्रभाव जमाना प्रारम्भ कर, राजनीति में अपना दबदबा स्थापित किया जाता है। विकास और कल्याण के नाम पर स्वायत्तता की मांगी की जाती है, अपनी मांगों के लिये नये-नये नारे दिये जाते हैं। विध्वसंक कार्यवाही की जाती है। सरकारी सम्पत्ति को नुकसान पहुँचाना, हड़ताल, चक्काजाम, तोड़-फोड़ आगजनी जैसे काम करवाकर लोकप्रियता प्राप्त की जाती है। क्षेत्रीय नेतृत्व का दृष्टिकोण संकीर्णता के कारण उत्पन्न होता है।

(2) राष्ट्रीय एकता में बाधक-क्षेत्रवाद के सभी लक्षण राष्ट्रीय एकीकरण की परिस्थितियों के लिए प्रतिकूल हैं। अलगाव की भावना, भेदभावपूर्ण दृष्टिकोण तथा एकाकी प्रवृत्ति से राष्ट्रीय एकता के प्रयासों में बाधाएँ उत्पन्न होती हैं। क्षेत्रवाद सीमित स्वार्थों के कारण पनपता है जबकि राष्ट्रीय एकता के प्रयासों में बाधाएँ उत्पन्न होती हैं। क्षेत्रवाद सीमित स्वार्थों के कारण पनपता हैं जबकि राष्ट्रीय एकता के लिए समग्र दृष्टिकोण और सबके हितों को राष्ट्रीय हित के साथ जोडकर काम करने की आवश्यकता होती है। क्षेत्रवाद के कारण ही कश्मीर और असम में स्वायत्तता की मांग जोर पकड़ती जा रही है। उत्तरांचल, झारखंड और छत्तीसगढ अलग राज्य बने हैं।

(3) सामाजिक न्याय में बाधक-सभी को न्याय दिलाने में क्षेत्रवाद बाधक बन जाता है। भारतीय संविधान के अनुसार लिंग, भाषा, जाति-प्रजाति, धर्म और क्षेत्र के आधार पर किसी के साथ भेदभाव नहीं किया जा सकता, लेकिन क्षेत्रवाद में व्यक्ति की कार्यकुशलता और गुणों का मूल्यांकन क्षेत्रीय आधार पर करने के लिए जोर दिया जाता है। इसके परिणामस्वरूप योग्य व्यक्तियों को अपनी योग्यता के अनुसार काम से वंचित रहना पड़ता है। सभी को सामाजिक न्याय नहीं मिल पाता।

(4) क्षेत्रीय तनावों में वृद्धि-क्षेत्रवाद से क्षेत्रीय तनावों में बढ़ोतरी हुई है। जब किसी क्षेत्र विशेष के लोगों द्वारा स्वायत्ता या विशेष सुविधाओं की मां गके समर्थन में आन्दोलन किया जाता है तो अन्य क्षेत्रों के लोग उनका विरोध करते हैं, अपनी प्रतिक्रियाएं व्यक्त करते हैं। इसी प्रकार जब किसी क्षेत्र विशेष में ही अपने प्रभाव के कारण कोई राजनेता विशेष विकास के कार्य करवाते हैं तो अन्य क्षेत्रों में उपेक्षा का भाव उत्पन्न होता है और तनाव की स्थिति बन जाती है, कभी-कभी संघर्ष भी हो जाता हैं।

भारत में क्षेत्रवाद के कारण और प्रभाव का विवेचन करने पर यह ज्ञात होता है कि लोगों में मोटे तौर पर राष्ट्र के प्रति लगाव से पूर्व अपने धर्म, जाति, जनजाति, क्षेत्र-उपक्षेत्र के प्रति लगाव की भावना का आभास होता है। कोई विदेशी भारत में आता है तो सभी को भारतीय के रूप में देखता है। भारत के लोग अपने आपको बंगाली, बिहारी, तमिल, गुजराती, पंजाबी के रूप में देखते है न कि भारतीय। इसी प्रकार नगरीय व ग्रामीण क्षेत्रों के आधार पर भी अन्तर दिखाई देते हैं। ग्रामीण और शहरी जीवन, स्थानीयता और सामाजिक समूहों में अन्तर दिखाई देता है। ग्रामीण और नगरीय क्षेत्रों के मूल्यों और परिप्रेक्ष्य में समानता नहीं होती। नगरीय क्षेत्रों के लोग ग्रामीण क्षेत्रों के लोगों को पिछड़े, अंधविश्वासी और आदिम समझते हैं। दूसरी ओर ग्रामीण लोग नगरीय लोगों को भौतिकवादी, अनैतिक और शोषक के रूप में देखते हैं। महात्मा गाँधी ने नगरीय क्षेत्रवासियों को शोषण के वाहक बताया। क्षेत्रवाद से राजनीति सर्वाधिक प्रभावित है। उदाहरण के लिए, नदी जल बँटवारे को लेकर विभिन्न राज्यों के बीच मतभेद चलते रहते हैं। अगस्त, 1998 में कर्नाटक, तमिलनाडू, केरल और पाण्डिचेरी के मध्य कावेरी जल विवाद पर समझौता हुआ। समझौते से पहले यह विवाद क्षेत्रीय राजनीति में ही उलझता रहा। साठ वर्ष से चला आ रहा यह विवाद उच्चतम न्यायालय तक पहुँचा तथा न्यायालय ने केन्द्र सरकार को 12 अगस्त, 1998 तक यह विवाद हल करने का निर्देश दिया।

10

भारत में अपराधिक समस्याएँ

प्रत्येक समाज अपने सदस्यों को अनेक सुविधाएँ एवं व्यवस्थाएँ प्रदान करता है। ये सुविधाएँ एवं व्यवस्थाएँ समाज द्वारा निर्धारित नियम-कानूनों से बँधी होती हैं। सामाजिक व्यवस्था को बनाए रखने के लिए इन नियम-कानूनों का पालन करना सबके लिए अनिवार्य होता है, चाहे वह वयस्क हो या बालक। यदि वयस्क इन नियम-कानूनों की अवहेलना करके समाज-विरोधी कार्य करता है तो उसका कार्य, 'अपराध' कहा जाता है। यदि बालक या किशोर इस प्रकार का कार्य करता है, तो उसका कार्य, 'बाल-अपराध' या 'किशोर-अपराध' कहा जाता है। एक बालक जो समाज की सुविधाओं का प्रयोग तो करता है किन्तु समाज द्वारा जिस व्यवहार की उससे आशा की जाती है, वह नहीं करता है- ऐसे बालक को हम 'बालापराधी' कहते हैं या जो बालक कानून की दृष्टि से दण्डनीय अपराध करता है, वह 'बालापराधी' कहा जाता है।

किन्तु हम बालापराधी उसी बालक को कहते हैं जिसकी सामाजिक क्रियाएँ इतनी गम्भीर रूप धारण कर लेती हैं कि उसे देश के नियमों के अनुसार दण्ड देना पड़ता है। इस अर्थ में बाल-अपराध का तात्पर्य है- किसी नियम का खण्डन। बालापराधी वे बालक होते हैं जो चोरी करते हैं तथा मारपीट करते हैं। कुछ बालापराधी डकैती से लेकर खून तक करते हैं। बालापराध अनैतिक स्तर पर होता है। बहुधा बालापराधी ने सही तथा

गलत का अन्तर नहीं सीखा होता है। विभिन्न देशों में बाल-अपराधियों की निम्नतम और उच्चतम आयु भिन्न-भिन्न है। भारत में उसी बालक या किशोर का समाज-विरोधी कार्य, 'अपराध' माना जाता है, जिसकी निम्नतम आयु 7 वर्ष और अधिकतम आयु 16 वर्ष होती है। बाल-अपराध और बाल-अपराधी से सम्बन्धित कुछ परिभाषाएँ इस प्रकार हैं—

1. स्किनर (Skinner)—''किसी कानून के उस उल्लंघन के रूप में, बालापराध परिभाषित किया जाता है जो किसी वयस्क द्वारा किये जाने पर अपराध होता है।''

"Juvenile Delinquency is defined as the violation of a law that, if committed by an adult, would be a crime." **—Skinner**

2. वेलेन्टाइन (Valentine)—''मोटे तौर पर, 'बाल-अपराध' शब्द किसी कानून के भंग किये जाने का उल्लेख करता है।''

"Broadly speaking, the term 'delinquency' refers to the breaking of some law."

—Valentine

3. न्यूमेयर (Newmeyer)—''इस प्रकार बालापराध समाज-विरोधी व्यवहार का कोई प्रकार है जो व्यक्तिगत तथा सामाजिक विघटन उत्पन्न करता है।''

"This delinquency implies a form of anti-social behaviour involving personal and social disorganization."

बाल अपराध का स्वरूप
(Nature of Delinquency)

बाल-अपराध के लिए कदाचार तथा अपचार जैसे शब्दों का भी प्रयोग किया जाता है। बाल-अपराध के स्वरूप को हम उन अपराधों से सरलतापूर्वक समझ सकते हैं, जिनको बालक या किशोर करते हैं। इस प्रकार के कुछ अपराध हैं—चोरी करना, झूठ बोलना, नशा करना, जेब काटना, झगड़ा करना, चुनौतियाँ देना, सिगरेट पीना, व्यभिचार करना, तोड़-फोड़ करना, दूसरों पर आक्रमण करना, विद्यालय से भाग जाना, अपराधियों के साथ रहना, कक्षा में देर से आना, छोटे बालकों को तंग करना, बड़ों के विरुद्धविद्रोह करना, दिन और रात में निरुद्देश्य घूमना, बस और रेल में बिना टिकट यात्रा करना, दीवारों पर उचित या अनुचित बातें लिखना, जुए के अड्डों और शराबखानों में आना-जाना, चोरों, डाकुओं, आवारा, बदचलन और दुष्ट व्यक्तियों से मिलना-जुलना, माता-पिता की आज्ञा के बिना घर से गायब हो जाना, सड़क पर चलते समय इस पर चलने के नियमों का पालन न करना, किसी की खड़ी हुई मोटर-कार में बैठकर सैर के लिए चल देना आदि-आदि।

बाल-अपराधी की पहचान के लिए विशेषताएँ
(Characteristics for Identification of Delinquency)

बाल-अपराधी की विशेषताओं को विभिन्न मनोवैज्ञानिकों ने अपने-अपने ढंग से बताया है। इनमें से प्रमुख इस प्रकार हैं—

(अ) Klausmeier & Goodwin के अनुसार

1. गठा हुआ और पुष्ट शरीर।

2. जिद्दी, स्वार्थी, साहसी, बहिर्मुखी, आवेगपूर्ण, विनाशकारी, आक्रमणकारी।

3. प्रेम, ज्ञान, नैतिकता और संवेगात्मक संतुलन से रहित परिवार का सदस्य।

4. संभोग में क्रूरता, व्यवहार में व्याकुलता और सामाजिक स्थिति प्राप्त करने की उत्सुकता।

5. शीघ्र क्रुद्धहोना, दूसरों का विरोध करना, दूसरों को चुनौती देना, दूसरों पर संदेह करना, समाज-विरोधी कार्य करना, अधिकारियों की आज्ञा न मानना, समस्या को उचित विधि से हल न करना।

(ब) Ellis के अनुसार

अध्ययन में मन न लगना, औसत छात्रों से कम पढ़ना, बालकों और बालिकाओं का अनुपात 80 और 20 होगा।

(स) Kuppuswamy के अनुसार

अपराधी बालक के चरित्र की मुख्य विशेषता यह है कि वह वर्तमान आनन्द के सिद्धान्त में विश्वास करता है और भविष्य की चिन्ता नहीं करता है।

इस प्रकार बालापराधी साहसी होते हैं, धुन के पक्के होते हैं, अच्छा शारीरिक स्वास्थ्य होता है, चेहरा रूखा तथा तेजहीन होता है, स्वयं के प्रति लापरवाह होते हैं, नैतिक स्तर नहीं होता है, क्रोधी होते हैं, विरोधी होते हैं, क्रूर होते हैं, इत्यादि। किन्तु ये सभी विशेषताएँ सभी बालापराधियों में नहीं पाई जाती हैं। कुछ बालापराधी ऐसे भी देखे गए हैं जो बड़े शान्त तथा सौम्य दिखते हैं, अच्छे शिष्ट कपड़े पहनते हैं, खूब लिखते-पढ़ते हैं किन्तु अवसर मिलते ही किसी न किसी प्रकार का बड़ा अपराध कर लेते हैं। इसी प्रकार एक ऐसे बालापराधी से परिचय है जो एक-दो हत्या कर चुका है और अब भी कहता है कि क्या है दो-चार साल की जेल हो जाएगी, एक और करने में डर काहे का। किन्तु वह प्रत्येक लड़की को बड़े सम्मान व इज्जत से देखता है। यदि इस दृष्टिकोण से

देखें तो वह बड़ा ही उच्च चरित्र बालक है। चोरी करना पाप समझता है, किसी की कोई चीज इधर-उधर नहीं करता है। इस प्रकार स्पष्ट है कि बालापराधियों की सुनिश्चित व स्पष्ट विशेषताओं का वर्णन करना कठिन है। जटिल व क्लिष्ट समाज में तो इनकी विशेषताएँ बताना और भी कठिन है क्योंकि इन समाजों में दुहरे व्यक्तित्व बहुत अधिक पाये जाते हैं।

बाल-अपराध के कारण
(Cause of Delinquency)

मेडिनस व जॉन्सन का मत है—"सामाजिक समस्या के रूप में बाल-अपराध में वृद्धिहोती हुई जान पड़ती है। यह वृद्धिकुछ तो जनसंख्या की सामान्य वृद्धिके परिणामस्वरूप और कुछ जनसंख्या के अधिक भाग के ग्रामीण वातावरण के बजाय शहरी वातावरण में रहने के परिणामस्वरूप हो रही है।"

1. आनुवंशिक कारण (Hereditary Causes)

1. अपराधी-प्रवृत्ति—अनेक बालकों को अपराध करने की प्रवृत्ति वंशानुक्रम से मिलती है। यह ठीक उसी प्रकार से है जैसे- कुत्ता कुत्ते को जन्म देता है, बिल्ली बिल्ली को जन्म देती है तथा अपराधी अपराधी को जन्म देता है और इस स्थिति में अपराधी प्रवृत्ति का उपचार संभव नहीं है क्योंकि यह प्रवृत्ति जन्मजात होती है। जो कुछ भी जन्मजात होता है; उस गुण का उन्मूलन सम्भव नहीं है।

वंशानुक्रम के ही सम्बन्ध में दूसरा मत है कि बुद्धिजन्मजात क्षमता है। कुछ बालक मूढ़ होते हैं। मूढ़ बालकों में आवश्यक मात्रा में बुद्धिकी कमी होती है जिसके कारण वे अपराध प्रवृत्ति विकसित कर लेते हैं। नैतिक मूल्यों का विकास करने में असमर्थ रहते हैं। इन्हें नैतिक मूढ़ कहते हैं। सिरिल बर्ट (Cyril Burt) के अनुसार—"नैतिक मूढ़ वे बालक हैं जिनमें जन्म से या प्रारम्भिक आयु से ही मानसिक दोष देखे जाते हैं जिनमें अपराधी प्रवृत्तियाँ होती हैं और जिन पर दण्ड का प्रभाव बिल्कुल नहीं होता है।"

कुछ विद्वानों का मत है कि नैतिक तथा अनैतिक का भाव बालक अपने पूर्वजों से प्राप्त करता है। इनके अनुसार नैतिकता जन्मजात होती है। मनोचिकित्सक इसे नैतिक पागलपन कहते हैं जिसके कारण वह नैतिक मूल्यों का विकास नहीं कर पाता है।

सीजर लोम्ब्रासो को अपराध-विज्ञान का जनक माना जाता है। लोम्ब्रासो ने अनेक अपराधी बालकों के वंश-वृक्ष का अध्ययन करके निष्कर्ष निकाला कि कुछ 'जन्मजात अपराधी' होते हैं। अनेक मनोवैज्ञानिकों का मत है कि बाल-अपराधियों का जन्म होता है जिनमें लोम्ब्रासो के अतिरिक्त मोस्ले (Maudsley) और डगदाले (Dugdale) विशेष

रूप से उल्लेखनीय हैं। उन्होंने अपने अन्वेषणों से सिद्धकिया है कि बालकों को अपराधी-प्रवृत्ति अपने माता-पिता से वंशानुक्रम द्वारा प्राप्त होती है। ज्यूक्स तथा कालीकाक परिवारों के अध्ययन इसके उदाहरण हैं। इसीलिए वेलेन्टाइन (Valentine) ने लिखा है—"आनुवंशिक लक्षण, अपराधी प्रवृत्तियों को प्रोत्साहित करते हैं।"

2. उत्पादक गुण-सूत्र—मेडिनस व जॉनसन Medinnus & Johnson के अनुसार व्यक्तियों में साधारणत: दो प्रकार के गुण-सूत्र होते हैं—स्त्रियों में XX और पुरुषों में XY। यह गुणों की सामान्य स्थिति है जिनके मिलने से बालक का जन्म होता है और वह सामान्य बालक होता है किन्तु कभी-कभी स्त्री का केवल X तथा पुरुष के XYY गुणसूत्र मिलकर बालक का निर्माण करते हैं। यह बालक अपराधी होगा। इस प्रकार कुछ वैज्ञानिकों ने शरीर-विज्ञान के आधार पर अपराधी प्रवृत्ति के हस्तान्तरण का विश्लेषण किया है।

3. शारीरिक रचना—बालक की शारीरिक रचना का आधारभूत कारण उनका वंशानुक्रम होता है। बाल-अपराधियों को अपने वंशानुक्रम से विशेष प्रकार की शारीरिक रचना प्राप्त होती है, जिसे खिलाड़ियों का-सा शरीर कहते हैं। इस शारीरिक रचना वाले बालक का शरीर गठा हुआ और पुष्ट होता है। ग्लीक एवं ग्रीक (Glueck & Glueck) ने अपनी पुस्तक Physique & Delinquency में अपने स्वयं के अध्ययनों के आधार पर लिखा है कि इस प्रकार की शारीरिक रचना और बाल-अपराध में घनिष्ठ सम्बन्ध होता है।

2. शारीरिक कारण (Physiological Causes)

1. शारीरिक दोष—बालक यदि शारीरिक दोषों से ग्रस्त है तो वह एक प्रकार से अपने में कमी समझने लगता है। बालक के शारीरिक दोष उसके तिरस्कार के कारण बनते हैं। इस तिरस्कार से उसके आत्म-सम्मान को ठेस पहुँचती है। फलस्वरूप, वह तिरस्कार का बदला लेने के लिये दूसरों को कष्ट देने और सताने का अपराध करने लगता है। इसका कारण यह भी है कि उसमें समाज के विरुद्धएक प्रतिक्रिया का विकास हो जाएगा। वह चाहेगा कि समाज को तोड़फोड़ कर नष्ट कर दे। वह अपने दोष का उत्तरदायी समाज को ही समझने लगेगा। क्लिफोर्ड माम्साट (Clifford Mamshadt) ने इसका एक उदाहरण दिया है कि एक बालक की आँखें कमजोर थीं और वह पढ़ नहीं सकता था। दूसरे लड़के उसका मजाक उड़ाते थे। इससे उसके आत्म-सम्मान को चोट लगती थी। अत: उसने चश्मा लगाने वाले लड़कों के चश्मे चुराने आरम्भ कर दिये। पहले तो उसने ऐसा उनको तंग करने के लिये किया, परन्तु धीरे-धीरे उसको चोरी करने की आदत्न पड़ गई।

हैडफील्ड भी मानते हैं कि शारीरिक क्रियाओं में दोष आ जाने से अपराध को प्रोत्साहन मिलता है। उनके अनुसार ऐसे अपराध स्वाभाविक अपराध कहलाते हैं। स्त्रियों में ऋतु-स्राव के समय अपराधीपन बढ़ जाता है। एलिस Ellis का कथन है कि यदि कोई स्त्री दुकान से कोई चीज उड़ा रही है तो यह सम्भावना है कि उसका ऋतु-स्राव हो रहा है।

2. असंतुलित शारीरिक विकास—यदि किसी बालक का विकास उसी आयु के बालक से तीव्र या मन्द गति से चलता है तो उसके समायोजन में भी कठिनाई उपस्थित हो जाती है। ऐसे बालक अपनी आयु वाले से बड़े या छोटे प्रतीत होते हैं। यह बात उनमें अपने विकास के सम्बन्ध में असन्तोष उत्पन्न कर देती है और यह कभी-कभी उन्हें असामाजिक व्यवहार की ओर धकेल देती है।

3. यौनांगों का तीव्र विकास—जिन बालकों और बालिकाओं के यौनांगों का तीव्र विकास होता है, वे अनेक प्रकार के काम-सम्बन्धी अपराध करने लगते हैं, जैसे-हस्तमैथुन और सम या विषमलिंगी व्यक्तियों से सम्भोग।

3. मनोवैज्ञानिक कारण (Psychological Causes)

1. निम्न सामान्य बुद्धि—निम्न सामान्य बुद्धिभी अनैतिक व्यवहार को कभी-कभीं प्रोत्साहित करती है। एक बालक जो निम्न बुद्धिका होता है, उसे अनैतिक व्यवहार की ओर सरलता और शीघ्रता से खींचा जा सकता है। उसमें यह समझने की शक्ति ही क्षीण होती है कि उच्च सामाजिक व्यवहार क्या है। उसे प्रलोभन दिए जाएँ तो वह असामाजिक व्यवहार की ओर शीघ्रता से अग्रसर होने लगता है। बर्ट Burt ने जिन बाल-अपराधियों का अध्ययन किया, उनमें से 4/5 (8 प्रतिशत) में औसत से कम बुद्धिथी अर्थात् उनकी बुद्धि-लब्धि 100 से कम थी।

2. मानसिक रोग—बालकों के मानसिक रोग उनको अपराधी बनाने के लिये उत्तरदायी होते हैं। इन रोगों से ग्रस्त बालकों में मानसिक तनाव, विचारशून्यता, असंतुलन या अन्तर्द्वन्द्व उत्पन्न हो जाता है। ऐसी दशा में वे अपना आत्म-नियंत्रण खोने के कारण अपराध कर बैठते हैं।

3. अवरुद्धइच्छा—मैक्डूगल ने बताया है कि प्रत्येक मूल-प्रवृत्ति के साथ एक संवेग जुड़ा रहता है। उदाहरण के लिए—'पलायन' की प्रत्येक मूल-प्रवृत्ति के साथ 'भय' का संवेग सम्बद्धरहता है। जब मूलप्रवृत्ति अवरुद्धहो जाती है, तब यह 'भावना-ग्रन्थि' का निर्माण कर देती है। इससे बालक में बेचैनी पैदा हो जाती है। यह बेचैनी उसकी दूसरी इच्छाओं को भी प्रभावित करती है। यही कारण है कि बालक धमकाने पर झूठ बोल सकता है, घर से भाग सकता है और दूसरे पर आक्रमण कर सकता है।

अवरुद्धइच्छाओं के कारण बालक में मानसिक संघर्ष उत्पन्न हो जाता है, जो अनेक अपराधों का कारण होता है।

4. निराशा—(हरलॉक) Hurlock के अनुसार—"आक्रमण, निराशा की सामान्य प्रतिक्रिया है। व्यक्ति जितना अधिक निराश होता है, उतना ही अधिक आक्रमणकारी हो जाता है।" इस कथन के आधार पर हम कह सकते हैं कि निरन्तर निराश रहने वाला बालक आक्रमणकारी बनकर बाल-अपराध का दोषी बनता है।

5. ग्रन्थियाँ—जिस बालक में 'ग्रन्थियों' का निर्माण हो जाता है, वह थोड़े-बहुत समय के बाद कोई न कोई अपराध अवश्य करने लगता है। उदाहरणार्थ, 'विमाता-ग्रन्थि' या 'हीन भावना की ग्रन्थि' उसमें प्रतिशोध की भावना उत्पन्न करके उससे कोई भी असामाजिक कार्य करवा सकती है।

6. संवेगात्मक असंतुलन—बाल-अपराध के मनोवैज्ञानिक कारणों में संवेगात्मक असंतुलन को सबसे महत्त्वपूर्ण माना जाता है। संवेगात्मक असुरक्षा, अपर्याप्तता, हीनता की भावना, प्रेम और सहानुभूति का अभाव और कठोर अनुशासन के प्रति पूर्ण समर्पण या उद्दंड कार्य न केवल बालक के व्यवहार और व्यक्तित्व को असमायोजित कर देता है, वरन् उसे अपराध करने की भी प्रेरणा देता है। हीले एवं ब्रोनर Healy & Bronner ने जिन बाल-अपराधियों का अध्ययन किया, उनमें से 91 प्रतिशत ने यह बयान दिया कि इनके जीवन के कटु अनुभवों ने उनमें इतना संवेगात्मक असंतुलन उत्पन्न कर दिया था कि वे मानसिक रूप से परेशान हो गये थे।

4. सामाजिक कारण (Social Reasons)

1. साथी—अकेला बालक बहुत कम अपराध करता है, इसके साथ प्राय: कोई न कोई होता है। ग्लीक Glueck ने अपने अन्वेषणों से सिद्धकिया है कि जिन 500 अपराधी बालकों का उसने अध्ययन किया, उनमें से 95 प्रतिशत शराबियों, जुआरियों, व्यभिचारियों और गुंडों की संगति में रहे थे। हीले Healy के अनुसार अपराधी बालक किसी न किसी गुट के सदस्य अवश्य होते हैं। अत: हम कह सकते हैं कि बालक बुरे साथियों की संगति में पड़कर अपराध करते हैं।

2. घर का दूषित वातावरण—घर का दूषित वातावरण भी बालकों में अपराध की प्रवृत्ति को बढ़ावा देता है, इसके कई कारण हो सकते हैं, यथा—

(i) घर में विमाता या विपिता होना।

(ii) माता-पिता के आपसी झगड़े।

(iii) माता-पिता का बालक के प्रति कम प्यार।

(iv) माता या पिता या दोनों का बालक पर अधिक प्यार।

(v) माँ-बाप की बालक के प्रति उच्च आकांक्षा। उनका उसे वास्तविक रूप से उस उच्च स्तर पर देखने की कामना करना जिस तक वे स्वयं नहीं पहुँच पाये हैं।

(vi) कुटुम्ब के अन्य सदस्यों से झगड़ा।

(vii) कुटुम्ब के अन्य सदस्यों की तुलना में बालक को हीन बताना। बहुत से माता-पिता एक बालक की तो बहुत प्रशंसा करते हैं और दूसरे की बुराई। इस प्रकार दूसरा बालक आत्महीनता का अनुभव करने लगता है, और उसे अनैतिक व्यवहार करने की प्रेरणा मिल जाती है।

(viii) घर में दूषित अनुशासन का होना- या तो सरल या फिर कठोर अनुशासन होना।

(ix) माता-पिता का शराबी या जुआरी होना।

(x) माता-पिता में काम-सम्बन्धी दोषों का होना। उनका चरित्रहीन होना।

(xi) माता या पिता का मानसिक असन्तुलन।

(xii) माता या पिता का तलाक दे देना।

(xiii) माता का नौकरी करना जिससे बालक के ऊपर नियन्त्रण न रह सके और न उसकी आवश्यकताओं की देखभाल हो सके।

3. घर से बाहर का वातावरण—

(i) घर के चारों तरफ दूषित वातावरण का होना, जैसे-वेश्यालय, जुआघर आदि।

(ii) बहुत अधिक चलचित्र देखना जिससे काम सम्बन्धी उत्तेजना मिलती है।

(iii) ऐसे मित्रों का साथ जो स्वयं बालापराधी हैं। ऐसे मित्र बालक को अनैतिक कार्य के लिए प्रोत्साहित करते हैं। इसके अतिरिक्त जब बालक समूह में होता है तो वह अनैतिक व्यवहार करने को शीघ्र तत्पर हो जाता है। वह ऐसे व्यवहार में अपने दूसरे साथियों का अनुसरण करने लगता है।

(iv) छोटे बालकों का फैक्टरी या अन्य उद्योग-धन्धों में लग जाना। यह कारण हमारे देश में मुख्य कारण हो सकता है। साक्षरता के अभाव में बहुत से बालक तो पाठशाला का मुँह तक नहीं देख पाते हैं। जैसे ही वे कुछ करने के योग्य हो जाते हैं, उन्हें काम पर लगा दिया जाता है। ऐसे बालक बचपन से ही बीड़ी-सिगरेट पीना, चलचित्र देखना तथा शराब पीना तक आरम्भ कर देते हैं, और इस प्रकार उनमें अनैतिक व्यवहार

का सृजन हो सकता है।

(v) पाठशाला में अध्यापकों का अनुचित व्यवहार।

(vi) शिक्षा विधि तथा शिक्षा-साधनों का अरोचक होना।

(vii) पाठशाला में कड़ा या ढीला-ढाला अनुशासन होना।

(viii) उचित मनोरंजन के साधनों का अभाव, खेल के मैदान आदि का न होना।

4. अवकाश—यदि बालकों को अपना अवकाश बिताने के लिए मनोरंजन या खेल के उचित साधन प्राप्त नहीं हैं, तो उनका अनुचित दिशा में जाना स्वाभाविक होता है। बोगोट Bogot ने अपने अध्ययनों से यह सिद्धकरने का प्रयास किया है कि बाल-अपराध अधिकतर या तो शनिवार और रविवार को होते हैं या 4-5 बजे के बीच में होते हैं. जब बालकों का समय खाली रहता है।

5. नगरीय वातावरण—आधुनिक नगरों का वातावरण अत्यधिक कृत्रिम, दूषित और अनैतिक है। इसमें बाल-अपराध को प्रोत्साहन देने वाले सभी साधन विद्यमान हैं, जैसे-मदिरालय, वेश्यालय, सस्ते मनोरंजन, कामुक चलचित्र, जुआ और सट्टा खेलने के अड्डे, लाउडस्पीकरों पर अश्लील गाने इत्यादि। जिस बालक पर उसके माता-पिता का नियंत्रण पर्याप्त ढंग से नहीं रहता है, वह इनके प्रभाव से वंचित नहीं रह पाता है। परिणामत: यह कुमार्ग पर चलने लगता है।

6. गन्दी बस्तियाँ—**मेडिनस एवं जॉनसन** के अनुसार—"समाज-शास्त्रियों का तर्क है कि अधिकांश बाल-अपराधी गन्दी बस्तियों के होते हैं।" उनके इस कथन को सत्य सिद्धकरने के लिए शॉ एवं मैके Shaw & Mackey ने अमेरिका के लगभग 15 नगरों में बाल-अपराधों का अध्ययन किया जिनके परिणामस्वरूप वे इस निष्कर्ष पर पहुँचे कि गन्दी बस्तियों में बाल-अपराधों की दरें सबसे अधिक थीं।

7. युद्ध—युद्ध, बाल-अपराधों को तीन विशेष कारणों से प्रेरणा देते हैं। पहला, जिन बालकों के अभिभावक युद्धक्षेत्र में चले जाते हैं, उनकी ठीक देखभाल नहीं हो पाती है। दूसरा, जो मनुष्य युद्धमें मारे जाते हैं, उनमें से अधिकांश के बच्चे असहाय हो जाते हैं। तीसरा, जिन देशों पर बम गिराये जाते हैं, उनके अनेक बच्चे अनाथ हो जाते हैं। ये सभी बच्चे अपने उदर की पूर्ति करने के लिये किसी भी प्रकार का अनैतिक कार्य कर सकते हैं।

8. देश का विभाजन—इस कारण का हमारे देश से विशेष सम्बन्ध है। विभाजन से पूर्व यहाँ बाल-अपराधों की संख्या बहुत कम थी। विभाजन के परिणामस्वरूप देश में

हिन्दू-मुस्लिम साम्प्रदायिक झगड़ों की समस्या बढ़ गई। इन झगड़ों में वयस्कों के अलावा किशोरों ने विशेष रूप से भाग लिया। फलस्वरूप, कुछ समय तक बाल-अपराधों की दरों में बहुत तेजी से वृद्धिहुई।

9. दूषित साहित्य—समाज में उपलब्ध साहित्य का बालकों पर प्रभाव पड़ता है। यदि समाज में उपलब्ध साहित्य दूषित है, जिसमें अपराध, आक्रमण, बलात्कार, चोरी तथा अन्य अनैतिक कार्यों की ही चर्चा होती है तो बालक के व्यवहारों पर इस साहित्य का स्पष्ट कुप्रभाव पड़ता है।

10. समाज की दूषित राजनीति—समाज में प्रचलित राजनीति में यदि बालकों को घसीटा जाए तथा राजनीतिक दल बालकों को अपने उद्देश्य की पूर्ति का साधन बना लें तो बालक के ऊपर इसका बुरा प्रभाव पड़ता है। राजनीति में प्रवेश से छात्रों में परस्पर द्वेषपूर्ण व संघर्षपूर्ण विचारधाराओं का विकास हो जाता है।

11. समाज में आर्थिक असमानताएँ—समाज में व्याप्त घोर आर्थिक असमानताएँ आपराधिक प्रवृत्तियों को बढ़ावा देती हैं। समाज में शोषण तथा दमन अपराध प्रवृत्ति को बढ़ाते हैं जिनका सीधा प्रभाव बालक के व्यवहारों पर पड़ता है। शोषक तथा शोषित दोनों ही प्रकार के परिवारों के बालक अलग-अलग प्रकार के आपराधिक कार्य करने लगते हैं। आर्थिक दृष्टि से सम्पन्न समाज के बालक सामान्यत: यौन-अपराध करते हैं तथा आर्थिक दृष्टि से विपन्न समाज के बालक चोरी जैसे अपराध करने लगते हैं।

12. बेरोजगारी की समस्या—समाज में व्याप्त बेरोजगारी के कारण भी अनेक अपराधों में वृद्धिहोती है। रोजगार के अभाव में परिवार के सम्मुख जीविकोपार्जन की समस्या उत्पन्न होती है। भूखमरी से परिवार को बचाने के लिए स्त्री तथा पुरुष दोनों ही अनैतिक कार्य करने लगते हैं तथा बालक कारखानों में छोटा-मोटा कार्य करने लगते हैं जिससे बालकों में शराब पीना, जुआ खेलना, बीड़ी-सिगरेट पीना, सिनेमा देखना जैसी आपराधिक प्रवृत्तियाँ विकसित हो जाती हैं। युवा लड़कियाँ भी चरित्रहीनता की ओर बढ़ने लगती हैं।

5. पारिवारिक कारण

(Family Related Causes)

1. परिवार का वातावरण—परिवार का दूषित वातावरण बालक को शीघ्र ही अपराध के मार्ग पर अग्रसर कर देता है। परिवार का ढीला अनुशासन नीचे नैतिक मूल्य व चरित्र तथा मनोरंजन के स्वस्थ साधनों का अभाव आदि कारणों से बालक अपराधी-प्रवृत्ति अपना लेते हैं। यदि बच्चों के भाई-बहिन अपराधी हैं, यदि उनके माता-पिता

उनको कठोर अनुशासन में रखते हैं, यदि परिवार के सदस्य आपस में लड़ते-झगड़ते हैं, यदि बच्चों पर शिथिल नियन्त्रण है, तो वे अपराध के मार्ग पर चलने लगते हैं। यदि घर में उनके खेलने के लिए स्थान नहीं होता है, तो वे गलियों में घूमने लगते हैं और बुरी संगति में पड़कर अपराधी बन जाते हैं।

2. बरबाद परिवार—ऐसे परिवार जिनको जीवन की आवश्यकताओं को पूरा करने के लिए कोई साधन उपलब्ध नहीं होता है बरबाद परिवारों की श्रेणी में आते हैं। परिवार में जब धनोपार्जन करने वाले की मृत्यु हो जाती है, या वह परिवार से सम्बन्ध तोड़ लेता है, या अनैतिकता का मार्ग अपनाकर किसी की भी चिन्ता नहीं करता है ऐसी दशा में उसके परिवार के बालक अपराध करने की ओर प्रवृत्त होते हैं। जॉनसन ने अपराधी बालकों के आँकड़े एकत्र करने पर पाया कि उनमें से 52 प्रतिशत बरबाद परिवारों से थे। हीले और ब्रोनर ने अमेरिका के शिकागो और बोस्टन नगरों में 4,000 बालकों का निरीक्षण किया और उनमें से 2,000 को बरबाद परिवारों का पाया।

3. टूटे परिवार—टूटे परिवार वे होते हैं जो किन्हीं कारणों से टूट जाते हैं या विच्छिन्न हो जाते हैं अर्थात् जब कमाने वाला स्वयं परिवार से पृथक् हो जाता है, या अधिक शराब पीने के कारण परिवार की तरफ ध्यान नहीं देता है तो ऐसी स्थिति में बालक जल्दी ही अपराधी बन जाते हैं क्योंकि उन पर अनुशासनकर्ता का कोई नियन्त्रण नहीं रहता है, वे स्वतन्त्र हो जाते हैं तथा उनके सामने आर्थिक कठिनाइयाँ आने लगती हैं।

4. अनैतिक परिवार—जिस परिवार में माता-पिता या अन्य सदस्य अनैतिक होते हैं, उनके बच्चे भी उन्हीं के समान होते हैं। मोब्ले इलियट (Moble Elliot) ने अमेरिका के स्लाटेनफार्म (Slaten Farm) पर अपराधी लड़कियों का अध्ययन करने पर यह पाया कि उनमें से 67 प्रतिशत लड़कियाँ अनैतिक परिवारों की थीं। वेलेन्टाइन ने लिखा है कि बर्ट को अपने अध्ययन में 54 प्रतिशत बालक अनैतिक परिवारों के मिले। इस प्रकार स्पष्ट है कि बालक जैसे वातावरण में जीवन व्यतीत करता है, वह वैसा ही बन जाता है।

5. परिवार की निर्धनता— कुप्पू स्वामी (Kuppuswamy) के अनुसार—" अपराधी चरित्र का विकास करने में निर्धनता एक अति महत्त्वपूर्ण कारक है।" परिवार की गिरी हुई आर्थिक स्थिति का बालक के व्यवहारों पर बड़ा ही प्रतिकूल प्रभाव पड़ता है। बालक की अनेक आर्थिक आवश्यकताएँ होती हैं। अत्यधिक निर्धन परिवार के बालकों को आरम्भ से ही खाने की वस्तुओं की चोरी करने या भीख माँगने के लिए बाध्य होना पड़ता है। कुछ परिवार ऐसे होते हैं, जिनमें बालकों और बालिकाओं को भोजन तो मिल जाता है, परन्तु धनाभाव के कारण उनकी अन्य इच्छाएँ पूर्ण नहीं हो पाती हैं। बालक—पान,

सिगरेट, सिनेमा आदि के लिए और बालिकाएँ साज-शृङ्गार हेतु धन चाहती हैं। अत: बालक चोरी और बालिकाएँ व्यभिचार करके धन प्राप्त करने लगती हैं। ग्रीक ने 500 बाल-अपराधियों का परीक्षण करके यह खोज की कि उनमें से 66 ऐसे परिवारों के थे, जिनकी दैनिक आवश्यकताएँ पूरी नहीं होती थीं और 252 ऐसे परिवारों के थे, जो बड़ी कठिनाई से अपनी दैनिक आवश्यकताओं को पूरा कर पाते थे। वेलेन्टाइन ने लिखा है कि बर्ट ने जिन बाल-अपराधियों का अध्ययन किया, उनमें से आधों के परिवार निर्धन या अत्यधिक निर्धन थे।

6. तिरस्कृत बच्चे—जो बच्चे माता-पिता द्वारा तिरस्कृत होते हैं, वे अपराध की ओर अग्रसर होते हैं। इस तिरस्कार का कारण मुख्य रूप से सौतेली माता या सौतेले पिता का होना माना जाता है। इस प्रकार के तिरस्कृत बच्चों को अपने माता-पिता के प्यार के स्थान पर गलियों में घूमने वाले आवारा लोगों का प्यार मिलता है और वे कुछ समय के बाद उनके द्वारा बताए हुए अपराधी कार्यों को करने लगते हैं।

7. बच्चों के प्रति दुर्व्यवहार— कुप्पूस्वामी के शब्दों में—"बाल-अपराध का सबसे महत्त्वपूर्ण कारण बालक के द्वारा परिवार के दुर्व्यवहार का अनुभव किया जाना है।" यदि बालक को परिवार में बड़े व्यक्तियों द्वारा सदैव डाँटा या मारा जाता है, दोष निकाले जाते हैं और आलोचना की जाती है, तो वह अत्यधिक उदासीन और चिन्ताग्रस्त हो जाता है। वह परिवार से समायोजन करने का प्रयास करता है। जब वह ऐसा करने में असफल हो जाता है, तब विद्रोह कर उठता है और असामाजिक कार्य करने लगता है, जैसे—विद्यालय से भागना या घर से रुपया और आभूषण लेकर गायब हो जाना।

8. पिता की अनुपस्थिति या मृत्यु—यदि पिता परिवार से बहुत समय तक अनुपस्थित रहता है, तो बालक पर नियन्त्रण शिथिल हो जाता है। स्वतन्त्रता प्राप्त हो जाने के कारण वह घर से बाहर इधर-उधर जाकर बुरी संगति में पड़ जाता है जिसका स्वाभाविक परिणाम होता है—अपराध के मार्ग का अनुसरण करना। पिता की मृत्यु के कारण भी बालक का अपराधी बनना लगभग तय हो जाता है। इसका उदाहरण देते हुए **मेडिनस एवं जॉनसन** ने लिखा है—"क्योंकि नीग्रो जाति में पिता की मृत्यु दर सबसे अधिक है, इसलिए इसमें कोई आश्चर्य की बात नहीं है कि इस जाति में बाल-अपराध की दर सबसे अधिक है।"

6. विद्यालय सम्बन्धी कारण

(School Related Causes)

1. विद्यालय का भौतिक वातावरण—विद्यालय का भौतिक वातावरण यदि काफी खराब है, चारों ओर घोर कोलाहल रहता है, धूप व प्रकाश पर्याप्त मात्रा में नहीं

मिलता है तथा वातावरण अत्यन्त घुटनपूर्ण है तो निश्चय ही बालक में पलयान करने की प्रवृत्ति विकसित हो जाएगी। हमारे देश में ऐसे अनेक विद्यालय हैं, जो नगर के दूषित और कोलाहलपूर्ण भागों में स्थित हैं। बालक वहाँ जाते हुए प्रतिदिन विभिन्न प्रकार के अमानवीय कृत्य देखते हैं। कुछ बालक उनसे प्रभावित होकर उनको अपने जीवन का अङ्ग बना लेते हैं या विद्यालय-प्रांगण से पलायन कर बालक बुरी संगत में पड़कर आवारागर्दी तथा अपराध कार्यों में लग जाते हैं।

2. पर्याप्त अनुशासन एवं नियन्त्रण का अभाव—विद्यालय में पर्याप्त अनुशासन का अभाव भी बालक को अपराध के मार्ग पर बढ़ने के अवसर प्रदान करता है। आजकल के विद्यालय शिक्षा की दुकानें हो गई हैं, जिनमें धन प्राप्त करने के लिए संख्या की ओर ध्यान दिये बिना बालकों को भर लिया जाता है। ऐसे विद्यालयों में बालकों पर किसी प्रकार का नियन्त्रण नहीं होता है। फलस्वरूप, वे अपनी इच्छानुसार कहीं भी घूमने के लिये या सिनेमा देखने के लिए जा सकते हैं। इस प्रकार के बालक क्रमशः बाल-अपराध के मार्ग को ग्रहण करते हैं।

3. दूषित पाठ्यक्रम—विद्यालय में प्रचलित पाठ्यक्रम यदि अत्यन्त कठिन है, उसमें विविधता का अभाव है, वह बालकों की शैक्षिक आवश्यकताओं को पूरा नहीं कर पाता है, पाठ्यक्रम रुचिकर तथा उपयोगी नहीं है तो बालक शिक्षा में रुचि नहीं लेगा, वह उससे दूरी बनाने की चेष्टा करेगा तथा विद्यालय से भाग जाएगा।

4. खेल व मनोरंजन का अभाव—विद्यालय अपनी आर्थिक तथा अन्य सीमाओं के कारण बालकों के लिए पर्याप्त मात्रा में खेलकूद तथा सहगामी क्रियाओं की व्यवस्था नहीं कर पाते हैं। खेल के लिए पर्याप्त स्थान न होने के साथ-साथ इन पर धन व्यय करना मूर्खता समझते हैं। खेल की व्यवस्था न होने के कारण बालकों के अनेक संवेग दमित अवस्था में पड़े रहते हैं, जो उभरने पर अति घातक सिद्धहोते हैं। वे बालकों को न केवल असमायोजित कर देते हैं, वरन् उनको विविध प्रकार के अपराध करने के लिये भी प्रेरित करते हैं।

5. शिक्षकों का दुर्व्यवहार—बालक के साथ यदि शिक्षकों का व्यवहार ठीक नहीं है, वे पक्षपातपूर्ण व्यवहार करते हैं, बालकों को पर्याप्त स्नेह तथा स्वीकृति नहीं दे पाते हैं, दण्ड को बड़ी मात्रा में अनुशासन स्थापित करने के लिए अपनाते हैं, बालकों की शैक्षिक आवश्यकताओं की पूर्ति नहीं कर पाते हैं, अनुपयुक्त शिक्षण-पद्धति अपनाते हैं तथा अपना मानसिक स्वास्थ्य ठीक नहीं रख पाते हैं तो निश्चय ही कुप्रभाव बालक को प्रभावित करेंगे। फलस्वरूप, बालक शिक्षा एवं शिक्षक के प्रति ऋणात्मक दृष्टिकोण अपना लेगा।

6. परीक्षा-प्रणाली—विद्यालयों में छात्रों की परीक्षा लेने के लिये जिस प्रणाली का प्रयोग किया जाता है, उसमें अनेकों दोष हैं। यह परीक्षा-प्रणाली मुख्य रूप से बालकों को परीक्षा-भवनों में अनुचित साधनों का प्रयोग करने का अवसर देती है। यदि उनको ऐसा करने से रोका जाता है, तो वे मार-पीट, यहाँ तक कि हत्या भी कर देते हैं। इसके अतिरिक्त, कुछ बालक ऐसे भी होते हैं, जो परीक्षा में असफल होने के कारण घर से भाग जाते हैं या आत्महत्या कर लेते हैं। इस प्रकार यह स्पष्ट है कि हमारी परीक्षा-प्रणाली, बाल-अपराधों को बढ़ावा देने का कार्य कर रही है।

7. व्यक्तिगत स्कूल—एच. जी. वेल्स ने व्यक्तिगत स्कूलों के बारे में लिखा है—"यदि आप इस बात का अनुभव करना चाहते हैं कि पीढ़ियों के बाद पीढ़ियाँ किस प्रकार पहाड़ी नदियों के वेग से विनाश की ओर बढ़ रही हैं, तो आप किसी प्राइवेट स्कूल को ध्यान से देखिये।" ये स्कूल बालकों के शारीरिक, मानसिक और संवेगात्मक विकास के लिये उपयुक्त सुविधाएँ नहीं जुटाते हैं। फलतः अनेक बालकों का विकास विकृत रूप धारण कर लेता है और वे पक्के बाल-अपराधी बन जाते हैं।

7. संवाद-वाहन के साधन
(Media of Communication)

1. प्रहसन की पुस्तकें—प्रहसन की पुस्तकों का मुख्य उद्देश्य—बालकों का मनोरंजन करना है। इन पुस्तकों की विषय-सामग्री काल्पनिक होने के अलावा आक्रमणकारी और उत्तेजित करने वाली घटनाओं पर आधारित होती है। **मेडिनस एवं जॉनसन** ने लिखा है—"केलिफार्निया राज्य की धारासभा ने अपनी एक रिपोर्ट में तर्क प्रस्तुत किये हैं कि बाल-अपराधों का कारण बालकों द्वारा प्रहसन की पुस्तकों का पढ़ा जाना है।"

2. सस्ते उपन्यास व पत्रिकाएँ—सस्ते उपन्यासों और पत्रिकाओं का मुख्य विषय युवकों और युवतियों का यौन-सम्बन्ध पर आधारित प्रेम होता है। अतः हीले और ब्रोनर ने उनको बाल-अपराधों के लिये उत्तरदायी ठहराया है।

3. चलचित्र—ब्लूमर एवं हॉसर (Blumer & Hauser) ने लिखा है कि चलचित्र-धन प्राप्त करने की अनुचित विधियों का सुझाव देकर, कामवासनाओं को भड़का कर और कुत्सित कार्यों को प्रदर्शित करके बाल-अपराधों में अतिशय योग देते हैं। ब्लूमर ने लिखा है—"सन् 1983 में इलिनॉइस नगर में "The wild boy of the Road" नामक चलचित्र के प्रदर्शित होने के एक मास के अन्तर ही 14 बच्चे घर से भाग गये। इनमें एक 15 वर्ष की लड़की थी, जो बिल्कुल उसी प्रकार के वस्त्र पहने हुए थी, जैसे उस चलचित्र की प्रमुख नायिका ने पहन रखे थे।

4. टेलीविजन—टेलीविजन के सम्बन्ध में अब तक तीव्र विस्तृत अध्ययन हुए हैं— 1958 में इंगलैंड में, 1961 में अमेरिका में और 1962 में जापान में। इन अध्ययनों के आधार पर इसको बाल-अपराधों के लिये चलचित्र से अधिक दोषी ठहराया गया है। बेने (Banay) का विचार है—''मैं विश्वास करता हूँ कि तरुण और परेशान किशोरों के लिये टेलीविजन, बाल-अपराध का प्रारम्भिक प्रशिक्षण केन्द्र है।

8. सांस्कृतिक कारक

(Cultural Factors)

वर्तमान युग में हमारे जीवन के समान हमारी संस्कृति भी कृत्रिम हो गई है। उसके अर्थ और महत्त्व का लोप हो गया है। वह वयस्कों, किशोरों और बालकों की आवश्यकताओं को पूर्ण करने में असफल हो रही है। अत: बालक और किशोर उससे अपना सम्बन्ध-विच्छेद करके समाज-विरोधी कार्यों में संलग्न होते हुए दिखाई दे रहे हैं। मेडिनस एवं जॉनसन के शब्दों में—

''बियटनिक आन्दोलन और अधिक हाल का हिप्पी आन्दोलन सम्बन्ध-विच्छेद का अधिक पूर्ण रूप व्यक्त करता हुआ जान पड़ता है।''

"The 'beatnik' movement and the more recent 'hippie' movement appear to reflect a more pure form of alienation."

—Medinnus & Johnson.

अपराध क्षेत्र

(Criminal Area)

रेलवे स्टेशन, बस-स्टैण्ड, होटल, सराय, धर्मशाला तथा तीर्थ स्थान एवं मदिरालय जहाँ व्यक्तियों का बड़ी मात्रा में हर समय आना-जाना रहता है, अपराध-क्षेत्र माने जाते हैं, वहाँ बालक जेब काटना, चोरी करना, गुण्डागर्दी बड़ी शीघ्रता से सीख जाते हैं।

अपराधी बालकों की शिक्षा

अपराधी बालकों में सुधार हेतु समुचित शिक्षा व्यवस्था की जानी चाहिए। क्योंकि शिक्षा द्वारा ही बालक में चारित्रिक गुणों का विकास होता है और शिक्षा की व्यवस्था विद्यालय द्वारा की जाती है अर्थात् बालक के जीवन का अधिकांश समय विद्यालय में व्यतीत होता है और वहाँ सीखी हुई बातें ही उसके जीवन में नए मोड़ उपस्थित कर देती हैं, अतएव यह अत्यन्त आवश्यक है कि विद्यालय अपने उत्तरदायित्व को सुन्दरता से निभाए और बालकों को बाल-अपराधी बनने से रोके। अपराधी बालकों के लिए शिक्षा

की व्यवस्था इस प्रकार की जा सकती है—

1. उत्तम वातावरण—विद्यालय को चाहिए कि वह बालकों को स्वच्छ आन्तरिक एवं भौतिक वातावरण प्रदान करे। विद्यालय को बालकों का शारीरिक, मानसिक, चारित्रक एवं संवेगात्मक विकास करने के लिये उत्तम वातावरण का निर्माण करना चाहिये।

2. पाठशाला में चरित्रवान, बाल-मनोविज्ञान से परिचित अच्छे अध्यापकों का होना—पाठशाला के प्रत्येक शिक्षक का प्रशिक्षित होना नितान्त आवश्यक है। उन्हें बालकों की समस्याओं को मनोवैज्ञानिक ढंग से हल करना चाहिए। बालकों की क्या आवश्यकताएँ हैं ? उनकी क्या रुचियाँ हैं, यह उन्हें पता होना चाहिए। बालकों के प्रति उनका व्यवहार सहानुभूतिपूर्ण होना चाहिए।

3. पाठशाला में प्रत्येक बालक को उसकी रुचि एवं योग्यता के अनुसार शिक्षा देनी चाहिए—बालकों का वर्गीकरण कक्षाओं में उनकी योग्यता के अनुसार ही होना चाहिए। उनमें शिक्षा के प्रति रुचि उत्पन्न करनी चाहिए। उन्हें कार्य करके सीखने के लिए अधिक प्रोत्साहित करना चाहिए। पाठ्यक्रम भी छात्रों की रुचि एवं आवश्यकता के अनुरूप होना चाहिए।

4. शिक्षण के दौरान अध्यापकों को अपने अन्दर आत्म-विश्वास रखना चाहिए और पाठ को रोचक बनाना चाहिए—अध्यापकों को शिक्षण के अन्तर्गत सहायक सामग्री का समुचित प्रयोग करना चाहिए। उन्हें बालकों के प्रति पक्षपातपूर्ण व्यवहार नहीं करना चाहिए। विद्यार्थी इस बात को बहुत बुरा मानते हैं कि अध्यापक उनके साथ पक्षपात करते हैं।

5. विद्यार्थियों को पढ़ने के लिए उचित सामग्री मिलनी चाहिए तथा उनमें पाठ्यपुस्तकों के अतिरिक्त अन्य पुस्तकों को पढ़ने की रुचि उत्पन्न करनी चाहिए—यदि पाठशाला में अच्छा पुस्तकालय तथा अच्छा अध्ययन-कक्ष है तो बालक अपना समय व्यर्थ में नष्ट न कर, पढ़ने में व्यतीत करेगा। इस प्रकार बालकों में अच्छी आदतों का निर्माण होगा और अवकाश के समय का भी सदुपयोग हो जाएगा। यदि बालकों को आकर्षित करने वाली पुस्तकें, पत्रिकाएँ आदि मिल जाएँगी, जो अच्छी विचारधारा को व्यक्त करती हैं, तो बालक विद्यालय से नहीं भागेंगे, और न ही उन्हें गन्दे व्यवहार करने का अवसर प्राप्त होगा।

6. पाठशाला में बालकों के स्वस्थ मनोरंजन के साधन भी होने चाहिए—इनके अभाव में बालक इनको पाठशाला के बाहर ढूँढ़ता है। वह चलचित्र देखने लगता है और इस प्रकार के मनोरंजन में आनन्द लेने लगता है जो उसे असामाजिक व्यवहार करने को

अभिप्रेरित करते हैं। इसीलिए खेल के अच्छे मैदान, खेल का सुयोग्य अध्यापक तथा खेल की पर्याप्त सामग्री का प्रत्येक बालक के लिए उपलब्ध होना आवश्यक है।

7. शिक्षण के लिए अध्यापकों को अच्छी पद्धति अपनानी चाहिए—यदि बालकों को शिक्षा ग्रहण करने की कोई प्रेरणा न मिले या जो पाठ पढ़ाया जाए, वह रोचक न हो तो बालकों में शिक्षा के प्रति अरुचि उत्पन्न हो जाती है और उन्हें कक्षा से भाग जाने में आनन्द आने लगता है तथा वे इस समय का सदुपयोग करने के स्थान पर अपराध करने लगते हैं। अत: अध्यापकों को अपने शिक्षण को प्रभावी एवं रुचिकर बनाने के लिए उपयुक्त शिक्षण पद्धतियों का प्रयोग करना चाहिए।

8. घर तथा पाठशाला में समन्वय स्थापित करना चाहिए—अध्यापकों को बालकों की समस्याएँ उनके माता-पिता के समक्ष रखनी चाहिए और उन्हें बालकों के प्रति उचित व्यवहार करने के लिए बताना आवश्यक है। बाल-अपराधों को तभी रोका जा सकता है जब माता-पिता तथा पाठशाला दोनों इसकी रोकथाम की ओर ठोस कदम उठाएँ।

9. बालकों को उचित निर्देशन देने का प्रबन्ध करना चाहिए—यह भी आवश्यक है कि प्रत्येक विद्यालय में प्रशिक्षित सलाहकार हो, जो बालकों की समस्याओं को मनोवैज्ञानिक ढंग से सुलझाए। बालकों को अपराधी बनने से रोका जा सकता है, यदि उनकी व्यवहार-सम्बन्धी समस्याओं का हल आरम्भ में ही कर दिया जाए। इसके लिए योग्य निर्देशन की आवश्यकता होती है। ज्यों ही अध्यापक को किसी बालक का व्यवहार त्रुटिपूर्ण मालूम हो, उसे चाहिए कि वह बालक को निर्देशक के पास भेजे, जो कुशलता से उसके व्यवहार के कारणों का पता लगाकर उनका उपचार कर सकेगा।

10. बालकों की स्वतन्त्रता—विद्यालय को बालकों की क्षमताओं और योग्यताओं का विकास करने के लिये उनको स्वतन्त्रता प्रदान करनी चाहिए। परन्तु यह स्वतन्त्रता नियन्त्रित और निश्चित सीमाओं के अन्तर्गत होनी चाहिए।

11. तरुण गोष्ठियों की स्थापना—विद्यालयों में तरुण गोष्ठियों की स्थापना की जानी चाहिए। वेलेन्टाइन के अनुसार, ये गोष्ठियाँ, बालकों को अपनी रुचियों और क्षमताओं को अभिव्यक्त करने का अवसर प्रदान करती हैं।

12. व्यक्तिगत विभिन्नताओं का विकास—विद्यालयों को बालकों की व्यक्तिगत विभिन्नताओं का अध्ययन करके उनके अनुरूप शिक्षा की व्यवस्था करनी चाहिए। ऐसा करके वह बालकों की विभिन्न योग्यताओं का विकास करने में सफलता प्राप्त कर सकता है।

13. पुस्तकालय एवं वाचनालय—विद्यालय में सभी प्रकार की बालोपयोगी पुस्तकों से सुसज्जित अच्छा पुस्तकालय एवं वाचनालय होना चाहिए जिससे बालक अवकाश का सदुपयोग कर सकें। साथ ही बालकों में अच्छी आदतों का निर्माण होगा और उनकी रुचि परिष्कृत होगी।

14. उपचारात्मक व व्यावसायिक कक्षाएँ—विद्यालयों द्वारा बाल-अपराध का निवारण करने के लिए एक नई विधि के प्रयोग का सुझाव देते हुए मेडिनस एवं जॉनसन ने लिखा है—''उपचारात्मक शिक्षा की कक्षाएँ और कुछ व्यावसायिक कक्षाएँ लाभप्रद सिद्धहो सकती हैं।

15. पाठ्य-सहगामी क्रियाओं की व्यवस्था—बालकों में सामाजिक बन्धनों का विकास करने के लिए विद्यालय में पाठ्यक्रम-सहगामी क्रियाओं की उत्तम व्यवस्था होनी चाहिए। एलिस का मत है—''बाल-अपराधियों को पाठ्यक्रम-सहगामी क्रियाओं में सम्मिलित करने का विशेष प्रयास किया जाना चाहिए, क्योंकि इनसे उत्तम सामाजिक सम्बन्धों की स्थापना होती है।''

16. अनुत्तीर्ण होने की समस्या का समाधान—परीक्षा में अनुत्तीर्ण होने के कारण कुछ छात्र, बाल-अपराधी बन जाते हैं। अत: एलिस का सुझाव है—''यदि हम असफलता की समस्या का समाधान करना चाहते हैं, तो हमें छात्रों का वर्गीकरण करना चाहिए और पाठ्यक्रम एवं शिक्षण-विधियों में इस प्रकार सुधार करना चाहिये कि छात्र जो कुछ भी करें, उसमें सफल हों।''

17. वाँछनीय सामाजिक दृष्टिकोणों का विकास—एलिस का मत है—''बाल-अपराध का मुख्य कारण अवांछनीय सामाजिक दृष्टिकोणों का विकास है। विद्यालय, सामाजिक दृष्टिकोणों के प्रति अधिक ध्यान देकर और विद्यालय से बाहर उपयुक्त क्रियाओं का आयोजन करके इस दिशा में बहुत कुछ कर सकते हैं।''

18. अध्यापक-अभिभावक परिषद्—बाल-अपराध को रोकने के लिए अध्यापक-अभिभावक परिषद् की स्थापना करना परम आवश्यक है तभी शिक्षक बालकों के माता-पिता को अच्छे-अच्छे सुझाव दे सकते हैं एवं बालक के माता-पिता शिक्षक को बालक के गृह जीवन की बातें बता सकते हैं तथा बालकों की समस्याओं पर विचार कर सकते हैं।

19. यौन-शिक्षा—प्राय: किशोरावस्था में किशोर एवं किशोरियाँ यौन-अपराध करने लगते हैं। अत: इनकी रोकथाम के लिए, उन्हें यौन-शिक्षा प्रदान करनी चाहिए, क्योंकि इससे उनकी काम-प्रवृत्ति का शोधन होता है तथा स्वस्थ भावना का विकास होता है।

20. धार्मिक एवं नैतिक शिक्षा—बालकों में उच्च चरित्र, आदर्श नैतिकता तथा सन्तुलित सामाजिक, मानसिक व शारीरिक विकास करने के लिए धार्मिक एवं नैतिक शिक्षा प्रदान करनी चाहिए, क्योंकि इससे उनके चरित्र का निर्माण होता है, परिणामस्वरूप वे अपराध नहीं करते हैं।

21. मूल प्रवृत्तियों एवं संवेगों का शोधन—मूल प्रवृत्यात्मक एवं संवेगात्मक व्यवहार पशुवत् होता है, फलस्वरूप शिक्षकों का कर्त्तव्य है कि वे बालकों की मूल-प्रवृत्तियों एवं संवेगों का शोधन एवं मार्गान्तीकरण करें।

22. अनुवर्तन अध्ययन—जो बालक विद्यालय जीवन में अपराध करते हैं, उनकी शिक्षा समाप्त होने के उपरान्त भी यदा-कदा देखभाल करते रहना चाहिए।

23. कला एवं साहित्य का ज्ञान—बालकों की पाशविक मूल-प्रवृत्तियों का शोधन करने के लिए एवं उनमें अच्छे गुण उत्पन्न करने के लिए उन्हें कलात्मक एवं साहित्यिक ज्ञान देना चाहिए।

24. चरित्र लेखा—शिक्षकों को चाहिए कि वे समस्त बालकों के चरित्र का लेखा रखें ताकि बालकों के चरित्र का ध्यान रख सकें एवं उनकी आपराधिक प्रवृत्तियों को दूर किया जा सके।

25. अच्छी नागरिकता की शिक्षा—वर्तमान जनतान्त्रिक युग में बालकों को अच्छी नागरिकता की शिक्षा देनी चाहिए। इससे बालक अपने अधिकारों एवं कर्त्तव्यों के प्रति जानकारी प्राप्त कर सकेंगे तथा उनमें देश व समाज के प्रति नागरिकता की भावना उत्पन्न होगी।

26. अच्छे व योग्य शिक्षकों की व्यवस्था करनी चाहिए। सामान्यतः विद्यालय के शिक्षकों को निम्न तथ्यों की ओर ध्यान रखना चाहिए—

(a) बालकों को पर्याप्त स्नेह तथा प्यार दिया जाना चाहिए।

(b) वे अपना मानसिक स्वास्थ्य ठीक रखें।

(c) वे अपराधपूर्ण कार्यों से घृणा करें किन्तु अपराधी बालकों से नहीं।

(d) बालकों को समझने की चेष्टा करें तथा उनके सुधार हेतु आवश्यक उपाय करें।

(e) उनको बालकों का मित्र, सहायक एवं पथ-प्रदर्शक होना चाहिए।

(f) अपव्यय एवं अवरोधन को रोकने के प्रयास करने चाहिए।

(g) कक्षा में उनका व्यवहार अच्छा हो तथा वे बालकों की रुचि, योग्यता व क्षमता के आधार पर उपयुक्त शिक्षण-विधियों को ध्यान में रखकर पढ़ाएँ।

(h) उनको बालकों की समस्याओं का समाधान करने के लिए सदैव तत्पर रहना चाहिए।

बालापराध के प्रकार

(Kinds of Delinquency)

बाल-अपराधों को निम्नलिखित दो श्रेणियों में विभाजित किया जा सकता है—

1. चुनौती की अभिव्यक्ति—इस प्रकार के कार्य वे हैं जो दूसरे व्यक्ति के सामने कठिन समस्या उत्पन्न कर देते हैं; जैसे—जेब काटना, चोरी करना, झूठ बोलना, लड़ाई-झगड़ा करना, तोड़-फोड़ करना, पीड़ा देना, आवारागर्दी करना, झूठी शेखी बघारना, धूम्रपान करना इत्यादि।

2. यौन-अपराध—अल्प आयु में समलिंगीय या विषमलिंगीय सदस्यों के साथ यौन-सम्बन्ध स्थापित करना यौन-अपराध कहलाता है। ये तीन प्रकार के होते हैं; यथा—

(i) विषमलिंगीय अपराध—लड़कों के लड़कियों के साथ तथा लड़कियों के लड़कों के साथ यौन-सम्बन्ध विषमलिंगीय यौन-सम्बन्ध कहलाते हैं। ये अपराध पुनः चार प्रकार के होते हैं—

(a) इच्छा रखने वाले समान आयु के विषमलिंगीय सदस्य के साथ।

(b) इच्छा न रखने वाले समान आयु के विषमलिंगीय सदस्य के साथ।

(c) इच्छा रखने वाले असमान आयु के विषमलिंगीय सदस्य के साथ।

(d) इच्छा न रखने वाले असमान आयु के विषमलिंगीय सदस्य के साथ।

(ii) विप्रयास—इसके अन्तर्गत निम्नलिखित यौन-अपराधों को सम्मिलित करते हैं—

(a) समलिंगीय यौन-अपराध,

(b) हस्तमैथुन,

(c) अश्लील इशारे, प्रदर्शन या नंगापन,

(d) अश्लील साहित्य, वार्तालाप या चित्रादि देखना,

(e) धक्के देना, नोंचना, चुटकी लेना या अन्य प्रकार से परेशान करना।

(iii) अप्राकृतिक मैथुन—इसके अन्तर्गत पशु इत्यादि के साथ यौन सम्बन्ध स्थापित करना आता है।

बाल-अपराध का निवारण या रोकथाम

(Prevention of Delinquency)

बाल-अपराध की रोकथाम एवं निवारण के लिए परिवार, विद्यालय, समाज एवं राज्य, इन सबको मिलकर कार्य करना होगा। इनकी रोकथाम के लिए सबका मिलकर एक दिशा में प्रयत्न करने होंगे।

परिवार एवं अभिभावकों द्वारा किए जाने वाले कार्य

1. घर में उचित वातावरण का बनाना—अभिभावकों को चाहिए कि वे घर में इस प्रकार का वातावरण बनाएँ जिससे बालकों में दूषित मनोवृत्ति न बनने पाए। परिवार का वातावरण उसके सदस्यों के पारस्परिक सहयोग, समायोजन और सहानुभूति का आदर्श प्रतीक होना चाहिए। परिवार के सदस्यों को आपस में बालक के सामने लड़ना-झगड़ना नहीं चाहिए। बालक के व्यवहार पर परिवार का सबसे अधिक प्रभाव पड़ता है इसलिए एक उचित आदर्शमय घर का वातावरण बाल-अपराध को रोकने का महत्त्वपूर्ण अंग है।

2. बालकों के प्रति उचित व्यवहार को अपनाना—अभिभावकों को न तो अधिक लाड़-प्यार और न कठोर व्यवहार ही बालकों के साथ करना चाहिए। उन्हें बालकों के साथ सहानुभूतिपूर्ण व्यवहार करना चाहिए। उनकी समस्याओं का उचित हल प्रदान करना चाहिए। बालक यह समझने लगें कि उन्हें कोई भी कठिनाई होगी तो माता-पिता उसे दूर करने में तत्पर रहेंगे और जो निर्देश वे देंगे, वे उचित ही होंगे।

3. बालकों की बुरी आदतों के प्रति उचित दृष्टिकोण रखना—बुरी आदतें शिशु में जन्म से नहीं होती हैं। माता-पिता का कहना न मानना एवं झगड़ालूपन उसमें जन्मजात नहीं होते हैं। इस प्रकार का व्यवहार तो बालक वातावरण के कारण अपना लेता है। बालक की रुचि, आदतें, व्यवहार आदि तो उसके माता-पिता के व्यवहार पर निर्भर होते हैं। अतएव माता-पिता को चाहिए कि वे बालक की बुरी आदतों के प्रति उचित दृष्टिकोण रखें। उन्हें इस बात पर विचार करना चाहिए कि बालक के दूषित व्यवहार का या अनुचित आदतों का कारण क्या है ? बहुधा अभिभावक ऐसा नहीं करते हैं और बालक को मारपीट कर सुधारना चाहते हैं। ऐसा करने से बालकों में भावना-ग्रन्थियाँ बन जाती हैं और वह असामाजिक व्यवहार की ओर अग्रसर हो जाता है। माता-पिता को बालकों के साथ व्यवहार में अपना धैर्य कभी नहीं खोना चाहिए और सहानुभूतिपूर्ण ढंग

से चेष्टा करनी चाहिए कि बुरी आदतों को दूर करें।

4. वृद्धिपर नियन्त्रण—यदि किसी परिवार में बालकों की संख्या अधिक है तो माता-पिता बालकों पर उचित नियन्त्रण नहीं रख पाते हैं। इसके अतिरिक्त यदि उनकी आय सीमित है तो वे बालकों की आवश्यकताओं की पूर्ति नहीं कर पाते हैं। बालक ऐसे परिवार में असुरक्षा की भावना को अपना लेते हैं। छोटा परिवार सुखी परिवार होता है, क्योंकि ऐसे परिवार के सदस्यों में एक-दूसरे के प्रति आत्मीयता और निकटता की भावना होती है। अत: उसमें बाल-अपराध का जन्म होना कठिन होता है, यह अत्यन्त आवश्यक है कि परिवार की वृद्धिपर नियन्त्रण रखा जाए। इसके लिए अभिभावकों को परिवार नियोजन की विधियों से परिचित होना चाहिए।

5. बालकों का निर्देशन—कोई भी पुरुष पिता या कोई भी स्त्री माता बनने योग्य नहीं है, जब तक कि उसे बाल-निर्देशन तथा बाल-पोषण की उचित विधियों का ज्ञान नहीं है। अशिक्षित माता-पिता बालकों में अच्छे आचरण और अच्छी आदतों का निर्माण नहीं कर सकते। माता-पिता को शिक्षित होने के साथ-साथ पढ़ने की आदत भी डालनी चाहिए, क्योंकि वे ही बालक के प्रथम शिक्षक होते हैं। बालक, ज्ञान और समझदारी की कमी के कारण बाल-अपराध की ओर अग्रसर होते हैं। अत: उनके माता-पिता को शिक्षा, चित्रों, मनोरंजन आदि के सम्बन्ध में उनका पग-पग पर निर्देशन करना चाहिए। इस प्रकार निर्देशन प्राप्त करने वाले बालकों से बाल-अपराध की आशा नहीं की जाती है।

6. बालकों का निरीक्षण—माता-पिता को अपने बालकों के मध्य में प्रतिदिन कुछ समय व्यतीत करके उनकी गतिविधियों का निरीक्षण करना चाहिये और आवश्यकता पड़ने पर उनको परामर्श भी देना चाहिए। ऐसे माता-पिता की सन्तान कुमार्ग पर नहीं चलती है।

7. बालकों के अध्ययन की व्यवस्था—परिवार में बालकों के अध्ययन की उचित व्यवस्था होनी चाहिए। इस उद्देश्य से उनके लिए कोई शान्त और एकान्त तथा सुरक्षित स्थान होना चाहिए। ऐसे स्थान में अध्ययन करके उनके मस्तिष्क का क्रमिक विकास होता चला जाएगा, जो उनको बाल-अपराध की हानियों से अवगत करायेगा।

8. बालकों की आवश्यकताओं की पूर्ति—माता-पिता को बालकों की सभी उचित आवश्यकताओं की पूर्ति करनी चाहिये। ऐसा न करने से बालक इनकी पूर्ति के लिए अनुचित उपायों का प्रयोग करके बाल-अपराध के दोषी बन जाते हैं।

9. बालकों को बहुत अधिक जेब खर्च नहीं देना चाहिए—बालकों को अपने दैनिक व्यय के लिए कुछ धन की आवश्यकता होना स्वाभाविक है। माता-पिता को अपनी आय को ध्यान में रखकर उनको दैनिक व्यय के लिए कुछ धन अवश्य देना

चाहिये परन्तु जेब खर्च बहुत अधिक दिया जायेगा तो बालक में बुरी आदतों तथा लतों के पड़ने की सम्भावना रहती है। वह अधिक चलचित्र देखने लगेगा, धूम्रपान करने लगेगा और इसी प्रकार की अन्य दूषित आदतों को अपना लेगा और अपराधी बन जाएगा।

10. अभिभावकों को चाहिए कि बालक के प्रति अत्यधिक सुरक्षा न दिखाएँ—यदि बालकों को अत्यधिक सुरक्षा मिलती है तो वे स्वयं सीखने-समझने में बेकार हो जाते हैं और अपने बुरे मित्रों द्वारा दिए गए प्रलोभनों में शीघ्र फँस जाते हैं।

11. अभिभावकों को बालक के बुरे मित्रों पर भी निगरानी रखनी चाहिए—उन्हें चाहिए कि बालक के मित्रों को घर बुलायें तथा उनकी आदतों आदि के सम्बन्ध में जानकारी प्राप्त करें। यदि मित्र अच्छे प्रतीत नहीं होते हैं तो बालक को समझा कर उनका साथ छोड़ने के लिए कहना चाहिए।

12. बालकों में अच्छी आदतों का निर्माण—माता-पिता को बालकों में अच्छी आदतों का निर्माण करना चाहिये। ऐसी आदतों वाले बालक अनुचित कार्य करके अपराधी कहे जाने से घृणा करते हैं।

13. बालकों में आत्म-निर्भरता का विकास—माता-पिता को बालकों में आत्म-निर्भरता के गुण का अधिक से अधिक विकास करना चाहिये। इस गुण वाले बालक अपनी आवश्यकताओं को स्वयं कार्य करके पूर्ण करने का प्रयास करते हैं और अनुचित उपायों को नहीं अपनाते हैं।

इन सबके अतिरिक्त बालक के अस्तित्व व सुझावों को स्वीकार किया जाए। बालकों के व्यक्तित्व को पूर्ण सम्मान दिया जाए एवं परिवार को पारस्परिक क्लेश तथा संघर्ष से दूर रखना चाहिए। इस प्रकार बालक के माता-पिता चाहे कितने ही व्यस्त हों, उन्हें बालकों की शिक्षा की ओर ध्यान देना चाहिए।

▣▣▣

11

जनसंख्या एक विकराल समस्या

प्रत्येक देश में, चाहे वह आकार में छोटा हो या बड़ा, वहाँ की जनसंख्या को अपने वातावरण के संसाधनों के साथ समायोजन करना होता है। जितनी अधिक मात्रा में समायोजन होगा, उतनी ही मात्रा में सुख-समृद्धि होगी। इसका अभिप्राय यह नहीं समझ लेना चाहिए कि प्रत्येक प्रदेश अपना अपना पृथक् संसार बना ले, और वह दूसरे प्रदेशों से कोई व्यापार आदि न करे। इसका अभिप्राय यह है कि प्रदेश की जनसंख्या वहाँ के भौतिक संसाधनों का अधिकतिम विकास करने का प्रयास करे, जो सामग्री उस प्रदेश में अतिरिक्त मात्रा में उत्पादित हो, उसको दूसरे प्रदेशों की माँग-पूर्ति को भेज दे, और जिस सामग्री का वहाँ कम उत्पादन है उसे दूसरे अधिक उत्पादक प्रदेशों से मँगा ले। हाँ, इतनी बात अवश्य है कि जहाँ तक सम्भव हो, प्रदेश को अपने उत्पादन में आत्म-निर्भर होना चाहिये, ताकि अपातृकाल में भी वह अपना स्वायत्त बनाए रहे। कम से कम, अपनी खाद्य-सामग्री के उत्पादन में प्रत्येक देश को ही आत्मनिर्भर होने का प्रयत्न करना चाहिये। इसका एक उदाहरण ग्रेट ब्रिटेन है, जिसमें केवल 5 प्रतिशत जनता कृषि करती है। ब्रिटेन को द्वितीय महायुद्ध के समय विदेशों से खाद्य-सामग्री के आयात में बडी कठिनाइयाँ आई और ब्रिटेन ने अपने राष्ट्र की कृषि को पुनः विकसित किया। अब यह देश भोजन उत्पादन में बहुत कुछ आत्मनिर्भर

हो गया है। भोजन के अलावा जीवन की अन्य आवश्यकताओं के उत्पादन में भी जनसंख्या को अपने प्रदेश के साथ अधिकाधिक समायोजन करना चाहिये।

यदि प्रदेश और जनसंख्या का समायोजन नहीं होता है, संसाधनों की तुलना में जनसंख्या अति अल्प या अधिक होती है, तो उसका प्रभाव जनता के जीवन-स्तर पर पड़ता है। अत्यधिक जनसंख्या होने पर या तो मनुष्यों को स्वेच्छा से निवारक प्रतिबन्धों का प्रयोग करना पड़ता है, वरन् प्राकृतिक प्रतिबन्ध क्रियाशील हो जाते हैं।

जनसंख्या-वृद्धि की दर को समझना

जनसंख्या की वृद्धि की नाप कई प्रकार से की जाती है, उदाहरणार्थ—

1. प्रतिशत के आँकड़ों द्वारा,
2. वक्र-रेखा के द्वारा,
3. ब्लॉक डायग्राम द्वारा।

आगे दिये अंकों से विश्व की विभिन्न शताब्दियों तथा दशाब्दियों में जनसंख्या की वृद्धि, प्रतिशत अंकों में मालूम होती है।

पार्श्व के वक्रग्राफ द्वारा संसार की जनसंख्या की वृद्धि 1650 से 1980 तक तो जनगणना के आधार पर प्रदर्शित की गई है, और 1980 के बाद में भविष्य के लिये अनुमानित दिखलाई गई है।

1. सत्रहवीं और अठारहवीं शताब्दियों में (1750 से 1650 तक) जनसंख्या मन्द गति से बढी।

2. अठारहवीं शती के मध्य (1750) से उन्नीसवीं शती के मध्य (1850) तक जनसंख्या की वृद्धि मध्यम गति से थी।

3. उन्नीसवीं शती के मध्य (1850) के बाद जनसंख्या तीव्र गति से बढ़ रही है।

विभिन्न महाद्वीपों में जनसंख्या की प्रवृत्ति की तुलना

(Comparison betwen the Trend of Population)

आगे दिये गये वक्रों से विदित होता है कि संसार के सभी महाद्वीपों में जनसंख्या की वृद्धि होती रही है, परन्तु किसी महाद्वीप में जनसंख्या बहुत तीव्र गति से बढी है और किसी में धीमी गति से। जनसंख्या वृद्धि की मुख्य विभिन्नतायें निम्न प्रक़ार हैं।

1. 1650 से 1750 तक एशिया और यूरोप में साधारण वृद्धि हुई थी, और अफ्रीका में जनसंख्या घट गई थी। तब तक उत्तर तथा दक्षिणी अमेरिका में बहुत अल्प जनसंख्या थी।

2. 1750 से 1900 तक सभी महाद्वीपों में वृद्धि हुई, परन्तु अधिक वृद्धि एशिया, यूरोप और उत्तरी अमेरिका में हुई थी।

3. 1900 के पश्चात् 20वीं शताब्दी में जनसंख्या वृद्धि की दर बहुत तीव्र गति से बढी है। सबसे अधिक वृद्धि उत्तरी अमेरिका और एशिया में हुई है। पिछले 80 वर्षों में एशिया की जनसंख्या दो गुनी हो गई है और उत्तरी अमेरिका की लगभग 4 गुनी हो गई है। यूरोप में जनवृद्धि कम होने लगी है।

रेखाचित्र से यह भी विदित है कि जनसंख्या वृद्धि पिछले सह महाद्वीपों में एक सी नहीं है। समस्त संसार की जनसंख्या तीन शताब्दियों में लगभग 7 गुनी हो गई है। एशिया और यूरोप में तीन शताब्दी पूर्व भी संसार की लगभग 3/4 जनसंख्या रहती थी, और अब भी संसार की लगभग 3/4 है। परन्तु उत्तरी और दक्षिणी अमेरिका में अब बहुत अधिक वृद्धि हुई है। उत्तरी अमेरिका में तीन शताब्दियों में, जनसंख्या बढकर 364 गुनी हो गई है। दक्षिणी अमेरिका में 14 गुनी हो गई है, सबसे कम वृद्धि अफ्रीका में हुई है, जो केवल तीन गुनी है।

जनसंख्या वृद्धि की भिन्न दरें (Differential Rates of Increase)

पिछली तीन शताब्दियों में संसार की जनसंख्या गुनी से भी अधिक बढ़ गई है। एशिया और यूरोप की जनसंख्या भी लगभग सात गुनी हो गई है। एशिया और यूरोपपूर्व काल से ही अधिक आबादी वाले क्षेत्र रहे हैं। यूरेशिा में तीन शताब्दी पूर्व समस्त संसार की 3/4 जनसंख्या रहती थी, और अब भी संसार की 3/4 के लगभग है। एशिया और यूरोप में जनसंख्या तो इससे भी अधिक बढ़ती रही है परन्तु यहाँ से बाहरी देशों को भी प्रवास होता रहा है।

सबसे अधिक वृद्धि उत्तरी अमेरिका और दक्षिणी अमेरिका में हुई है, और सबसे कम अफ्रीका में हुई है—

एशिया 7 गुनी वृद्धि, यूरोप 8 गुनी वृद्धि, दक्षिणी अमेरिका 21 गुनि वृद्धि, उत्तरी अमेरिका 364 गुनी वृद्धि, अफ्रीका 3.6 गुनी वृद्धि।

जनसंख्या की वृद्धि उस प्रदेश कडी जन्म-दर और मृत्यु-दर पर निर्भर करती है। औद्योगिक क्रान्ति के बाद मृत्यु-दर घट गई, क्योंकि भोजन की पूर्ति अधिक नियमित हो गई, खेती के तरीकों में सुधार हुआ, परिवहन ने उन्नति की, जिसके फलस्वरूप

व्यापार और छोटे उद्योग भी बढ़े। महासागरीय परिवनह का प्रसार होने पर पक्के माल का विदेशों से निर्यात और भोजन सामग्री का आयात होने लगा। स्वास्थ्य विज्ञान और चिकित्सा की उन्नति से मृत्यु-दर और भी अधिक घट गई। यूरोप में जन्म-दर अब घट गई है, इस कारण वहाँ की जनसंख्या अब बहुत कम बढ़ रही है।

1. तीव्र वृद्धि, जैसे—भारतया संयुक्त राज्य में। पिछले 200 वर्षों में संयुक्त राज्य की जनसंख्या 200 गुनी हो गई है।

2. सामान्य वृद्धि, जैसे जापान में। अब इसकी जन्मदर घटने लगी।

3. मन्दवृद्धि, जैसे ब्रिटेन में। इसमें कभी-कभी जनसंख्या का ह्रास भी हो जाता है, जैसे—फ्रांस में। पृष्ठ 428 पर दिये गये रेखाचित्र में ब्रिटेन, जापान और संयुक्त राज्य तीनों का जनसंख्या-वृद्धि वक्र फ्रांस के वक्र को पार कर गया है।

जनसंख्या का घनत्व

(Density of Population)

किसी प्रदेश में निवास करने वाले मनुष्यों की संख्या और उस प्रदेश के क्षेत्रफल के पारस्परिक अनुपात से जनसंख्या का घनत्व मालूम होता है। यह घनत्व उस प्रदेश की उन्नति और भावी विकास के अनुमान लगाने में मुख्य आधार होता है। प्रत्येक देश के प्राकृतिक संसाधनों की एक सीमित मात्रा मालूम होती है, जैसे कि थल का क्षेत्रफल, वहाँ की मिट्टियाँ, खनिज पदार्थ, जलीय संसाधनर, वन सम्पदा आदि की मात्रा सीमित होती है। उस प्रदेश के इन संसाधनों को कितने मनुष्य प्रयोग करते हैं, अर्थात् कितनी जनसंख्या अपने जीवन-निर्वाह के लिये उन संसाधनों पर आधारित है, यह बात जनसंख्या के रहन-सहन के स्तर को तथा उसकी आर्थिक और सांस्कृतिक विकास की सीमा को निर्धारित करती है। इसलिए प्रत्येक देश की आर्थिक उन्नति तथा सामाजिक और सांस्कृतिक उन्नति की योजना बनाने के लिये, उस प्रदेश की जनसंख्य की सघनता का जानना परमावश्यक है।

जनसंख्या घनत्व के पाँच भेद हैं

1. गणितीय घनत्व, जिसमें मानव-थल-अनुपात का विचार किया जाता है, (जनसंख्या-कुल क्षेत्रफल)

2. आर्थिक घनत्व, जिसमें उस प्रदेश के संसाधनों की उत्पादन क्षमता और उस प्रदेश में निवास करने वाले मनुष्यों की संख्या का विचार किया जाता है, (जनसंख्या-संसाधन)।

3. कार्यिक घनत्व या कृषि क्षेत्रीय घनत्व, जिसमें उस प्रदेश की खेती की जाने वाली भूमि और निवास करने वाले मनुष्यों की समस्त जनसंख्या का विचार किया जाता है। (जनसंख्या-कृषि भूमि क्षेत्रफल)।

4. कृषि घनत्व, जिसमें कृषि की जाने वाली भूमि के क्षेत्रफल और उनमें निवास करने वाली कृषक जनता का विचार किया जाता है। यह बात ध्यान देने की है, कि इसमें प्रदेश को समस्त जनसंख्या का नहीं वरन् केवल कृषि में लगी हुई जनसंख्या का विचार किया जाता है, (कृषक जनसंख्या-कृषि भूमि क्षेत्रफल)।

5. पोषण घनत्व, जिसमें खेती की भोज्य-फसलों के क्षेत्रफल का और उ प्रदेश क समस्त जनसंख्या का विचार किया जाता है, (जनसंख्या-भोज्य-फसलों का क्षेत्रफल)।

प्रत्येक प्रकार के जनसंख्य घनत्व का उपयोग अलग-अलग उद्देशें की पूर्ति के लिये किया जाता है, साधारणतः गणितीय घनत्व से ही आर्थिक घनत्व का भी कुछ अनुमान लगा लिया जाता है, परन्तु ऐसा कानून भूल है। क्योंकि टुण्ड्रा, सहारा मरुस्थल और ऊँचे पर्वतों में जनसंख्या का पालन-पोषण करने की क्षमता बहुत कम होती है, इसलिये मरुभूमि के एक वर्ग किलोमीटर क्षेत्र में 20 मनुष्यों को भी जीवन-निर्वाह करना कठिन हो जाता है, जबकि गंगा डेल्टा अथवा यांगट्सी डेल्टा में एकवर्ग किलोमीटर क्षेत्र पर 400 से भी अधिक मनुष्य अपना निर्वाह करते हैं।

घनत्व प्रदेर्शन के लिये विभिन्न प्रकार के घनत्व मानचित्र बनाये जाते हैं।

जनसंख्या प्रकीर्णन
(Dispersion of Population)

कुछ क्षेत्रों की सघनता अत्यधिक बढ़ जाती है और उन अति सघन क्षेत्रों से जनसंख्या बाहर की ओर फैलने लगती है। जनसंख्या प्रसार के फलस्वरूप सघन-केन्द्र से बाहर को जनसंख्य का फैलाव बढ़ता रहता है। केन्द्र के समीपवर्ती भागों मं घनत्व ज्यादा होता है, और बाहर की ओर को घनत्व कम होता जाता है। सघन केन्द्र से बाहर की ओर को जनसंख्या के बिखरने को प्रकीर्णन कहते हैं।

1. जनसंख्या के प्रकीर्णन को नापने की सांख्यिकीय विधियाँ होती हैं। इसकी एक विधि मानक-दूरी-विचलन विधि है। मानक-दूरी-विचलन को ज्ञात करने के लिये माध्य केन्द्र को कुल जनसंख्या से भाग देकर भजनफल का वर्गमूल निकाल लेते हैं। इस प्रकार

2. समुच्च-दूरी-विचलन की सममान रेखायें अपनी आकृति में माध्य केन्द्र के चारों ओर समकेन्द्रीय वृत्त होती है।

3. माध्य-दूरी-विचलन मालूम करने के लिये प्रथम आघूर्ण को प्रयोग करते हैं, और ‘यहसमुच्च यात्रा-दूरी की समरेखाओं के द्वारा प्रदर्शित किया जाता है।

किसी जनसंख्या केन्द्र से लोगों की निकटता की माप को उस केन्द्र का अभिगम्यता विभव कहते हैं। इससे सामान्य अभिगम्यता अर्थात् पहुँचने की क्षमता का और लोगों के दूरी तक प्रभाव का ज्ञान होता है। जितनी-जितनी केन्द्र से दूरी बढती जाती है, उतनी ही अभिगम्यता और प्रभाव कम होते जाते हैं।

किसी दिए गए बिन्दु का विभव उस बिन्दु के समस्त व्यक्तियों की दूरियों के व्युत्क्रमों का योग,

जनसंख्या-विभव

(Population Potential)

मनुष्य की, अर्थात् जनता की, वह सम्भव संख्या, जो किसी क्षेत्र या प्रदेश में रहकर उस प्रदेश में प्राप्त हो सकने वाले संसाधनों का उपयोग करते हुए, एक समुचित स्टेण्डर्ड के स्तर का जीवन-निर्वाह कर सकती है, उस प्रदेश का जनसंख्या-विभव कहलाती है।

इस विभव से उस प्रदेश की ‘भरण-पोषण’ कर सकने की क्षमता का अनुमान हो सकता है, साथ ही किसी विशेष क्षेत्र पर या किसी विशेष केन्द्र पर, कितनी-कितनी दूरी तक की कितनी जनसंख्या आर्थिक पक्ष में आश्रित है, इस बात का भी अनुपात या ज्ञान हो जाता है।

भूगोल में जनसंख्या-विभव की संकल्पना अधिक उपयोगी है। इतनी अधिक समुच्चय-यात्रा-दूरी की संकल्पना नहीं होती। इस जनसंख्या-विभव के द्वारा सामाजिक और आर्थिक घटनाओं की भौगोलिक विभिन्नताओं की सूचना मिल जाती है, जैसे ग्रामण-जनसंख्या-घनत्व की या कृषि-भूमि के मूल्यों की। प्रतिवर्ग किलोमीटर क्षेत्र में रेल-मार्ग की दूरी किलोमीटरों या सड़क-मार्ग घनत्व, निर्माण-उद्योग में श्रमिकों के घनत्व आदि की सूचना, इस विभव से मिल जाती है। उदाहरणार्थ, जितना विभव का वर्ग होगा, उसी के अनुपात में श्रमिक जनसंख्या का घनत्व होगा।

जनसंख्या का प्रवास या स्थानान्तरण

(Migration of Population)

पृथ्वी के विभिन्न भागों में एक प्रदेश से दूसरे को मानव-वर्गों का प्रवास होता रहात है, इसे हम जनसंख्या का स्थानान्तरण भी कहे हैं। प्रवास के दो भेद हैं—

1. उत्प्रवास, जिसके द्वारा एक स्थान के मनुष्य बाहर दूसरे स्थान को जातें हैं, जैसे यूरोप के मुख्य उत्तरी अमेरिका, दक्षिणी अमेरिका, आस्ट्रेलिया आदि को गये थे।

2. आप्रवास, जिसके द्वारा बाहरी स्थानों के मनुष्य किसी प्रदेश या स्थान के अन्दर आते हैं। उदाहरण के लिये, उत्तरी अमेरिका में ब्रिटेन, जर्मनी, इटली, फ्रांस आदि देशों से मनुष्यों का आप्रवास होता रहा है।

प्रवास के पक्ष (Aspects of Migration)

प्रत्येक जनसंख्या प्रवास के 5 पक्ष होते हैं, जिसमें विभिन्न दृष्टिकोणों से किसी प्रवास पर विचार किया जाता है—

(i) देश पक्ष, (ii) काल पक्ष, (iii) कारण पक्ष, (iv) संख्या पक्ष, (v) स्थिरता पक्ष।

किस प्रदेश के मानव वर्गों का प्रवास हुआ है, किस-किस समय में और किन कारणों से हुआ है, कितनी संख्या में हुआ है, तथा वह प्रवास स्थायी निवास के लिए हुआ है या अल्पकालीन अस्थायी निवास के लिए हुआ है, इस प्रकार की सभी बातों का विचार प्रवास के अध्ययन में किया जाता है।

(I) देश पक्ष (Space aspect)

देश पक्ष में यह विचार किया जाता है कि जनसंख्या किस प्रदेश या क्षेत्र से कहाँ को प्रवास करती है। इस स्थान-पक्ष की दृष्टि से प्रवास के निम्नलिखित चार भेद होते हैं—

1. अन्तर्महाद्वीपीय प्रवास—इसमें एक महाद्वीप से दूसरे महाद्वीप को मानव प्रवास होता है। इस प्रकार के सबसे बड़े प्रवास सतरहवी शताब्दी से लेकर बीसवीं शताब्दी तक यूरोप के पश्चिमी देशों से उत्तरी अमेरिका, दक्षिणी अमेरिका, आस्ट्रेलिया और न्यूजीलैंड को हुये थे। यूरोप, जापान, चीन और भारत से स्थानान्तरण तीन शताब्दियों से हो रहे हैं।

2. अन्तर्राष्ट्रीय या अन्तर्देशीय प्रवास—इस प्रकार के प्रवास से एक ही महाद्वीप के अन्दर, एक देश के मनुष्य देसरे देश को चले जाते हैं। उदाहरण के लिये, चीन के लोग इण्डोनेशिया और वियतनाम में जाकर बस गये हैं। भारत और पाकिस्तान के बीच जो जनसंख्या प्रवास हुआ है, यह अन्तर्देशीय है।

3. अन्तर्प्रान्तीय या अन्तर्राज्यीय स्थानान्तरण—इसमें एक ही देश या राष्ट्र के एक प्रान्त से दूसरे प्रान्त को मानव-प्रवास होता है, जैसे कि पंजाब के बहुत से परिवार उत्तर प्रदेश में आकर बए गए हैं।

4. स्थानीय प्रवास—इसमें एक जिले से दूसरे जिले को या गाँव से नगर को प्रवास होते हैं। कहीं-कहीं एक गाँव के मनुष्य दूसरे गाँव में कृषि के लिए अधिक भूमि या अन्य सुविधा पाकर वहाँ जा बसते हैं। किसी बड़े नगर के समीपवर्ती गाँवों के बहुत से मनुष्य मजदूरी या नौकरी करने के लिए या तो उस नगर में जा बसते हैं, या प्रतिदिन वहाँ जाते रहते हैं।

काल पक्ष (Time aspect)

काल के विचार से प्रवास 3 प्रकार के होते हैं—

1. **दीर्घकालीन प्रवास**—दीर्घकालीन प्रवास दीर्घकाल के उपरान्त या शताब्दियों के उपरान्त होते हैं। इनका कोई निश्चित समय नहीं होता, वरन् ये आकस्मिक प्रकार के होते हैं। उदाहरण के लिए, स्पेन और पुर्तगाल से दक्षिणी अमेरिका के लिए, तथा ब्रिटेन, जर्मनी और फ्रांस से अमेरिका के लिए सतरहवीं, अठारहवीं और उन्नीसवी शताब्दियों में अनेक बार ऐतिहासिक प्रवास हुए थे।

2. **सामयिक या मौसमी प्रवास**—इस प्रकार के प्रवास में जनसंख्या का प्रवास किसी निश्चित समय के अन्दर होता रहता है, जैसे कनाडा और साइबेरिया के कृषक ग्रीष्म ऋतु में अपने प्रेयरीज या स्टेपीज के खेतों में फसल उगाने का काम करते हैं, और शीत ऋतु में शंकुधारी वनों में जाकर लकडी काटने या समूर वाले पशु पकड़ने के वन-उद्योगों में श्रमिकों का काम करने चले जाते हैं। बसन्त ऋतु आने पर वे वापिस अपने खेतों में लौट आते हैं।

हिमालय तथा आल्पस के अति उच्च प्रदेशों के निवासी शीतकाल में हिमपात आरम्भ होने से पूर्व ही, नवम्बर मास में अपने भेड-बकरियों-पशुओं और परिवारों को लेकर नीची कोष्ण घाटियों में आ जाते हैं। ग्रीष्म ऋतु में, मई में वे वापिस अपने ऊँचे पर्वतीय गाँवों को लौट पड़ते हैं और जून में वहाँ पहुँच जाते हैं।

3. दैनिक प्रवास—दैनिक प्रवास में श्रमिक लोग प्रतिदिन घर से बाहर कोई आर्थिक व्यवसाय करने, किसी समीपवर्ती नगर को प्रातःकाल जाते हैं, और शाम को वापिस लौट आते हैं। मजदूर लोग, जैरो बढई, लोहार, मकानों व अन्य इमारतों की चिनाई करने वाले, रंग-रोगन-पुताई करने वाले, ढुलाई-धुलाई-सफाई करने वाले, बाजारों, कारखानों, मिलों, फैक्ट्रियों, आदि में काम करने वाले श्रमिक प्रतिदिन प्रातःकाल को समीप के नगर में नौकरी करने जाते हैं और सायंकाल में अपने घर को लौट आते हैं।

कारण पक्ष (Cause aspect)

कारण पक्ष में जनसंख्या प्रवास के कारणों पर विचार किया जाता है। प्रत्येक मानव-प्रवास में दो प्रकार की शक्तियों का प्रभाव पड़ता है—

1. प्रवासकारी या उत्प्रवासी शक्तियाँ, जिनके कारण किसी प्रदेश की जनता बाहर को प्रवास करती है।

2. आवासकारी या आप्रवासी शक्तियाँ, जिनके कारण किसी प्रदेश के अन्दर को मानव-वर्गों का आवास होता है। अमेरिका में बिना बसे हुए भू-भागों की कृषि-योग्य भूमि ने पश्चिमी यूरोप के सघन प्रदेशों से मनुष्यों को आप्रवास के लिए आकर्षित किया था।

ऊपर बतलाई गई दोनों प्रकार की प्रवासी शक्तियों को उत्पन्न करने वाले कारण चार प्रकार के होते हैं—

1. भौतिक कारणों में सबसे अधिक व्यापक प्रभाव जलवायु का होता है। जलवायु के अतिरिक्त अन्य भोतिक कारकों में नदियों की बाढें, नदियों के मार्गों में परिवर्तन, अतिवृष्टि, अनावृष्टि, दुर्भिक्ष, भूकम्प, ज्वालामुखी के उद्गार, हिमराशिों का घटना-बढ़ना, मिट्टियों का अनुपजाऊ होना, समुद्र-तटों का ऊपर उठना या नीचे धँसना आदि है।

2. आर्थिक कारणों में सबसे मुख्य बात जीविका के साधनों की सुविधा है। जिन प्रदेशों में जीविका निर्वाह में कठिनाइयाँ आने लगती हैं, वहाँ से मनुष्य उन प्रदेशों को चले जाते हैं, जहाँ आर्थिक साधनों की सुलभता होती है। मुख्य आर्थिक कारण नीचे दिये हुए हैं—

(i) अत्यधिक सघनता और निवास के क्षेत्र में जीविका निर्वाह के साधनों की कमी।

(ii) बाहरी प्रदेश में कृषि उके लिए नई भूमि की प्राप्ति।

(iii) अधिक उपजाऊ भूमि के प्रदेश का आकर्षण।

(iv) सिंचाई की सुविधा।

(v) खनिज सम्पत्ति की उपलब्धि।

(vi) वन सम्पति की प्राप्ति।

(vii) यातायात की सुविधा।

(viii) औद्योगिक केन्द्रों द्वारा आकर्षण।

(ix) व्यापार करने की सुविधा।

(x) निर्माण कार्यों या विकास कार्यों में कोई व्यवसाय मिलने की सुविधा।

3. सामाजिक-सांस्कृतिक कारणों से जनसंख्या का स्थानान्तरण—(i) धार्मिक और सांस्कृतिक प्रचार के लिए बौद्ध, मुसलमान, ईसाई लोग विभिन्न देशों को जाते रहे हैं। धार्मिक युद्धों के कारण भी प्रवा सहोते हैं। प्रतिवर्ष धार्मिक यात्राएँ भी प्रत्येक धर्मावलम्बी करते हैं।

(ii) द्वितीय महायुद्ध के पश्चात् से संयुक्त राज्य अमेरिका, सोवियत संघ, जर्मनी और ब्रिटेन के योग्य लोग एशियाई तथा अफ्रीकी और दक्षिण अमेरिकी देशों की सामाजिक व्यवस्था और संस्कृति को समझने में रुचि लेने लगे हैं। इसलिए संयुक्त राज्य और सोवियत संघ के बहुत से मनुष्य यहाँ की आर्थिक और सांस्कृतिक प्रणालियों को समझने के लिये विभिन्न नगरों और शिक्षा संस्थाओं में रह रहे हैं। प्रतिवर्ष हजारों विद्यार्थी, वैज्ञानिक, अध्यापक, आदि इन देशों में इंजीनियरिंग, टैक्नोलोजी, विज्ञान, कृषि, यांत्रिकी आदि का अध्ययन करने के लिये जाते हैं। विदेशी वैज्ञानिक और प्रोफेसर भी अब बहुत से कॉलेजों, विश्वविद्यालयों और संस्थाओं में यहाँ शिक्षा दे रहे हैं।

(iii) पर्यटक, खिलाडी, कलाकार, संगीतज्ञ, नाट्यकार, संसद सदस्य, व्यापारी, आदि भी हजारों की संख्या में प्रतिवर्ष अमेरिका, सोवियत रूस, जर्मनी तथा अन्य देशों से भारत आते हैं और भारत से बाहरी देशों को जाते हैं।

4. राजनीतिक कारणों से जनसंख्या प्रवास मुख्यतः चार प्रकार की क्रियाओं द्वारा होता है—(i) आक्रमण, (ii) विजय, (iii) उप-निवेश, (iv) बलात् प्रवास या स्वतन्त्र प्रवास।

संख्या पक्ष (Number aspect)

प्रवास के संख्य पक्ष में इस बात का विचार किया जाता है कि किसी देश से बाहर जाने वाले प्रवासित या उत्प्रवासी जनता, और बाहरी देशों से आने वाली आप्रवासी जनता की संख्या कितनी होती है। यह संख्या समय-समय पर बढ़ती-घटती रहती है। बडी संख्या में प्रवास के प्रभाव अधिक व्यापक होते हैं। संख्या के विचार से प्रवास तीन प्रकार के होते हैं—

(i) बृहत् संख्या प्रवास, (ii) मध्यम संख्या प्रवास, और (iii) अल्पसंख्या प्रवास।

(V) स्थिरता पक्ष (Stability aspect)

कुछ प्रवास ऐसे होते हैं जिनमें प्रवासी जनता नये देशों में जाकर स्थाई प्रकार से बस जाती है। उत्तरी अमेरिका, दक्षिणी आस्ट्रेलिया, दक्षिणी अफ्रीका आदि में यूरोपीय जनता स्थाई प्रकार से बस गई है।

युद्ध और आक्रमण के द्वारा होने वाले प्रवास अल्पकालीन और स्थाई दोनों प्रकार के होते हैं। टुण्ड्रा मरुस्थलों और हिमाच्छादित पर्वतों में जो आखेटकों या पशुचारकों के मौसमी प्रवास प्रतिवर्ष होते हैं, वे भी अस्थाई होते हैं। औद्योगिक कारखानों में जो श्रमिकों के दैनिक प्रवास होते हैं, वे भी अस्थाई होते हैं।

प्राकृतिक संसाधनों पर जनसंख्या भार

जनसंख्या भार को समझने की कई विधियाँ हैं, जिनमें निम्न दो विधियाँ मुख्य हैं—

1. प्रति व्यक्ति कृषि भूमि द्वारा, तथा
2. कृषि फार्म के आकार द्वारा।

1. विभिन्न महाद्वीपों के प्रति-व्यक्ति कृषि और पशुपालन की भूमि—

2. फार्म का आकार एक सूचकांक—विभिन्न देशों में भूमि पर जनसंख्या का भार कितना है, इसको जानने का एक सूचकांक कृषि के पारिवारिक खेतों या फार्मों का आकार है। जब किसी नये प्रदेश में आकर जनसंख्य निवासप्रारम्भ करती है, तो प्रत्येक कृषक-परिवार के अधिकार में बड़े विस्तृत फार्म होते हैं। परन्तु जैसे-जैसे जनसंख्या बढती है और उस प्रदेश में निवास करने वाले परिवारों में वृद्धि होती जाती है, वैसे-वैसे प्रति कृषक-परिवार खेतों के फार्मों का आकार भी छोटा होता जाता है।

प्रति कृषक-परिवार में फार्मों का औसत आकार

भारत की अपेक्षा आस्ट्रेलिया में 277 गुना बड़े कृषि फार्म है। इन फार्मों के आकार से स्पष्टत: सिद्ध होता है कि नये देशों में, जैसे आस्ट्रेलिया, न्यूजीलैण्ड, कनाडा और संयुक्त राज्य अमेरिका में जनसंख्या का भार अभी बहुत कम है। इन देशों में चीन, जापान और भारत की बढ़ती हुई जनसंख्या को भोजन-वस्त्र दे सकने की क्षमता है। इन नये देशों से एशिया और यूरोप के देशों को भोजन सामग्री आयात होती है।

आदर्श या अनुकूलतम जनसंख्या

(Optimum Population)

किसी प्रदेश के वातावरण द्वारा प्रस्तुत किये गये संसाधनां और उस प्रदेश की जनसंख्या द्वारा उन संसाधनों के उपयोग में जितना अधिक सन्तुलन होगा, उतनी ही मात्रा में उस प्रदेश की जनसंख्या अधिक सुख-समृद्धि प्राप्त कर सकती है। इसके लिए न तो अति अल्पसंख्यक जनसंख्या होनी चाहिए और न अति बहुसंख्यक जनसंख्या होनी चाहिये। किसी प्रदेश की आदर्श जनसंख्या की गिनती भी, सांधनों के उपयोग की विधियों और विकास की दशा के बदलने के साथ-साथ बदलती रहती है। अतएव, आदर्श जनसंख्या या अनुकूलतम जनसंख्या वह है जिसके द्वारा अधिकतम मानव कल्याण हो सके।

कुछ अर्थशास्त्रियों ने अधिकतम मानव कल्याण के बजाय अधिकतम आर्थिक कल्याण शब्दों का प्रयोग किया है परन्तु इस पुस्तक के लेखक ने आर्थिक कल्याण को केवल सम्पूर्ण ध्येय न मानकर इसमें आर्थिक, सामाजिक सांस्कृतिक और राजनीतिक सभी प्रकार के कल्याण को सम्मिलित किया है, क्योंकि ऐसा देखने में आता है कि किसी प्रदेश या राष्ट्र की अल्प जनसंख्या अपने विज्ञान और शिक्षा के बल से अपने प्रदेश के साधनों का उपयोग करके पर्याप्त धन कमा सकती है, परन्तु यदि उसकी संख्या राजनीतिक पक्ष की दृष्टि में हीन है, तो कोई दूसरा बलशाली राष्ट्र या प्रदेश उस पर आक्रमण करके अपना आँधिपत्य जमा लेगा। इस प्रकार आर्थिक उन्नति के साथ-साथ सामाजिक और सांस्कृतिक उन्नति भी आवश्यक है।

डाक्टर ज्ञान चन्द्र ने भी केवल आर्थिक कल्याण ही नहीं वरन् सामाजिक कल्याण को भी इस अनुकूलतम के विचार में सम्मिलित किया था। उनका मत था कि ''जनसंख्या का प्रश्न केवल खाद्य की मात्रा के सम्बन्ध में संख्या या प्रति व्यक्ति आय का ही प्रश्न नहीं है, वरन् सामाजिक उद्देश्य से संख्या के आयोजन की समस्या

है। यह सामाजिक नीतिशास्त्र की समस्या है।'' जेम्स ने जनसंख्या के सम्बन्ध में आर्थिक, सामाजिक, राजनीतिक और सैनिक, इन सभी समस्याओं का अध्ययन करना आवश्यक बतलाया है।

अनुकूलतम जनसंख्या का विचार सर्वप्रथम सिजविक ने अर्थशास्त्रियों के समक्ष प्रस्तुत किया था, यद्यपि उसने अनुकूलतम शब्द का प्रयोग नहीं किया था। बाद में केनन ने इसे उचित शब्दों में प्रयोग किया था और डाल्टन, रॉबिन्स तथा कार सौंडर्स ने इसको व्याख्या की थी।

जनसंख्या में वृद्धि के दुष्परिणामों और इसे रोकने के उपायों पर, 18वीं शताब्दी में माल्थस ने अपना जनसंख्या-सिद्धान्त प्रकाशित किया था। उसका मत यह था कि यदि जनसंख्या वृद्धि को न रोका जाये, तो जनसंख्या ज्यामितिक अनुपात से बढती है, जबकि जीविका के साधन अंकगणित-अनुपात से बढ़ते हैं। इसका दुष्परिणाम दरिद्रता, अकाल, बीमारी, युद्ध, इत्यादि होते हैं। माल्थस के सिद्धान्त में संशोधन करके अर्थशास्त्रियों ने अनुकूलतम जनसंख्या का सिद्धान्त प्रस्तुत किया है।

डाल्टन के शब्दो में, "अनुकूलतम जनसंख्या वह है, जो प्रति व्यक्ति अधिकतम आय देती है।"

रॉबिन्स—"वह जनसंख्या जिसमें अधिकतम उत्पादन सम्भव होता है, अनुकूलतम या सर्वोत्तम सम्भावित जनसंख्या है।"

कार सौंडर्स—"अनुकूलतम जनसंख्या वह है जो अधिकतम आर्थिक कल्याण उत्पन्न करती है। यद्यपि अधिकतम कल्याण प्रति व्यक्ति अधिकतम आय ही नहीं है, किन्तु व्यावहारिक उद्देश्यों के लिए उन्हें एक ही माना जा सकता है।"

ऐसा नहीं है कि जनसंख्या में वृद्धि सदैव ही हानिकारक होती है, या जनसंख्या में ह्रास सदैव ही लाभदायक होता हो। यदि किसी प्रदेश के प्राकृतिक संसाधनों का विकास करने के लिए जितनी जनसंख्या चाहिए उतने व्यक्ति उस प्रदेश में नहीं रहते, तब वह प्रदेश जनसंख्या में हीन माना जायेगा। उनकी जनसंख्या में वृद्धि होने से मनुष्यों को लाभ होगा। जब उसकी जनसंख्या बढ़ते-बढ़ते आर्थिक क्षेत्र में अधिकतम उत्पादन की अवस्था पार करने के बाद बढ़ेगी तो उसमें वृद्धि अहितकर होगी, क्योंकि तब आर्थिक उत्पादन में उत्पत्ति-ह्रास नियम क्रियाशील होने लगता है। उस समय वह देश अत्यधिक जनसंख्या का माना जायेगा।

दूसरे शब्दों में अत्यधिक जनसंख्या का प्रदेश वह होता है, जिसमें वर्तमान पूँजी, उपकरण, प्रबन्ध, अत्पादन विधि और व्यक्तिग विशेषताओं में कोई परिवर्तन

किए बिना ही, जनसंख्या के व्यक्तियों में कमी होने पर रहन-सहन का स्तर अधिक ऊँचा होने की, और आर्थिक प्रगति अधिक तीव्र गति से होने की आशा होती है।

डाल्टन ने अनुकूलतम जनसंख्या को व्यक्त करने का एक सूत्र बनाया था—

इसमें (असन्तुलन), (वास्तविक जनसंख्या), (अनुकूलतम जनसंख्या)।

यदि सन्तुलन शून्य है, तो प्रदेश की जनसंख्या अनुकूलतम है। यदि वह शून्य से अधिक (+) अर्थात् धनात्मक है, तो वहाँ जनाधिक्य है, और यदि (-) ऋणात्मक है तो जनन्यूनता है। जनसंख्या का अनुकूलतम बिन्दु स्थिर नहीं रहता। यह संसाधन उपयोग की विधि, आर्थिक दशा और तकनीकी अवस्था पर निर्भर करता है। इनमें परिवर्तन होने से अनुकूलतम बिन्दु का स्थल बदल जाता है। अत: यदि किसी जनाधिक्य के प्रदेश में कृषि के उत्पादन की विधि में सुधार किये जाते हैं, या नये संसाधनों को उपयोग में लाया जाता है, अथवा टैक्नोलॉजी में कोई प्रगति हो जाती है, तो उस प्रदेश में जनसंख्या में वृद्धि होने पर भी अधिक आर्थिक कल्याण हो सकता है। उदाहरणार्थ, साइबेरिया के कोयला-लोहा क्षेत्रों में तथा वनों में, श्रमिकों की संख्या बढ़ने और जनसंख्या में वृद्धि होने से वहाँ के आर्थिक उत्पादन में वृद्धि हुई है। भारत में बिहार और मध्य प्रदेश के कोयला-लोहा क्षेत्रों में नये नगरों, जैसे सिंदरी, बोकारो, भिलाई आदि के बसने के बाद इन खनिज क्षेत्रों में आर्थिक उत्पादन बढ़ा है। परन्तु वहाँ भी जनसंख्या में अधिक वृद्धि होते-होते अनुकूलतम की सीमा पार करने के बाद उत्पादन में ह्रास होने लगेगा।

जनसंख्या समस्या और समाधान
(Population Problem and Solution)

दिन-प्रतिदिन संसार में जनसंख्या की समस्या अधिकाधिक गम्भीर होती चली जा रही है, और सभी विकसित देश इस विष्य में चिंतन होने लगे। इन जनसंख्या समस्या के 5 मुख्य तथ्य हैं—

1. अत्यन्त तीव्र और भयावह वृद्धि—वर्तमान काल में संसार की जनसंख्या में अत्यन्त तीव्रगति से वृद्धि हो रही है, जैसे कि पहले कभी नहीं हुई थी। अब से तीन शताब्दी पूर्व तक संसार में, मानव के आदिकाल से लेकर 10 लाख वर्षों में जनसंख्या केवल 55 करोड़ हो सकी थी, पिछली तीन शताब्दियों में बढकर यह 450 करोड़ से अधिक हो गई है, और अब यह प्रत्येक 40 वर्ष में दो गुनी हो जाती है। यदि इस दर में वृद्धि होती रही तो 2000 ईस्वी में जनसंख्या 700 करोड़ हो जायेगी और 2040 ई. में 1400 करोड़ हो जायेगी।

2. सीमित संसाधन—जिन प्राकृतिक संसाधनों से जनसंख्या को भरण-पोषण प्राप्त होता है, उसकी मात्रा निश्चित है। पृथ्वी के थलक्षेत्र में वृद्धि नहीं की जा सकती।

3. वितरण संकेन्द्रित—पृथ्वी पर जनसंख्या का वितरण सर्वत्र एक समान नहीं है, वरन् केवल थोडे से ही भाग ऐसे हैं जिनमें जनसंख्या संकेन्द्रित हैं। पृथ्वी के केवल 1/7 थलखण्ड पर संसार की 90% जनसंख्या निवास करती है। अत: जनसंख्या में वृद्धि होने से जनसंख्या का भार उस 1/7 थलक्षेत्र पर ही अधिकाधिक बढ़ता चला जा रहा है। चीन, जापान, कोरिया, भारत, पाकिस्तान, इण्डोनेशिया आदि में जनता का जीवन-स्तर बहुत नीचा है। इन देशों में कृषि के उत्पादन में जितनी वृद्धि होती है, उससे अधिक वृद्धि होती है, उससे अधिक वृद्धि वहाँ की जनसंख्या में हो जाती है।

4. बिना बसे भू-भागों में निराशा—पृथ्वी के बिना बसे हुए भू-भागों का क्षेत्रफल पृथ्वी के समस्त क्षेत्रफल का लगभग 70% है। इसमें भविष्य में भी मानव निवास होने या बढ़ने की आशा नहीं है। विज्ञान और टेक्नोलॉजी के प्रयोग से, बसे हुए भू-भाग की सीमा को ही थोडा-बहुत आगे बढ़ाया जा सकता है।

5. प्राकृतिक और मानवीय प्रतिबन्ध—जब किसी प्रदेश की जनसंख्या का भार वहाँ के भौतिक संसाधन धारण नहीं कर सकते हैं, तो उस प्रदेश में भुखमरी फैल जाती है। दरिद्रता के कारण रहन-सहन का स्तर इतना नीचा गिर जाता है कि बीमारी और महामारी से मृत्यु-दर बढ़ जाती है और जनसंख्या का ह्रास होने लगता है। वहाँ गृह-युद्ध होते हैं, अथावा उस प्रदेश की जनसंख्या दूरे देशों पर आक्रमण करती है और बाह्य-युद्ध होते हैं। इसका उदाहरण संसार का द्वितीय महायुद्ध है, जिसमें जर्मनी, जापान और इटली ने दूसरे देशों पर आक्रमण किये थे।

6. जनसंख्या भार का भावी भय और राजनीतिक प्रतिबन्ध—नये बसे देशों में आस्ट्रेलिया, न्यूजीलैण्ड, संयुक्त राज्य अमेरिका, कनाडा, दक्षिणी अफ्रीका और साइबेरिया में अभी जनसंख्या की सघनता कम है। इन प्रदेशों में जनता के रहन-सहन का स्तर ऊँचा है। इनमें आर्थिक संसाधनों की बडी भारी मात्रा है। संसार के पुराने बसे हुए और अति सघन प्रदेशों (चीन, भारत, जापान आदि) की बढ़ती हुई जनसंख्या इन नये देशों में जाकर रह सकती है। ऐसे अच्छे जीवन-स्तर को बिताते हुए जैसा कि एशिया के देशों में सबसे ऊँचा जापान में है, अकेले आस्ट्रेलिया में ही सरलतापूर्वक 45 करोड़ मनुष्यों को भरण-पोषण प्राप्त हो सकता है। वर्तमान काल में आस्ट्रेलिया की जनसंख्या केवल 1.5 करोड़ है।

इसीलिये इन नये बसे देशों को भय है कि कहीं ऐसा न हो कि एशियाई देशों में जनसंख्या के बढ़ते हुये भार का प्रभाव उनके देशों पर अहितकर हो। यदि चीन, भारत, जापान आदि देशों के मनुष्य प्रवास करके इन नये देशों में बसने लगेंगे, तो इन देशों की गोरी जाति की जनसंख्या का रहन-सहन कर स्तर भी गिर जायेगा। अत: इन इन देशों ने राजनीतिक प्रतिबन्धों के द्वारा एशियाई और अफ्रीकी देशों की काली तथा पीत जातियों के मनुष्यों का आवास बन्द किया हुआ है।

जनसंख्या समस्या का समाधान

संक्षेपत: (i) देश की समृद्धि के लिये बनाई योजनाओं की पूर्ति में सच्चे मन और लग्न से योग देना, (ii) भौगोलिक संसाधनों का अनुकूलतम प्रयोग करके आर्थिक उत्पादन में वृद्धि करना, (iii) औद्योगीकरण, परिवहन, संचार-साधनों खनन-उद्योगों और निर्माण-उद्योगों की अधिकाधिक उन्नति, यन्त्रीकरण, कोयला, पेट्रोल-बिजली का अधिकतम उत्पादन, (iv) नगरीकरण, (v) शिक्षा काप्रसार, और विज्ञान एवं तकनीकी ट्रेनिंग का अधिक से अधिक प्रसार, (vi) कृषि का नवीनीकरण, (vii) सागरीय संसाधनों का उपयोग, (viii) प्रवास, (ix) देरी से विवाह, परिवार नियोजन और न्तति निग्रह।

जनसंख्या समस्या के लिये आर्थिक उत्पादन वृद्धि तथा परिवार नियोजन के द्वारा प्रदेश-जनसंख्या-समायोजन होना अत्यावश्यक है।

एशिया में जनसंख्या का वितरण

(Distribution of Population in the Asia)

एशिया महाद्वीप में विश्व की लगभग 67 प्रतिशत जनसंख्या निवास करती है अत: एशिया महाद्वीप का मानव समुदायों की दृष्टि से महत्त्वपूर्ण स्थान है। यहाँ अनेक मानव-कुंज पाये जातेहैं। जनसंख्या के इस वितरण को कुंज प्रतिरूप कहते हैं। यहाँ थोड़ी ही उपजाऊ भूमि पर अधिकांश मानव समुदाय बसे हुए हैं जबकि अनेक क्षेत्रों में जनसंख्या प्राय: बहुत कम है। एशिया की घनी जनसंख्या होने का एकमात्र कारण यहाँ की मानसूनी जलवायु है। यहाँ की घनी जनसंख्या का निवास प्राय: 10^0 और 40^0 उत्तरी अक्षांशों के बीच में है। महाद्वीपीय जलवायु से प्रभावित होने के कारण यहाँ जनसंख्या में कमी आ जाती है। एशिया में जनसंख्या की कमी जिन अक्षांशों से प्रारमी होती है ठीक इसके विपरीत यूरोप में उन्हीं अक्षंशों से जनसंख्या बढ़नी प्रारम्भ हो जाती है। अत: स्पष्ट है कि एशिया में कुछ स्थानों पर अधिक जनसंख्या तथा कुछ स्थानों पर कम जनसंख्या पाई जाती है। घनी जनसंख्या के क्षेत्र धीरे-धीरे एक-दूसरे की ओर बढ़ते हैं और अन्त में मिल जाते हैं। इसका कारण पर्याप्त धूप, अधिक नदियाँ तथा अधिक वर्षा का होना है जो भूमि की उर्वरा शक्ति में वृद्धि करते हैं। यहाँ अधिक आबादी तथा कम आबादी वाली दोनों ही

प्रकार की जनसंख्या पाइ जाती है। इन दोनों के बीच में गहरी खाइयाँ हैं। प्रति वर्ग किमी. जनसंख्या वाले भाग से सैकड़ों हजारों व्यकित आकस्मिक रूप से ऐसीसीमा द्वारा उन प्रदेशों से अलग हो जाते हैं जो नितान्त वीरान हैं। यह विशिष्ट घनी जनसंख्या का भाग धरातलीय आकृति एवं भूमि के गुणों पर आधारित है। साधारण नदियों द्वारा निर्मित समतल मैदान दक्षिणी-पूर्वी एशिया में अधिक पाये जाते हैं। किसान स्वाभाविक रूप से इन्हीं दोनों की ओर अधिक आकर्षित हुए हैं क्योंकि इनमें उपजाऊ मिट्टी, साधारण ढाल और प्रचुर जल की उपलब्धता है। चूँकि चावल की खेती के लिए उपजाऊ मिट्टी और प्रर्याप्त जल दोनों ही उपयोग हैं अतः इस विस्तृत क्षेत्र की मुख्य फसल चावल ही है। थाईलैण्ड, हिन्दचीन, इण्डोनेशिया और म्यांमार (बर्मा) में चालव की उपज तथा जनसंख्या के वितरण के बीच गहरा सम्बन्ध पाया जाता है। इन देशों की सभ्यता चावल की सभ्यता अथवा काँप मिट्टी की सभ्यता कही जाती है क्योंकि यहाँ के आर्थिक और सामाजिक जीवन में चावल का बड़ा महत्त्व है अतः स्पष्ट है कि एशिया में जनसंख्या काअधिकांश तिवरण नदियों की उपजाऊ घाटियों तक ही सीमित है। इसके विपरीत, साइबेरिया, मंगोलिया, तुर्किस्तान और तिब्बत के अधिकतर भागों में जनसंख्या का घनत्व 1 व्यक्ति प्रति वर्ग किलोमीटर से भी कम है। एशिया महाद्वीप के इन भीतरी भागों में वर्षा की मात्रा अत्यन्त गर्मी तथा शीतकाल में अत्यधिक सर्दी पड़ती है। यद्यपि एशिया के कुछ भाग अत्यन्त कम धने बसे हुए हैं लेकिन इन प्रदेशों में पश्चिम से रूसी साइबेरिया के वनों रूसी तुर्किस्तान तथा आस-पास के अर्द्ध-शुष्क क्षेत्रों की ओर जनसंख्या क्रमशः बढ़ती जा रही है। चीनी मंगोलिया और मंचूरिया भी बराबर घने बसते जा रहे हैं तथा आशा की जाती है कि भविष्य में गिने-चुने प्रतिकू भागों को छोड़कर सभी प्रदेश बस जायेंगे। एशिया महाद्वीप के प्रमुख देशों में जनसंख्या का जमाव निम्न प्रकार से पाया जाता है-

1. चीन (China)—चीन में जनसंख्या का एक बहुत बड़ा भाग यांग्यटिसीक्यांग, सीक्यांग तथा ह्वांगहो और उसकी सहायक नदियों की घाटियों में रहता है। अस्तु चीन में जनसंख्या का जमाव निम्नलिखित क्षेत्रों में पाया जाता है-

(i) ह्वांगहो नदी का मैदान जिसमें ह्वांगहो और ह्वीहो नदियों द्वारा लायी गई उपजाऊ कॉप मिट्टी में शताब्दियों से खेती होती रही है। इस क्षेत्र प्रति वर्ग किलोमीटर में 385 से भी अधिक व्यक्ति पाये जाते हैं। सन् 1990 की जनसंख्या के अनुसार बीजिंग में 108.7 लाख व्यक्ति रहते हैं।

(ii) यांग्यटिसीक्यांग नदी के डेल्डा में प्रति वर्ग किलोमीटर 770 से भी अधिक व्यक्ति रहते हैं। इसमें अकेले शंघाई में सन् 1990 की जनसंख्या के अनुसार 135.1 लाख व्यक्ति निवास करते हैं।

(iii) दक्षिण में सीक्यांग नदी के डेल्टा में कैप्टन के चारों ओर का क्षेत्र।

(iv) सैचुआन नदी के बेसिन में जहाँ प्रति वर्ग किलोमीटर 160 से 190 व्यक्ति पाये जाते हैं लेकिन पश्चिमी भाग में चैण्टू मैदान में प्रति वर्ग किलोमीटर 655 से भी अधिक व्यक्ति रहते हैं। अकेले सैचुआन प्रान्त में 10.6 करोड़ व्यक्ति रहते हैं। यहाँ जनसंख्या का घनत्व 182 व्यक्ति प्रति वर्ग किलोमीटर पाया जाता है।

(v) कैप्टन तथा शंघाई के बीच समुद्रतटीय मैदान।

(vi) यांग्यटिसीक्यांग नदी के मध्यवर्ती भाग में जहाँ आने-जाने का मार्ग बहुत उत्तम है।

(vii) दक्षिणी मंचूरिया में भारी उद्योगों का क्षेत्र, मुकडेन और अन्शान क्षेत्र।

(i) यहाँ विस्तृत नदियों के उपजाऊ मैदान पाये जाते हैं जो कि कृषि कार्य के लिए उपयुक्त है।

(ii) चावल की खेती के कारण जनसंख्या का घनत्व अधिक पाया जाता है।

(iii) प्राचीन काल में अधिक बच्चे पेदा करने के लिए राजय द्वारा प्रोत्साहन मिलता था। यूरोपीय लेखकों ने चीनी परिवारों में अधिक बच्चों की संख्या के लिए भयावह शब्दों का प्रयोग किया है। चीनी जनसंख्या को सड़कों पर विचरते हुए देखते समय ऐसा प्रतीत होता है कि मानवों का समुद्र उफन रहा हो।

(iv) चीनी लोग अधिकतर पहाड़ों की तलहटियों में या पहाड़ी ढालों पर भी रहते हैं जहाँ वे परिश्रम द्वारा खेती करते हैं।

(v) चीनी लोगों की सिंचाई व्यवस्था अति उत्तम है अतः खेतों के लिए पानी का समुचित उपयोग किया जाता है।

चीन की अधिकांश जनसंख्या गाँवों में ही निवास करती है। देश की लगभग 90 प्रतिशत आबादी ग्रामीण है। वर्तमान समय में जनसंख्या का जमाव बड़े-बड़े औद्योगिक केन्द्रों में हुआ है। शंघाई, हैंकाऊ, कैप्टन, नानजिंग, बीजिंग, सिंगटाओ आदि नगरों में जनसंख्या का घनतव 1000 व्यक्ति प्रति वर्ग किलोमीटर पाया जाता है। उक्त सात क्षेत्रों का औसत घनत्व 1000 व्यक्ति प्रति वर्ग किलोमीटर है जबकि चीन का औसत घनत्व 106 व्यक्ति प्रति वर्ग किलोमीटर है।

2. जापान (Japan)—जापन में अधिकांश जनसंख्या 37^0 से 38^0 उत्तरी अक्षांशों के दक्षिणी भाग में निवास करती है। 45^0 अक्षांशों के उपरान्त तो जनसंख्या बहुत कम पायी जाती है। यहाँ जनसंख्या का वितरण समान नहीं है। दखिणी तट के मैदान में

जनसंख्या का घनत्व अधिक पाया जाता है क्योंकि जापान का अधिकांश चावल इसी भाग में पैदा किया जाता है और यहीं उद्योगों की उन्नति हुई है। इसके अतिरिक्त यह भाग जापान का सबसे प्राचीन भाग भी है जहाँ शुरू से ही मानव निवास करते हैं। जापान की जनसंख्या का वितरण वहाँ की भू-रचना पर आधारित है। जहाँ कहीं भी समतल और उपजाऊ मिट्टी पायी जाती है वहीं मनुष्य बसे हुए हैं चाहे वह भाग छोटा तथा पहाड़ों से घिरा हुआ ही क्यों न हो। जनसंख्या का केन्द्रीकरण मैदानी भागों में अधिक है। ऊँचाई के साथ जनसंख्या का घनत्व भी कम होता जाता है। देश का अधिकतर भाग पहाड़ी होने के कारण जनसंख्या बिखरी हुई पायी जाती है। जापान की तीन-चौथाई जनसंख्या क्यूशू, शिकोकू और होन्शू द्वीपों में फैली हुई है। जहाँ चावल और पहाड़ी ढालों पर चाय की खेती होती है वहीं सघन जनसंख्या के क्षेत्र पाये जाते हैं। यद्यपि यहाँ खेती कुल भूमि के 15 प्रतिशत भाग पर ही होती है लेकिन गहन खेती द्वारा साल भर में दो-तीन फसलें प्राप्त कर ली जाती हैं। समुद्री तटों पर मछली पकड़ने के व्यवसाय के कारण ही घनी आबादी मिलती है। अतः कहा जाता है कि संसार में समुद्र ने कहीं भी किसी प्रजाति के भौतिक और नैतिक विकास में जापान जितना योगदान नहीं दिया है। यही तथ्य जापान के तट पर घने बसाव का समाधान करता है।

जापान में जनसंख्या के अधिक जमाव के क्षेत्र औद्योगिक पेटी में स्थित हैं जिनमें क्वांटो क्षेत्र, नगोया क्षेत्र, किनकी क्षेत्र, उत्तरी क्यूश्यू क्षेत्र तथा कनजवा क्षेत्र प्रमुख हैं। जापान की लगभग 60 प्रतिशत जनसंख्या टोकियो, नगोया, कोबे, ओसाका, हिरोशिमा, नागासाकी, यज्जो और यवाता नगरों में केन्द्रित पायी जाती है इनके अतिरिक्त नदियों की घाटियाँ व समुद्रतटीय मैदान भी जनसंख्या से पूरित हैं।

3. इण्डोनेशिया (Indonesia)—यहाँ की जसंख्या का वितरण असमान पाया जाता है। जावा और मदुरा नामक दो छोटे द्वीपों में जिनका क्षेत्रफल केवल 7 प्रतिशत है, देश की 70 प्रतिशत जनसंख्या पायी जाती है। अन्य द्वीपों में जनसंख्या का बसाव कम पाया जाता है। जावा और मदुरा में अधिक जनसंख्या मिलने का प्रमुख कारण इन द्वीपों में उपजाऊ लावा मिट्टी का मिलना है। इसके अतिरिक्त यहाँ जनसंख्या मुख्यतः ऊँचे तथा अपेक्षाकृत ठण्डे भागों में केन्द्रित है। इन दोनों द्वीपों में सागरीय प्रभाव भी दिखलाई पड़ता है क्योंकि इनका अक्षांशीय विस्तार प्रायः नगण्य-सा ही पाया जाता है। अतः जनसंख्या तटीय भागों में भी केन्द्रित पायी जाती है।

4. भारत (India)—भारत में विश्व की लगी 15 प्रतिशत जनसंख्या निवास करती है जबकि इसका क्षेत्रफल विश्व का केवल 2 प्रतिशत ही है। विश्व में चीन के बाद भारत की जनसंख्या सबसे अधिक है। अतः जनसंख्या की दृष्टि से भारत विश्व का दूसरा बड़

ादेश हे लेकिन भारत की दो-तिहाई जनसंख्या उसके एक-तिहाई भाग पर निवास करती है, जहाँ मिट्टी, जल, समतल भूमि एवं आवागमन की सुगमता आदि सुविधायें विद्यमान हैं। उत्तरी मैदान का क्षेत्रफल पूरे भारत के क्षेत्रफल का 17.3 प्रतिशत है लेकिन जनसंख्या 45.5 प्रतिशत निवास करती है। इसी प्रकार तटीय मैदानों का क्षेत्रफल 14 प्रतिशत है तथा जनसंख्या 24.6 प्रतिशत निवास करती है। दक्षिण के पठारी भाग पर तटीय प्रदेशों की अपेक्षा जनसंख्या अधिक है लेकिन यहाँ का घनत्व तटीय भागों की तुलना में केवल 2/5 ही है। पठारी प्रदेश की कुछ कछारी मिट्टियों की घाटियों और मैदानों में जनसंख्या का घनत्व मैदानी भागों के समान ही पाया जाता है। पठारी प्रदेश की उच्च भूमियों में कुल जनसंख्या का 5 प्रतिशत भाग रहता है। यह भी कुछ घाटियों में ही केन्द्रित है। भारत में औद्योगिक नगरों में, बन्दरगाहों के आस-पास, नदियों की घाटियों में, समतल मैदानों में और खनिज पदार्थों के पाये जाने वाले स्थानों में जहाँ जीवनयापन और आवागमन के मार्गों की समुचित सुविधायें प्राप्त हैं, जनसंख्या का घनत्व अधिक पाया जाता है। इसके विपरीत, पहाड़ी, पठारी, मरुस्थलीय क्षेत्रों में जहाँ जलवायु प्रतिकूल तथा जल का अभाव होता है, घनत्व कम पाया जाता है। इसके अतिरिक्त भारत की कृषि पट्टी में जनसंख्या का घनत्व बहुत ही अधिक पाया जाता है। यह कृषि पट्टी पंजाब के सिंचाई वाले क्षेत्र से शुरू होकर उत्तर प्रदेश, बिहार-बंगाल होती हुई पूर्वी घाट के तमिलनाडु, आन्ध्र प्रदेश, कर्नाटक और केरल होती हुई पश्चिमी घाट के महाराष्ट्र राजय तक जाती है।

अतः एशिया महाद्वीप में जनसंख्या वितरण की दृष्टि से निम्नलिखित भाग उल्लेखनीय हैं-

(i) अधिक जनसंख्या वाले क्षेत्र-दक्षिणी-पूर्वी एशिया में घनी जनसंख्या निवास करती है। इस क्षेत्र में एशिया की 70 प्रतिशत जनसंख्या पायी जाती है। एशिया के इस एक-तिहाई क्षेत्र पर लगभग दो-तिहाई जनसंख्या निवास करती है। चीन, भारत, बंगलादेश, हिन्देशिया, पाकिस्तान, दक्षिणी कोरिया, श्रीलंका तथा फिलीपीन देश इस क्षेत्र के अन्तर्गत आते हैं। इस क्षेत्र में जनसंख्या का घनत्व 70 से 300 व्यक्ति प्रति वर्ग किलोमीटर पाया जाता है। जावा द्वीप में जनसंख्या का घनत्व 550 व्यक्तिप्रति वर्ग कि.मी. है।

(ii) मध्यम जनसंख्या वाले क्षेत्र-एशिया के जिन क्षेत्रों में जीवनयापन की पर्याप्त सुविधायें नहीं हैं वहाँ अपेक्षाकृत कम लोग निवास करते हैं। एशिया के मध्यम जनसंख्या वाले क्षेत्रों में म्यांमार, टर्की, मलेशिया, थाईलैण्ड, नैपाल, उत्तरी कोरिया आदि देश सम्मिलित हैं। इस क्षेत्रमेंएशिया की 22 प्रतिशत जनसंख्या निवास करती है। इस क्षेत्र के निवासी कृषि व पशुपालन के कार्य में लगे हुए हैं। यहाँ जनसंख्या का घनतव 35 से 75 व्यक्ति प्रति वर्ग किलोमीटर पाया जाता है।

(iii) कम जनसंख्या वाले क्षेत्र-इस क्षेत्र के अन्तर्गत एशिया महाद्वीप के वह भाग आते हैं जहाँ मानव को जीवनयापन के लिए प्रकृति से कठोर संघर्ष करना पड़ता है। इस क्षेत्र के अनतर्गत पहाड़ी, पठारी व मरुस्थलीय भाग आते हैं। एशियाई रूस, मंगोलिया, अरब, इराक, अफगानिस्तान तथा तिब्बत आदि देश इसी क्षेत्र के अन्तर्गत आते हैं। इस क्षेत्र में एशिया की 8 प्रतिशत जनसंख्या रहती है। यह एशिया के 50 प्रतिशत में फैला हुआ है। यहाँ जनसंख्या का घनतव 1 से 25 व्यक्ति प्रति वर्ग किलोमीटर पाया जाता है। एशिया के कुछ भाग ऐसे भी है जो वीरान तथा जनशून्य है।

जनसंख्या घनतव के प्रभाव
(Effects of Population Density)

किसी भी देश में जनसंख्या का घनतव कम या अधिक होता है। दूसरे शब्दों में कोई क्षेत्र या देश अधिक घना बसा या कम घना बसा हुआ होता है।

I. अधिक घने बसे क्षेत्रों के प्रभाव (Effects of Overpopulated Region)

विश्व में पायी जाने वाली सघन जनसंख्याअपने क्षेत्रों में निम्नलिखित दो प्रकार के प्रभाव डालती है-

1. वांछनीय प्रभाव (Desirable effects)—सघन जनसंख्या अपने क्षेत्रों पर निम्नलिखित वांछनीय प्रभाव डालती है-

(i) समाज का नेतृत्व करना-जब व्यक्ति एक-दूसरे से अधिक निकट रहते हैं तो उनका परिचय अधिक विस्तृत होता है तथा उनमें भी जो व्यक्ति बुद्धि से तीव्र होता है वह समूह या समाज का कर्णधार बन जाता है। वर्तमान समय में अधिकांश राजनीतिक, सामाजिक एवं धार्मिक संगठन नगरों से ही प्राप्त होते हैं।

(ii) साहित्यिक तथा वैज्ञानिक विचारधारा का विकास-व्यक्तियों के आपस में मिलने-जुलने से उनमें विचारों का आदान-प्रदान होता है। इससे साहित्यिक एवं वैज्ञानिक विकास की गति प्रभावित होती है। अधिक घने बसे बाजारों में श्रम विभाजन की प्रवृत्ति दृढ़ होती है एवं विभिन्न कार्यों के लिए अधिक होशियार व्यक्तियों को अवसर मिलता है।

(iii) समपित्त का बढ़ना-अधिक जनसंख्या के कारण किसी क्षेत्र विशेष की सम्पत्ति बढ़ती है जिससे शैक्षणिक, स्वास्यि एवं सामाजिक सेवाओं का अधिक विकास होता है। आधुनिक उपयोगिता की वस्तुओं व सेवाओं, यथा-विद्युत शक्ति, गैस आदि का विस्तार भी घरों के पास-पास होने से शीघ्र हो जाता है।

(iv) **उद्योगों की स्थापना होना**–अधिक जनसंख्या के कारण श्रम की पूर्ति आसानी से हो जाती है। मानव श्रम के कारण ही विशिष्ट स्थानों में वृहत् उद्योगों की स्थापना एवं विकास होता जाता है। इसके फलस्वरूप उस क्षेत्र की क्रय-शक्ति में वृद्धि हो जाती है तथा उत्पादित वस्तुओं की मांग बढ़ती जाती है तथा व्यापार की संभावनाएँ भी बढ़ जाती है।

2. अवांछनीय प्रभाव (Undesirable effects)—सघन जनसंख्या अपने क्षेत्र पर निम्नलिखित अवांछनीय प्रभाव डालती है–

(i) उपयुक्त भूमि का अभाव होना–अधिक भीड़-भीड वाले स्थानों में मानव निवास, फैक्ट्रियों, बाजारों, मार्गों, मनोरंजन तथा शिक्षा के साधनों के विकास के लिए उपयुक्त भूमि का अभाव पाया जाता है। मकान के किराये तथा दैनिक उपभोग की वस्तुओं के मूल्य भी बढ़ जाते हैं तथा रहन-सहन का स्तर भी व्यय साध्य हो जाता है।

(ii) जलवायु का अस्वास्थ्यकर होना–सघन जनसंख्या वाले क्षेत्रों में खुली हवा का अभाव पाया जाता है। घरों से बाहर खेलकूद आदि की व्यवस्था कम हो जाती है। परिणामस्वरूप निवासियों का स्वास्थ्य अच्छा नहीं रहता है। छूत की बीमारियाँ भी शीघ्रता से फैलने लगती हैं। आवागमन भी भीड़युक्त रहता है इससे दुर्घटनायें होने की सम्भावनायें बढ़ जाती हैं।

(iii) सामाजिक बुराइयों का पैदा होना–सघन जनसंख्या वाले क्षेत्रों में सामाजिक दृष्टि से व्यक्ति का वैयक्तिक विकास रुक जाता है। उसकी व्यक्तिगत स्वतंत्रता और विचार कुंठित हो जाते हैं तथा आर्थिक मन्दी के काल में रहने वाले लोग जो कि दफ्तरों और फैक्ट्रियों में कार्य करते हैं, व्यापार व व्यवसाय में मन्दी आ जाने के कारण भूमि के अभाव में बेरोजगार हो जाते हैं तथा अनेक प्रकार की सामाजिक बुराइयाँ उत्पन्न हो जाती हैं।

II. कम घने बसे क्षेत्रों के प्रभाव (errects of Under-populated Regions)

विश्व में पायी जाने वाली विरल जनसंख्या अपने क्षेत्रों में निम्नलिखित दो प्रकार के प्रभाव डालती है–

1. वांछनीय प्रभाव (Desirable Errects)—विरल जनसंख्या अपने क्षेत्रों पर निम्नलिखित वांछनीय प्रभाव डालती है–

(i) उत्तम जलवायु की दशाओं का मिलना–विरल जनसंख्या वाले क्षेत्रों में खुली वायु, विस्तृत क्षेत्र, सूर्य का पर्याप्त प्रकाश तथा घूमने-फिरने की स्वतंत्रता मानव को अधिक स्वस्थ एवं स्फूर्तिदायक बना देती है।

(ii) कृषि योग्य भूमि का अधिक मात्रा में मिलना-विरल जनसंख्या के कारण कृषि योग्य भूमि अधिकता में प्राप्त हो जाती है जिसके कारण खाद्यान्न उत्पादन और पशुपालन कार्य सुगमता से किया जा सकता है। रहने को हवादार मकान मिल जाते हैं तथा प्रकृति के अधिक निकट रहने के कारण मानव एव आत्मिक सन्तोष का अनुभव करता है।

(iii) धार्मिक व आध्यात्मिक विचारों का जन्म होना-कम जनसंख्या के कारण कुछ विशेष स्थान तथा कृषि के स्वरूपों ने धार्मिक तथा आध्यात्मिक विचारों को जन्म दिया है। बाइबिल नामक धर्मग्रन्थ की रचना पैलेस्टीन के उन चरवाहों द्वारा की गई जो कि रात्रि के समय अपने पशुओं की देखभाल करते थे। इसी प्रकार युनान और अन्य भूमध्यसागरीय देशों में आकाश के निरन्तर अध्ययन के फलस्वरूप ही खगोल सम्बन्धी ज्ञान का विस्तार हो गया था।

2. अवांछनीय प्रभाव (Undesirable effects)—विश्व में पायी जाने वाली विरल जनसंख्या अपने क्षेत्रों पर निम्नलिखित अवांछनीय प्रभाव डालती है-

(i) आधुनिक सुविधाओं का अभाव होना-कम घने बसे क्षेत्रों में आधुनिक सामाजिक एवं आर्थिक सेवाओं की उपलब्धि कठिन होती है। बिजली, नल, शिक्षा, स्वास्यि सम्बन्धी सुविधाओं का प्राय: ऐसे क्षेत्रों में अभाव ही रहता है।

(ii) विचारों का संकुचित होना-विरल जनसंख्या वाले क्षेत्रों में अधिकतर मानव संकुचित विचारों वाला और धारा प्रवाह बोलने नहीं हो पाता है।

(iii) व्यापारिक सुविधाओं का अभाव होना-कम घने बसे क्षेत्रों में पानी की कमी के कारण व्यापारिक, कृषि एवं उद्योगों का विकास भी नहीं हो पाता। अत: अधिकतर कच्चा सामान नगरीय क्षेत्रों को निर्यात कर दिया जाता है।

12

विभिन्न समस्याएँ

भारत विविधताओं का देश है। यहाँ पर सांस्कृतिक, भौगोलिक, धार्मिक और भाषाई विविधताएँ भी हैं तो साथ ही जाति, संयुक्त परिवार, नातेदारी व्यवस्था यहाँ की विचित्र सामाजिक संस्थाएँ भी है। इन सब के होते हुए भी यहाँ एकता के आधार हैं। इस अध्याय में हम उन पहलुओं का विवेचन करेंगे जो राष्ट्रीय एकीकरण में बाधक बने हैं, जिन पहलुओं ने देश की एकता और अखण्डता को चुनौती दी है। भारत में राष्ट्रवाद का उदय चुनौतियों का मुकाबला करने के लिए हुआ। स्वतन्त्रता आन्दोलन देश को विदेशी शासन सेमुक्त करवाने के लिए चला था। स्वतन्त्रता प्राप्ति के समय ब्रिटिश सरकार ने राष्ट्रीय एकीकरण की प्रक्रिया में बाधक बनने वाले विषयों के बीज बो दिये थे। स्वतन्त्रता प्राप्ति के समयउन विषयों का अंकुरण प्रारम्भ हुआ और आज उन विषयों को हल करने के लिए सरकार और देशवाशियों को खूब जोर लगाना पड़ रहा है। राष्ट्रीय एकीकरण में बाधक बनने वाली समस्याओं पर चर्चा करने से पूर्व राष्ट्रीय एकीकरण का अवधारणात्मक पक्ष रखना प्रासंगिक है। भारत के प्रथम प्रधानमन्त्री जवाहरलाल नेहरू ने राष्ट्रीय एकता सम्मेलन में राष्ट्रीय एकता के बारे में कहा था, ‘‘राष्ट्रीय एकता एक मनोवैानिक और शैक्षिक प्रक्रिया है जिसके द्वारा सभी लोगों के दिलों में एकता की भावना, समान–नागरिकता का अनुभव और राष्ट्र के प्रति निष्ठा

और प्रेम की भावना को विकसित किया जाता है।''

घुर्ये ने राष्ट्रीय एकता को एक मनोवैज्ञानिक और शैक्षिक प्रक्रिया के रूप में समझाते हुए लिखा है कि राष्ट्रीय एकीकरण में एकता, दृढ़ता और सम्बद्धता की भावना का विकास सम्मिलित है जिसमें लोगों के हृदयों में सामान्य नागरिकता की धारणा तथा वफादारी की भावना सम्मिलित है।

समाजशास्त्रीय दृष्टि से राष्ट्रीय एकीकरण एक प्रक्रिया भी है और एक स्थिति भी। प्रक्रिया के रूप में एकीकरण के लिए प्रयास होते हैं तथा स्थिति के रूप में हम राष्ट्रीय एकीकरण की अवस्था में होते हैं।

बृजमोहन (1972 : 107-110) के अनुसार, हम राष्ट्रीय एकीकरण को एक मनोसामाजिक प्रक्रिया के रूप में परिभाषित कर सकते हैं जिसमें स्थानीय वफादारी से परे राष्ट्र द्वारा स्वीकृत उद्देश्यों को प्राप्त करने के लिए सभी समूहों द्वारा सहभागिक प्रयास किया जाता है। एक अव्यवहार्य लक्ष्य के रूप में राष्ट्रीय एकीकरण एक अमूर्त धारणा है, क्योंकि इच्छित और वास्तविक में सदा ही विलम्बन पाया जाता है।

विनोबा भावे ने राष्ट्रीय एकीकरण के सम्बद्ध में कहा था, ''यह भावात्मक एकता, भाईचारे और राष्ट्रप्रेम को वह दृढ़ भावना है जो एक देश के सभी निवासियों को अपनी व्यक्तिगत, क्षेत्रीय, धार्मिक और भाषाई विभिन्नताओं को भुलाने में सहायता देती है।''

राष्ट्रीयकरण को हम भावात्मक दशा और प्रक्रिया कह सकते हैं जिसमें व्यक्ति राष्ट्रीय उद्देश्यों को सर्वोपरि समझता है। ऐसी भावनाएँ सभी देशवासियों में उत्पन्न हो जाती है। ये विभिन्न आधारों पर विविधताओं को महत्व न देकर विभिन्न इकाईयों के बीच समन्वय को महत्व देते हैं।

राष्ट्रीय एकीकरण के आधार

राष्ट्रीय एकीकरण समाज के विविध आयामों के आपसी सम्बन्ध का परिणाम है। विद्वानों ने एकीकरण के अलग-अलग प्रकार भी बताये हैं, जैसे वेरनर और लेनडेकर ने चार प्रकार के एकीकरण का उल्लेख किया है-

(i) सांस्कृतिक एकीकरण

(ii) आदर्शात्मक एकीकरण

(iii) संरचनात्मक एकीकरण तथा

(iv) प्रकार्यात्मक एकीकरण।

कोलमैन और कार्ल जी. रोजबर्ग ने राजनीतिक एकीकरण और भू-क्षेत्रीय एकीकरण की चर्चा की है।

भारत में राष्ट्रीय एकीकरण के अनेक आधार हैं, उनमें से कुछ महत्वपूर्ण आधारों का उल्लेख यहाँ किया जा रहा है–

(1) भौगोलिक एकता–भौगोलिक दृष्टि से भारत की सीमाएँ उत्तर में कश्मीर और हिमालय की बर्फीली चोटियों से लेकर समुद्र के अन्दर दक्षिण में कन्याकुमारी, रामेश्वरम् तक, पूर्व में असम, मणिपुर से लेकर गुजरात तक फैली हुई है, लेकिन भौगोलिक दूरियों के होते हुए भी पूरा राष्ट्र एकता के सूत्र में बंधा हुआ है। भारत की पहचान इसकी समस्त चारों ओर विस्तारित भौगोलिक आधार पर सम्पूर्ण राष्ट्र की एकता के दृष्टान्त मिलते हैं। वैदिक ऋषियों ने मातृभूमि को सर्वोपरि माना–**'अहमस्मि सहयान उतरोनाम् भूस्याम्।' अभिषाऽस्मि विश्वाषाडाशामाशा विषामहि।''** अर्थात् मैं अपनी मातृभूमि और उसके दु:ख को दूर करने के लिए सब प्रकार के कष्ट सहने को तैयार हूँ। वे कष्ट चाहे जिस ओर से और चाहे जिस समय आयें, कोई चिन्ता नहीं।' यह उद्धरण भौगोलिक आधार पर राष्ट्रीय एकता की स्पष्ट करता है।

(2) ऐतिहासिक एकता–भारतीय समाज का इतिहास बहुत गहरा है, इसकी परम्पराओं में भी अनेकता रही है फिर भी इसकी एकता एक सांस्कृतिक निरन्तरता को प्रतिबिम्बित करती है (Singh : 1994 : 28)। योगेन्द्र सिंह ने भारतीय समाज के एतिहासिक सत्य को लघु परम्पराओं और वृहद् परम्पराओंके अन्तर्सम्बन्धों के आधार पर समझाया है। परिवर्तन की प्रक्रिया में वृहद् परम्परा सदैव समन्वय करती रही। कई युग बीत गये, अनेक विदेशी आक्रमणकारी भारत में आये, शासन किया, अनेक सांकृतिक समूह भी भारत में आये, लेकिन इस देश की अखण्उडता अक्षुण्ण रही। ऐतिहासिक दृष्टि से प्राचीन भारतीय शास्त्र, भारतीय सामाजिक व्यवथा की स्थिरता तथा अपरिवर्तनीय स्वरूप का विस्तृत ब्यौरा प्रस्तुत करते हैं।

(3) सामाजिक व सांस्कृतिक एकता–भारत की सामाजिक व्यवस्था भारतीय समाज को संगठित रखने में योगदान करती रही हैं। प्राचीन समय में वर्ण व्यवस्था व आश्रम व्यवस्था सम्पूर्ण समाज को नियमबद्ध तरीके सेसंचालित करने वाली तार्किक व्यवस्थाएँ थी। आज भी सम्पूर्ण समाज विभिन्न संस्थाओं की अन्तनिर्भरता के कारण एकीकृत है। विभिन्न प्रकार के रीति-रिवाज, खान-पान, रहन-सहन, प्रथा, परम्पराएँ, त्यौहार, मेले, उत्सव भारतीय समाज की रंगीन संस्कृति के तत्व हैं। इन तत्वों के आधार सारा राष्ट्र एक भारतीय संस्कृति की पहचान है। इसी आधार पर यह राष्ट्रीय एकीकरण है।

(4) धार्मिक एकता–विश्व के सभी धर्मों के अनुयायी भारत में निवास करते हैं। भारतीय राष्ट्र का धर्म भी अलग-अलग विश्वास, पूजा-पद्धति एवं मानव धर्म है। सभी धर्मों को मानने वाले अन्य धर्मों का आदर करते हैं। उत्तराखण्ड में मध्य हिमालय में अवस्थित बद्रीकाश्रम में पूजा करने वाले दक्षिण भारत के निवासी है। अमरनाथ (कश्मीर) मेंकठिन यात्रा करवाने वाले परम्परागत मुसलमान हैं। अमृतसर में पवित्र स्वर्ण मन्दिर मेंहिन्दू भी उसी श्रद्धा भाव से मत्था टेकने हजारों की संख्या में जाते हैं। किसी भीपंथ का कोई भी प्रसिद्ध तीर्थस्थल ऐसा नहीं है जहाँ सभी धर्मों के लोग नहीं पहुँचते हों। भारत में धर्म के आधार पर सहिष्णुता एवं आदर भाव के कारण एकता दिखाई देती है।

(5) राजनीतिक एकता–भारतीय लोकतन्त्र में अनेक विचारधाराओं वाले संगठन हैं, अनेक राजनीतिक दल हैं। कोई दल वामपंथी है तो कोई दक्षिणापंथी, कोई समाजवादी। नब्बे के दशक में तो भारतीय राजनीति में अप्रत्याशित रूप से राजनीतिक दलों का निर्माण हुआ। किसी राजनीतिक दल का जन्म सुबह एक विशेष विचारधारा से प्रेरित होकर हो जाता है, दोपहर से उसकी उपशाखा एक विरोधाभास के रूप में प्रकट होती है और शाम होने तक एक नया दल उसी में से तैयार हो जाता है। नब्बे के दशक को गठबंधन सरकारों केदशक के रूप में जाना जायेगा। वैचारिक मतभेद के कारण भारतीय राजनीति में राजनीतिक दलों की अनेकता है लेकिन भारत राष्ट्र की एकता और अखण्डता के लिए सभी दल एकजुट हैं। राष्ट्रीय अस्मिता के लिए किसी भी चुनौती का मुकाबला करनेके लिए कोई मतभेद नहीं है। यही राष्ट्रीय एकीकरण का आधार है, साथ ही पंचायतीराज स्तर, राज्य विधानसभा तथा संसद के स्तर तक लोकतान्त्रिक विकेन्द्रीकरण व्यवस्था है। प्रत्येक स्तर एकदूसरे से भिन्न है लेकिन आपस के समन्वय के कारण पूरा भारतीय संघ एकीकृत है।

(6) जातीय एकता–जाति व्यवस्था भारतीय समाज की एक प्रमुख विशेषता है जो विश्व के अन्य समाजों से इसे एक अलग समाज के रूप में पहचान प्रदान करती है। जाति व्यवस्था के आधार पर पूरा समाज अलग-अलग खण्डों में एक ऊँच-नीच के क्रम में बंधा हुआ है। प्रत्येक जाति का अपना परम्परागत व्यवसाय रहा है। जाति व्यवस्था के कारण समाज में एकीकरण और अन्तनिर्भरता की व्यवस्था भी विकसित हुई थी जिसे जजमानी व्यवस्था कहते हैं। एक जाति की सेवाएँ अन्य जातियों के लिए दी जा रही तथा सेवाओं का अदान-प्रदान एक सहयोग की व्यवस्था के रूप में प्रचलित रहा। आपसी अन्तनिर्भरता एवं आदान-प्रदान ही जाति व्यवस्था और देश के एकीकरण का आधार है।

भारत को उपनिवेश शासन से मुक्त हुए 52 वर्ष हो गये। राष्ट्रीय एकता की समीक्षा अतीत और भविष्य के परिप्रेक्ष्य में की जा सकती है। इतिहास में कई मोड़ आये, इतिहास ने कई करवटें बदली, समाज की विविधता के अनेक आधार विकसित होते रहे, लेकिन भारतीय समाज एकीकृत है। योगेन्द्र सिंह ने भारतीय समाज में राष्ट्रीय एकता का उल्लेख तीन भागों में किया (Singh : 1993 182-198)। पहले भाग में उन्होंने 'वैचारिकी का मूल्य एकीकरण' की विवेचना में बताया कि मूल्य एकीकरण के अन्तर्गत हमारे जीवन के उन खण्डों को सम्मिलित करते हैं जिनका सावयवी विकास समाज के उद्‌विकास और विभेदीकरण के द्वारा हुआ है। जैसे-देश का संघीय संगठन, राजनीतिक दलों की प्रतिस्पर्द्धात्मक संरचना, अल्पसंख्यकों के विशेष अधिकार, अनुसूचित जातियाँ, जनजातियाँ, अन्य पिछड़ा वर्ग की महिलाएँ आदि राष्ट्रीय एकीकरण के संरचनात्मक तत्व हैं। इनका विभेदीकरण और एकीकरण ही मूल्य एकीकरण हैं। सिंह ने राष्ट्रीय एकता के दूसरे भाग में ''विकास और मूल्य एकीकरण'' की चर्चा की है। जैसे-जैसे विकास की प्रक्रिया ने गति पकड़ी, राष्ट्रीय एकीकरण के लिए नई चुनौतियाँ उभर कर आने लगी। पिछले दशकों में अनेक क्षेत्रों में विकास हुआ। इनको संरचनात्मक पहलुओं के आधार पर राष्ट्रीय एकीकरण के संदर्भ में देखा जा सकता है। तीसरा भाग राजनीतिक संस्कृति और राष्ट्रीय एकीकरण से सम्बद्ध है। राजनीतिक संस्कृति के संदर्भ में योगेन्द्र सिंह ने कहा कि कुछ निराशाजनक प्रवृत्तियों का सामना करना पड़ता है। हमारे राजनीतिक अभिजात्य वर्ग की संस्कृति और शैली पूर्वाग्रहों से ग्रसित और अविश्वसनीय होती जा रही है। इस संस्कृति ने युवाओं और नागरिकों पर नकारात्मक प्रभाव डाला है। भारत में राजनीतिक दलों में व्यक्तिगत प्रभाव और करिश्मा ने महत्वपूर्ण भूमिका निभाई है। अवसरवाद और गुटवाद हमारी राजनीतिक संस्कृति में निरन्तर बढ़ रहा है। राजनीतिक संस्कृति में गिरावट राष्ट्रीय एकीकरण की दिशा में एक नकारात्मक प्रवृत्ति है।

एम. एन. श्रीनिवास (1962 : 105) ने भारत की एकता को आवश्यक रूप से धार्मिक एकता कहा है। भले ही लोग विविध देवी-देवताओं की पूजा करें, लेकिन धर्म ग्रन्थ, पुराण, ब्राह्मण, महाकाव्य और वेद-विविध विषम रूपी समूहों को एक ताने-बाने में पिराये हुए एक वृहद् धार्मिक समाज बनाए हुए हैं तथा उन्हें अपने देश की एकता का आभास कराते रहते हैं।

सारांशतः कहा जा सकता है कि भारत में आज राष्ट्रीय एकीकरण के क्षेत्र में नकारात्मक और सकारात्मक समाजशास्त्रीय शक्तियाँ मौजूद हैं। आर्थिक, सांस्कृतिक और राजनीतिक जीवन में आश्चर्यजनक विकास और वृद्धि के संकेत हैं। लोकतन्त्र

की सफलता चुनाव में सक्रिय भागीदारी और वोट देने के अधिकार के प्रयोग से स्पष्ट हो जाती है। भारत में जो पविर्तन हो रहे हैं उनसे समायोजन और समन्वय की निरन्तरता बनी हुई है। समाजवादी और सामाजिक न्याय के मूल्यों की ओर अग्रसर होता यह देश राष्ट्रीय एकीकरण की चुनौतियों का सर्वमान्य समाधान के योग से मुकाबला करता रहेगा।

क्षेत्रवाद एक भावनात्मक पहलू है। जब व्यक्ति के मन में अपनी भाषा, अपनी संस्कृति,अपने व्यवहार-प्रतिमान और भौगोलिक दृष्टि से एक निर्धारित क्षेत्र के प्रति लगाव हो तथा वहाँ सभी लोग 'हम' भावना से प्रेरित हो जाते हैं तो उसे क्षेत्रवाद कहा जा सकता है। इन्हीं भावनात्मक आधारों पर अन्य क्षेत्रां को अलग समझा जाता है। खेत्र की समस्याएँ लोगों की समस्याएँ बनजाती हैं और क्षेत्र की विशेषता लोगों की विशेषताहोती है।

बेवस्टर शब्दकोष (1966) के अनुसार, ''क्षेत्रवाद में एक विशिष्ट उपराष्ट्र या अधोराष्ट्र क्षेत्र के प्रति जागरूकता और भक्ति पाई जाती है जिसकी विशेषता सामान्य संस्कृति पृष्ठभूमि या हित है।''

राधाकमल मुकर्जी ने क्षेत्रवाद को राष्ट्रीयता के अधीन बताया है। इस आधार पर क्षेत्रवाद राष्ट्रीयता के विकास में सहायक भी है।

क्षेत्रवाद को दो कारकों के आधार पर निर्धारित किया जा सकता है-

(i) व्यक्तिनिष्ठ-अभौतिक सामाजिक विरासत जैसे प्रथा, परम्परा, रीति-रिवाज, विश्वास, मूल्य, भाषा, साहित्य आदि के आधार पर समूह में क्षेत्रीयता की भावना होना।

(ii) वस्तुनिष्ठ-यह भौगोलिक आधार पर निर्धारित भू-क्षेत्र हैं, समूह इस भौगोलिक क्षेत्र से लगाव रखता है।

क्षेत्रवाद के लक्षण-

क्षेत्रवाद को राष्ट्रीय एकीकरण में बाधक माना जाता है। यह अलगाव को भावना उत्पन्न करता है। क्षेत्रवाद के कुछ लक्षण इस प्रकार है-

(1) **सांस्कृतिक स्वरूप**-क्षेत्रीयता का आधार संस्कृति है। भाषा, पहनावा, खान-पान, प्रथा, परम्परा के आधार पर क्षेत्र विशेष की पहचान हो जाती है और समान सांस्कृतिक पृष्ठभूमि के लोगों में अपनत्व का भाव जाग्रत होता है। पंजाब के निवासी कलकत्ता में एक-दूसरे से मिलते हैं तो अपनी भाषा में बात करेंगे, एक-दूसरे से अपरिचित होते हुए भी समान सांस्कृतिक परिवेश के कारण निकटता बनाये रखेंगे।

क्षेत्रीयता की भावना संस्कृति के समान स्वरूप से विकसित होती है।

(2) स्थानीय देशभक्ति–एक निश्चित भौगोलिक क्षेत्र में निवास करने वाले अपने सीमित क्षेत्र के प्रति निष्ठा रखते हैं। स्थानीय हित प्रमुख होते हैं। देशहित तुलनात्मक दृष्टि से कम महत्वपूर्ण होता है। भावनात्मक लगाव अपने क्षेत्र के प्रति अधिक होता है।

(3) उपराष्ट्रवाद के प्रति झुकाव–क्षेत्रीयता या क्षेत्रवाद का झुकाव अपने सीमित दायरे तक रहता है। अपने क्षेत्र का विकास और अपने क्षेत्र की समृद्धि सर्वोपरि होती है। अन्य क्षेत्रों अथवा वृहद् समाज के प्रति अपेक्षाकृत कम संवेदना होती है। कोई भी आपत्ति जब तक अपने क्षेत्र को प्रभावित नहीं करती, लोगों की भावनाएँ उससे जुड़ती नहीं है। दूसरे शब्दों में हम कह सकते हैं कि क्षेत्रवाद में समग्र दृष्टिकोण का अभाव होता है।

(4) एकपक्षीय सोच–क्षेत्रवाद में लोगों के मस्तिष्क में केवल अपने क्षेत्र की भौगोलिक सीमाएँ होती है। उस सीमा में रहने वालोंकी सोच एकपक्षीय होती है, अन्य को वे अपने से भिन्न समझ कर भेदभाव भी करते हैं। एक क्षेत्र के लोग अपनी उपलब्धियों की तुलना किसी दूसरे क्षेत्र से नहीं करते, उनकी नजर में वे स्वयं उच्च सिति में हैं। क्षेत्रवाद का यह पक्षपातपूर्ण दृष्टिकोण एकपक्षीय तथा चरमवादी होता है।

(5) राजनीति में क्षेत्रवाद और दबाव समूह–क्षेत्रवाद भारत की राजनीति में पिछले एकदशक से हावी होता जा रहा है। राष्ट्रीय स्तर पर उन राजनीतिक दलों की संख्या ओर वर्चस्व सबसे अधिक हो गया है किसी क्षेत्र विशेष से किसी परिस्थिति के कारण उभरा है। एच.डी.देवगौड़ा जब प्रधानमन्त्री बने तो तेरह दलों के सहयोग से सरकार का गठन हुआ। यह क्रम इनद्रकुमार गुजराल के प्रधानमन्त्री पद पर बने रहने तक जारी रहा तथा 1998 में अटल बिहारी वाजपेयी प्रधानमंत्री बने तो उन्हें 22 दलों का सहयोग मिला तब सरकार का गठन हुआ। भारतीय राजनीति में राष्ट्रीय स्तर पर क्षेत्रवाद की यह चरम सीमा है। एक अथवा दो सांसदों का प्रतिनिधित्व करने वाला क्षेत्रीय दल दबाव समूह के रूप में काम करता है, अपने क्षेत्र के लिए विशेष पैकेज की माँग करता हे। माँग मनवाने में यदि परेशानी दिखाई देती है तो सरकार को गिरा देने का भय दिखाते हैं। कुछ ही दल ऐसे है जिनका अखिल भारतीय स्वरूप है, अन्यथा प्रत्येक राज्य में लगभग क्षेत्रीयता की भावना के आधार पर ही क्षेत्रीय दल क्षेत्रवाद को बढ़ावा दे रहे हैं और दबाव समूह के रूपमें काम कर रहे हैं।

भारत में क्षेत्रवाद के कारण और प्रभाव

भारत में क्षेत्रवाद के कारणों में भौगोलिक पृथकता, सांस्कृतिक भिन्नता, राजनीतिक हित तथा आर्थिक विषमता को सम्मिलित किया जा सकता है। इन कारणों का उल्लेख क्षेत्रवाद के लक्षणों की विवेचना में विस्तृत रूप से आ गया है। यहां पर हम क्षेत्रवाद के प्रभावों की चर्चा करेंगे -

(1) **संकीर्ण नेतृत्व का विकास**-क्षेत्रवाद की भावना से स्थानीय स्तर पर संकीर्ण नेतृत्व विकसित हो रहा है। सस्ती लोकप्रियता प्राप्त करने के लिए स्थानीय लोगों के प्रति सहानुभूति दर्शाकर, अपना प्रभाव जमाना प्रारम्भ कर, राजनीति में अपना दबदबा स्थापित किया जाता है। विकास और कल्याण के नाम पर स्वायत्तता की मांगी की जाती है, अपनी मांगों के लिये नये-नये नारे दिये जाते हैं। विध्वसंक कार्यवाही की जाती है। सरकारी सम्पत्ति को नुकसान पहुँचाना; हड़ताल, चक्काजाम, तोड़-फोड़ आगजनी जैसे काम करवाकर लोकप्रियता प्राप्त की जाती है। क्षेत्रीय नेतृत्व का दृष्टिकोण संकीर्णता के कारण उत्पन्न होता है।

(2) राष्ट्रीय एकता में बाधक-क्षेत्रवाद के सभी लक्षण राष्ट्रीय एकीकरण की परिस्थितियों के लिए प्रतिकूल हैं। अलगाव की भावना, भेदभावपूर्ण दृष्टिकोण तथा एकाकी प्रवृत्ति से राष्ट्रीय एकता के प्रयासों में बाधाएँ उत्पन्न होती हैं। क्षेत्रवाद सीमित स्वार्थों के कारण पनपता है जबकि राष्ट्रीय एकता के प्रयासों में बाधाएँ उत्पन्न होती हैं। क्षेत्रवाद सीमित स्वार्थों के कारण पनपता हैं जबकि राष्ट्रीय एकता के लिए समग्र दृष्टिकोण और सबके हितों को राष्ट्रीय हित के साथ जोडकर काम करने की आवश्यकता होती है। क्षेत्रवाद के कारण ही कश्मीर और असम में स्वायत्तता की मांग जोर पकड़ती जा रही है। उत्तरांचल, झारखंड और छत्तीसगढ अलग राज्य बने हैं।

(3) सामाजिक न्याय में बाधक-सभी को न्याय दिलाने में क्षेत्रवाद बाधक बन जाता है। भारतीय संविधान के अनुसार लिंग, भाषा, जाति-प्रजाति, धर्म और क्षेत्र के आधार पर किसी के साथ भेदभाव नहीं किया जा सकता, लेकिन क्षेत्रवाद में व्यक्ति की कार्यकुशलता और गुणों का मूल्यांकन क्षेत्रीय आधार पर करने के लिए जोर दिया जाता है। इसके परिणामस्वरूप योग्य व्यक्तियों को अपनी योग्यता के अनुसार काम से वंचित रहना पड़ता है। सभी को सामाजिक न्याय नहीं मिल पाता।

भारत में क्षेत्रवाद के कारण और प्रभाव का विवेचन करने पर यह ज्ञात होता है कि लोगों में मोटे तौर पर राष्ट्र के प्रति लगाव से पूर्व अपने धर्म, जाति, जनजाति, क्षेत्र-उपक्षेत्र के प्रति लगाव की भावना का आभास होता है। कोई विदेशी भारत में आता है तो सभी को भारतीय के रूप में देखता है। भारत के लोग अपने आपको

बंगाली, बिहारी, तमिल, गुजराती, पंजाबी के रूप में देखते है न कि भारतीय। इसी प्रकार नगरीय व ग्रामीण क्षेत्रों के आधार पर भी अन्तर दिखाई देते हैं। ग्रामीण और शहरी जीवन, स्थानीयता और सामाजिक समूहों में अन्तर दिखाई देता है। ग्रामीण और नगरीय क्षेत्रों के मूल्यों और परिप्रेक्ष्य में समानता नहीं होती। नगरीय क्षेत्रों के लोग ग्रामीण क्षेत्रों के लोगों को पिछड़े, अंधविश्वासी और आदिम समझते हैं। दूसरी ओर ग्रामीण लोग नगरीय लोगों को भौतिकवादी, अनैतिक और शोषक के रूप में देखते हैं। महात्मा गाँधी ने नगरीय क्षेत्रवासियों को शोषण के वाहक बताया। क्षेत्रवाद से राजनीति सर्वाधिक प्रभावित है। उदाहरण के लिए, नदी जल बँटवारे को लेकर विभिन्न राज्यों के बीच मतभेद चलते रहते हैं। अगस्त, 1998 में कर्नाटक, तमिलनाडू, केरल और पाण्डिचेरी के मध्य कावेरी जल विवाद पर समझौता हुआ। समझौते से पहले यह विवाद क्षेत्रीय राजनीति में ही उलझता रहा। साठ वर्ष से चला आ रहा यह विवाद उच्चतम न्यायालय तक पहुँचा तथा न्यायालय ने केन्द्र सरकार को 12 अगस्त, 1998 तक यह विवाद हल करने का निर्देश दिया। क्षेत्रवाद के कारण इन चार राज्यों के बीच आपसी हितों के कारण सौदेबाजी होती रही तथा यह विवाद राजनीति में उलझकार अन्ततः केन्द्र के हस्तक्षेप से ही निपट सका। क्षेत्रवाद की यह राजनीति उत्तरप्रदेश राज्य से अलग होने वाले उत्तरांचल में उधमपुर नगर और हरिद्वार जिले को सम्मिलित करने के संबंध में चली थीं इसी प्रकार की राजनीति बिहार राज्य से अलग वनांचल राज्य बनाने को लेकर हुई थी। अतः क्षेत्रवाद की धारणा को राजनीतिक, सांस्कृतिक और भौगोलिक आधार पर समझकर समाधन निकालना होगा।

▣▣▣

13

भारत में भेदभाव की समस्या

सामाजिक असमानता किन कारणों से उत्पन्न होती है, इस संबंध में डेहरन्डॉर्फ का मत है कि असमानता मनुष्यों की प्राकृतिक विभिन्नता तथा प्रकार्यात्मक आवश्यकता के फलस्वरूप होती है। फालबेक ने असमानता के प्रमुख कारकों में युद्ध व विजय, धन का असमान वितरण, प्रकृति, श्रम विभाजन तथा पूँजी व श्रम को सम्मिलित किया है। असमानता के इन्हीं कारकों का विवेचन हम यहाँ कर रहे हैं –

(1) प्राकृतिक भिन्नताएँ-विषमता का कारण प्राकृतिक है। प्रकृति ने सभी को एक समान नहीं बनाया है। प्रकृति की समस्त चीजें एक जैसी नहीं है, इस कारण मानव समाज में विषमता होना भी स्वाभाविक है। विषमता के जिन आधारों की हम बात करते हैं वे सभी आधार प्रकृति द्वारा प्रदत्त हैं, उन आधारों को मनुष्य ने विकसित नहीं किया है। इस कारक को हम इसी रूप में स्वीकार नहीं कर सकते हैं, क्योंकि अनेक पहलू ऐसे भी हैं जिनको प्रकृति ने तो समान रूप दिया लेकिन मनुष्यने उसमें असमानता पैदा की।

(2) युद्ध और विजय-युद्ध भी एक ऐतिहासिक तथ्य है। युद्ध होते रहे हैं, हार-जीत भी इनके परिणाम के रूप में होती रही है। हार-जीत से समाज में असमानता

उत्पन्न हुई। इस कारक के समर्थक फरग्र्युसन, ब्लाच व हॉब्स हैं। हॉब्स का मत है कि पहले मनुष्यों में लड़ाई होती रहती थी, लड़ाई से बचने के लिए मानव समाज की स्थापना पहले मनुष्यों में लड़ाई होती रहती थी, लड़ाई से बचने के लिए मानव समाज की स्थापना हुई अर्थात् जो युद्ध से डरते थे वे भय के कारण निम्न स्थिति में आ गये और जो विजेता थे वे अपने आपको श्रेष्ठ समझते थे। इसी धारणा से असमानता प्रचलन में आ गई।

(3) श्रम विभाजन-इस कारक को मार्क्स, एंजिल्स, श्मौलर व दुर्खीम ने प्रतिपादित किया। श्रम विभाजन समाज में असमानता लाता है। समाज में अपनी आवश्यकताओं की पूर्ति के लिए व्यक्ति कोई न कोई काम अवश्य करता है। सभी के काम एक जैसे नहीं होते, प्रतिष्ठा, आय, सामाजिक स्तर के आधार पर उनमें भिन्नता होती है। श्रम विभाजन की इन भिन्नताओं से सामाजिक असमानता विकसित होती है।

(4) निजी सम्पत्ति-व्यक्ति की सम्पत्ति रखने की इच्छा भी सामाजिक असमानता का कारण बन जाती है। रूसों का मत है कि जब मनुष्यने प्रकृति से दूर रहना प्रारम्भ किया तो उनमें असमानता आ गई। फरगुसन ने भी इस कारक के साथ सहमति दी तथा बताया कि लोगों की धन प्राप्त करने की इच्छा तथा असमान दिखाई देने की अभिलाषा के कारण ही असमानता का विकास हुआ लेकिन केवल निजी सम्पत्ति को ही विषमता का कारण नहीं माना जा सकता।

(5) प्रकार्यात्यक आवश्यकता-सामाजिक असमानता का जन्म स्वतः नहीं हुआ। असमानता की आवश्यकता को नकारा नहीं जा सकता, समाज के लिए इसका महत्व है। समाज में अलग-अलग सामाजिक स्थिति होती है। कुछ स्थिति अधिक महत्व की होती है तो कुछ का महत्व कम होता है। जिस स्थिति का महत्व अधिक है उनके साथ सम्मान व पुरस्कार भी होता है। व्यक्ति अधिक महत्व वाली स्थिति को प्राप्त करने का प्रयास करता है। पारसन्स और डेविस ने कहा है, सामाजिक असमानता व सामाजिक व्यवस्था की महत्वपूर्ण आवश्यकताओं के परिणमस्वरूप ही असमानता का जन्म होता है अतः यह समाज के लिए उपयोगी है। सामाजिक असमानता सामाजिक व्यवस्थाओं की पूर्ति के लिए आवश्यक है।

(6) मानदण्ड, अभिमति और शक्ति-डेहरन्डॉर्फ के अनुसार, असमानता का कारक सामाजिक मानदण्ड, अभिमति और शक्ति है (1969 : 16:44)। इस संदर्भ में असमानता का तात्पर्य समाज के एक समूह के लाभ और दूसरे समूह की हानि से है। असमानता के प्रकार्यात्मक पक्ष का महत्व है। सामाजिक असमानता सामाजिक

मानदण्ड़ों के द्वारा उत्पन्न होती है। ये मानदण्ड़ शक्ति से स्वीकृति के आधार पर लागू किये जा सकते हैं। इान मानदण्ड़ों के पालन से असमानता उत्पन्न होती है। डेहरन्डॉर्फ ने सामजिक असमानता व्की उत्पत्ति को स्पष्ट करते हुये बताया, सामाजिक असमानता की उत्पत्ति उन समस्त मानव समाजों के कुछ लक्षणों में निहित है जो उनके लिए आवश्यक है। समाज में पदों की भिन्नता का मूल्यांकन सामाजिक मानदण्ड़ों के अनुसार होता है। इसमें सामाजिक स्वीकृति आवश्यक होती है। इस कारण मनुष्यों में पदकी असमानता आवश्यक हो जाती है।असमानता का अर्थ इसकी विशेषताओं से और अधिक स्पष्ट हो जाता है

(1) असमानता एक सामाजिक तथ्य है-असमानता केवल व्यक्तिगत लक्षणों से भिन्नता के आधार पर तय की जा सकती है, इसका निर्धारण समाज में व्यक्तियों को प्रास विभिन्न पदों, स्थितियों एवं शक्तियों के आधार पर होता है। सामाजिक मानदण्डों के द्वारा सामाजिक असमानता को स्वीकार किया जाता है।

(2) असमानता के स्वरूपों में भिन्नता -सभी समाजों में असमानता के स्वरूप एक जैसे नहीं होते। भारतीय समाज में जाति के आधार पर विषमता रही है, जबकि अमेरिका और अफ्रीका में विषमता का प्रजातीय स्वरूप देखने को मिलता है। मध्य युग में दास प्रथा के रूप में असमानता थी। अनेक समाजों में वर्ग के आधार पर समाज में विषमता को स्वीकृत किया जाता है।

(3) असमानता में गतिशीलता होती है-समय के साथ असमानता में भी बदलाव आ जाता है। भारत में जाति के स्वरूप में परिवर्तन आ रहा है। सामाजिक स्थिति का निर्धारण जन्म पर आधारित नहीं रह गया है। इसको निर्धारित करने वाले मानदण्डों में भी परिवर्तन आया है। अन्य देशों में भी वर्ग संरचना पर आधारित विषमता के स्वरूप में बदलाव आया है।

(4) एक समय में असमानता के अनेक पहलू हो सकते हैं-सामाजिक असमानता को अनेक पहलुओं के आधार पर देखा जा सकता है। एक समाज में एक समय में विषमता के कई आधार होते हैं, जैसे-आय, व्यवसाय, शिक्षा, धर्म, स्थिति आदि। भारतीय समाज में असमानता का परम्परागत आधार तो जाति-व्यवस्था है लेकिन इसके साथ ही हम आज वर्ग और सामाजिक स्थिति पर आधारित विषय को भी प्रमुख मानते हैं।

(5) असमानता सार्वभौमिक है-विषमता सर्वव्यापी है। कोई भी समाज विश्व में अपवाद नहीं है जहाँ असमानता न हो। असमानता के आधार और स्वरूप भिन्न हो सकते है। भारत में प्राचीन काल में वर्ण व्यवस्था थी। वर्ण के आधार पर

असमानता पाई जाती थी। धीरे-धीरे इसका स्वरूप बदल गया और जाति के आधार पर विषमता आ गई। अब जाति में भी परिवर्तन आ रहा है। यही बात विश्व के सभी समाजों में देखी जा सकती है। प्रत्येक समाज का अपना इतिहास है। विषमता के आधार, समाज की दशाओं द्वारा निर्धारित होते हैं और दशाएं सभी समाजों की एक समान नहीं होती। लेकिन असमानता प्रत्येक समाज को एक अलग पहचान देती है, यह सार्वभौमिक सत्य है।

असमानता के आधार

(1) आय-सभी समाजों में आय के आधार पर भिन्नता पाई जाती है। असमान आय से जीवनस्तर में असमानता आती है। आय की असमानता को ही सामाजिक असमानता का आधार कहते हैं।

(2) व्यवसाय-घुर्ये ने जाति की परम्परागत विशेषताओं में बताया कि प्रत्येक जाति का एक परम्परागत व्यवसाय होता है। यह व्यवसाय पवित्रता और अपवित्रता की दृष्टि से संस्तरण में जाति को अपना स्थान निर्धारित करने में सहायक है। व्यवसाय की भिन्नता समाज में असमानता को प्रस्तुत करने का आधार है। अन्य देशों में भी व्यवसाय के आधार पर व्यक्ति की प्रतिष्ठा को देखा जाता है।

(3) शिक्षा-सामाजिक विषमता को शिक्षा के आधार पर भी समझ सकते हैं। शिक्षा का स्तर भिन्न-भिन्न होने पर असमानता उत्पन्न होती है। इसके अतिरिक्त जो शिक्षित है वे अशिक्षितों से अलग सामाजिक स्थिति में होते हैं, अत: शिक्षा के आधार पर भी सामाजिक विषमता का मूल्यांकन किया जा सकता है।

(4) शक्ति-शक्ति की असमानता से सामाजिक विषमता उत्पन्न होती है। समाज में जिन लोगों के पास शक्ति होती है वे उच्च स्थिति में होते हैं तथा ाक्तिविहीन लोगों पर अपना प्रभाव रखते हैं। शासक और शासित के बीच असमानता होती है। शक्ति का आधार चाहे धार्मिक हो या राजनीतिक, आर्थिक हो या सैनिक शक्ति, शक्ति के आधार पर असमानता सदैव रही है।

(5) पद-पद का सम्बन्ध सम्पत्ति एवं शक्ति से नहीं वरन् आदर और प्रतिष्ठा से है। समाज में पद के साथ प्रतिष्ठा जुडी होने से यह समझना महत्वपूर्ण है कि समाज किन पदों को प्रतिष्ठित समझता है, जैसे प्रशासनिक अधिकारी का पद अन्य कर्मचारियों से उच्च माना जाता है। कोई व्यवसायी आर्थिक दृष्टि से बहुत सम्पन्न और समृद्ध हो सकता है, लेकिन पद की दृष्टि से आई.ए.एस. से सदैव निम्न होता है। पदों के कारण असमानता निर्धारित होती है।

(6) सम्पत्ति-असमानता का आधार सम्पत्ति है। गरीब और अमीर के बीच अन्तर सम्पत्ति के आधार पर किया जाता है। सम्पति के आधार पर समाज में उच्चता ओर निम्नता का क्रम भी विकसित होता है।

(7) जन्म, जाति एवं प्रजाति-उच्च कुल, वंश व जाति में जन्म लेने वाला उच्च और निम्न वंश, कुल व जाति में जन्म लेने वाला निम्न सामाजिक स्थिति में होता है। प्रजातीय भिन्नता भी विषमता का आधार है। अफ्रीका और अमेरिका में प्रजाति के आधार पर असमानता, प्रजातीय संघर्ष का प्रमुख कारण रही है।

असमानता की जड़ें संस्कृति और शक्ति में निहित हैं। किसी विद्वान् ने संस्कृति पर अधिक जोर दिया है तो किसी ने शक्ति पर। आन्द्रे बिताई ने कहा है, ये ही वे कारक हैं जो एक समाज को एक सूत्र में बाँधे रखते हैं और एक इकाई के रूप में उसकी निरन्तरता को बनाये रखते हैं, ये ही उसके सदस्यों में असमानता को बनाये रखने के लिए उत्तरदायी हैं।

असमानता के स्वरूप

बोटोमोर (1966) ने समाज के विभाजन के चार स्वरूप बताये हैं। इन्हीं को असमानता के निम्न स्वरूप के संदर्भ में प्रस्तुत किया है -

(1)दासता,

(2) सम्पदा (जागीरें)

(3) जाति एवं

(4) वर्ग।

(1) दासता-प्राचीन समय में मनुष्य को एक बैल अथवा गधे के समान समझ कर उसे ही उपयोग किया जाता था। यह सामाजिक विषमता की पराकाष्ठा है। एक वर्ग मालिकों का होता है तो दूसरा वर्ग दास लोगों का। दास मालिक के नियंत्रण में होता था, मालिक उसे अपनी खरीदी हुई वस्तु समझकर जैसा चाहे उपयोग करता था। इस प्रकार की व्यवस्था समाज द्वारा स्वीकृत थी। अरब, यूनान, मिस्त्र, रोम व चीन में दास प्रथा के आधार पर प्राचीनकाल से असमानता व्यास है। अमेरिका में आज भी नीग्रो लोग दास के रूप में देखे जा सकते हैं। भारत में भी बंधुआ मजदूर दास का ही सुधरा हुआ रूप कहा जा सकता है। दास अधिकारविहीन व्यक्ति होता था। इस आधार पर दास और मालिक के बीच असमानता थी। जिन मालिकों के पास दासों की संख्या अधिक थी, उनको भी उन मालिकों से भिन्न किया जा सकता है जिनके पास कम संख्या में दास थे। असमानता को मालिकों के बीच भी देखा

जाता था। अब मानव अधिकारों की रक्षा के लिए अन्तर्राष्ट्रीय स्तर पर संगठन हैं जो मानवीय आधार पर ऐसी प्रााओं को समाप्त करने में सक्रियता से काम करते हैं।

(2) सम्पदा (जागीरें)-जागीर प्रथा मध्ययुगीन योरोपीय समाज की विशेषता रही है। इस व्यवस्था को कानून और प्रथा द्वारा मान्यता मिली हुई थी। जागीर प्रथा में तीन वर्ग मुख्य थे-पादरी, सरदार और साधारण जनता। प्रत्येक वर्ग की जीवनशैली एवं संस्कृति अन्य वर्ग से भिन्न थी। राज्य चर्च के अधीन था इसलिए समाज में पादरियों का स्थान सर्वोच्च था। बोटोमोर ने जागीर प्रथा की तीन विशेषताएँ बताई हैं -प्रत्येक जागीर की एक वैधानिक परिभाषा थी, उसके अधिकार, कर्त्तव्य के आधार पर समाज में उसकी एक निश्चित प्रस्थिति होती थी।

जागीरों में श्रम विभाजन स्पष्ट था। कुलीन सबकी रक्षा करते थे, पुजारी सबके लिए प्रार्थना करते थे और जनसाधारण का काम सबके लिए भोजन का प्रबन्ध करने का था।जागीरें राजनीतिक समूह थी और उनके पास राजनीतिक शक्ति थी। सामन्तवादी प्रथा भारत में रही है, लेकिन इसका स्वरूप कुछ भिन्न था।

भारत की जागीरदारी व्यवस्था में जागीरदार एक बिचौलिये के रूप में काम करता था। किसानों का काम कृषि करना और उत्पादन जागीरदार को सौंपना। किसान को अपनी आजीविका चलाने के लिए अलग से कुछ जमींन दी जाती थी। इस व्यवस्था में सामाजिक असमानता और शोषण अधिक था।

(3) जाति-परम्परागत प से जाति-व्यवस्था के रूप में असमानता भारतीय सामाजिक संरचना की एक प्रमुख विशेषता रही है। जाति का आधार जन्म है। प्रत्येक जाति की सामाजिक स्थिति उच्चता और निम्नता के क्रम में स्पष्ट तौर पर निर्धारित होती है। सर्वोच्च स्थान पर ब्राह्मण, फिर क्षत्रीय, वैश्य और शूद्र होते हैं। प्रत्येक जाति के कर्त्तव्य, अधिकार, विशेषाधिकार, निर्योग्यताएँ भी स्पष्ट तौर पर परिभाषित होती थी। असमानता का यह स्वरूप पीढ़ी-दर-पीढ़ी हस्तान्तरित होता रहा है। उच्च जातियाँ निम्न जातियों पर अत्याचार करती थी और उनका शोषण होता था। संवैधानिक प्रावधानों के बाद परम्परागत अधिकारों एवं निर्योग्यताओं को समाप्त कर दिया गया है। सभी को समान अवसर प्रदान करने का उल्लेख है। जाति के प्रकार्यात्मक और संरचनात्मक पक्षों में अनेक परिवर्तन आये हैं, फिर भी जाति पर आधारित असमानता प्रदत्त असमानता समझी गई हैं। अत: जब तक भारत में जाति व्यवस्था रहेगी, इस पर आधारित विषमता भी बनी रहेगी।

(4) वर्ग-वर्ग जाति का ही एक नया स्वरूप है जिसमें खुलापन होता है। यह भी सामाजिक असमानता का ही एक महत्वपूर्ण रूप है। वर्ग को आर्थिक असमानता

का स्वरूप कहा जा सकता है। वर्ग के निर्धारण में आर्थिक कारक अधिक महतव रखता है। मार्क्स और बवर ने वर्ग को आर्थिक असमानता के आधार पर स्पष्ट किया है। वर्गों में आर्थिक असमानता के साथ-साथ अधिकारों, सुविधाओं, सम्मान और प्रतिष्ठा की असमानता भी होती है। समाज में वर्ग-आधारित असमानता का स्वरूप 'जीवन अवसरों' और 'जीवनशैली' के आधार पर पहचाना जा सकता है। जिन व्यक्तियों के पास जीवन के अवसर अधिक होते हैं अर्थात् सुविधाएँ होती है, सम्पन्नता होती हैं, उनकी जीवनशैली एक भिन्न प्रकार की होती है। दूसरी ओर जिन लोगों के पास जीवन के अवसर कम होते हैं अर्थात् सुविधाएँ साधन और संसाधन सीमित होते हैं उनकी जीवनशैली भी निम्न और अलग प्रकार की होती है। असमानता का वर्ग आधारित स्वरूप जीवन अवसर की असमानता से विकसित होकर असमान जीवनशैली के रूप में प्रकट होता है।

भारत में जातिगत असमानता

जाति व्यवस्था भारतीय सामाजिक संरचना की मुख्य विशेषता रही है। इसी व्यवस्था के आधार पर समाज में परम्परागत खण्डात्मक विभाजन एवं सस्तरण (उच्चता-निम्नता का क्रम) भी पाया जाता है। समाज़शास्त्रियों ने भारत में जाति पर आधारित संस्तरण पर कई अध्ययन किये हैं। उच्चता और निम्नता की स्थिति को ही असमानता के संदर्भ में देखा जा सकता है। इसी क्रम में जाति के अर्थ की संक्षिप्त विवेचना भी प्रासंगिक है।

जाति को परिभाषित करने के अनेक दृष्टिकोण हैं, यहाँ पर हम जाति के उस दृष्टिकोण पर केन्द्रित रहेंगे जिसमें असमानता को प्रस्तुत किया है। मजूमदार और मदन ने जाति को बन्द वर्ग कहा है। इसका अर्थ यह है कि एक जाति के सदस्य अपनी ही जाति में विवाह कर सकते हैं। परम्परागत रूप से जाति के बाहर विवाह करना प्रतिबन्धित रहा है। इसके साथ ही जब हम जाति के अर्थ का गहन विश्लेषण करते हैं तो ज्ञात होता है कि एक जाति दूसरी जाति के साथ व्यवहार के क्षेत्र में भी असमानता के मानदण्ड़ों का निर्धारण कर, उनकी पालना करना उचित समझती है। जेसे भोजन और पानी के संबंध में भी नियंत्रण रखा जाता है। अर्थात् सभी जातियाँ सभी के साथ भोजन व्यवहार नहीं रखती है। इसी तरह की असमानता व्यवसाय के क्षेत्र में भी प्रचलित रही है। प्रत्येक जाति का कोई न कोई परम्परागत व्यवसाय होता था। व्यवसाय की स्वतंत्रता भी नहीं होना, उच्चता निम्नता के आधार पर ही प्रकट होती रही है। इससे स्पष्ट है कि जाति व्यवस्था में संस्तरणात्मक श्रेणियाँ होती है। इस व्यवस्था में कुछ जातियाँ उच्च तथा कुछ निम्न स्थिति में होती है।

जातिगत असमानता के आधार

भारतीय समाज व्यवस्था में निरन्तरता एवं परिवर्तन बराबर चल रहे हैं। जातिगत असमानता और जाति की अवधारणा के संबंध में भी समाजशास्त्रियों ने नए मुद्दे उठाये हैं । परिवर्तन प्रक्रिया के बावजूद भी हमारे देश में जातिगत असमानता बनी हुई है। इसके कुछ आधारों पर विवेचन करने से असमानता के प्रति हमारी समझ स्पष्ट हो सकेगी-

(1) खानपान से संबंधित प्रतिबन्ध-आज भी भारत के ग्रामीण क्षेत्रों में उच्च जातियाँ निम्न जातियों के साथ खान-पान संबंधी प्रतिबन्ध लगाती हैं। कुछ जातियाँ अन्य जातियों के साथ भोजन व्यवहार रखती हैं तो भोजन के प्रकार को ध्याान में रखा जाता है। जैसे कच्चे भोजन में प्रतिबन्ध नहीं होता लेकिन पक्के भोजन व्यवहार में प्रतिबंध होता है।

(2) संस्तरण व्यवस्था-जातिगत असमानता का यह भी एक मुख्य आधार है। इसमें प्रत्येक जाति का उच्चता व निम्नता के अनुसार एक पदानुक्रम होता है। कुछ जातियाँ पवित्रता एवं श्रेष्ठता के आधार पर उच्च स्थान पर होती हैं जबकि कुछ निम्न स्थान पर। सभी जातियाँ अपनी सामाजिक स्थिति के प्रति जागरूक रही है उसी के अनुसार अपनी पहचान को स्थापित करती रही हैं।

(3) सामाजिक सहवास, सहयोग एवं संपर्क -कौन जाति किस जाति से किस प्रकार व्यवहार करती है, इसका निर्धारण परम्परागत योग्यता एवं विशेषाधिकार के अनुसार होता है। कुछ जातियों के प्रति निर्योग्यताएँ थोपी जाती रही जबकि कुछ जातियाँ अपनी श्रेष्ठता के आधार पर विशेषाधिकारों का उपयोग करती रही। इसे हम जातिगत असमानता का एक स्वरूप कह सकते हैं।

(4) व्यवसाय-जैसा कि समाजशास्त्रीय अध्ययनों से प्रमाणित है कि जातिगत असमानता का आधार परम्परागत व्यवसाय भी रहा है। अपनी आजीविका के लिए जजमानी व्यवस्था एवं जाति के प्रतिबन्धित व्यवसाय मुख्य आधार थे। व्यवसाय भी उच्च और निम्न माने जाते हैं। इन्हें हम पवित्रता व अपवित्रता की दृष्टि से समझकर असमानता को बढ़ावा देने में सहयोगी कहेंगे।

(5) आर्थिक आधार-भारतीय समाज में परम्परागत रूप से जो जातियाँ दलित, वंचित एवं पिछड़े वर्गों से सम्बन्धित हैं, उनको आर्थिक दृष्टि से भी कमजोर माना गया है। जाति व्यवस्था के साथ एक भावना यह रही है कि जो निम्न है उसे कोई अधिकार नहीं होना चाहिए। निम्न जातियों के कार्य की प्रकृति भी निम्न रही

है। फलस्वरूप दलित और वंचित वर्गों में जिन जातियों के कार्य की प्रकृति भी निम्न रही है। फलस्वरूप दलित और वंचित वर्गों में जिन जातियों का उल्लेख है वे अपनी आय, सम्पत्ति एवं अन्य आर्िथक उपलब्ध्यिों की दृष्टि से पिछड़ी रही हैं। स्पष्ट है कि आर्थिक आधार पर उच्च जातियाँ उच्च रही और निम्न जातियाँ निम्न रही हैं। धन व श्रम का असमान वितरण और सामाजिक न्याय की असमानता ही जातिगत असमानता को दर्शाते हैं।

कृषि संरचना में विषमता

भारत में सामाजिक विषमता परम्परागत रूप से जाति पर आधारित है। सामाजिक-विषमता के स्वरूपों के अन्तर्गत हमने जाति व्यवस्था की विवेचना की है। जाति के साथ ग्रामीण क्षेत्रों में कृषि सम्बन्धी संरचना में छः स्तरों का उल्लेख मिलता है। इन छः स्तरों के बीच सामाजिक विषमता देखने को मिलती है। कृषि सम्बन्धी संरचना भूमि सुधान कानूनों के लागू होने तक बनी रही, इसके बाद इन संबंधों में कुछ परिवर्तन आये। ये छः स्तर इस प्रकार हैं -

(1) गैर खेतिहर भू-स्वामी,

(2) गैर खेतिहर पट्टेदार,

(3) खेतिहर भू-स्वामी,

(4) खेतिहर रैयत,

(5) बटाईदार एवं

(6) भूमिहीन खेतिहर मजदूर।

आन्द्रे बिताई ने बताया कि परम्परागत कृषि उत्पादन संगठन के दो प्रमुख पक्ष हैं जिनका सामाजिक असमानता पर विशेष प्रभाव पड़ता है। पहला है भूस्वामित्व एवं नियंत्रण तथा शारीरिक श्रम के बीच विपरीत संबंध और दूसरा है मध्यवर्ती वर्गों का प्रचुर मात्रा में विकास (1965 : 28-29)। भारत के अतिरिक्त अन्य परम्परागत कृषि समाजों में भी ऐसी व्यवस्था पाई जाती है। भारत में बड़े भू-स्वामी स्वयं कृषि कार्य नहीं करते। वे किसी प्रकार का शारीरिक श्रम भी नहीं करते, उनका काम तो केवल एक मार्गदर्शक और पर्यवेक्षक के रूप में होता है। बड़े भू-स्वामियों के स्वयं काम नहीं करने के फलस्वरूप मध्यवर्ती वर्गो का विकास हुआ।

भारतीय कृषि संबंधी संरचना में संस्तरण भी बहुत स्पष्ट रहा है। यह संस्तरण जाति के साथ समझना प्रासंगिक होगा। सामान्यता कृषि संबंधी संरचना के अध्ययनों

में यह देखा गया कि बड़े भूस्वामी उच्च जातियों के थे, भूमिहीन मजदूर निम्न अथवा किसी अस्पृश्य जाति के थे तो इन दोनों के बीच के मध्यस्तरीय किसान थे जो खेतिहर जातियों के अन्तर्गत आते थे। आन्द्रे बिताई ने कहा है, भूमि के नियंत्रण और उपयोग के अधिकार असमान थे ओर इसे अस्वीकार नहीं किया जा सकता कि परमपरागत व्यवस्था में ये विषमताएँ जातीय विषयमताओं से घनिष्ठ रूप से संबद्ध थी।

परम्परागत भारतीय समाज में भूमि के नियंत्रण और उपयोग के दृष्टिकोण से अनेक असमानाएँ थीं। ये असमानताएँ व्यावहारिक थी तथा इनको न्यायसंगत मानकर स्वीकार किया गया। जाति व्यवस्था ने इन विषमताओं को उन मूल्यों और प्रतिमानों द्वारा स्थायित्व प्रदान किया जो कृषि संरचना के लिए उपयुक्त था।

भारत के नगरों में औद्योगिकरण का प्रभाव तेजी से बढ़ रहा है। इसके फलस्वरूप नगरों में जाति व्यवस्था की अपेक्षा वर्ग व्यवस्था का प्रादुर्भाव हो रहा है। नगरों में जाति का परम्परागत व्यवसाय लुप्त हो रहा है। वहाँ धनवान और निर्धन के बीच असमानता का चरमोत्कर्ष देखने को मिलता है। नगरों में हमारों लोगों को दो वक्त का भोजन प्राप्त नहीं होता, रहने को छत नहीं है, स्वास्थ्य के लिए कोई परवाह नहीं, वहीं दूसरी ओर कई धनाढ्य ऐसे भी हैं जो पाँच सितारा होटलों में मनोरंजन के साथ अपना दोपहर और रात्रि का भोजन करते हैं, एअरकंडीशन्ड (वातानुकूलित) शानदार कोठियों में रहते हैं। नगर में उत्पन्न होने वाली असमानता न्यायसंगत नहीं है।

क्या असमानता समाप्त होगी?

क्या असमानता को मिटाया जा सकता है? यह एक स्वाभाविक प्रश्न है, क्योंकि जब किसी सामाजिक समस्या के उत्पन्न होने के कारण और परिस्थितियों की जानकारी होती है, तो उन कारणों ओर परिस्थितियों के अनुसार निवारण भी संभव हो जाता है।सामाजिक असमानता के निवारण के संबंध में दो प्रकार के मत दिये गये हैं – पहला मत असमानता को समाप्त करने के पक्ष में है जबकि दूसरा मत असमानता की समाप्ति को असंभव बताता है।

कुछ विद्वानों का मत है कि आदिम समाजों में असमानताएँ नहीं थी, आदिम समाज समरूप थे। असमानताएँ ऐतिहासिक विकास की प्रक्रिया के कारण उत्पन्न हुई है, अतः परिस्थितियों में परिवर्तन लाकर असमानता को समाप्त करना संभव है।मार्क्सवादियों ने भी असमानता समाप्त होने की संभावना जताई है। उनके अनुसार आर्थिक संरचना असमानता का मूल कारण है, अतः आर्थिक जीवन में यदि निजी सम्पत्ति की व्यवस्था को समाप्त कर दिया जाता है तो असमानता का निराकरण संभव

हो सकता है।

(1) आदर्श और अभिनतियों द्वारा असमानता का जन्म होता है। समाज के आदर्श और अभिनतियों को हटाया नहीं जा सकता।

(2) जब व्यक्ति की बौद्धिक क्षमता का स्तर ही समान नहीं है, तो सामाजिक असमानता कैसे समाप्त की जा सकती है?

(3) प्रकार्यात्मकता की समाप्ति नहीं की जा सकती, अतः असमानाएँ समाज में विद्यमान रहेंगी।

(4) सामाजिक जीवन के स्थायित्व के लिए असमानता अनिवार्य है।

सारांश रूप में कहा जा सकता है कि जब तक समाज का अस्तित्व रहेगा, असमानता भी रहेगी।

लैंगिक स्वरूप

सभी समाजों में स्त्री व पुरुष की सामाजिक व सांस्कृतिक स्थिति में भिन्नता रही है। जैविकीय आधार पर तो स्त्री-पुरुष में अन्तर स्वाभाविक है, लेकिन सामाजिक व सांस्कृतिक दृष्टि से विभेदीकरण समाज द्वारा निर्मित है। यहाँ पर हम लैंगिक (जेण्डर) मुद्दे का विवेचन इसी आधार पर करेंगे कि स्त्रियाँ जैविकीय दृष्टि से असमान है अतः उन्हें सामाजिक दृष्टि से भी असमान माना जाता है।

स्त्रियों का मुद्दा 19वीं शताब्दी में उभर कर आया। धीरे-धीरे यह मुद्दा रूपान्तरित होकर समकालीन समाज में जेण्डर का मुद्दा बन गया जो वर्तमान में एक सार्वभोमिक मुद्दा भी है। अर्थ की दृष्टि से बात करें तो स्पष्ट है कि स्त्रियों की शारीरिक संरचना पुरुष से भिन्न है। शारीरिक भिन्नता सार्वभौमिक एवं सार्वकालिक रही है। इसी भिन्नता का परिणाम स्त्री के साथ असमानता के व्यवहार के रूप में प्रकट हुआ। असमानता का व्यवहार हर समाज एवं हर काल में स्त्रियों के साथ ही होता रहा। असमानता का परिणाम स्त्रियों को शक्ति अथवा प्रभुता से अलग रखने तथा पुरुषों के सामने उनकी स्थिति को निम्न समझने के संबंध में है। यदि कोई महिला अपने पुरुष साथी से अधिक काम करती हैं, तो भी उसे परिवार अथवा समाज में वो स्थान प्राप्त नहीं होता जिसकी वह अधिकारी है। विकास परक कार्यक्रमों में भी तुलनात्मक रूप से पुरुषों को लाभ अधिक मिलता है। इस प्रकार हम देख सकते हैं कि लिंग भेद के आधार पर सामाजिक असमानता प्रत्येक स्तर पर सभी देशों में और सभी कालों में किसी न किसी रूप में अवश्य रही है। पुरुष और स्त्री के बारे में हमारे मानक बदलते रहे हैं। ये मानक जैविकीय नहीं है। इन मानकों को समाज बनाता है। सामाजिक

मानकों के अनुसार स्त्रियों के प्रति असमानता का व्यवहार किया जाता है। लैंगिक मुद्दे के अर्थ का सारांश यही है कि सामाजिक-सांस्कृतिक एवं व्यवहार की असमानता का शिकार स्त्रियाँ हैं। पुरुष स्त्री के भेदभावपूर्ण संबंधों में जैविकीय अन्तर को सामाजिक अन्तर का वैध आधार माना जाता हैं वे जैविकीय नहीं है। इनका सृजन समाज करता है। इसका परिणाम पुरुष और स्त्री के भेदभाव की समस्या के रूप में होता है। इसी को वर्तमान में जेण्डर मुद्दे के रूप में समझा जाता है।

लैंगिक असमानता के स्वरूप

लैंगिक असमानता सार्वभौमिक एवं सर्वकालिक रही है, इसके रूप भिन्न हैं। सामाजिक-सांस्कृतिक संरचना के अनुसार लैंगिक असमानता व्यवहार में भेदभाव दर्शाती हैं। अमर्त्य सेन ने लैंगिक असमानता के सात स्वरूपों का उल्लेख किया है।

मृत्यु संख्या असमानता-विश्व के कई देशों में स्त्रियों की मृत्यु दर पुरुषों की तुलना में अधिक है। इसके पीछे भी सामाजिक-सांस्कृतिक कारकों को उत्तरदायी कहा जा सकता है। पुरुषों की जनसख्ंया अधिक होना और स्त्रियों की मृत्यु दर अधिक होना स्त्री-पुरुषों के बीच लिंग आधारित भेदभाव को प्रकट करता है।

जन्म संबंधी असमानता-लैंगिक असमानता का दूसरा स्वरूप जन्म से संबंध रखता है। यदि जन्म से पूर्व (गर्भ में ही) यह ज्ञात हो जावे कि लड़की पैदा होगी तो कई लोग भ्रूण हत्या करवा देते हैं। घटती बालिकाओं की संख्या इस तथ्य को प्रमाणित करती है कि लैंगिक भेदभाव जन्म से भी संबंध रखता है।

आधारभूत सुविधाओं मं असमानता-कई देशों में स्त्रियों को आधारभूत सुविधाओं से वंचित किया जाता है अथवा उन पर सामाजिक परम्पराओं के अनुसार पाबन्दी लगाई जाती है। जैसे स्त्रियों को शिक्षा देने से वंचित रखना, स्वास्थ्य सेवाओं पर ध्यान नहीं देना आदि।

विशेष अवसरों की उपलब्धता में असमानता- स्त्रियों के लिए समाज में पुरुषों के समान अवसर उपलब्ध नहीं करवाना लैंगिक असमानता का एक उल्लेखनीय स्वरूप है। जैसे राजनीति के क्षेत्र में अभी तक स्त्रियों को पुरुषों के बराबर अवसर नहीं मिले हैं।

व्यावसायिक असमानता-समाज में एक सोच यह है कि जिस तरह के काम पुरुष करते हैं उन कार्यों को स्त्रियाँ नहीं कर सकती हैं। स्त्रियों के कार्य को मोटे रूप में गृह क्षेत्र के कार्य माना जाता है। जबकि पुरुष द्वारा किये जाने वाले कार्यों को सार्वजनिक क्षेत्रों के कार्य कहा जाता है।

स्वामित्व पर आधारित असमानता–कई समाजों में चल-अचल सम्पत्ति का स्वामित्व केवल पुरुषों के पास ही रहता है। एक पीढ़ी से दूसरी पीढ़ी को हस्तान्तरित होने वाली सम्पत्ति भी लैंगिक आधार पर पुरुष को ही प्राप्त होती है।

घरेलू कार्यों में असमानता–यह एक सामान्य धारणा है कि घर के कार्य स्त्री के द्वारा किये जायेंगे और बाहर के कार्य पुरुष द्वारा किये जायेंगे। भारतीय समाज में यह देखा गया है कि आदिवासी और निम्न जाति की स्त्रियाँ तो खेतों, जंगलों, खानों और कारखानों में काम करती हैं, लेकिन मध्यमवर्गीय परिवारों में बड़ी संख्या में स्त्रियाँ घर का कामकाज ही करती रही हैं।

भारतीय समाज में लैंगिक असमानता

भारतीय समाज में स्त्रियों की प्रस्थिति और भूमिका पुरुषों से असमान, भिन्न एवं भेदभावपूर्ण रही है। कुछ तथ्यात्मक आधार पर भारत में लैंगिक असमानता का विवेचन करेंगे।

महत्वपूर्ण तथ्य–संयुक्त राष्ट्र संघ विकास कार्यक्रम के अन्तर्गत विश्व के देशों की तथ्यात्मक स्थिति का अध्ययन किया जाता है। कुछ निर्धारित मापदण्डों के आधार पर प्रत्येक देश की स्थिति का मूल्यांकन कर मानव विकास रिपोर्ट तैयार की जाती है। मानव विकास रिपोर्ट 2005 के अनुसार 177 देशों में भारत 127वें स्थान पर था। इस रिपोर्ट का एक मापदण्ड़ बालकों की मृत्युदर भी है। भारत में पहले पाँच वर्ष में प्रत्येक 11 में से 1 बच्चा मर जाता है, लेकिन लैंगिक असमानता को दर्शाने वाला तथ्य है है कि बालिकाओं में मृत्युदर बालकों से 50 प्रतिशत अधिक है (2005 : 14)। कन्या भ्रूण हत्या लैंगिक असमानता एवं भेदभाव की समस्या का दूसरा उल्लेखनीय तथ्य है। वर्ष 1999 से 2005 तक हमारे देश में 3 करोड कन्या भ्रूण हत्याएँ हुई हैं। राज्यवार तथ्यों से ज्ञात होता है कि कन्या भ्रूण हत्या में दिल्ली सबसे पहले स्थान पर है उसके बाद पंजाब, हरियाणा, हिमाचल प्रदेश तथा गुजरात का स्थान है। कन्या भ्रूण हत्या के मुख्य कारणों में सामाजिक-सांस्कृतिक मान्यताएँ तो हैं लेकिन, अल्ट्रासाउन्ड टेक्नोलॉजी भी इस समस्या के लिए उत्तरदायी है। प्रसव पूर्व लिंग निषेध (विनिमय एवं दुरुपयोग) अधिनियम (पी.एन.डी.टी.एक्ट) जो कि कानूनी प्रावधान है इसका उल्लंघन भी जेण्डर मुद्दे को प्रभावी बनाने का एक कारण बन गया है।

तीसरा तथ्य भारतीय समाज में लैंगिक असमानता को पिछड़ेपन के आधार पर प्रस्तुत करने से संबंधित हैं। बच्चों के लिंगानुपात से यह स्पष्ट है कि पिछड़े लोगों एव पिछड़े समुदायों की तुलना में गैर-पिछड़े एवं नगरीय समुदायों में लैंगिक असमानता अधिक है। अग्र तालिका में इस तथ्य को प्रस्तुत किया है–

0 – 6 आयु समूह प्रति हजार बालकों पर बालिकाएँ

क्र.सं.	श्रेणी	बालिकाओं की संख्या प्रति हजार बालक
1.	संपूर्ण देश में	927
2.	अनु. जाति में	938
3.	अनु. जनजाति में	973
4.	गैर अनु.जाति/जनजाति में	919
5.	पिछड़े जिलों में	947
6.	गैर पिछड़े जिलों में	921
7.	ग्रामीण क्षेत्रों में	934
8.	नगरीय क्षेत्रों में	906

सरकार ने ग्रामीण रोजगार गारन्टी कार्यक्रम के लिए 150 जिलों को पूरे देश में पिछड़े जिलों के रूप में घोषित किया। इसी आधार पर उपर्युक्त आंकडे उपलब्ध हुए।

कुछ अन्य तथ्य भी महत्वपूर्ण है जो लैंगिक (जेण्डर) भेदभाव को दर्शाते हैं इनमें बालिका की सामाजिक प्रस्थिति मुख्य है। भारतीय समाज में आज भी पुत्र को प्राथमिकता दी जाती है तथा पुत्री के प्रति भेदभाव किया जाता है। लिंग आधारित उपेक्षा एवं सीमान्तीकरण समाज के प्रत्येक स्तर पर देखा जाता है।

बालिका को माता-पिता पर एक आर्थिक एवं नैतिक भारत समझना लैंगिक असमानता का ही तथ्य है। शिक्षा, वस्त्र, पोषण, स्वास्थ्य देखभाल एवं सामान्य देखभाल में भी बालिका के प्रति भेदभाव पाया जाता है।

पितृ सत्तात्मक वैचारिकी के आधार पर भारतीय समाज में लैंगिक असमानता को देखा जा सकता है। पुरुष के प्रभुत्व वाली इस व्यवस्था में स्त्रियाँ अक्सर शोषण का शिकार होती हैं। इसके साथ हम एक अन्य तथ्य को भी अस्वीकार नहीं कर सकते कि स्त्रियाँ स्वयं भी सक्रिय रूप से इस विचारधारा में विश्वास करती हैं और इसे लागू भी करती हैं कि पुरुष उच्च हैं और स्त्रियाँ निम्न हैं।

भारत में स्त्रियों के प्रति ये विचार हैं –

भारत में स्त्रियाँ पवित्र और दिव्य हैं।

स्त्रियाँ अपवित्र और प्रदूषित हैं।

लिंग की दृष्टि से स्त्रियाँ खतरनाक होती हैं।

स्त्रियाँ कमजोर और आश्रित होती हैं।

ऐसे और भी कई परस्पर विरोधी विचार हमारी सामाजिक संरचना के अनुसार बनते रहे हैं। यह भी माना जाता है कि भारत में पितृ स्थानीयता पुरुष और स्त्री के भेदभाव का मुख्य स्रोत हैं। भारत के कई भागों में पितृ स्थानीय निवास ने स्त्रियों को अपने माता-पिता के घर से अलग कर दिया है।

भारत में लैंगिक असमानता के संबंध में यह देखा गया कि स्त्रियों का जीवन वर्ग और जाति तथा क्षेत्र के अनुसार बदल जाता है। परम्परागत पितृ सत्तात्मक रीतिरिवाज विभिन्न जातियों में भिन्न-भिन्न होते हैं। निम्न जातियों की स्त्रियाँ श्रम करती हैं इसलिए उन्हें निम्न समझा जाता है। जबकि उच्च जाति की स्त्रियाँ शारीरिक श्रम नहीं करती लेकिन उनके यौन संबंधों पर कड़ा नियंत्रण रखा जाता है।

उपर्युक्त तथ्यों के आधार पर कहा जा सकता है कि भारतीय समाज में लैंगिक असमानता यहाँ की सामाजिक-सांस्कृतिक संरचना का ही एक परिणाम है। इसका समाधान भी सामाजिक सांस्कृतिक-संरचना के अनुसार ही खोजना होगा।

जातिवाद

ग्रामीण भारत में जातिवाद एक विघटनकारी समस्या है जिसने ग्राम की जाति व्यवस्था और जजमानी व्यवस्था को विघटित किया है। जातिवाद एक ऐसी भावना है जो राष्ट्रवाद के स्थान पर समूहवाद, भाई-भतीजावाद को जन्म देती है तथा राष्ट्रीय एकीकरण की भावना तथा मूल्यों को कमजोर बनाती है। इस संदर्भ में देखना होगा कि जातिवाद क्या है? यह ग्रामीण एकता में किस प्रकार से एक बाधक कारक के रूप में कार्य करती है? आदि-आदि।

जातिवाद का अर्थ एवं परिभाषा –जाति एक बन्द वर्ग तथा जातिवाद उस बन्द वर्ग के सदस्यों की 'हम' की भावना है। जब एक जाति के सदस्य दूसरी जातियों की तुलना में अपनी जाति को उच्च मानते हैं और दूसरी जातियों के लाभ की चिन्ता किए बिना अपनी जाति के स्वार्थ की रक्षा करते हैं तो इस प्रकार की भावना तथा कृत्य ही जातिवाद कहलाता है। पहिले जातिवाद केवल ग्राम पंचायत के स्तर तक था। लेकिन जब से आधुनिक यातायात तथा संचार के साधन आए हैं तब से जातिवाद एक संगठन के रूप में बहुत प्रभावशाली हो गया है। यह ग्राम, क्षेत्र,

प्रान्त और अखिल भारतीय स्तर के संगठन के रूप में सम्मेलन आदि आयोजित करके बढ़ता जा रहा है।

जातिवाद एक ऐसी प्रक्रिया है जिसमें जाति-पृथकता की विशेषताएँ राजनैतिक जीवन में पाई जाती हैं। जातिवाद की भावना जाति के स्तर पर समूहवाद को पैदा करती है। **के.एन.शर्मा के अनुसार,** "जातिवाद या जाति-भक्ति एक ही जाति के व्यक्तियों की वह भावना है जो देश के या समाज के सामान्य हितों को ख्याल न रखते हुए केवल अपनी जाति के सदस्यों के उत्थान, जातीय एकता और जाति की सामाजिक प्रस्थिति को दृढ़ करने के लिए प्रेरित करता है।" **नर्मदेश्वर प्रसाद** का कहना है, "जातिवाद राजनैतिकता में रूपान्तरित एक जाति के प्रति निष्ठा है।" **के.एम.पणिक्कर** ने लिखा है, "राजनैतिक भाषा में 'उपजाति के प्रति निष्ठा का भाव' ही जातिवाद है।" आपका कहना है कि जब तक उपजाति का अस्तित्व रहेगा तब तक जातिवाद भी रहेगा। **काका कालेलकर** के मत में, "जातिवाद अन्ध और परिमति समूह भक्ति है, जो न्याय के सामान्य मानदण्डों के औचित्य, नैतिकता तथा सार्वभौमिक भ्रातृत्व की उपेक्षा करती है।"

निष्कर्षत: जातिवाद जाति के स्तर तक सीमित वह भावना है जिसमें व्यक्ति अपनी जाति के सदस्यों के उत्थान, जातीय एकता और दृढ़ता के प्रति विशेष निष्ठा रखता है। यह जाति विशेष में एकता पैदा करती है तथा अन्य जातियों के प्रति कटुतम घृणा और तनाव में वृद्धि करती है।

ग्रामों में जातिवाद के कारण

ग्रामों में जातिवाद के विकास के कई कारण हैं, उनमें से कुछ महत्वपूर्ण निम्नलिखित हैं -

(1) विवाह पर प्रतिबन्ध -जाति अन्त: विवाही समूह होता है। विवाह की सीमा अपनी ही जाति या उपजाति समूह तक सीमित होने के कारण अच्छे जीवन साथी के चुनाव की कठिनाई हो जाती है। इसका हल करने के लिए जाति के सभी सदस्य परस्पर एक-दूसरे की सहायता करते हैं। अपनों की उन्नति के लिए विशेष प्रयास तथा ध्यान रखते हैं। विभिन्न व्यावसायिक क्षेत्रों, नौकरियों, राजनैतिक पदों, उद्योग धंधो आदि में आपस में उन्नति के लिए एक-दूसरे की सहायता करते हैं, विभिन्न अवसरों का लाभ अपनी जाति के लोगों को पहुँचाने का विशेष प्रयास करते हैं जिससे जातिवाद बढ़ता है।

(2) जजमानी व्यवस्था का टूटना -जजमानी व्यवस्था में विभिन्न जातियाँ अपनी आवश्यकताओं की पूर्ति के लिए एक-दूसरे पर निर्भर रहती थीं तथा परस्पर

सम्बन्धित थीं। उन्नीसवीं शताब्दी से यह जजमानी प्रथा टूटने लगी। जातियाँ एक-दूसरे की आवश्यकताओं के लिए जो काम करती थीं तथा बदले में वस्तुएँ प्राप्त करती थीं वह व्यवस्था समाप्त हो गई। उसके साथ उनके पारस्परिक संबंध तथा निर्भरता भी समाप्त हो गई। अब जातियाँ अन्य जातियों का ध्यान रखने के स्थान पर अपनी जाति तथा अपने सदस्यों की उन्नति तथा हितों का ध्यान रखना आरम्भ कर दिया जो जातिवाद में विकसित हो गया।

(3) जातियों का विकास -जो जातियाँ उच्च शिक्षा प्राप्त कर लेती हैं, उनका अच्छा व्यापार जम जाता है या नौकरियों में ऊँचे पद प्राप्त कर लेती हैं, समाज में उनकी प्रतिष्ठा ऊँची हो जाती है तथा राजनैतिक क्षेत्र में वे प्रभावशाली हो जाती हैं। ऐसी जातियों के सदस्य अपनी नाते-रिश्तेदारों की सहायता करते हैं। जहाँ-जहाँ अवसर मिलता है, अपनी जाति-बिरादरी के लोगों के विकास के लिए प्रयास करते हैं। उनमें जाति के प्रति स्वार्थ की भावना विकसित हो जाती है। वे जातिवाद का प्रचार और प्रसार करते हैं

(4) जातीय प्रतिष्ठा के प्रति निष्ठा -ग्रामीण जाति व्यवस्था में प्रत्येक जाति की स्थिति अन्य जातियों की तुलना में निम्न या उच्च होती है। अब जाति मत में निजी सम्पत्ति की समाप्ति होनी चाहिए जिससे संपूर्ण समाज में समानता लाई जा सके, जबकि लोकतंत्रात्मक समाजों की दृष्टि से समानता का अर्थ आय और स्थिति का समान होना है। किन्तु कोई भी समाज हर दृष्टि से समान नहीं हैं। भारत के ग्रामीण समाजों में भी अनेक प्रकार की असमानताएँ हैं जिनकी विवेचना इसके अर्थ और परिभाषा के बाद करेंगें।

असमानता का अर्थ एवं परिभाषा -भिन्न-भिन्न विद्वानों द्वारा असमानता को विभिन्न दृष्टिकोणों से व्यक्त किया गया है। कुछ विद्वानों के मत में सामाजिक वर्ग एवं सामाजिक संस्तरण असमानता के ही रूप हैं। इसी कारण इसकी एक स्पष्ट परिभाषा देना संभव नहीं है क्योंकि असमानता के अनेक अर्थ हैं। **'कोलिन्स कोबिल्ड इंगलिश लेंग्वेज डिक्शनरी'** में असमानता का अर्थ वह दशा या स्थिति है, जो समान नहीं है। विभिन्न व्यक्ति अथवा समूह इसे विभिन्न तरीकों में व्यवहार करते हैं, जैसे-उदाहरण के लिए किसी एक व्यक्ति या समूह की तुलना में दूसरे व्यक्ति या समूह को अधिक धन, पद एवं सुविधा प्राप्त हो अथवा दो वस्तुएँ आकार, शक्ति एवं योग्यता में भिन्न प्रकार की हो, जैसे--उसके पैर असमान आकार के हैं।

ऑक्सफोर्ड शब्दकोश में असमानता के अर्थ इस प्रकार बताए गए हैं- "असमान होने की स्थिति या दशा या समानता का अभाव।" व्यक्तियों, समाजों या

वस्तुओं के मध्य समानता का अभाव अनेक प्रकार से देख सकते हैं। मात्रा, संख्या, गहनता या अन्य भौतिक गुणों में समानता का अभाव होना असमानता कहलाएगी। सामाजिक असमानता समाज में प्रतिष्ठा, प्रस्थिति, भूमिका या स्तर के आधार पर विद्यमान होती है। इसी प्रकार से ग्रामों में भू-स्वामी और भूमिहीन के बीच असमानता जीवन-स्तर, रहन-सहन, शक्ति, प्रतिष्ठा, आय, सम्पत्ति आदि के क्षेत्रों में देख सकते हैं।

समाजशास्त्रियों ने सामाजिक असमानता को एक विशेष प्रकार का विभेदीकरण बताया है जिसे स्तरीकरण कहते हैं। भारत के ग्रामों में जाति पर आधारित उच्चता और निम्नता के क्रम विन्यास को जाति-प्रथा कहते हैं जो ग्रामीण समाज की असमानता का चित्रण करते हैं। वर्ग-व्यवस्था, वर्ण-व्यवस्था, दास प्रथा आदि अन्य सामाजिक असमानता के उदाहरण हैं। **बीरस्टीड** ने समाज की असमानता के स्वरूप स्त्री-पुरुष, वर्ग और जाति, रंग और प्रजाति, नगर और देश बताए हैं। अपने ग्राम और नगर की असमानता को एक महत्वपूर्ण प्रकार माना है।

इस प्रकार असमानता अनेक रूपों में वर्णित की जा सकती है। सभी का सार-असमान या 'समान न होने की स्थिति' होता है। इसके आधार पर इसे इस रूप में परिभाषित किया जा सकता है-असमानता दो वस्तुओं अथवा समाजों के असमान होने की दशा है। अर्थात् **जब एक समाज के सदस्य दूसरे समाज की तुलना में अधिक या कम लाभप्रद दशा में होते हैं तो वह स्थिति असमानता की होती है।** अधिक या कम लाभप्रद स्थिति का अर्थ है-धन, वस्तुओं, पदों अथवा शक्ति के आधार पर भिन्नता का होना। शक्ति का असमान वितरण भी असमानता है। सार रूप में समाज के सदस्यों का एक दूसरे की तुलना में कम अथवा अधिक सुविधाएं प्राप्त करना ही असमानता हैं।

भारतीय ग्रामों में असमानता के स्वरूप

भारतीय ग्रामीण समाज में असमानता या विषमता को अनेक क्षेत्रों में देखा जा सकता है सामाजिक वैज्ञानिकों ने भारत के ग्रामों में असमानता के मुख्यत: निम्न स्वरूपों का अध्ययन किया है-भारत के ग्रामों में भू-स्वामित्व के आधार पर असमानता का विकराल रूप सर्वत्र व्याप्त है। ग्रामीणों की असमानता के निर्धारण पर भूमि के स्वामित्व के प्रकार का अत्यधिक प्रभाव पड़ा है। भारत की कृषि व्यवस्था इस प्रकार की है कि यहाँ खेत पर घोर परिश्रम कोई और ग्रामीण करता है, अनाज उपजाता है लेकिन इस खेत का स्वामी वह नहीं होता है कोई और जमींदार का जागीरदार होता है जो इस भूमिहीन ग्रामीण का खूब शोषण करता है। इस कारण ग्रामों में भू-स्वामियों और भूमिहीन श्रमिकों के बीच बहुत असमानता व्याप्त है। इस असमानता के स्वरूप

को भूमि के स्वामित्व के आधार पर निम्नानुसार वर्गीकृत करके विद्वानों ने देखा है- (1) **सीमान्त किसान** वे कहलाते हैं, जिनके पास 1 हैक्टेयर से कम भू-जोत है। 1990-91 के अनुसार ये देश में कुल जोतों का 59.0   है। (2) **लघु किसान** के पास 1-2 हेक्टेयर भू-जोत होती है। ये देश में 19.0   हैं। (3) **अर्द्ध-मध्यम किसान** के पास 2 से 4 हैक्टेयर भू-जोत होती है। ये देश में 7.2 हैं। (4) **मध्यम किसान** के पास 4 से 10 हैक्टेयर भू-जोत होती है। ये देश में 7.2 हैं। (5) **बड़े या वृहद-किसान** के पास 10 व इससे अधिक हैक्टेयर भू-जोत होती है। इस प्रतिशत देश में 1.6 है।

भारत में भूमि का बंटवारा बहुत असमान है। 1990-91 के आँकड़ों के अनुसार 2 हैक्टेयर तक की 78 जोतों में मात्र 32 कृषिगत भूमि थी। इसकी तुलना में 10 हैक्टेयर से अधिक वाली 1.6 जोतों में लगभग 17 भूमि समाई हुई थी। इन आँकड़ों से स्पष्ट हो जाता है कि भारत के ग्रामों में अधिक कृषि भूमि थोड़े हाथों में है। इस असमान भूमि के वितरण के कारण ग्रामीणों में सामाजिक असन्तोष एवं तनाव व्याप्त है। ग्रामों में भू-स्वामित्व जाति-प्रथा और परम्परा पर आधारित है। बड़े-बड़े भू-स्वामी उच्च जातियों के होते हैं। भूमिहीन श्रमिक निम्न जातियों के होते हैं। बडे भूस्वामी कृषि कार्य नहीं करते हैं। वे निम्न जातियों के लोगों से अपने खेतों पर कठोर शारीरिक श्रम के कार्य करवाते हैं तथा उनका घोर शोषण करते हैं।

जमींदारी और जागीरदारी-प्रथा के कारण ग्रामों में असमानता की दशा शोचनीय रही है। इस प्रथा पर आधारित असमानता को समाप्त करने के लिए सन् 1938 में बंगाल में प्लाइड कमीशन नियुक्त किया गया था। सन् 1947 में 'कांग्रेस कृषि सुधार कमेटी' ने जमींदारों और मध्यस्थों के अधिकारों को समाप्त करने की सिफारिश की-स्वतंत्रता -प्राप्ति के अनन्तर देश में भूमि सुधार के लिए कुछ कदम उठाए गए तथा निम्नलिखित कार्यक्रमों का आयोजन किया गया - राज्य और खेत जोतने वाले किसान के मध्य बिचौलिये की समाप्ति; पट्टेदारी की सुरक्षा व्यवस्था; लगान की दरों में कमी और खेत जोतने वाले काश्तकारों को स्वामित्व का अधिकार देना; कृषि भूमि की जोत-सीमा बाँधना; भूमि पर स्वामित्व के रेकार्ड को ठीक करना, जिसमें उन काश्तकारों, बँटाईदारों, अन्य खेतिहरों के अधिकार की भी व्यवस्था तो समाप्त हो रही है उसके साथ-साथ जातियों में परस्पर उच्चता की स्थिति की प्रतियोगिता सी हो रही है। उनमें प्रत्यक्ष और परोक्ष रूप में प्रतिष्ठा, सम्मान, प्रस्थिति, ऊँच-नीच के आधार पर प्रतिस्पर्धा होने लगी है। प्रत्येक जाति समूह में अपनी जाति को ऊँचा उठाने की भावना पैदा हो गई है। प्रतिष्ठा प्राप्त करने के लिए वे विभिन्न प्रयास करते हैं जो जातिवाद को बढ़ावा देते हैं।

(5) आधुनिक साधनों का प्रभाव –भारतवर्ष में अनेक आधुनिक साधनों का विकास हो रहा है, जैसे–यातायात और संचार के साधनों का विकास। समाचार-पत्र, मुद्रण यंत्र, सड़क, रेल आदि साधनों ने विभिन्न क्षेत्रों में फैले एक जाति के सदस्यों को परस्पर जोड़ दिया है। जाति के सदस्य इन साधनों के द्वारा एक दूसरे से तुरन्त संपर्क स्थापित कर लेते हैं तथा विचारों का आदान-प्रदान कर लेते हैं। जाति के संगठन, एकता, विकास आदि की चर्चा करते हैं; ग्राम, नगर, क्षेत्र तथा अखिल भारतीय स्तर के सम्मेलन आयोजित करते हैं। इस प्रकार से आधुनिक साधनों के द्वारा एक जाति के सदस्य परस्पर संगठित होकर अपनी जाति तथा सदस्यों के विकास के लिए बड़ी मेहनत और प्रयास करते हैं। इन्हीं सब प्रयासों तथा संगठनों से जातिवाद सुदृढ़ तथा संगठित होता जा रहा है।

(6) राजनैतिक कारण –जब से भारतवर्ष में प्रजातंत्र आया है तथा सभी को मतदान का अधिकार मिला है, तब से जातिवाद का विशेष प्रभाव बढ़ा है। उम्मीदवार जाति का वास्ता देकर मत मांगता है। जिस जाति का किसी क्षेत्र में बहुमत होता है उस क्षेत्र से उस जाति का सदस्य चुनाव जीत जाता है। वह पद प्राप्त करने के बाद अपनी जाति के हितों का ध्यान रखता है। अपनी जाति के सदस्यों की सहायता करता है। मंत्री बनने पर अपनी जाति की नौकरियाँ दिलवाने में सहायता करता है। इस प्रकार से राजनैतिक कारक जातिवाद को उत्पन्न करने तथा बढ़ावा देने में सहायता करते हैं।

(7) जातीय संगठन –जाति के सक्रिय तथा प्रभावशाली सदस्यों ने जातीय संगठनों को बनाया है तथा इनके द्वारा जाति के हितों को सुनियोजित रूप से पूरा करने का प्रयास करते हैं। ये संगठन स्थानीय, क्षेत्रीय तथा अखिल भारतीय स्तर के होते हैं, इससे –'अखिल भारतीय ब्राह्मण संघ', 'गुर्जर गौड़ संघ, राजस्थान' आदि। इनकी पत्र-पत्रिकायें आती हैं। धर्मशालाएँ होती है। विभिन्न प्रकार के सम्मेलन एवं गोष्ठियाँ होती हैं। इन संगठनों द्वारा जाति के हितों की रक्षा की जाती है। इससे जातिवाद को बढ़ावा मिला है।

(8) संस्कृतिकरण–संस्कृतिकरण की प्रक्रिया ने योजनाबद्ध रूप से जातिवाद को बढ़ावा दिया है। श्रीनिवास का कहना है कि संस्कृतिकरण वह प्रक्रिया है जिसमें कि निम्न जाति ब्राह्मण, क्षत्रिय या प्रभुत्व-जाति के खान-पान, रहन-सहन, देवी-देवताओं, प्रथाओं रीति-रिवाजों, वेश-भूषा, व्यवहार और जीवन जीने के तरीके को अपनाती है। ऊँची जाति से संबंध बनाती है। विधवा-विवाह पर रोक लगा देती है। माँस और मदिरा का सेवन त्याग देती है। कुछ पीढ़ियों में यज ाति सामाजिक-

संस्तरण में ऊँचा उठ जाती है। यह कार्य जाति समूह करता है तथा ऊँचा उठाना भी सामूहिक होता है। इस प्रकार संस्कृतिकरण जाति में जातिवाद उत्पन्न करती है, उसे बढ़ावा देती है। उच्च-जाति इस जाति को उच्च स्वीकार नहीं करती है। विरोध करने वाली जाति संगठित हो जाती है और उसमें भी जातिवाद पनप जाता है। उपर्युक्त लक्षण जातिवाद को उत्पन्न करते हैं। जातिवाद की भावना का विकास करते हैं। जाति को इसे सुदृढ़ बनाकर राष्ट्रीयकरण के विरुद्ध एक कठिन स्थिति उत्पन्न कर देते हैं। जातिवाद ग्रामीण विकास में बाधक बन जाती है।

ग्रामीण भारत में जातिवाद के परिणाम

जातिवाद ने ग्रामों में अनेक समस्याओं को जन्म दिया है। इसके कारण ग्रामों का विकास सुचारु रूप से नहीं हो पा रहा है। इसने राष्ट्र को एक सूत्र में बांधने में अनेक प्रकार से बाधाएँ पहुँचाई हैं, जो अग्रलिखित हैं-

(1) भेदभाव को बढ़ावा -राष्ट्रीय एकता के लिए आवश्यक है कि सभी बिना किसी भेदभाव के साथ-साथ मित्रता से रहें। परन्तु जातिवाद अपनी जाति के प्रति लगाव तथा दूसरी जातियों के प्रति घृणा की भावना पैदा करता है। अपनी जाति को उच्च तथा अन्य जातियों को हीन समझने की प्रवृत्ति को बढ़ावा देता है। व्यक्ति का झुकाव अपनी जाति के प्रति पक्षपातपूर्ण रहता है तथा दूसरी जातियों के साथ निष्पक्षता का व्यवहार नहीं करता है। बड़े-बडे अधिकारी भी जातिवाद की संकीर्ण और संकुचित प्रवृत्ति के कारण राष्ट्रीय एकता की कीमत पर जातिगत स्वार्थों को पूर्ण करने में गौरव का अनुभव करते हैं जो राष्ट्रीय एकता के विरुद्ध है। स्वतंत्र भारत के संविधान की धारा 15(1) के अनुसार राज्य किसी के साथ किसी भी आधार पर कोई भेदभाव नहीं करेगा। जातिवाद इस धारा के विरुद्ध ग्रामों में सभी प्रकार के भेदभावों को फैलाता है।

(2) जातीय संघर्ष को बढ़ावा -जातिवाद की भावना से ग्राम की विभिनन जातियों में संघर्ष, तनाव, लड़ाई-झगड़े आदि होते हैं। जातियों में परस्पर ऊँच-नीच की दीवार जातिवाद खड़ी कर देता है। व्यक्ति जाति के हित से ऊपर नहीं उठता है। वह समाज और ग्राम के स्तर पर विचार नहीं करता है। व्यक्ति की भावना, दृष्टिकोण जाति के लिए जाति के द्वारा आदि तक सीमित हो जाता है। दूसरी जातियों को नुकसान तथा अपनी जाति को लाभ पहुँचाने की प्रवृत्ति के कारण जातियों में परस्पर तनाव तथा संघर्ष होता है। जातिवाद ग्रामों जातियों में झगड़े बढ़ाता है, घटाता नहीं है।

(3) जातिवाद प्रजातंत्र तथा एकता का विरोधी -संविधान की धारा 15(1) केअनुसार राज्य किसी नागरिक के विरुद्ध धर्म, मूलवंश, जाति, लिंग, जन्म,

रंग आदि के आधार पर कोई भेदभाव नहीं करेगा। जातिवाद का अर्थ है अपनी जाति का हित, लाभ तथा उद्देश्यों को प्राथमिकता देना, उन्हें पूरा करना आदि। प्रजातंत्र राष्ट्रीयता की भावना पर आधारित है। जातिवाद जाति के स्तर तक हित सोचने की भावना पर आधारित है। प्रजातंत्र से तात्पर्य है 'प्रजा के लिए, प्रजा द्वारा, प्रजा का राज्य' अर्थात् प्रजा का तंत्र। जातिवाद का अर्थ है-जाति के लिए, जाति द्वारा जाति का कार्य। राष्ट्रीय एकता के लिए प्रत्येक व्यक्ति को विकास के पूर्ण अवसर प्रदान करना आवश्यक है। जातिवाद का अर्थ है मौका मिले तो अपनी जाति को, उसके सदस्यों को लाभ पहुँचाना, केवल जाति-भाई को अवसर प्रदान करना। राष्ट्रीय एकता के लिए आवश्यक है कि किसी के साथ ऊँच-नीच का भेदभाव नहीं किया जाये। जातिवाद का अर्थ है अपनी जाति को उच्च मानना तथा अन्य को निम्न। जातिवाद अप्रजातांत्रिक है।

(4) जातिवाद राष्ट्र-हित के विरुद्ध -जातिवाद से प्रभावित व्यक्ति राष्ट्र-हित की बात तो कभी सोच ही नहीं सकता। इसलिए जातिवाद राष्ट्र-विरोधी भावना फैलाता है। जातिवाद ने लोगों के मूल्य संकीर्ण बना दिये हैं, जैसे-लोगों का ये कहना कि 'वोट और बेटी तो अपनी जाति में देंगे।' चुनाव की रणनीति में जातियों के व्यक्तियों की संख्या का विशेष ध्यान रखकर राजनैतिक दल उम्मीदवार चुनाव में खड़े करते हैं। इस रणनीति से चुनाव जीतते भी हैं। जातिवाद मतदाताओं की संख्या तथा विजयी सदस्यों का ग्राम पंचायत, नगरपालिका, विधान सभा और लोक सभा के चुनावों के सर्वेक्षण से भी यह तथ्य सिद्ध होता है कि चुनावों में जातिवाद एक महत्वपूर्ण निर्णायक कारक है। जब भी व्यक्ति महत्वपूर्ण सरकारी पद पर आसीन हो जाता है तो वह अपनी जाति के लोगों को अधिक से अधिक लाभ पहुँचाने का प्रयास करता है। चयन समिति का सदस्य बन जाने पर अपनी जाति के कम योग्य व्यक्ति का चयन करने में भी संकोच नहीं करता है। कुशल कार्यकत्ताओं का चयन नहीं होने तथा अकुशल कर्मचारियों की नियुक्तियाँ होने से कार्यकुशलता घट जाती है जिससे समाज का अहित होता है। लोगों में ग्रामीण निष्ठा तथा भक्ति के स्थान पर जातीयनिष्ठा तथा भक्ति फैल जाती हैं। यह सब ग्रामीण एकीकरण में बाधक बन जाते हैं।

जातिवाद के निराकरण के उपाय -जातिवाद के निराकरण के जो विभिन्न सुझाव विद्वानों ने दिए हैं, वे निम्नलिखित हैं-

(1) जातिविहीन समाज की रचना -अनेक समाजशास्त्रियों, समाज सुधारकों आदि का मत रहा है कि जाति-व्यवस्था से अनेक हानियाँ हैं इसलिए भारत के हिन्दू समाज में से जाति-व्यवस्था को समाप्त करके एक जातिविहीन समाज की स्थापना

की जाए। जातिवाद जाति–व्यवस्था का ही परिणाम है। इसलिए जातिवाद भी जातिविहीन समाज की स्थापना होने पर अपने आप समाप्त हो जायेगा।

(2) कानून द्वारा जातिवाद की समाप्ति –कानून द्वारा प्रत्यक्ष रूप से जाति–व्यवस्था तथा अप्रत्यक्ष रूप से जातिवाद को समाप्त करने के अनेक प्रयास किये गये हैं परन्तु इनमें कोई विशेष उल्लेखनीय परिवर्तन नहीं आया है संविधान की अनेक धाराओं, जैसे–15, 16, 17, 29, 38, 46, 164, 330, 332, 334 आदि के द्वारा जाति के प्रतिबन्धों, निर्योग्यताओं, असमर्थताओं, अयोग्यताओं इत्यादि को कानून समाप्त कर दिया गया है परन्तु इससे जातिवाद को बढ़ावा ही मिला है। कानूनों द्वारा जाति–व्यवस्था और इसके प्रभावों के फलस्वरूप उत्पन्न तथा विकसित होने वाला जातिवाद तब तक समाप्त नहीं हो सकता जब तक लोगों के विचारों तथा व्यवहारों में परिवर्तन नहीं आता। इन परिवर्तनों के द्वारा ही जातिवाद समाप्त करके ग्रामीण एकता को सुदृढ़ किया जा सकता है।

(3) अन्तर्जातीय विवाह –कुछ समाजशास्त्रियों विशेष रूप से घुर्ये का कहना है कि विभिन्न जातियों की पारस्परिक सामाजिक दूरी को अन्तर्जातीय विवाहों द्वारा दूर किया जा सकता है। अन्तर्जातीय विवाह सबसे प्रभावशाली और कारगर उपाय है जो जातियों के तनाव, संघर्ष, सामाजिक दूरी तथा जातिवाद को समाप्त ही नहीं करता बल्कि एक संगठित, सुदृढ़ और शक्तिशाली राष्ट्र का निर्माण भी कर सकता है। घुर्ये का मत है कि इससे विभिन्न जातियों के लड़के–लड़कियाँ परस्पर निकट आयेंगे तथा जाति प्रथा और जातिवाद दोनों ही धीरे धीरे समाप्त हो जायेंगे।

(4) जाति के नाम के प्रयोग पर रोक –जातिवाद को समाप्त करने के अनेक प्रयासों में एक सुझाव नाम के अन्त में जाति के नाम के प्रयोग पर रोक लगाने का भी है। सितम्बर, 1955 में दिल्ली में आयोजित एक विचार गोष्ठी में भी यही सुझाव था। इसलिए स्वतंत्र भारत की मतदाता अनुसूची में जाति का नाम लिखना काफी समय से बन्द कर दिया गया है। इस जाति के शब्द के प्रयोग पर कानूनन प्रतिबन्ध लगाया जाना चाहिए क्योंकि जाति के शब्द का प्रयोग मकानों, दुकानों, संस्थाओं, प्रतिष्ठानों, धर्मशालाओं, मार्गों आदि के नाम रखने में विशेष किया जाता है जो जातिवाद को विशेष बढ़ावा देता है तथा जाति के प्रति झुकाव, भक्ति तथा निष्ठा पैदा करता है।

(5) उचित शिक्षा–उचित शिक्षा के द्वारा व्यवहार के आन्तरिक स्रोतों पर प्रभाव डालकर जातिवाद को दूर किया जा सकता है। शिक्षा के द्वारा बालकों को जाति–प्रथा तथा जातिवाद की हानियाँ तथा राष्ट्रवाद के गुणों का ज्ञान कराया जाना

चाहिए। परिवार के स्तर पर सामाजीकरण के द्वारा बच्चों की जाति-पाँति, छुआछुत, ऊँच-नीच, भेदभाव की शिक्षा नहीं दी जानी चाहिए तभी जातिवाद समाप्त हो सकता है।

(6) आर्थिक एवं सांस्कृतिक समानता—जातिवाद से छुटकारा पाने के लिए आर्थिक तथा सांस्कृतिक समानता लाना आवश्यक है। विभिन्न जातियों में सांस्कृतिक भिन्नताएँ बहुत अधिक हैं इसके कारण भी जाति भेदभाव तथा जातिवाद को बढ़ावा मिलता है। सांस्कृतिकरण की प्रक्रिया भी इन्हीं आर्थिक, सामाजिक, सांस्कृतिक, धार्मिक भेदभाव को कम करने तथा समानता लाने की प्रक्रिया है।

(7) जातीय संगठनों पर प्रतिबन्ध—सरकार द्वारा जातीय संगठनों पर प्रतिबन्ध लगा देना चाहिए जिससे न तो ऐसे संगठन बनेंगे तथा न ही जातीय सम्मेलन होंगे तो जातिवाद अपने आप समाप्त हो जायेगा। जातीय संगठन, जातिवाद को बढ़ावा देते हैं। जब ऐसे संगठन होंगे ही नहीं तो जातिवाद को बढ़ावा नहीं मिलेगा।

14

अशिक्षा

भारत में एक बहुत बड़ी समस्या अशिक्षा की है। अशिक्षा ने भारत में अनेक सामाजिक-आर्थिक बुराईयों को जन्म दिया है। शिक्षा के अभाव में लोग वैज्ञानिक आविष्कारों से अनभिज्ञ रहे। कृषि एवं कुटीर व्यवसायों का समुचित विकास नहीं हो पाया है। अशिक्षा के कारण लोग स्वास्थ्य के नियमों से अपरिचित रहे हैं। अत: वे कई रोगों के शिकार हुए हैं। शिक्षा के अभाव में ज्ञान और विज्ञान दोनों का विकास नहीं हो सका है। अशिक्षा ने भारत में अन्धविश्वासों एवं रूढ़िवादिता को जन्म दिया है। शिक्षा की कमी लोगों के धनोपार्जन में भी बाधक रही है और सेठ-साहूकारों ने उनकी अज्ञानता का लाभ उठाकर उनका खूब शोषण किया है स्त्रियों में शिक्षा केअभाव ने उनको सदैव हीन अवस्था में रखा और वे घर की चहारदीवारी को छोड़कर बाह्य संसार से अनभिज्ञ रहीं। सन्तानों का उचित लालन-पालन नहीं कर पाने के कारणवे योग्य नागरिकों को तैयार नहीं कर सकीं। अशिक्षा के कारण लोग अपना शारीरिक, आध्यात्मिक एवं मानसिकविकास नहीं कर सके। शिक्षा के बिना मानव पशु के समान है, क्योंकि शिक्षा ही सभ्यता एवं संकृति के निर्माण में सहायक होती है और मानव को अन्य प्राणियों की तुलना में श्रेष्ठ बनाती है। किसी देश में शिक्षा की स्थिति ही उसके विकास की स्थिति प्रकट करती है। भारत को यदि आर्थिक व वैज्ञानिक प्रगबत

करनी है, लोगों का जीवन-स्तर ऊँचा उठाना है, अन्धविश्वासों एवं अज्ञानता से मुक्ति पानी है और अपना सर्वांगीण विकास करना है तो उसे अशिक्षा से छुटकारा प्राप्त करना होगा तथा देश में शिक्षा का अधिकाधिक प्रसार करना होगा। जो महत्व शरीर के लिए भोजन का है, वही शिक्षा का सामाजिक जीवन के लिए है। अतः शिक्षा मानव-जीवन का अनिवार्य अंग है।

शिक्षा क्या है

मानव द्वारा आदिकाल से ही ज्ञान का संचय किया जाता रहा है। प्रत्येक नयी पीढ़ी को पुरानी पीढ़ी द्वारा कुछ ज्ञान सामाजिक विरासत में प्राप्त होता है और कुछ वह स्वयं अर्जित करता है। मानव की प्रत्येक पीढ़ी में सीखने की प्रक्रिया और हस्तन्तरण द्वारा ज्ञान की वृद्धि होती गयी है। ज्ञान की यह परम्परात्मक शृंखला ही शिक्षा है। शिक्षा का उद्देश्य मनुष्य से पहले से उपस्थित पूर्णता की अभिव्यक्ति है। शिक्षा मनुष्य को सांसारिक जीवन व्यतीत करने के योग्य बनाती है।

शिक्षा को परिभाषित करते हुए **दुर्खीम** लिखते हैं, ''शिक्षा अधिक आयु के लोगों द्वारा ऐसे लोगोंके प्रति की जाने वाली क्रिया है जो अभी सामाजिक जीवन में प्रवेश करने के योग्य नहीं है। इसका उद्देश्य व्यक्ति में उन भौतिक, बौद्धिक और नैतिक विशेषताओं का विकास करना है जो सके लिए सम्पूर्ण समाज और पर्यावरण से अनुकूलन करने के लिए आवश्यक है।''

फिलिप्स के अनुसार, ''शिक्षा वह संस्था हे जिसका केन्द्रीय तत्व ज्ञान का संग्रह है।''

महात्मा गांधी कहते हैं, ''शिक्षा से मेरा अभिप्राय बच्चे के शरीर, मन और आत्मा में विद्यमान सर्वोत्तम गुणों का सर्वांगीण विकास करना है।''

उपर्युक्त परिभाषाओं से स्पष्ट है कि **शिक्षा वह प्रक्रिया है जिसके द्वारा मानव में शारीरिक, मानसिक एवं आध्यात्मिक गुणों का विकास किया जाता है** ताकि वह उत्तम सामाजिक जीवन व्यतीत करने एवं अपने आप को पर्यावरण के अनुकूल ढालने में समर्थ हो सके।

भारत में साक्षरता

जनगणना आयोग, 2001 के अनुसार वह व्यक्ति साक्षर है जो किसी भी भारतीय भाषा में समझ के साथ लिख और पढ़ सकता है। जो केवल पढ़ सकता है परन्तु लिख नहीं सकता, उसे साक्षर नहीं माना गया है। साक्षर कहलाने के लिए व्यक्ति का किसी स्कूल में औपचारिक शिक्षा प्राप्त करना अथवा कोई परीक्षा उत्तीर्ण करना

आवश्यक नहीं है। भारत में अन्य देशों की तुलना में साक्षर 1991-2001 में हुई अच्छी वृद्धि के बावजूद बहुत कम हैं। इंग्लैण्ड, रूस तथा जापान में लगभग शत-प्रतिशत जनसंख्या साक्षर है। यूरोप एवं अमेरिका में साक्षरता का प्रतिशत 90 से 100 के बीच है जबकि भारत में साक्षरता का प्रतिशत 2001 में 65.38 है।

1951 में भारत में साक्षरता का प्रतिशत 18.33 था जो बढ़कर 2001 में 65.38 हो गया। पुरुषों में साक्षरता का प्रतिशत 75.85 तथा स्त्रियों में 54.16 है। केरल में साक्षरता का प्रतिशत सबसे अधिक 90.92 है। इसके बाद मिजोरम में 88.49 तथा लक्षद्वीप में 87.52 है। साक्षरता दर तथ साक्षरों की कुल संख्या में वृद्धि तथा जनसंख्या में तेजी से वृद्धि के बावजूद निरक्षरों की संख्या 1991 में 32.81 करोड़ से 2001 में 29.62 करोड़ रह गयी है। राजस्थान में 2001 की जनगणना के अनुसार साक्षरता की दर 61.03 प्रतिशत है। पुरुष साक्षरता की दर 76.46 प्रतिशत तथा महिला साक्षरता की दर 44.34 प्रतिशत है। राज्य में ग्रामीण क्षेत्रों की साक्षरता दर 55.92 प्रतिशत तथा नगरीय क्षेत्रों की साक्षरता दर 76.89 प्रतिशत है। जनगणना 2001 के अनुसारदेश में साक्षर लोगों की कुल संख्या 56,67,14,995 है। इस प्रकार 1991-2001 के दौरान 20,36,08,112, व्यक्तिसाक्षर हुए हैं।

ग्रामीण क्षेत्रों में साक्षरता 59.4 प्रतिशत रही। केरल, जिसकी 90.92 प्रतिशत के स्तर पर उच्चतम साक्षरता दर है, पुरुष और महिला दोनों की साक्षरता के सम्बन्ध में क्रमश: 94.20 और 87.86 प्रतिशत लेकर शीर्ष स्थान पर बना हुआ है। बिहार की 47.53 प्रतिशत के स्तर पर निम्नतम साक्षरता दर है जहाँ पुरुषों के लिए निम्नतम साक्षरता दर 60.32 प्रतिशत और महिलाओंकी साक्षरता दर 33.57 प्रतिशत है। 1991-2001 के दशक में दादरा और नागर हवेली तथा राजथान में साक्षर व्यक्तियों की संख्या दोगुने से अधिक हो गई है। 2001 जनगणना के अनुसार, सभी राज्यों और संघ राज्य क्षेत्रों ने अब 60 प्रतिशत से अधिक पुरुष साक्षरता दर हासिल कर ली है। 50 प्रतिशत सेकम महिला साक्षरता दर वाले राज्य/संघ राज्य क्षेत्र हैं-राजस्थान, अरुणाचल प्रदेश, दादरा और नागर हवेली, उत्तर प्रदेश, जम्मू और कश्मीर, झारखण्ड और बिहार। 1991-2001 के दौरान, सात वर्ष से अधिक की आयु वर्ग की जनसंख्या में 172 मिलियन की वृद्धि हुई जबकि 204 मिलियन अतिरिक्त व्यक्ति साक्षर हुए। जनसंख्या में समूचे तौर पर वृद्धि के बावजूद, निरक्षर व्यक्तियों की संख्या वर्ष 1991 के 328 मिलियन से कम होकर 2001 में 296 मिलियन रह गई। यह महत्वपूर्ण घटनाक्रम है क्योंकि स्वतन्त्रता के बाद से पहली बार, किसी दशक में निरक्षर व्यक्तियां की कुल संख्या में गिरावट हुई है। निरक्षर व्यक्तियों की कुल संख्या में हुई इस गिरावट में योगदान देने वाले राज्य हैं-आन्ध्र प्रदेश, उत्तर प्रदेश, महराष्ट्र, राजस्थान, मध्य प्रदेश

और तमिलनाडु। वर्तमान में सभी राज्यों में प्रारम्भिक शिक्षा निःशुल्क हो गयी है। विश्वविद्यालय स्तर पर भी विद्यार्थियों की संख्या 1950-51 की तुलना में वर्तमान में नौ गुना से अधिक हो गयी है। वर्तमान में देश में 259 विश्वविद्यालय तथा 11,089 महाविद्यालय है। 49 संस्थानों को विश्वविद्यालयवत् (डीम्ड) घोषित किया गया है।

यद्यपि स्वतन्त्रता के 55 वर्ष बाद साक्षरता का प्रतिशत और साक्षरों की संख्या काफी बढ़ चुकी है, परन्तु आज भी भारत साक्षरता की दृष्टि से काफी पिछड़ा हुआ है। 1986 में रूस में निरक्षर करीब-करीब नहीं के बराबर थे, संयुक्त राज्य अमेरिका में इनकी संख्या कुल जनसंख्या का 1 प्रतिशत, इटली में 3 प्रतिशत, चीन में 31 प्रतिशत, श्रीलंका में 13.3 प्रतिशत, सिंगापुर में 14 प्रतिशत तथा भारत में 57 प्रतिशत थी।सम्पूर्ण भारत में 2001 में साक्षरता की दर 65.38 है जबकि बिहार, झारखण्ड, जम्मू-कश्मीर, अरुणाचल प्रदेश और उत्तर प्रदेश की साक्षरता दर 60 प्रतिशत से भी कम है। बिहार में यह दर मात्र 47.53 है। इसी प्रकार बिहार एवं झारखण्ड में महिला साक्षरता दर क्रमश: 33.57 प्रतिशत एवं 39.38 प्रतिशत है। राजस्थान, अरुणाचल प्रदेश, दादरा एवं नागर हवेली, उत्तर प्रदेश एवं जम्मू कश्मीर में भी महिला साक्षरता दर 45 प्रतिशत से भी कम है। 1991-2001 के दौरान निरक्षरों की संख्या में काफी गिरावट आई है परन्तु दशक के दौरान दिल्ली, नागालैण्ड, मणिपुर, चण्डीगढ़ और दमन और दीव तथा दादरा और नागर हवेली में निरक्षर व्यक्तियों की संख्या में वृद्धि हुई है।

शिक्षा पर प्रथम पंचवर्षीय योजना में 153 करोड़ रुपये खर्च किये गये जबकि नौवीं योजना तथा केन्द्रिय योजना में 20,381 करोड़ रुपये के खर्चे की व्यवस्था की गयी। वर्तमान में देश में शिक्षा के अनेक कार्यक्रम चलाये जा रहे हैं। स्कूल एवं विश्वविद्यालय स्तर पर शिक्षा के अतिरिक्त व्यावसायिक, तकनीकी एवं चिकित्सा सम्बन्धी शिक्षा का प्रबन्ध है। अनेक अनुसन्धान संस्थान एवं प्रशिक्षण केन्द्र भी खुले हुए हैं। प्रौढ़ शिक्षा एवं बुनियादी शिक्षा के कार्यक्रम की अशिक्षा की समस्या को हल करने के लिए प्रयत्नशील हैं। इन प्रयत्नों के फलस्वरूप ही 2001 में साक्षरता का प्रतिशत 65.38 हो गया। राष्ट्रीय नमूना सर्वेक्षण के 28वें दौर के अनुसार शहरों में प्रति व्यक्ति शिक्षा पर 1.36 रुपये तथा गांवों में मात्र 26 पैसे प्रति व्यक्ति प्रति माह खर्च हो रहा था। यूनेस्कों के आंकड़ों के अनुसार भारत में स्कूली शिक्षा पर प्रति व्यक्ति प्रतिदिन 33 पैसे खर्च हो रहे थे जबकि रूस में 4.70 रुपये, जापान में 13.30 रुपये तथा मलेशिया में 60 पैसे। ये सभी तथ्य भारत में शिक्षा की स्थिति को प्रकट करते हैं जो अन्य देशों की तुलना में असन्तोषप्रद है। भारत में शिक्षा के क्षेत्र में अनेक विसंगतियाँ और समस्याएँ विद्यमान हैं। बावजूद इसके कि देश मेंलाखों स्कूल

और कॉलेज खोले जा चुके हैं। हमारी शिक्षा पद्धति को संविधान में दिये गये नीति निर्देशक सिद्धान्तों के अनुरूप 14 वर्ष तक की आयु के सभी बच्चों के लिएशिक्षा देना सम्भव नहीं हो पा रहा है। आर्थिक दृष्टि से गरीब व पिछड़े वर्गों में अनेक बच्चे अभी भी शिक्षा से वंचित है। जैसा कि चौथे शिक्षा सर्वेक्षण से प्रकट होता है कि स्कूलों का न होना इस सम्बन्ध में मुख्य बाधक नहीं है। असली बात यह है कि विशेषतः ग्रामीण क्षेत्रों में और कमजोर वर्ग के लोगों की सामाजिक और आर्थिक मजबूरियों, पाठ्यक्रमों का वस्तुस्थिति के अनुकूल न होना और स्कूलों में आवश्यक सुविधाएं न होना आदि कुछ ऐसे कारण हैं जिससे शिक्षा के क्षेत्र में बहुत धीमी प्रगति हो रही है। यही कारण है कि पहली कक्षा में प्रवेश लेने वाले छात्रों मेंसे 64 प्रतिशत पांचवी कक्षा तक पहुँचते-पहुँचते स्कूल छोड़ जाते हैं। इस प्रकार संसाधनों का पूरा उपयोग न होने से आर्थिक हानि होती है। शिक्षा के क्षेत्र में अकुशलता आ जाती है, लक्ष्यों की प्राप्ति नहीं होती और अन्ततः परिवार व समाज को हानि उठानी पड़ती है।

अशिक्षा के कारण

भारत में अशिक्षा के लिए अनेक कारण उत्तरदायी हैं। हम यहाँ उनका संक्षेप में उल्लेख करेंगे :

(1) वर्ण एवं जाति व्यवस्था—प्राचीन काल से ही भारत में वर्ण एवं जाति व्यवस्था प्रचलित रही है। इस व्यवस्था ने समाज को ब्राह्मण, क्षत्रिय, वैश्य एवं शुद्र, इन चार भागों में बांटा है। शिक्षा का अधिकार केवल द्विज जातियों को ही दिया गया और शेष लोगों को इससे वंचित रखा गया। प्राचीन शिक्षा, धार्मिक शिक्षा थी जो कि एक वर्ण एवं जाति विोष के लिए ही थी। यही कारण है कि समाज का शेष भाग अशिक्षित रहा।

(2) दरिद्रता—अशिक्षा के लिए गरीबी भी उत्तरदायी है। जहाँ लोगों को भरपेट भोजन तक नसीब न होता हो और जनता गरीबी रेखा के नीचे जीवन व्यतीत करती हो, उनसे शिक्षा प्राप्त करने की आशा नहीं की जा सकती, क्योंकि शिक्षा ग्रहण करने में जितना समय व पैसा खर्च होता है, उतने समय व पैसे में तो वे अपनी आजीविकास चलाने की बात सोचते हैं।

(3) भाग्यवादी दृष्टिकोण—भारतवासी भाग्य में अधिक भरोसा करते हैं। उनकी मान्यता है कि व्यक्ति को उसके जीवन में उतना ही मिलेगा, जितना भाग्य में लिखा है। अतः शिक्षा ग्रहण करके भी हम क्या कर लेंगे क्योंकि जितना कुछ प्राप्त करना है वह तो वैसे ही मिलेगा ही, फिर शिक्षा पर व्यर्थ खर्च क्यों किया जाय।

(4) अंग्रेजी शासन–यद्यपि अंग्रेजों ने भारत में प्राचीन धार्मिक शिक्षा के स्थान पर आधुनिक पश्चिम की उदारवादी एवं वैज्ञानिक शिक्षा को प्रारम्भ किया किन्तु इस शिक्षा का मूल उद्देश्य भारत में अशिक्षा का निवारण एवं शिक्षा का प्रसार करनानहीं वरन् अपने प्रशासनिक कार्य में सुविधा जुटाने हेतु बाबू वर्ग तैयार करना था। इसलिए उन्होंने जन शिक्षण के लिए कोई प्रयत्न नहीं किये और न ही ग्रामों मेंशिक्षा का प्रबन्ध किया। उन्होंने शिक्षण संस्थाओं की स्थापना केवल शहरों में ही की जहाँ उस समय देश की करीब 10 प्रतिशत जनसंख्या ही रहती थी। अतः अंग्रेजों के समय में 90 प्रतिशत लोगों के लिए शिक्षा का कोई प्रबन्ध नहीं था।

(5) वैज्ञानिक प्रगति का अभाव–भारत में अशिक्षा का एक कारण लोगों में वैज्ञानिक क्षमता का अभाव है। विज्ञान धर्म एवं रूढ़िवादिता के थान पर तर्क को महत्व देता है। इससे लोगों के मस्तिष्क का विकास होता है एवं कूपमण्डूकता समाप्त होती है। किन्तु वैज्ञानिक दृष्टिकोण एवं प्रगति केअभाव में यहाँ अशिक्षा का साम्राज्य रहा है।

अशिक्षा के दुष्परिणाम

अशिक्षा एक राष्ट्रीय कलंक है, और इसके कारण भारत में अनेक समस्याएँ उत्पन्न हुई और देश एवं समाज को प्रगति की दृष्टि से कई कठिनाईयों का सामना करना पड़ा। अशिक्षा के प्रमुख दुष्परिणाम निम्न प्रकार से है:

(1) व्यक्तित्व के विकास में बाधक–शिक्षित व्यक्ति अपने व्यक्तित्व का ठीक से विकास कर सकता है। उसके अभाव में व्यक्ति में बुद्धि एवं तर्क शक्ति का अभाव रहता है। वह अपना विकास करने में असमर्थ होता है तथा उसकीसोचने की क्षमता सीमित हो जाती है।

(2) आर्थिक विकास में बाधक–शिक्षा के अभाव में व्यक्ति एवं राष्ट्र का आर्थिक विकास सम्भव नहीं है। क्योंकि उसे देश में उपलब्ध प्राकृतिक भण्डारों, मशीनों को चलाने, व्यवसाय का प्रबन्ध करने, आदि का ज्ञान नहीं हो सकता। अशिक्षित व्यक्ति शिक्षित व्यक्ति को प्राप्त होने वाली नौकरियों से वंचित हो जाता है। ऐसी स्थिति में उसकी आर्थिक दशा उन्नत नहीं हो पाती और इसका विपरीत प्रभाव राष्ट्रीय आय एवं लाभांश पर भी पडता है। अधिकांश अशिक्षित व्यक्ति गरीबी में ही दिन व्यतीत करते हैं। वे ऋणग्रस्त हो जाते हैं तथा साहूकार उनका खूब शोषण करते हैं।

(3) अन्तर्राष्ट्रीय सम्बन्धों में बाधक–आज का युग औद्योगिक युग है। आज कच्चा माल खरीदने और निर्मित माल को बेचने के लिए विभिन्न देशों में पारस्परिक निर्भरता बढ़ी है। राजनीतिक कारणों से भी कई देश एक-दूसरे के नजदीक

आये हैं। हम विश्व-राज्य की कल्पना करने लगे हैं, संयुक्त राष्ट्र संघ इसका प्रतीक है किन्तु जब किसी राष्ट्र के व्यक्ति अशिक्षित हों तो वे दूसरे देशों से सम्पर्क करने और उनसे सम्बन्ध बनाये रखने में असमर्थ होते हैं। विभिन्न देशों की भाषाएँ भी भिन्न-भिन्न हैं। शिक्षा के अभाव में भाषा का ज्ञान नहीं हो सकता और ऐसी स्थिति में अन्तर्राष्ट्रीय सम्बन्ध कायम नहीं हो पाते।

(4) अन्धविश्वास–अशिक्षा अनेक अन्धविश्वासों एवं रूढियों को जन्म देती हैं। चिकित्सा की वैज्ञानिक विधि का प्रयोग न कर लोग भूत-प्रेत, देवी-देवता, झाड-फूँक, मन्त्र-तन्त्र एवं भोपा लोगों के चक्कर में कष्ट उठाते हैं और कभी-कभी तो उन्हें अपन जीवन से भी हाथ धोना पड़ता है। भारत में अशिक्षा ने जाति, धर्म, ईश्वर, विवाह आदि से सम्बन्धित अनेक अन्धविश्वासों को जन्म दिया है और लोग वास्तविक स्थिति से अनभिज्ञ रहे। उनकी इस स्थिति का लाभ उठाकर पण्डे-पुजारियों, सेठ-साहूकारों आदि ने उनका खूब शोषण किया है।

(5) सामाजिक विघटन एवं सामाजिक समस्याओं का जन्म–अशिक्षा ने भारत में सामाजिक विघटन एवं सामाजिक समस्याओं को जन्म दिया। पर्दा-प्रथा, जाति-प्रथा, बाल-विवाह, विधवा विवाह निषेध, ऋणग्रस्तता, साम्प्रदायिकता, भाषावाद, प्रान्तवाद, प्रजातिवाद, धार्मिक, कट्टरता, अपराध आदि अनेक समस्याओं के लिए अशिक्षा काफी सीमा तक उत्तरदायी है।

(6) अशिक्षा ने देश में विभिन्न प्रकार के भेदभावों को प्रोत्साहन दिया है और लोग जाति, समुदाय व धर्म आदि को लेकर कई बार संघर्ष भी कर चुके हैं।

(7) अशिक्षा व्यक्ति के जीवन में आने वाली समस्याओं के समाधान में भी बाधक होती है क्योंकि अशिक्षित व्यक्ति भला-बुरा, उपयुक्त-अनुपयुक्त आदि के बारे में सोचने में असमर्थ है और समस्या के समाधान के लिए उचित निर्णय नहीं ले पाता।

(8) अशिक्षा व्यक्ति एवं राष्ट्र की प्रगति में भी बाधक है। जहाँ देश के अधिकांश लोग अशिक्षित हों वे वैज्ञानिक आविष्कार करने में असमर्थ होते हैं और उनके अभाव में देश प्रगति नहीं कर सकता।

(9) अशिक्षा सभ्यता एवं संस्कृति के निर्माण व विकास में भी बाधक है।

(10) प्रजातन्त्र में बाधक–हमारे देश में आजादी के बाद प्रजातन्त्रीय शासन-प्रणाली को स्वीकार किया गया है। जहाँ अशिक्षाका साम्राज्य हो, वहाँ लोग अपने अधिकारों एवं कर्त्तव्यों से भली-भाँति परिचित नहीं हो पाते। ऐसी स्थिति में कुछ

गिने-चुने लोग ही त्ता में बने रहते हैं और आम जनता प्रजातन्त्र से लाभान्वित नहीं हो पाती।

अशिक्षा को दूर करने की आवश्यकता

निम्नांकित कारणों से देश में अशिक्षा को दूर करने एवं शिक्षा को प्रोत्साहन देने की आवश्यकता है :

(1) विभिन्न सामाजिक समस्याओं से मुक्ति पाने के लिए आवश्यक है कि लोग शिक्षित हों ताकि वे उचित-अनुचित को समझें तथा ऐसे कार्य नहीं करें जो समाज में विघटन एवं समस्याएँ पैदा करते हों। शिक्षित व्यक्ति सामाजिक बुराइयों को जड़ से उखाड़ फेंकने में भी योग दे पाते हैं।

(2) शिक्षा प्राप्त करने के पश्चात् व्यक्ति के आत्म-सम्मान में वृद्धि होगी।

(3) शिक्षा व्यक्ति के ज्ञान में वृद्धि करती है और ज्ञान अपने आप में एक शक्ति है।

(4) गरीबी, बेकारी तथा आर्थिक समस्याओं से मुक्ति पाने के लिए अशिक्षा को दूर करना आवश्यक है।

(5) परम्परा, रूढ़िवादिता एवं अन्धविश्वासों से मुक्ति पाने और इनके स्थान पर वैज्ञानिक दृष्टिकोण को विकसित करने के लिए आवश्यक है कि अशिक्षा से छुटकारा पाया जाय।

(6) सभ्यता एवं संस्कृति के विकास के लिए भी अशिक्षा से छुटकारा पाया जाय।

(7) देश में समाजवादी व्यवस्था की सच्चे अर्थों में स्थापना करने एवं न्याय-वितरण के लिए शिक्षा का प्रसार आवश्यक है।

(8) समाज में परिवर्तन लाने के लिए अशिक्षा को समाप्त किया जाय क्योंकि अशिक्षा परिवर्तन के मार्ग में रोड़ है जबकि शिक्षा ही परिवर्तन का एक सशक्त माध्यम है।

(9) आज का युग औद्योगिक युग है। देश में अधिकाधिक औद्योगीकरण करने एवं यन्त्रों को चलाने के लिए शिक्षा एवं प्रशिक्षण आवश्यक है।

(10) प्रजातन्त्र की सफलता तभी सम्भव है जब लोग अपने अधिकारों एवं दायित्वों से परिचित हों, उन्हें संविधान का ज्ञान हो और इन सबके लिए व्यक्ति का शिक्षित होना आवश्यक है।

(12) कृषि में प्रगति एवं वैज्ञानिक साधनों व विधियों के प्रयोग के लिए भी शिक्षा आवश्यक है।

(13) कुटीर व्यवसायों की प्रगति के लिए भी शिक्षा जरूरी है।

अशिक्षा को दूर करने के उपाय

भारत में शिक्षा के प्रसार एवं अशिक्षा को दूर करने के लिए निम्नलिखित उपाय अपनाये जाने चाहिए :

(1) शिक्षा का प्रसार किया जाय और साक्षरता को बढ़ावा दिया जाय।

(2) अधिकाधिक निःशुल्क शिक्षा दी जाय।

(3) शिक्षा को अनिवार्य बना दिया जाय।

(4) लोगों में प्रचार-प्रसार द्वारा शिक्षा के प्रति रुचि एवं जागृति पैदा की जाय।

(5) स्त्री शिक्षा का प्रचार किया जाय। घर में जब स्त्री शिक्षित होगी तो वह बच्चों में अच्छे संस्कार पैदा कर सकेगी।

(6) विभिन्न सांस्कृतिक कार्यक्रमों के द्वारा गांवों में शिक्षा का प्रसार किया जाय।

(7) शिक्षा पद्धति को रोचक एवं रोजगारोन्मुख बनाया जाय ताकि अधिकाधिक लोगों में शिक्षा के प्रति आकर्षण पैदा हो।

(8) शिक्षकों को भी प्रशिक्षित किया जाय ताकि वे गांवों के लोगो को शिक्षा के महत्व को बता सकें।

(9) विभिन्न अनुसन्धान केन्द्रों की स्थापना कर ऐसे साधन ढूँढे जायं जिससे शिक्षा का लोगों में सुगम तरीके से प्रसार हो सके।

(10) शिक्षा के पाठ्यक्रम में सुधार किया जाय और पाठ्यक्रम ऐसा हो जो व्यक्ति को जीवन के लिए तैयार कर सके, न कि शिक्षा प्राप्त करने के बाद भी वह अपने आपको जीवन में कुछ करने में असमर्थ पाये।

(11) उपयुक्त साहित्य का निर्माण किया जाय।

(12) पुस्तकालय, वाचनालय एवं चलती-फिरती गाड़ियों की संख्या में वृद्धि की जाय। इनमें बाल एवं मनोरंजक साहित्य के अतिरिक्त सामाजिक, राजनीतिक, औद्योगिक, आर्थिक व सांस्कृतिक ज्ञान सम्बन्धी जानकारी देने वाला साहित्य हो। देश-

विदेश के समाचारों से अवगत करानेके लिए पत्र-पत्रिकाओं की भी व्यवस्था की जानी चाहिए।

(13) रेडियो एवं टेलीविजन कार्यक्रमों के द्वारा मनोरंजन के साथ-साथ शिक्षा प्रसार का कार्य भी किया जाय। सिनेमा के द्वारा भी अनेक प्रकार की जानकारी प्रदान की जा सकती है।

(14) देश में प्रदर्शनियों, क्रीड़ा-केन्द्रों एवं अजायबघरों की व्यवस्था की जानी चाहिए।

(15) बुनियादी शिक्षा का प्रसार-गांधीजी ने भारतीयों के लिए बुनियादी शिक्षा की योजना प्रस्तुत की। इसका उद्देश्य शिक्षा के साथ-साथ हस्तकला एवं उद्योग सिखाना भी है ताकि बच्चा अपनी बनाई हुई वस्तुएँ बेचकर ही शिक्षा का खर्च निकाल ले एवं उसमें स्वालम्बन की भावना पैदा हो। बुनियादी शिक्षा मातृ-भाषा में ही दी जानी चाहिए। इस प्रकार से बुनियादी शिक्षा बच्चों को देश के आदर्श नागरिक बनने पर जोर देती है। इसमें आधुनिक परीक्षा पद्धति का बहिष्कार किया गया है, वह शिक्षकों के चरित्र एवं व्यक्तित्व पर विशेष जोर देती है।

(16) **प्रौढ़ शिक्षा को प्रोत्साहन दिया जाय**-शिक्षा के अधिकाधिक प्रसार के लिए आवश्यक है कि प्रौढ़ शिक्षा का प्रसार किया जाय क्योंकि राष्ट्रीय शिक्षा में प्रत्येक भारतीय को बराबर का हिस्सा मिलना चाहिए। प्रजातन्त्र को सफल बनाने के लिए प्रत्येक व्यक्ति में नेतृत्व के गुणों का विकास करना आवश्यक है। अत: उन प्रौढ़ों को जो निरक्षर हैं, शिक्षा देनी होगी। प्रौढ़ शिक्षा के अन्तर्गत साक्षरता, स्वास्थ्य एवं सफाई के नियमों का ज्ञान, आर्थिक स्थिति में सुधार हेतु प्रशिक्षण, अधिकारों एवं कर्त्तव्यों का ज्ञान, स्वस्थ मनोरंजन, बदली परिस्थितियों में सामंजस्य करने की क्षमता का विकास, व्यक्तित्व का विकास, आदि पक्षों को सम्मिलित किया जाना चाहिए। यह शिक्षा केवल प्रौढ़ पुरुषों तक सीमित न रहकर प्रौढ़ स्त्रियों एवं युवकों को भी दी जानी चाहिए। प्रौढ़ शिक्षा के लिए चल-चित्र, प्रदर्शनी, लोक-नृत्य, लोकगीत, भजन, कीर्तन, पोस्टर आदि का प्रयोग किया जाना चाहिए।

अशिक्षा या निरक्षरता को दूर करने के लिए भारत में निम्नलिखित प्रयास किये गये हैं :

राष्ट्रीय प्रौढ़ शिक्षा कार्यक्रम-यह कार्यक्रम 2 अक्टूबर, 1978 को प्रारम्भ किया गया। इसका लक्ष्य 15-35 आयु वर्ग के निरक्षर लोगों को साक्षर बनाना था। 1988 में राष्ट्रीय साक्षरता मिशन की स्थापना की गई। मिशन का उद्देश्य प्रौढ़ शिक्षा के लिए अत्यावश्यक तात्कालिकता और गम्भीरतापूर्वक ध्यान देना है। इस कार्यक्रम को केन्द्रीय सरकार,

राज्य सरकारें, ऐच्छिक संगठन, विश्वविद्यालय, महाविद्यालय तथा युवा-केन्द्र संयुक्त रूप से चलाते हैं। इसमें स्त्री-शिक्षा तथा अनुसूचित जातियों, जनजातियों तथा समाज के कमजोर वर्गों की शिक्षा पर विशेष जोर दिया जाय। इसमें लोगों को साक्षर बनाने हेतु कार्यक्रम चलाने के अलावा लोगों में साक्षरता सम्बन्धी जागरूकता पैदा करने का विशेष प्रयास किया गया है।

ग्रामीण प्रकार्यात्मक साक्षरता कार्यक्रम—इस कार्यक्रम का पूरा खर्चा केन्द्रीय सरकार उठाती है परन्तु इसे संचालित करने का दायित्व राज्य सरकारों का है। इस कार्यक्रम का उद्देश्य लोगों में पढ़ने-लिखने की योग्यता विकसित करना, उनमें अपने अधिकारों एवं दायित्वों के सम्बन्ध में जागरूकता पैदा करना तथा उन्हें यह बताा है कि सरकार द्वारा सामाजिक-आर्थिक विकास की कौन-कौनसी योजाएं चलायी जा रही हैं। यह कार्यक्रम मई 1986 में प्रारम्भ किया गया। इसमें महाविद्यालयों व विश्वविद्यालयों के छात्रों को सम्मिलित किया गया। इसमें नारा दिया गया 'Each One Teache one' (प्रत्येक एक, एक को पढ़ाये)। 1990 4.50 लाख स्वयंसेवक इस कार्य में लगे हुए थे तथा 4.20 लाख लोगों को इसके तहत पढ़ना-लिखना सिखाया गया।

राष्ट्रीय साक्षरता मिशन—राष्ट्रीय साक्षरण मिशन 1988 में शुरू किया गया, जिसका उद्देश्य पूर्ण साक्षरता अर्थात् सन् 2005 तक 75 प्रतिशत के न्यूनतम स्थाई स्तर को प्राप्त करना है। मिशन इस लक्ष्य को हासिल करने के लिए 15-35 वर्ष की उम्र के (9-13 वर्ष के बच्चों सहित, जहाँ अनौपचारिक शिक्षा लागू नहीं है) निरक्षर लोगों को कार्यात्मक साक्षरता प्रदान करने का प्रयास करता है।

पूर्ण साक्षरता प्राप्त करने के लिए 1989 में एर्नाकुलम में चलाए गए अभियान की सफलता समूचे देश के लिए आदर्श के रूप में अपनाई गई और प्रौढ़ शिक्षा के क्षेत्र में अभियान प्रणाली का वर्चस्व सुनिश्चित हो गया। आज निरक्षरता दूर करने के लिए पूर्ण साक्षरता अभियान 'क्षेत्रवार, समयबद्ध, स्वेच्छा पर आधारित, मिव्ययी एवं परिणामोन्मुखी' होने के कारण राष्ट्रीय साक्षरता मिशन की प्रमुख नीति बन गए हैं। यह सुनिश्चित करने के लिए कि बुनियादी साक्षरता चरण में हासिल उपलब्धियां व्यर्थ न जाएं और नवसाक्षरों में किसी के सिखाने की बजाए स्वयं सीखने की प्रवृत्ति पैदा हो, उत्तर-साक्षरता अभियान शुरू किए गए। कौशल में बढ़ोत्तरी करना, उत्तर-साक्षरता अभियान का महत्त्वपूर्ण घटक है। प्रौढ़ शिक्षा कार्यक्रम का उद्देश्य सतत शिक्षा कार्यक्रमों के जरिए शिक्षित समाज का निर्माण करना है। सतत शिक्षा पैकेज के अन्तर्गत अनेक कार्यक्रम शामिल हैं, जैसे-समतुल्यता कार्यक्रम, आय पैदा करने वाले कार्यक्रम, जीवन की गुणवत्ता में सुधार सम्बन्धी कार्यक्रम और व्यक्तिगत रुचि में बढ़ोत्तरी करने वाले कार्यक्रम।

अभी तक 576 जिलों में सम्पूर्ण साक्षरता अभियान चलाए गए हैं, इनमें से 160 जिलों में पूर्ण साक्षरता अभियान, 264 जिलों में उत्तर-साक्षरता तथा 152 जिलों में सतत शिक्षा कार्यक्रम चलाए गए हैं।

महिला समानता के लिए—भारत सरकार शिक्षा के द्वारा महिलाओं की स्थिति में परिवर्तन लाने हेतु कटिबद्ध है। सरकार का मानना है कि शिक्षा प्रक्रिया में भाग लेने के लिए महिलाओं की अधिकार सम्पन्नता अंत्यन्त आवश्यक है। महिलाओं को अधिकार सम्पन्नता दिलाने हेतु मुख्य प्रावधान इस प्रकार हैं-(1) **ऑपरेशन ब्लेक बोर्ड कार्यक्रम** के अन्तर्गत भविष्य में भर्ती किए जाने वाले अध्यापकों में से 50 प्रतिशत अध्यापक महिलाएं हों। (2) राजस्थान में शिक्षाकर्मी योजना प्रारम्भ की गई है। इस योजना में जिन प्राथमिक स्कूलों में केवल एक ही अध्यापक है वहां दो स्थानीय शैक्षणिक कार्यकर्त्ताओं का सहयोग लिया जायेगा। इन्हें शिक्षाकर्मी कहा गया है। शिक्षाकर्मियोंमें से 10.2 प्रतिशत महिलाएं होंगी। (3) अनौपचारिक शिक्षा योजना के अन्तर्गत सरकार 90 प्रतिशत सहायता लड़कियों की शिक्षा के लिए देगी। (4) नवोदय विद्यालय मेंएक-तिहाई विद्यार्थी लड़कियां भर्ती की जाती है। नवोदय विद्यालय एवं केन्द्रीय विद्यालय में लड़कियों को 12वीं कक्षा तक मुफ्त की शिक्षा दी जाती है। (5) केन्द्र सरकार द्वारा +2 स्तर पर लड़कियों को व्यावसायिक शिक्षा प्रदान की जाती है। (6) विश्वविद्यालय अनुदान आयोग विश्वविद्यालयों को महिलाओं के अध्ययन हेतु सहायता प्रदान करता है तथा विश्वविद्यालयों एवं महाविद्यालयों में महिला अध्ययन प्रकोष्ठ स्थापित किए गये हैं। (7) जिला प्राथमिक शिक्षा कार्यक्रम लड़कियों की शिक्षा को विशेष बढ़ावा देता है। (8) ग्रामीण और कमजोर वर्ग की लड़कियों को पढ़ाई के लिए प्रोत्साहित करने हेतु योग्य स्वैच्छिक संस्थाओं को आर्थिक सहायता दी जाती है।

महिला समाख्या कार्यक्रम—यह कार्यक्रम 1989 से प्रारम्भ हुआ है। महिला समाख्या महिलाओं को अधिकार सम्पन्न बनाने का सम्बन्ध उनकी शिक्षा से जोड़ने की दिशा में सबसे सफल प्रयास है। यह कार्यक्रम 10 राज्यों के 60 जिलों के 9,000 से अधिक गांवों में चल रहा है। इस कार्यक्रम के द्वारा महिलाओं का स्वयं के प्रति दृष्टिकोण एवं समाज में उनकी परम्परात्मक भूमिका में परिवर्तन लाने का प्रयत्न किया जाता है। इसमें महिलाओं के लिए ऐसा वातावरण बनाया जाता है कि वे ज्ञान एवं सूचनाएं प्राप्त करने में रुचि लें। इसमें महिलाओं को समानता प्राप्त करने के लिए संघर्ष के लिए तैयार किया जाता है। इस कार्यक्रम पर 1997-2002 में 35 करोड़ रुपए खर्च करने की व्यवस्था की गई है।

लोक जुम्बिश–'सभी के लिए शिक्षा' के उद्देश्य से स्वीडन सरकार की सहायता राजस्थान में लोग जुम्बिश कार्यक्रम चलाया जा रहा है। इस योजना का उद्देश्य जनता को प्रेरित करना तथा उनके सहयोग द्वारा 'सभी लोगों को शिक्षा' का लक्ष्य प्राप्त करना है। इसके प्रथम चरण में सरकार ने 1992–94 के दो वर्षों के लिए 18 करोड़ रुपए स्वीकृत किए जिसमें स्वडन सरकार, केन्द्र सरकार एवं राजस्थान सरकार का 3 : 2 : 1 अंश सम्मिलित है। इस योजना का दूसरा चरण सन् 1995–99 तक चलाया गया। परियोजना का तीसरा चरण 1999 में शुरू किया गया जो कुल 400 करोड़ की लागत से जून 2004 तक ब्रिटेन की सहायता से चलेगा।

अनुसूचित जातियों एवं जनजातियों के लिए शिक्षा

अनुसूचित जातियों एवं जनजातियों की पहचान उनके अत्यधिक सामाजिक, शैक्षणिक एवं आर्थिक पिछड़ेपन के आधार पर की गयी है। इस वर्ग में व्याप्त अशिक्षा को दूर करने के लिए सरकार द्वारा अनेक कदम उठाये गये हैं; जैसे (1) इन लोगों के लिए सभी प्रकार की शिक्षण संस्थाओं, इन्जीनियरिंग महाविद्यालयों, विश्वविद्यालयों, केन्द्रीय विद्यालयों, नवादेय विद्यालय, आदि में स्थान आरक्षित किए गये हैं तथा न्यूनतम योग्यता में छूट दी गई है। (2) प्रतियोगी परीक्षाओं, आई.आई.टी. आदि परीक्षाओंके लिए इन लोगों के लिए कोचिंग की व्यवस्था की गयी है। (3) विश्वविद्यालय अनुदान आयोग द्वारा अनुसूचित जातियों एवं जनजातियों के छात्रों के लिए जूनियर एवं सीनियर रिसर्च फेलोशिप, टीचर फैलोशिप एवं रिसर्च एसोशियटशिप प्रदान की जाती है। (4) केन्द्र सरकार राज्यों एवं केन्द्र शासित प्रदेशों को यह निर्देश देती है कि जिन क्षेत्रों में अनुसूचित जातियों एवं जनजातियों का बाहुल्य है वहाँ स्कूल खोलने में वरीयता दी जाय। (5) जनजाति क्षेत्रों में जनजाति भाषा में ही शिक्षा देने एवं द्विभाषा पढ़ाने के संदर्भ में NCERT तथा CIIL (Central Institutute of Indian Languages) के द्वारा पुस्तकें तैयार की जाती हैं। (6) प्राथमिक विद्यालयों को खोलने के नियमों में ढील दी गई। (7) शिक्षा विभाग के मुख्य कार्यक्रमों को अनुसूचित जाति/अनुसूचित जनजाति क्षेत्रों में प्राथमिकता के आधार पर लागू किया जाता है।

अल्पसंख्यकों के लिए शिक्षा

शैक्षिक रूप से पिछड़े अल्पसंख्यकों हेतु सघन क्षेत्रीय कार्यक्रम शुरू किया गया है। अल्पसंख्यकों की बहुलता वाले क्षेत्रों में इनकी शिक्षा हेतु प्राथमिक एवं सैकण्ड़ी स्तर तक के स्कूल खोलने के लिए सरकार द्वारा विशेष आर्थिक सहायता प्रदान की जाती है। इनके लिए प्रतियोगी परीक्षाओं की तैयारी हेतु देश के 41 जिलों में जहाँ अल्पसंख्यकों की बहुलता है कोचिंग सेन्टर एवं पोलिटेक्नीक केन्द्र स्थापित किए गये

है। मदरसा शिक्षा के आधुनिकीकरण के लिए वित्तीय सहायता देने की योजनाएँ चलाई गई है।

साक्षरता बढ़ाने हेतु किये गये प्रयत्न : मूल्यांकन

साक्षरता कार्यक्रम एक महत्वपूर्ण राष्ट्रीय कार्यक्रम है, परन्तु इस कार्यक्रम के क्रियान्वयन में केन्द्र, राज्य सरकारों, स्थानीय निकायों एवं ऐच्छिक संगठनों के बीच आवश्यक तालमेल का अभाव है। विभिन्न विश्वविद्यालयों के कुलपतियों की मार्च 1990 में दिल्ली में एक बैठक हुई जिसमें सुझाव दिया गया कि साक्षरता को महाविद्यालय एवं विश्वविद्यालय पाठयक्रम का एक भाग बना दिया जाना चाहिए तथा छात्रों को गर्मियों की छुट्टियों में साक्षरता कार्यक्रमों में लगाया जाना चाहिए। यदि महाविद्यालय एवं विश्वविद्यालय के छात्र वर्ष में दो महीने प्रतिदिन दो या तीन घण्टे कार्य करते हुए प्रत्येक 10 व्यक्तियों के समूह को साक्षर बनाने का दायित्व अपने ऊपर लें तो देश को साक्षर बनाने में 5 वर्ष से अधिक समय नहीं लगेगा। प्रत्येक छात्र को 10 प्रौढ़ों को शिक्षित करने का काम सौंपा जाना चाहिए। साक्षरता कार्यक्रम में लगे छात्रों को उनकी इच्छा के अनुसार इन्जीनियरिंग, मेडिकल अथवा किसी अन्य महाविद्यालय में प्रवेश प्राप्त करने की सुविधा उपलबध करायी जानी चाहिए। उन्हें प्रवेश के अतिरिक्त कई अन्य रूपों में भी प्रोत्साहन दिये जाने चाहिए।

अशिक्षा को समाप्त करने के लिए हमारे देश में प्रौढ़ शिक्षा कार्यक्रम बड़े उत्साह के साथ प्रारम्भ किया गया, कुछ अच्छे परिणाम भी निकले, लेकिन इसके माध्यम से इच्छित लक्ष्यों की पूर्ति हो सकी। इसका एक प्रमुख कारण यह है कि इस कार्यक्रम को **सामान्य जनता का सहयोग नहीं मिल पाया।** इस कार्यक्रम की की कमी यह भी है कि हमारे देश में सुसंगत और सुविचारित कार्य योजना नहीं है जो कि केन्द्र और राज्यों, स्वयं सेवी संगठनों, जनसेवी संगठनों एवं रचनात्मक कार्यकर्त्ताओं को इस राष्ट्रीय प्रयास में एक साथ जुटा लें। प्रौढ़ शिक्षा कार्यक्रम के लिए निर्धारित की गई **छः माह की अवधि काफी लम्बी है** और इस अवधि में शिक्षा प्राप्त करने वाले काफी कार्यक्रम को बीच में ही छोड़ देते हैं। अतः इस अवधि को घटाकर दो माह करना उचित होगा इस कार्यक्रम की एक कमी यह भी हे कि इसके अन्तर्गत निश्चित किये गये **साक्षरता सम्बन्धी प्रतिमान बहुत ऊँचे हैं,** जैसे-**अंकगणित को लिखने और पढ़ने से अलग रखा जाय।** प्रारम्भ में अंकगणित को साक्षरता के साथ जोड़ने से पढ़ने वालों को कार्यक्रम से अरुचि हो जाती है। इससे मूल साक्षरता कार्यक्रम को बीच में छोड़ देने वालों की संख्या बढ़ जाती है। इसके अतिरिक्त साक्षरता कार्यक्रम को सफल बनाने के लिए कहीं न कहीं बाध्यता का तत्व अवश्य होना चाहिए।

साक्षरता के सन्दर्भ में राममूर्ति रिपोर्ट में बताया गया है कि प्रौढ़ शिक्षा कार्यक्रम की सफलता के लिए यह आवश्यक है कि **इसे लोगों की आवश्यकता के साथ जोड़ा जाए।** ये आवश्यकताएँ हैं : स्वास्थ्य, पोषण, आवास तथा रोजगार। इस कार्यक्रम की सफलता में एक बहुत बड़ी बाधा यह रही है कि निरक्षर प्रौढ़ पढ़ना-लिखना सीखने हेतु केन्द्रों पर जाने में कई कारणों से अपने को असमर्थ पाता है। समय की कमी, आर्थिक अभाव, भाग्यवादी दृष्टिकोण्उा, पारिवारिक विरोध, प्रोत्साहनों की कमी तथा साक्षरता के प्रति स्त्रियों का नकारात्मक रुख एवं कार्यक्रम की उपयोगिता के सम्बन्ध में जानकारी का अभाव, आदि प्रमुख कारण रहे हैं।भारत में 29,62,08,952 निरक्षर हैं इनमें 10,66,54,066 पुरुष तथा 18,95,54,886 महिलाएँ हैं।

निरक्षरों की संख्या उत्तर प्रदेश, बिहार, आन्ध्र प्रदेश, प. बंगाल, मध्य प्रदेश तथा महाराष्ट्र में सर्वाधिक है। हायर सेकण्डरी, महाविद्यालय एवं विश्वविद्यालय स्तर के लाखों छात्रों को देश से निरक्षरता को समाप्त करने के महान् राष्ट्रीय कार्य में लगाया जा सकता है। आज तक का अनुभव यह बताता है कि केन्द्रिय सरकारें केवल अपने प्रयत्नों से निरक्षरता को दूर नहीं कर सकती। इस कार्य में **ऐच्छिक संगठनों का सहयोग लेना आवश्यक है।** कनाडा का विश्व साक्षरता एक ऐसा ही ऐच्छिक संगठन है जो विकासशील देशों में प्रौढ़ कार्यक्रम को आगे बढ़ाने में लगा हुआ है **स्त्री-शिक्षा** पर भी विशेष ध्यान देने की आवश्यकता है। 2001 की जनगणना के अनुसार लगभग 19 करोड़ स्त्रियाँ निरक्षर हैं। इस स्थिति को ध्यान में रखते हुए स्त्री-शिक्षा को बढ़ावा देने के लिए केन्द्र व राज्य सरकारों ने कई कदम उठाये हैं। स्त्री-शिक्षा की देखभाल के लिए राज्यों में पृथक निदेशालयों की स्थापना की गयी है। लड़कियों के लिए पॉलीटेक्नीकोंकी स्थापना, अध्यापिकाओंके लिए ग्रामीण क्षेत्रोंमें चार्टरों तथा लड़कियों के लिए छात्रावासों का निर्माण किया गया है। नारी शिक्षा केन्द्रों को आर्थिक सहायता प्रदान करने एवं नारी शिक्षा पर विचार-गोष्ठियों का आयोजन आदि कार्यक्रमों का संचालन किया जा रहा है। जहाँ देश में 30 करोड़ लोगों को शिक्षित करना है, 6-14 आयु-वर्ग के बालकों के माता-पिता को अपने बच्चों को स्कूल भेजने के लिए प्रोत्साहित करना है, 74 प्रतिशत बच्चों के माता-पिता को इस बात के लिए तैयार करना है कि प्राइमरी स्कूल में प्रवेश लेने वाले उनके बच्चें 5वीं कक्षा तक अपना अध्ययन पूरा करें, निरक्षरता को समाप्त करना एक चुनौती भरा कार्य है।

▣▣▣

15

बेरोजगारी

साधारण शब्दों में बेरोजगारी का अभिप्राय किसी व्यक्तिको रोजगार के अवसर प्रान्त न होने से लिया जाता है। लेकिन अर्थशास्त्र की भाषा में बेरोजगारी का अर्थ अलग है, क्योंकि साधारण विचारधारा के अनुसार प्रत्येक आलसी व्यक्ति जो काम करना पसन्द नहीं करता वह भी बेरोजगार कहलाता है, जबड़क अर्थशास्त्र की भाषा में हम उसे बेरोजगार नहीं कह सकते हैं।

बी.एल. ओझा के अनुसार, ''बेरोजगारी का अर्थ उन व्यक्तियों को काम नहीं मिलने से है जो इच्छुक तथा योग्य हैं पर उनकी योग्यता एवं इच्छा के बावजूद भी काम नहीं मिल पाता।'' जबड़क ''अर्द्ध-बेरोजगारी उस स्थिति को कहा जाता है जबड़क व्यक्ति को काम तो मिला हुआ है पर उस काम में उस व्यक्ति के पूरे समय, शक्ति तथा योग्यता का उपयोग नहीं हो पाता।'' इस प्रकार बेरोजगारी की स्थिति में जहाँ श्रमिकों की पूर्ति माँग से अधिक होती है, वहाँ अल्प बेरोजगारी में देखने में तो लोग रोजगार प्राप्त किये हुए रहते हैं, किन्तु आर्थिक दृष्टि से उत्पादन में इनका योगदान अपेक्षाकृत बहुत थोड़ा होता है।

भारत में बेरोजगारी का आकार

भारत में बेरोजगारी की समस्या निरन्तर बढ़ती जा रही है। योजना आयोग के अनुसार 1950-51 में बेकारों की संख्या 40 लाख थी जो 2000-01 में बढ़कर 650 लाख हो गई है।

तालिका से स्पष्ट होता है कि योजनाबद्ध विकास के 50 वर्षों के बावजूद भारत में बेरोजगारों की संख्या में लगभग 16 गुना वृद्धि चौंकाने वाली है। इनमें शिक्षित बेरोजगारों की संख्या सर्वाधिक है। 1950-51 में शिक्षित बेरोजगारों की संख्या जहाँ केवल 1.5 लाख थी, वह 2000-01 में बढ़कर 400 लाख हो जाने का अनुमान है। भारत में सामान्य शिक्षा प्राप्त बेरोजगारों के साथ-साथ तकनीकी इंजीनियरों एवं डाक्टरों में भी बेरोजगारी की संख्या बढ़ती जा रही है।

भारत में बेरोजारी के प्रारूप अथवा स्वरूप अथवा प्रकार

(Forms or Nature or Kinds of Unemployment in India)

भारतीय अर्थव्यवस्था के सन्दर्भ में बेरोजगारी के निम्नलिखित स्वरूप बताये गये हैं—

1. खुली अथवा संरचनात्मक बेरोजगारी—इसमें अर्थव्यवस्था की संरचना इस प्रकार की होती है कि रोजगार चाहने वाले सभी लोगों को रोजगार नहीं मिल पाता है। यह स्थिति देश की अर्थव्यवस्था में उत्पादन, विनियोग और प्रभावपूर्ण माँग की कमी की वजह से रोजगार के अवसरों में कमी देखने को लिती है जिसकी वजह से श्रम-शक्ति में निरन्तर वृद्धि होने से लाखों लोग रोजगार के अवसरों की तलाश में इधर-उधर ठोकरें खाते नजर आते हैं। रोजगार कार्यालयों में भीड़ लगी रहती है और सभी जगह 'No Vacnacy' का बोर्ड लिखा हुआ देखने को मिलता है। एक मोटे सरकारी अनुमान के अनुसार वर्तमान में भारत में बेरोजगारी लगभग 4 करोड़ मानव वर्ष है।

2. छिपी बेरोजगारी और अर्द्ध-बेरोजगारी—छिपी या अर्द्ध-बेरोजगारी में श्रमिक काम पर तो लगा हुआ होता है, लेकिन उसे पूरी योग्यता व अनुभव के आधार पर कार्य प्राप्त नहीं होता है अर्थात् उसकी सीमान्त उत्पत्ति नगण्य अथवा नहीं के बराबर होती है। यदि उसे काम में अलग भी कर दिया जाए तो भी कुल उत्पत्ति पर कोई विशेष प्रभाव नहीं पड़ता है। उदाहरण के लिए, यदि एक फार्म पर 17 श्रमिक कार्य करते हैं और वे 100 टन अनाज का उत्पादन करते हैं लेकिन यदि उनमें से 5 श्रमिक हटा दिये जाएँ और अनाज का उत्पादन पूर्ववत् 100 टन बना रहे तो वे

5 श्रमिक छिपी हुई बेरोजगारी का सूचक समझे जाएंगे, क्योंकि इनके कार्य पर रहने से कुल उत्पत्ति पर कोई प्रभाव नहीं पड़ता है। भारतीय ग्रामीण क्षेत्रों में कृषि और उद्योगों में अधिक जनसंख्या के दबाव और रोजगार के अवसरों की कमी के कारण छिपी हुई बेरोजगारी चरम सीमा पर देखने को मिलती है। इसे ही छिपी हुई अथवा अर्द्ध अदृश्य बेरोजगारी की स्थिति कहते हैं। इसमें अधिक अवधि में कम आमदनी होती है।

3. चक्रीय बेरोजगारी—पूँजीवादी अर्थव्यवस्था में जब माँग और पूर्ति में असन्तुलन की स्थिति से तेजी-मन्दी का कुचक्र बनकर बेरोजगारी का कारण बनता है तो अर्थव्यवस्था में बेरोजगारी की स्थिति उत्पन्न हो जाती है। इसे चक्रीय बेरोजगारी के नाम से पुकारते हैं। मन्दी के समय में वस्तुओं एवं सेवाओं की कीमतों में कमी और उत्पादन आधिक्य के फलस्वरूप बेकारी फैलती है। वष्र 1930 की आर्थिक मन्दी अथवा युद्धोत्तरकालीन आर्थिक मन्दी चक्रीय बेरोजगारी के ज्वलन्त उदाहरण हैं।

4. मौसमी बेरोजगारी—जब अर्थव्यवस्था में श्रमिकों को वर्षपयन्त कार्य नहीं मिलता है और उन्हें बीच-बीच में किसी मौसम विशेष में बेरोजगार रहना पड़ता है तो ऐसी बेरोजगारी मौसमी बेरोजगारी कहलाती है। उदाहरण के लिए, भारत में रबी और ख़रीफ की दोनों फसलों के बीच के समय मानसून के इन्तजार में कृषकों को फालतू रहना पड़ता है। इसी तरह चीनी, गुड़ इत्यादि उद्योगों में श्रमिकों काम केवल मौसम विशेष में ही प्राप्त होता है तथा शेष समय में उन्हें फालतू रहना होता है। लघु एवं कुटीर उद्योगों के कम होने से मौसमी बेरोजगारी अधिक देखने को मिली है। यद्यपि बहुफसल कार्यक्रमों, राहत कार्यों, सिंचाई के साधनों के विकास इत्यादि के फलस्वरूप इस प्रकार की बेरोजगारी की समस्या के निवारण में काफी मदद मिली है।

5. ग्रामीण बेरोजगारी तथा शहरी बेरोजगारी—भारत एक ग्रामीण अर्थव्यवस्था वाला राष्ट्र है तथा यहाँ की लगभग 75 प्रतिशत जनसंख्य ग्रामीण है। इन क्षेत्रों में पायी जाने वाली ब्रेकारी को ग्रामीण बेकारी के नाम से जाना जाता है। इसी प्रकार शहरी क्षेत्रों में पाई जाने वाली शहरी श्रम बेरोजगारी को शहरी बेरोजगारी कहते हैं। इस बेरोजगारी में औद्योगिक श्रमिकों की बेरोजगारी भी सम्मिलित होती है।

6. औद्योगिक या तकनीकी बेरोजगारी—उत्पादन प्रक्रिया के दौरान विज्ञान तथा तकनीकी ज्ञान के विकास एवं विस्तार के फलस्वरूप जब सुधरी हुई तथा स्वचालित मशीनों का प्रयोग होता है तो दो प्रकार से बेरोजगारी की समस्या में वृद्धि होती है—(i) जो लोग नई मशीनों कोचलाने में असमर्थ होते हैं उन्हें काम में स्वतः ही अलग

होना पड़ता है तथा (ii) सुधरी हुई तथा स्वचालित मशीनों के प्रयोग से श्रमिकों की कम आवश्यकता पड़ती है। देश की अर्थव्यवस्था में कृषि तथा उद्योगें के क्षेत्र में नवीन एवं आधुनिक उपकरणों तथा मशीनों केक प्रयोग के फलस्वरूप बेरोजगारी की समस्या में निरन्तर वृद्धि देखने को मिली है और इसी वजह से नवीनीकरण, विवेकीकरण तथा वैज्ञानिकीकरण की गति भारतीय उद्योगों में गत वर्षों में काफी धीमी रही है जिससे विवेकीकरण बिना किसी कठिनाई के संभव हो सके।

7. शिक्षित एवं अशिक्षित बेरोजगारी—जब अर्थव्यवस्था में पढ़े-लिखे लोग बेरोजगार होते हैं तो इसे शिक्षित बेरोजगारी कहते हैं। इसी प्रकार जब बिना पढ़े-लिखे लोगों को उनकी योग्यता एवं इच्छा के अनुसार वर्तमान वेतन दर पर कार्य उपलब्ध नहीं हो पाता है तो उसे अशिक्षित बेरोजगारी कहते हैं।

8. अस्थायी बेरोजगारी, आकस्मिक बेरोजगारी एवं संक्रमणकालीन बेरोजगारी—जब कभी व्यापारिक एवं औद्योगिक इकाई अथव सम्पूर्ण उद्योग अचानक संकट से बन्द हो जाते हैं अथवा कृषि पेर आधारित उद्योग-धन्धों में किसी वजह से अनाचक कार्य रुक जाता है तो ऐसी बेरोजगरी इस श्रेणी में आती है। औद्योगिक क्षेत्रों में कच्चे माल का अभाव, विद्युत शक्ति का अभाव, मशीनों एवं औजारों की टूट-फूट इत्यादि से उत्पादन बन्द होने की स्थिर्थि में भी इसी प्रकार की बेरोजगारी नजर आती है। विकसित राष्ट्रों में संक्रमण काल अर्द्ध-विकसित राष्ट्रों की तुलना में काफी कम होता है जिसके प्रमुख कारण श्रम की गतिशीलता अधिक होने, श्रमिकों के लिए शिक्षण एवं प्रशिाण की सुविधाओं का होना, श्रम को वैकल्पिक रोजगार के अवसरों की पर्याप्त जानकारी होना इत्यदि रहे हैं।

बेरोजगारी के कारण

(Causes of Unemployment)

भारत में बेरोजगारी के अनेक कारण हैं, जिनमें से प्रमुख निम्नलिखित हैं—

1. जनसंख्या में तीव्र गति से वृद्धि—भारत की जनसंख्या अति तीव्र गति से बढ़ रही है। जिस गति से भारत की जनसंख्या बढ़ रही है, उस गति से देश में रोजगार के नये अवसर उपलब्ध नहीं हो पा रहे हैं। उपर्युक्त मात्रा में बचतें होकर पूँजी निर्माण नहीं हो पा रहा है, जिससे विनियोग बढ़कर उत्पादन बढ़े, साथ-साथ रोजगार के अवसर भी बढ़ें। इसी कारण से देश में प्रतिवर्ष बेरोजगार व्यक्तियों की संख्या बढ़ती ही जाती है। 1997-2000 में जनसंख्या की वृद्धि दर 1.58% तथा श्रम-शक्ति की वृद्धि दर 2.51% है जिससे बेरोजगारी का दबाव बना रहेगा।

2. शिक्षा का प्रसार—भारत में स्वतन्त्रता प्राप्ति के बाद शिक्षा का प्रसार बहुत ही तीव्र गति से हुआ है। शिक्षित व्यक्तियों की संख्या भी बहुत बढ़ी है। शिक्षा प्राप्त करने के पश्चात् युवक नोकरी तलाश करने लगता है। भारत में शिक्षा के प्रसार के अनुपात में रोजगार के अवसरों में वृद्धि नहीं हुई है। इस प्रकार शिक्षा के प्रसार से भी बेरोजगारी फैली है। अशिक्षित व्यक्ति तो संभवत: अपने आपको किसी भी रोजगार में लगा ले, परन्तु शिक्षित व्यक्ति कोई शारीरिक कार्य अनिच्छा से ही करने को तैयार होता है।

3. दोषयुक्त शिक्षा पद्धति—शिक्षा का प्रमुख उद्देश्य बालक का सर्वांगीण विकास करना होता है। सर्वांगीण विकास के अन्तर्गत यह बात भी आ जाती है कि शिक्षा प्राप्त करने के पश्चात् बालक, जो कि व्यक्ति बन जायेगा, अपनी रोटी-रोजी कमाने में समर्थ हो सके। जो अपनी रोजी-रोटी कमा सकेगा, वह कभी बेरोजगार नहीं हो सकता। परन्तु आज की शिक्षा केवल किताबी ज्ञान ही देती है, बालक को अपने पेट भर सकने के योग्य नहीं बनाती। वर्तमान शिक्षा पद्धति में व्यावसायिक तथा प्राविधिक प्रशिक्षण का अभाव ही सबसे बड़ा दोष है। आज की दोषयुक्त शिक्षा पद्धति बेरोजगारी फैलाने का एक प्रमुख कारण बन गई है।

4. कृषि का पिछड़ापन—भारत एक कृषि प्रधन देशा है परन्तु दुर्भाग्य से हमारे देश की कृषि भी पिछड़ी हुई अवस्था में है। कृषि भूमि सीमित हो गई है और अब अधिक व्यक्तियों की रोजी का भार कृषि पर नहीं डाला जा सकता। कृषि के पिछड़ेपन के कारण उत्पादन भी कम होता है। उत्पादन कम होने के कारण अधिक व्यक्तियों की न तो खाद्य आवश्यकता की ही पूर्ति की जा सकती है और न कृषि पर आधारित उद्योग ही पर्याप्त मात्रा में लगाए जाकर रोजगार के अवसर बढ़ाये जा सकते हैं। योजनाकाल में भारत में कृषि विकास की दर लगभग 2.7 प्रतिशत रही है, जो बहुत कम है। कृषिगत विकास की इस धीमी गति ने बेरोजगार की स्थिति में पर्याप्त सुधार नहीं होने दिया है। इस प्रकार कृषि के पिछड़ेपन के कारण से भी बेरोजगारी की समस्या बढ़ी है।

5. शिक्षित वर्ग श्रम के महत्त्व के प्रति सजग नहीं—भारत में शिक्षित वर्ग शारीरिक श्रम करने से घबराता है। यही कारण हे कि प्राय: सभी व्यक्ति शिक्षा प्राप्त करने के पश्चात् कुर्सी पर बैठकर काम करने वाली नोकरी की तलाश में निकलते हैं। वे किसी ऐसे कार्य को करने को तैयार नहीं रहते, जिससे उनको शारीरिक श्रम करना पड़े। फिर कुर्सी पर बैठकर काम करने वाली नौकरियों की संख्या तो सीमित है, इससे बेरोजगारी फैलती है। हमारे शिक्षित नवयुवकों को श्रम के महत्व को समझते

हुए श्रम का आदर करना चाहिए।

6. दोषयुक्त रोजगार नीति—पहली पंचवर्षीय योजना में तो सरकार ने बेरोजगारी समाप्त करने की तरफ कोई ध्यान नहीं दिया। बाद में जब सरकार का ध्यान इस ओर आकर्षित किया गया, तब सरकार ने इस दिशा में कुछ कार्य किया। देश के विकास के लिए सरकार ने उद्योगों की स्थापना पर बल दिया। लेकिन ये उद्योग पूँजी प्रधान थे, न कि श्रम प्रधान। यदि ऐसे उद्योग काफी संख्या में खुल जाते, जिनमें कि श्रमिकों के अधिकाधिक खपने की गुंजाइश होती, तो संभवत: बेरोजगारी की समस्या काफी हद तक हल हो जाती। आज बेरोजगारी की समस्या अपने भयानक रूप में है। समय रहते यदि सरकार इस समस्या का ठीक निदान करके उपचार कर लेती, तो आज यह समस्या इस रूप में न होती।

7. सामाजिक दृष्टिकोण—आज प्राय: सभी लोग अपने व्यवसाय के लिए परावलम्बी प्रकृति के बन गए हैं। कोई भी अपना स्वतन्त्र व्यवसाय अपनाने की हिम्मत नहीं रखता। लगभग सभी व्यक्ति नौकरी करना चाहते हैं और नौकरी में भी सरकारी नौकरी की अधिक चाह रखते हैं। श्रम के प्रति उनका आदरभाव लगभग समाप्त हो गया है। अधिकांश लोग कम वेतन पर कुर्सी पर बैठकर काम करने को तैयार हो जाते हैं, परन्तु शारीरिक श्रम करने को तैयार नहीं। शारीरिक श्रम करना अपनी प्रतिष्ठा के खिलाफ है, ऐसी धारणा लोगों में बन गई है। यही धारणा यासामाजिक दृष्टिकोण व्यक्ति को अपना स्वतन्त्र व्यवसाय अपनाने से रोकता है। समाज के इस प्रकार के दृष्टिकोण ने बेरोजगारी को बढ़ावा दिया है।

8. रोजगार मार्गदर्शन का अभाव—छात्र प्राय: अपने भावी जीवन का लक्ष्य निर्धारित किए बिना ही अपनी शिक्षा को जिस प्रकार से भी चले, चलने देते हैं। काफी संख्या में छात्र अपनी रुचि तथा ोग्यता के अनुसार विषय न लेने के कारण या तो उस शिक्षा को बीच में ही छोड़ देते हैं या फिर उसमें ठीक प्रकार से सफलता प्राप्त नहीं कर पाते।

9. शरणार्थियों का आगमन—भारत के विभाजन के समय तथा बाद में काफी संख्या में शरणार्थी भारत में आ गए और सरकार के लिए उनको रोजगार देना मुश्किल हो गया। ये शरणार्थी बेरोजगार रहे तथा इन्होंने बेरोजगारी की समस्या को और भी गंभीर बना दिया।

10. विनियोग का अभाव—जब सार्वजनिक क्षेत्र में पूँजी-निवेश बढ़ता है तब रोजगार में भी वृद्धि होती है। देश में सार्वजनिक विनियोग व व्यय में वार्षिक

दर में लगातार कमी आती जा रही है, जिससे उद्योगों का विकास नहीं हो पाया और साथ ही इन्फ्रास्ट्रक्चर पर भी प्रतिकूल असर पड़ने से रोजगार नहीं बढ़ पाया। मुद्रास्फीति और विदेशी सहायता में अनिश्चितता के कारण पूँजी-निवेश तेजी से नहीं बढ़ पाया। इस स्थिति में विनियोग की कमी के कारण रोजगार के अवसरों में वृद्धि नहीं की जा सकी है। जुलाई, 1991 में सरकार ने अपनी नवीन आर्थिक नीति में निजी विनियोगों पर बल दिया है, जिससे भविष्य में साव्रजनिक क्षेत्र में रोजगार के अवसर कम मात्रा में बढ़ पायेंगे। 1981 से 2000 की अवधि में सार्वजनिक क्षेत्र में रोजगार 1.55 करोड़ से बढ़कर 1.93 करोड़ हो गया था। इस प्रकार इसमें लगभग 38 लाख की वृद्धि हुई, जबड़क इसी अवधि में संगठित निजी क्षेत्र में रोजगार 74 लाख व्यक्तियों से बढ़कर 86.46 लाख व्यक्ति ही हो पाना था। इसमें केवल 12.46 लाख की ही वृद्धि हो पाई थी।

इससे स्पष्ट होता है कि 1981-2000 की अवधि में संगठित निजी क्षेत्र का योगदान रोजगार संवर्द्धन में अपेक्षाकृत कम रहा है।

11. सरकारी नियंत्रणों की वृद्धि—सरकार की कर-नीति विनियोगों को प्रोत्साहन देने वाली नहीं रही। निजी क्षेत्र के समर्थकों के अनुसार देश में अनेक प्रकार के औद्योगिक नियंत्रण व प्रतिबन्धों को चलते उन्हें अपने कार्यों को बढ़ाने में कई तरह की बाधाओं का सामना करना पड़ा जिससे रोजगार पर प्रतिकूल असर पड़ा है। यदि देश में निजी क्षेत्र के विकास के लिए अनुकूल वातावरण हो तो रोजगार में वृद्धि हो सकती है।

भारत में बेरोजगारी की समस्या के समाधान के उपाय

(Solutions to Solve the Problem of Unemployment in India)

योजनाबद्ध विकास में उपलब्ध मानव शक्ति के समुचित उपयोग तथा पूर्ण रोजगार की स्थिति तक पहुँचने का लक्ष्य होता है। भारत में प्राकृतिक साधनों की प्रचुरता है। अतः इन साधनों के समुचित विकास में मानव शक्ति का उपयोग दुहरा लाभ पहुँचायेगा-एक ओर आर्थिक समृद्धि तथा दूसरी ओर पूर्ण रोजगार की व्यवस्था। बेरोजगारी की समस्या के समाधान में निम्नलिखित सुझाव उपयोगी हैं—

1. जनसंख्या पर प्रभावी नियंत्रण—आर्थिक विकास की गति तेज करने तथा 'अधिकतम आय के स्तर पर अधिकतम रोज़गार' की स्थित प्राप्त करने के लिए तेज रफ्तार से बढ़ती हुई जनसंख्या पर नियंत्रण आवश्यक है।

2. औद्योगीकरण व लघु एवं कुटीर उद्योगों के विकास पर अधिक बल—कृषि पर रोजगार के दबाव को कम करने तथा वैकल्पिक रोजगार के अवसरों की वृद्धि के लिए देश में तीव्र औद्योगीकरण की जरूरत है। वर्तमान पूंजी उद्योगों के स्थान पर श्रमप्रधान योजनाओं को प्राथमिकता देने की आवश्यकता है। लघु व कुटीर उद्योगों को बढ़ावा देना चाहिए। इससे ग्रामीण क्षेत्रों में लोगों की अर्द्ध-बेरोजगारी समाप्त होगी तथा कई को पूरे समय काम मिल सकेगा।

3. सामाजिक सेवाओं का विस्तार—देश में चिकित्सा, शिक्षा, कल्याण कार्य तथा अन्य सामाजिक सेवाओं के विस्तार से रोजगार के अवसरों में वृद्धि की जा सकती है।

4. राष्ट्रीय निर्माण कार्यों में वृद्धि—देश में आर्थिक विकास के साथ-साथ अधिक लोगों को रोजगार प्रदान करने के लिए सड़क, बांध, पुल तथा नहर निर्माण कार्यों को प्रधानता देनी चाहिए। ग्रामीण क्षेत्रों में गृह-निर्माण, भू-संरक्षण आदि कार्यक्रमों की ओर भी ध्यान देना चाहिए।

5. गहन कृषि को प्रोत्साहन तथा कृषि सहायक उद्योगों का विकास—वर्तमान परिस्थिति में तो उत्तम खाद, उत्तम बीज, सिंचाई व्यवस्था तथ बहु-फसल कार्यक्रमों से प्रति एकड़ उपज बढ़ाने की सघन कृषि को प्रोत्साहन देना ही श्रेष्ठ है। इससे कम भूमि पर भी अधिक लोगों के आर्थिक रोजगार की व्यवस्था संभव होगी।

इसी प्रकार कृषि सहायक उद्योग—पशु-पालन, मुगी-पालन, भेड-पालन आदि कृषि सहायक कार्यों से अर्द्ध-बेरोजगारी दूर होने के साथ-साथ अनेक बेकारों को पूरे समय काम मिल सकेगा।

6. गाँवों में रोजगार प्रधान नियोजन—ग्रामीण क्षेत्रों में श्रम-प्रधान निर्माण कार्यों, जैसे—सड़क निर्माण, भू-संरक्षण, बाढ़ नियंत्रण आदि को प्राथमिकता देकर रोजगार के अवसरों में वृद्धि की जा सकती है। ग्रामीण क्षेत्रों में इन कार्यों के अलावा ग्रामीणऔद्योगीकरण तथा विद्युतीकरण योजनाओं के क्रियान्वयन से भी शिक्षक बेकारों को काम मिला है।

7. गतिशीलता में वृद्धि—बेरोजगारी के निराकरण के लिए समाज में श्रम के प्रति श्रद्धा तथा रुचि उत्पन्न करने के लिए सामाजिक मनोवृत्ति में परिवर्तन आवश्यक है। सामाजिक दोष, जैसे—जाति प्रथा, परिवार का मोह आदि का निराकरण करने, यातायात साधनों के विकास तथा आवश्यक प्रशिक्षण की सुविधाओं के विस्तार से बेरोजगारी के आकार में कमी की जा सकती है।

8. बेरोजगारी बीमा—बेरोजगारी से सुरक्षा प्रदान करने में 'बेरोजगारी बीमा' योजना लागू करनी चाहिए। इससे सरकार भी अपना उत्तरदायित्व निभाने के लिए बाध्य होगी तथा रोजगार प्राप्त करने वालों को भी सुरक्षा मिल सकेगी।

9. रोजगार दफ्तरों तथा सहायक सेवाओं का विस्तार—रोजगार दफ्तरों तथा सहायक सेवाओं, जैसे—रोजगार की सूचना एवं मार्गदर्शन ब्यूरो, मानव शक्ति अनुसंधान केन्द्र, केरियर पेम्फलेट्स, व्यावसायिक रोजगार समीक्षा आदि का विस्तार किया जाना चाहिए। इन सब कार्यों के विस्तार करने से बेरोजगारी के समाधान में अधिक सहयोग मिलेगा।

10. शिक्षा प्रणाली में सुधार एवं व्यासायिक दृष्टिकोण—हमारी वर्तमान शिक्षा प्रणाली साहित्यिक एवं बौद्धिक है। इसमें व्यावहारिक एवं प्राविधिक शिक्षा का अभाव है। अत: शिक्षा पद्धति में सुधार कर कार्योन्मुखी बनाया जाना चाहिए।

11. मानव शक्ति सदुपयोग के लिए उचित नियोजन—योजनाबद्ध विकास में मानव शक्ति के समुचित उपयोग की भावना निहित है और विकास कार्यों के प्रत्येक क्षेत्र में कुशल एवं अकुशल श्रमिक की मांग और पूर्ति में सन्तुलन बैठाना, उनके प्रशिक्षण की व्यवस्था करना तथा उनकी गतिशीलता में वृद्धि कर रही सही काम के लिए सही आदमी की व्यवस्था ही मानव-शक्ति के उचित नियोजन का परिचायक है। अगर पिछले 50 वर्षों में मानव शक्ति का कुशल नियोजन किया जाता तो आज इन्जीनियरों में बेकारी की नौबत नहीं आती और न शिक्षितों में बेकारी की यह स्थिति आती। मानव शक्ति नियोजन के लिए उचित प्रयास सरकार द्वारा किये जाने चाहिए।

12. राष्ट्रीय विकास परिषद् के सुझाव—राष्ट्रीय विकास परिषद् की रोजगार से सम्बद्ध समिति ने बेरोजगारी से निपटने के लिए तथा सन् 2002 तक सबके लिए रोजगार का लक्ष्य हासिल करने के लिए तीन सुझाव दिये हैं—

(i) शिक्षित युवकों को स्वरोजगार के लिए प्रेरित करना।

(ii) शिक्षा एवं प्रशिक्षण की प्रणालियों को बाजार की आवश्यकताओं के अनुरूप ढालना।

(iii) सरकार के नीतिगत समर्थन से श्रम-प्रधान रोजगार प्रधान उद्योगों, क्षेत्रों का तेजी से विकास करना।

किसी देश में शिक्षित बेरोजगारों का होना उस देश के लिए राजनीतिक व सामाजिक असन्तोष और क्रान्ति का कारण हो सकता है। एक व्यक्ति, जब पर्याप्त समय और धन व्यय कर शिक्षित होने के कारण यह पाता है कि उसके लिए रोजगार

के कोई अवसर नहीं हैं, तो वह बहुत निराश और दु:खी हो जाता है। भारत में शिक्षित बेरोजगारों की संख्या में निरन्तर वृद्धि हो रही है। 1950-51 में उनकी संख्या 1.5 लाख तथा 1970 में 35 लाख थी। सातवीं योजना के अन्त में यह संख्या बढ़कर 211 लाख हो गई। 2000-01 के अन्त में रोजगार कार्यालयों में पंजीकृत शिक्षत बेरोजगारों की संख्या 400 लाख तक पहुँच गई थी।

भारत में शिक्षित बेरोजगारी (Educated Unemployment in India)—भारत में शिक्षित बेरोजगारी के दो स्वरूप—(i) सामान्य शिक्षा प्राप्त बेरोजगारी और (ii) तकनीकी और वैज्ञानिक शिक्षा प्राप्त बेरोजगारी हैं। यह एक विचित्र, किन्तु सत्य तथ्य है कि भारत में जहाँ एक ओर आर्थिक विकास के लिए विद्युत इन्जीनियरों, मैकेनिक इन्जीनियरों, प्रशिक्षित अध्यापकों, लेखाकारों आदि की आवश्यकता है, वहां इनको रोजगार के अवसर प्राप्त नहीं है और विवश होकर उन्हें विदेशों में नौकरी करनी पड़ती है।

विश्वविद्यालयों से लगभग 5.5 लाख स्नातक प्रतिवर्ष शिक्षा समाप्त कर रोजगार की तलाश में निकलते हैं, किन्तु लगभग 4 लाख को ही रोजगार मिल पाता है। 1977-78 में उच्च शिक्षा प्राप्त रोजगार चाहने वालों की संख्या 7 लाख थी, तो मार्च, 1980 में भारत में शिक्षित बेरोजगारों की संख्या 34.7 लाख थी, जो वर्ष 1982 के अन्त तक बढ़कर 97.7 लाख हो गई, जिनमें 16 लाख स्नातक तथा 1.7 स्नातकोत्तर बेरोजगार थे। छठी पंचवर्षीय योजना के अन्त तक नव-आगन्तुकों की संख्या 77 लाख के लगभग थी। इस तरह इनमें से 65.2 लाख शिक्षित बेरोजगारों के लिए रोजगार के अवसर जुटाने पर भी 1985 के प्रारंभ में 46.6 लाख शिक्षित बेरोजगार थे।

सातवीं पंचवर्षीय योजना के अन्त में शिक्षित बेरोजगारों की संख्या 211 लाख ोने का अनुमान था, जिसमें से 123 मैट्रिक्यूलेट, 52 लाख अण्डरग्रेज्यूएट और शेष 36 लाख स्नातक और स्नातकोत्तर बेरोजगार थे। यद्यपि भारत में गत वर्षों में सामान्य शिक्षा के क्षेत्र में बेरोजगारी में वृद्धि हो ही रही है, साथ ही तकनीकी शिक्ष (इन्जीनियरों, डॉक्टरों इत्यादि) के क्षेत्र में भी बेरोजगारी की समस्या निरन्तर बढ़ती जा रही है। एक अनुमान के आधार पर सातवीं पंचवर्षीय योजना के अन्त में लगभग 96 हजार इंजीनियर और 32 हजार डॉक्टर बेरोजगार थे।

भारत में शिक्षित बेरोजगारी के कारण (Causes of Educated Unemployment)—भारत में शिक्षित बेरोजगारी के निम्नलिखित कारण हैं—

1. **मानव शक्ति नियोजन का अभाव**—देश में मानव शक्ति नियोजन की उपयुक्त व्यवस्था का अभाव है।

2. **दोषपूर्ण शिक्षा प्रणाली**—देश में शिक्षाप्रणाली भी दोषपूर्ण है, व्यावसायिक एवं प्राविधिक प्रशिक्षण का अभाव है।

3. **शिक्षितों का दृष्टिकोण**—शिक्षितों का दृष्टिकोण भी सफेदपोश व कुर्सीपसन्द है। ग्रामीण क्षेत्रों में काम करने से उन्हें घृणा है। ये सब उनकी बेरोजगारी को बढ़ाते हैं।

4. **रोजगार मार्गदर्शन का अभाव**—हमारे देश में रोजगार मार्गदर्शन का भी अभाव है।

5. **व्यावसायिक शिक्षा की धीमी गति**—व्यावसायिक शिक्षा एवं प्राविधिक शिक्षा की प्रगति भी धीमी ही रही है।

6. **आर्थिक विकास की धीमी गति**—देश में आर्थिक विकास की गति भी धीमी है।

शिक्षित बेरोजगारी को दूर करने के उपाय (Suggestions to remove the Educated Unemployed)—शिक्षित बेरोजगारी दूर करने के निम्नलिखित उपाय हैं—

1. उचित श्रम शक्ति आयोजन—शिक्षितों के लिए शिक्षा प्रसार की सुविधा, उनकी अर्थव्यवस्था के विभिन्न क्षेत्रों में माँग तथा विभिन्न क्षेत्रों से पूर्ति का उपयुक्त तालमेल बैठाना आवश्यक है। यह श्रम शक्ति के उचित आयोजन से ही संभव है। इस दिशा में यद्यपि कुछ प्रयत्न किये गए हैं, परन्तु और गति देने की आवश्यकता है।

2. आर्थिक विकास की गति में तीव्रता—बचत और पूंजी विनियोजन में तेजी लाने पर ही अधिक रोजगार के अवसर प्रदान किए जा सकते हैं।

3. व्यावसायिक शिक्षा—व्यावसायिक शिक्षा की प्रधानता तथा सामान्य शिक्षा में कमी शिक्षितों में बेरोजगारी कम करने में सहायक होगी। दसवीं कक्षा के बाद व्यावसायिक पाठ्यक्रमों के लिए औद्योगिक प्रशिक्षण संस्थान, पोलिटेक्निक्स व कृषि स्कूलों आदि का विस्तार किया जाना चाहिए। स्कूलों में कम्प्यूटर शिक्षा पर बल दिया जाए।

4. सामाजिक सेवाओं का विस्तार—देश में सामाजिक सेवांओं का तेजी से विस्तार रोजगार के अवसरों में वृद्धि करेगा और ग्रामीण क्षेत्रों में उपयुक्त वातावरण से शिक्षितों के दृष्टिकोण में परिवर्तन संभव होगा।

5. रोजगार संबंधी सूचना—विश्वविद्यालयों तथा महाविद्यालयों में व्यावसायिक मार्गदर्शन तथा रोजगार अवसरों की जानकारी देने वाली संस्थाओं का तेजी से विकास करना चाहिए।

6. शिक्षितों की गतिशीलता में वृद्धि—शिक्षितों की गतिशीलता बढ़ाने के लिए आर्थिक सहायता, सामाजिक सुरक्षा तथा परिवहन साधनों की सुलभ एवं सस्ती व्यवस्था उपयोगी सिद्ध होगी।

7. प्रत्यक्ष सहायता—प्राविधिक शिक्षा प्राप्त व्यक्तियों को सरकार द्वारा लघु उद्योग स्थापित करने में आर्थिक सहायता व उचित वित्त व्यवस्था करनी चाहिए।

1980 के बाद भारत सरकार की रोजगार नीति

(Employment Policy of Govt. of India since 1980)

भारत सरकार द्वारा पंचवर्षीय योजनाओं में अपनायी गयी रोजगार नीति को निम्नलिखित बिन्दुओं के अन्तर्गत स्पष्ट किया गया है—

1. अतिरिक्त लोगों को रोजगार प्रदान करने वाली नीति—योजनाबद्ध विकास के अन्तर्गत अतिरिक्त लोगों को रोजगान देने की नीति अपनाई गयी। इस नीति के अन्तर्गत जहां प्रथम योजना में 75 लाख अतिरिक्त लोगों को रोजगार दिया गया, वहां छठी योजना (1980-85) में 356 लाख अतिरिक्त लोगों को रोजगार दिया गया। सातवीं योजना (1985-90) में 4 करोड़ अतिरिक्त मानकर मानव वर्ष को रोजगार देने का लक्ष्य था। आठवीं योजना (1992-97) के पाँच वर्षों में प्रतिवर्ष 80 से 90 लाख लोगों को रोजगार उपलब्ध करवाने का लक्ष्य रखा गया था, जिसे प्राप्त कर लिया गया। इस योजना में 3.3 करोड़ लोगों को अतिरिक्त रोजगार के अवसर उपलब्ध करवाये गये। इस योजना में रोजगार के अवसरों में 2.6 प्रतिशत वार्षिक वृद्धि का लक्ष्य सरकार के द्वारा प्राप्त कर लिया गया है। नवीं पंचवर्षीय योजना के आगामी 5 वर्षों में रोजगार के अवसरों में लगभग 5.02 करोड़ की वृद्धि करने के लक्ष्य रखे गये हैं।

2. श्रम प्रधान उद्योगों को प्राथमिकता की नीति—1980 के बाद भारत सरकार द्वारा रोजगार उपलब्ध कराने हेतु श्रम प्रधान उद्योगों को प्राथमिकता दी गई। रोजगार के लक्ष्य को प्राप्त करने के लिए लघु एवं कुटीर उद्योगों को बढ़ावा दिया गया। ग्रामीण क्षेत्रों में सिंचाई सुविधाओं का विस्तार तथा पशुपालन, डेयरी विकास एवं सामाजिक वानिकी को बढ़ावा दिया गया। ।सातवीं योजना में जवाहर योजना प्रारंभ की गई जिसमें 2600 करोड़ रुपये व्यय कर देश में 4 करोड़ गरीब परिवारों को कम से कम एक सदस्य को 100 मानव दिनों का रोजगार देने का लक्ष्य था। मुर्गी एवं सूअर-पालन, मछली-पालन इत्यादि के लिए समन्वित विकास की योजना लागू की गई।

आठवीं योजना में श्रम-गहन उद्योगों को प्राथमिकता दी गई। काम के बदले अनाज योजना ग्रामीण क्षेत्रों में अल्पकालीन बेरोजगारी के निराकरण के प्रभावी एवं कारगर सिद्ध हुई है।

3. आर्थिक विकास के कार्यों तथा अधिक पूंजी विनियोजन द्वारा रोजगार वृद्धि—1980 के बाद भारत सरकार द्वारा लघु एवं कुटीर उद्योगों के साथ-साथ अधिक पूंजी विनियोजन उद्योगों, जैसे—भवन निर्माण, पर्यटन विकास तथायातायात क्षेत्र के विकास की व्यूह रचना अपनाई गई। आठवीं योजना में खनन एवं खनन कार्यों में रोजगार वृद्धि की दर 6.8% निर्माण कार्यों में रोजगार वृद्धि की दर 4.7% वार्षिक तथा परिवहन एवं विद्युत, गैस एवं जल क्षेत्र में 3.9% वार्षिक वृद्धि का लक्ष्य रखा गया है। आर्थिक सुधार नीति के अन्तर्गत गरीबी निवारण के साथ-साथ लाभप्रद रोजगार आर्थिक रोजगार नीति के प्रमुख अंग रहे।

4. विशिष्ट रोजगार योजना नीति—भारत सरकार द्वारा रोजगार नीति के अन्तर्गत 1980 के बाद विशिष्ट रोजगार योजनाएँ आरंभ की गई, जिनका संक्षिप्त विवरण निम्न है—

(i) ग्रामीण युवा स्वरोजगार प्रशिक्षण योजना (TRYSEM)—सन् 1979 में ग्रामीण युवाओं को प्रशिक्षण देकर स्वरोजगार उपलब्ध कराने के लिए यह योजना लागू की गई। छठी योजना तक 9.4 लाख ग्रामीण युवाओं को प्रशिक्षण दिया गया और उनमें से 50% लोग स्वरोजगार में लग गये। इसके अन्तर्गत प्रतिवर्ष 2 लाख ग्रामीण युवाओं को स्वयं का काम करने के लिए प्रशिक्षण देने का लक्ष्य रखा गया था। सातवीं योजना में इस कार्यक्रम के तहत 10 लाख ग्रामीण युवाओं को प्रशिक्षित किया गया। 1992-93 में 2.76 लाख, 1996-97 में 3.6 लाख तथा 1997-98 में 2.5 लाख को प्रशिक्षण दिया गया।

(ii) समन्वित ग्रामीण विकास कार्यक्रम (IRDP)— इस कार्यक्रम के तहत निर्धनों को कुछ उत्पादक परिसम्पत्तियाँ उपलब्ध की जाती हैं व स्वरोजगार के अवसर प्रदान करके उनकी आय बढ़ाने का प्रयास किया जाता है। इसके अन्तर्गत प्रत्येक विकास खण्ड के सबसे गरीब कम से कम तीन हजार परिवारों को मुर्गी-पालन, सूअर-पालन, ग्रामीण एवं कुटीर उद्योगों में सहयसोग करने के लिए ऋणों, प्रशिक्षणों, वस्तुओं की पूर्ति एवं विपणन आदि से रोजगार एवं आय प्रदान करने का लक्ष्य था। सातवीं योजना में 2500 करोड़ रु. व्यय कर ग्रामीण क्षेत्रों में 1.8 करोड़ गरीब परिवारों को लाभान्वित किया जा चुका है। इस कार्यक्रम के फलस्वरूप 30 लाख मानक मानव वर्ष को रोजगार प्रदान किया गया है। वर्ष 1990-92 की अवधि में इस कार्यक्रम

से 40 लाख परिवार लाभान्वित हुए हैं तथा आठवीं पंचवर्षीय योजना में 108 लाख परिवारों को लाभान्वित किया गया है। अकेले वर्ष 1997-98 में 17 लाख परिवारों को इस कार्यक्रम के माध्यम से लाभ पहुंचा है। 1998-99 में 16.6 लाख परिवार तथा 1999-2000 में 9.2 लाख परिवार लाभान्वित हुए।

(iii) राष्ट्रीय ग्रामीण रोजगार कार्यक्रम (NREP)—काम के बदले नआज योजना की कमियों को दूर करने के लिए इस योजना को लागू किया गया। छठी योजना में 1834 करोड़ रु. व्यय कर ग्रामीण क्षेत्रों में लगभग 177.5 करोड़ मानव दिवसों का रोजगार बढ़ाया गया। सातवीं पंचवर्षीय योजना में इस कार्यक्रम पर 2487 करोड़ रुपये के व्यय का प्रावधान रखा गया था जिसके फलस्वरूप इस योजना के पाँच वर्षों में देश में 144.5 करोड़ मानव दिवसों के रोजगार के अवसर सृजित करने का लक्ष्य रख गया था, लेकिन योजना के प्रारंभ के चार वर्षों में ही 3600 करोड़ रुपये व्यय करके 148 करोड़ मानव दिवसों के रोजगार के अवसर उपलब्ध करवाये गये, जो लक्ष्य से कहीं अधिक रहे। 1 अप्रैल, 1989 से इस कार्यक्रम को जवाहर रोजगार योजना (JRY) में मिला दिया गया है।

(iv) ग्रामीण भूमिहीन रोजगार गारन्टी योजना (RLEGP)—यह रोजगार योजना अत्यन्त गरीब ग्रामीण भूमिहीन श्रमिकों को रोजगार देने के उद्देश्य से 1983 में चालू की गई। इसके अन्तर्गत प्रत्येक परिवार में कम से कम एक व्यक्ति को एक वर्ष में 100 दिन रोजगार देने की गारंटी देना था। सातवीं योजना में इस योजना के अन्तर्गत 115 करोड़ मतानव दिवसों का रोजगार सृजन किय गया। वर्ष 1989-90 में इस योजना को जवाहर रोजगार योजना में मिला दिया गया है।

(v) जवाहर रोजगार योजना (JRY)—एन.आई.पी. एवं आर.एल.ई.जी.पी. योजना को मिलाकर 28 अप्रैल, 1989 को एक नई योजना-जवाहर रोजगार योजना लागू की गई। इसमें महिलाओं के लिए भी रोजगार देने का लक्ष्य रखा गया। 1989-90 में लगभग 2600 करोड़ रु. व्यय कर 86.4 करोड़ मानव दिवसों का रोजगार सृजित किया गया। आठवीं योजना में 18400 करोड़ रु. के व्यय का प्रावधान रख गया था, जिसके फलस्वरूप 500 करोड़ मानव दिवसों के रोजगार के अवसर उपलब्ध करवाने के लक्ष्य रखे गये थे, जबड़क वास्तविक 405 करोड़ मानव दिवसों को रोजगार के अवसर उपलब्ध करवाये गये। सन् 1997-98 में 38.8 करोड़ मानव दिवस को रोजगार प्रदान किया गया। 1 अप्रैल, 1999 से जवाहर रोजगार योजना की पुनर्संरचना कर उसे अधिक प्रभावी बनाने के लिए नया नाम **'जवाहर ग्राम समृद्धि योजना'** दिया गया। जहाँ वर्ष्ज 1998-99 में इस योजना के अन्तर्गत 37.52 करोड़ मानव दिनों

का रोजगार सृजित किया गया, वहाँ 1999-2000 में 39.67 करोड़ मानव दिनों के रोजगार सृजन का लक्ष्य रख गया है।

(vi) नेहरू रोजगार योजना (NRY)—नगरीय क्षेत्र के गरीबों को लाभान्वित करने के लिए 1989 में यह योजना लागू की गई। इसमें तीन उपयोजनाओं का सामवेश किया गया।

(क) **नगरीय व्यष्टि उपक्रम योजना** (SUME)—यह योजना समन्वित ग्रामीण विकास कार्यक्रम की भांति शहरों में गरीबों की कुशलता एवं स्वरोजगार उपक्रमों की स्थापना के उद्देश्य से प्रेरित है। 1992-95 के तीन वर्षों में 4 लाख परिवारों को लाभान्वित किया गया। 1995-97 के दो वर्षों में इस योजना के तहत 8.3 लाख परिवारों को लाभ मिला।

(ख) **नगरीय मजदूर रोजगार योजना** (SUWE)—इसके अन्तर्गत एक लाख से कम जनसंख्या वाले नगरों में नगरीय गरीबों को मजदूरी पर रोजगार की व्यवस्था करना है। इस योजना के तहत आठवीं पंचवर्षीय योजना के 5 वर्षों की अवधि में लगभग 5 करोड़ मानव दिवसों को रोजगार के अवसर उपलब्ध करवाये गये थे।

(ग) **आवास एवं शेल्टर अपग्रेडेशन योजना** (SHASU)—यह योजना एक लाख से 20 लाख की जनसंख्या वाले नगरों में गरीबों को आवास एवं आश्रय उन्नय हेतु रोजगार एवं गरीबी निवारण की योजना है। आठवीं योजना में नेहरू रोजगार योजना में लगभग 615 लाख मानव दिनों का रोजगार दिया गया। अब इस योजना को स्वर्ण जयन्ती शहरी रोजगार योजना में मिला दिया गया है।

(vii) रोजगार एश्योरेन्स योजना (EAS)—यह योजना 1993-94 में लागू की गई। इस योजना के अन्तर्गत ग्रामीण क्षेत्रों में जब कृषि रोजगार में कमी हो जाती है तब इस योजना के अन्तर्गत रोजगार दिया जाएगा। इसमें 18 से 60 वर्ष के लोगों को काम दिया जाता है। 1993-97 के चार वर्षों में इस योजना में 107 करोड़ मानव दिवसों का रोजगार सृजन किया गया। इसी प्रकार वर्ष 1997-98 के सितम्बर माह तक 14.8 करोड़ मानव दिवसों को रोजगार के अवसर प्रदान किये गये।

5. शिक्षित बेरोजगारों के लिए रोजगार नीति—भारत सरकार द्वारा शिक्षित बेरोजगारों के लिए कई रोजगारोन्मुखी योजनाएँ लागू की गई हैं, फिर भी शिक्षत

बेरोजगारों की संख्या निरन्तर बढ़ती जा रही है। शिक्षित बेरोजगारों के लिए निम्न विशिष्ट रोजगार योजनाएँ लागू की गई हैं—

(i) शिक्षित बेरोजगार युवक स्वरोजगार योजना (SEEUY)—18-35 वर्ष के आयु वर्ग के शिक्षित बेरोजगार युवकों को अनुदान तथा बैंक ऋण के माध्यम से स्वरोजगार उपलब्ध कराने के उद्देश्य से SEEUY योजना 1983-84 से लागू की गई। 1983-84 से 1993-94 के लगभग 10 वर्षों में इस योजना के अन्तर्गत 18 लाख शिक्षित बेरोजगारों को 3500 करोड़ रु. के बैंक ऋण स्वीकृत कर स्वरोजगार दिलाया गया। वर्ष 1991-92 में भी 200 करोड़ रुपये के ऋणों की स्वीकृति के फलस्वरूप 93 हजार शिक्षित बेरोजगारों को लाभ पहुंचानेका लक्ष्य रखा गया था, लेकिन वास्तव में 72 हजार लोगों को ही लाभ पहुंचा। इस योजना के तहत वर्ष 1993-94 में 1.26 लाख बेरोजगारों को लाभ पहुंचाने का लक्ष्य रखा गया था। वर्ष 1994-95 से इस योजना को प्रधानमंत्री रोजगार योजना में मिला दिया गया।

(ii) प्रधानमंत्री रोजगार योजना (PMY)—इस योजना की घोषणा वित्त वर्ष 1993-94 में की गई जिसके अन्तर्गत आठवीं योजना के दौरान लगभग 10 लाख शहरी शिक्षित बेरोजगार युवकों को रोजगार प्रदान करने का लक्ष्य था। 1994-95 तथा उसके बाद के वर्षों में यह योजना शहरी क्षेत्रों के साथ-साथ ग्रामीण क्षेत्रों में भी लागू कर दी गई और शिक्षित बेरोजगार युवक स्वरोजगार योजना को इसमें सम्मिलित कर दिया गया। योजना में सहायता का आधार शिक्षा, आय तथा अन्य बातें रखी गई हैं। अनुसूचित जाति एवं जनजाति के प्रार्थियों के लिए आरक्षण किया गया है। 1994-97 के तीन वर्षों में लगभग 11 लाख शिक्षित बेरोजगारों को रोजगार दिया गया। प्रधानमंत्री रोजगार योजना के अन्तर्गत 1997-98 में कुल 1.8 लाख माइक्रो उपक्रमों को मंजूरी दी गयी तथा 2.6 लाख व्यक्तियों को काम पर लगाया गया तथा इस योजना के अन्तर्गत 1998-99 में 2.2 लाख के लक्ष्य के मुकाबले 1.5 लाख उपक्रमों को तथा 2.2 लाख लोगों को रोजगार दिया गया, 1999-2000 के दौरान क्रमशः 1.4 लाख उद्योग व 2.1 लाख रोजगार सृजित किये गये और 2000-01 के दौरान 2.2 लाख उद्योग तथा 3.5 लाख रोजगार सृजन का लक्ष्य रखा गया है।

नवीं पंचवर्षीय योजना में रोजगार की संभावनाएँ

(Employment Opportunities in Ninth Five Year Plan)

भारत में नवी पंचवर्षीय योजना (1997-2002) में जनसंख्या में वार्षिक वृद्धि की दर 1.58 रहने पर भी श्रम शक्ति में वार्षिक वृद्धि दर अभी तक 2.5 प्रतिशत रही है ज़ो गत वर्षों की तुलना में सबसे अधिक है, जिसके फलस्वरूप इस योजनाकाल में 5.2 करोड़ अतिरिक्त लोगों को रोजगार के अवसर उपलब्ध करवाये जाने की आवश्यकता महसूस होगी, लेकिन इस योजनाकाल में लगभग 5 करोड़ अतिरिक्त लोगों को ही रोजगार के अवसर उपलब्ध करवाये जा सकेंगे।

इस योजना के अन्त में देश में कुल श्रमशक्ति लगभग 42.34 करोड़ होगी, जिसमें से 41.64 करोड़ श्रमशक्ति रोजगार में उपलब्ध होगी तथा शेष 70 लाख बेकार होने के अनुमान हैं जो कुल श्रमशक्ति का लगभग 16.6 प्रतिशत होगा।

(i) **स्वर्ण जयन्ती शहरी रोजगार योजना**—शहरी क्षेत्रों में गरीबी निवारण एवं रोजगार वृद्धि के उद्देश्य से नेहरू रोजगार योजना, गरीबों के लिए नगरीय आवश्यक सेवाएँ तथा प्रधानमंत्री समन्वित नगरीय गरीबी निवारण कार्यक्रम को सम्मिलित करके यह नयी योजना दिसम्बर, 1997 से प्रारंभ की गई है। इस कार्यक्रम के अन्तर्गत शहरी क्षेत्रों में गरीबी रेख के नीचे परिवारों के बेरोजगार तथा अर्द्ध-बेरोजगार युवकों को स्वरोजगार के लिए प्रेरित करना है।

(ii) **स्वर्ण जयन्ती ग्राम स्वरोजगार योजना**—इस नयी योजना में पूर्ववर्ती समन्वित ग्रामीण विकास कार्यक्रम, मिलियन वेल्स स्कीम, ट्राइसम, SITRA, GKY को समाहित कर इसे 1 अप्रैल, 1999 से प्रारंभ किया गया है। इसका उद्देश्य ग्रामीण क्षेत्रों में अधिकाधिक लघु उद्योगों की स्थापना से गरीबी रेख के नीचे जीवनयापन करने वाले परिवारों को लाभान्वित कर तीन वर्षों में गरीबी रेख सेऊपर लाने का लक्ष्य रखा गया है। इस योजना से 1999-2000 में जहाँ 9.2 लाख परिवार लाभान्वित हुए, वहाँ 2000-01 में जुलाई, 2000 तक एक लाख व्यक्तियों को लाभान्वित किया गया है।

▣▣▣

16

निर्धनता

गरीबी अथवा निर्धनता का आशय उस सामाजिक अवस्था पर जीवन से लिया जाता है जिसमें समाज का एक वर्ग अपनी अनिवार्य आवश्यकताओं को भी पूरा नहीं कर पाता है और वह न्यूनतम जीवन-सतर से भी निम्न जीवन-स्तर बिताता है। गरीबी का विचार सापेक्षिक विचार है जो उच्च जीवन-स्तर की तुलना में निम्न जीवन-सतर के आधार पर गरीबी के बारे में सोचता है। भारत में गरीबी की परिभाषा उच्च जीवन-स्तर की तुलना में निम्न जीवन-स्तर को आधार मानकर चलती है, क्योंकि भारत जैसे गरीब एवं निर्धन राष्ट्र में अच्छे और उच्च जीवन की कल्पना करना मजाक करने के समान लगता है। इसलिए भारतीय नागरिकों में केवल उन्हीं को निर्धन माना जाता है जो निर्धारित न्यूनतम जीवन-स्तर से भी निम्न स्तर का जीवन बिता रहे हैं। निरपेक्ष रूप में हम यह कह सकते हैं कि गरीब अथवा निर्धन लोग वे हैं जो भूखे, नंगे, निरक्षर, बड़ी-बड़ी बीमारियों से पीड़ित है तथा अपाहिज होते हुए अपनी बुनियादी आवश्यकताओं को पूरा नहीं कर पाते हैं, अपमान, निराशा के अभाव में उन्हें मित्रता है तथा समृद्धि के प्रति ईर्ष्या है।

भारत में गरीबी अथवा निर्धनता की प्रकृति

(Nature towards Poverty India)

गरीबी अथवा निर्धनता का स्पष्ट रूप से अर्थ समझने के लिए आवश्यक है कि इसका सापेक्षिक रूप काम में लिया जाए। वास्तव में हम गरीब अथवा निर्धन लोग उन्हें कहते हैं जो धनिकों की तुलना में काफी निर्धन है अर्थात् जो अपनी बुनियादी आवश्यकताओं को पूरा नहीं कर पाते हैं अथवा जो गरीबी की रेखा से नीचे जीवनयपन कर रहे हैं।

गरीबी की रेखा के संबंध में विभिन्न विद्वानों में काफी मतभेद हैं। यहाँ पर कुछ विद्वानों एवं संस्थाओं के विचार गरीबी की रेखा के संबंध में दिए गए हैं—

1. भारतीय योजना आयोग ने ग्रमीण क्षेत्रों में प्रतिदिन प्रति व्यक्ति उपभोग 2400 कैलोरी और शहरी क्षेत्रों में प्रतिदिन प्रति व्यक्ति उपभोग 2100 कैलोरी के आधार पर गरीबी की रेखा खींची है।

2. सातवीं पंचवर्षीय योजना में वर्ष 1984-85 के मूल्यों के आधार पर गाँवों में जिन व्यक्तियों की प्रति व्यक्ति माह आय 107 रुपये और शहरों में 122 रुपये से कम है, उन्हें गरीब बताया है।

3. संयुक्त राष्ट्र संघ की रिपोर्ट के आधार पर जिन व्यक्तियों की प्रति व्यक्ति आय वर्ष आय 2000 रुपयों से कम हो, उन्हें गरीब कहा जाएगा।

भारतीय योजना आयोग ने 11 मार्च, 1997 को सम्पन्न बैठक में निर्धनता रेखा निर्धारण हेतु अब लकड़ावाला फार्मूले को ही स्वीकार किया है। इस फार्मूले में शहरी निर्धनता के आंकलन के लिए औद्योगिक श्रमिकों के उपभोक्ता मूल्य सूचकांक तथा ग्रामीण क्षेंत्रों में निर्धनता के आंकलन हेतु कृषि श्रमिकों के उपभोक्ता मूल्य सूचकांकों को आधार बनाया गया था। इस फार्मूले के आधार पर आकलन से सभी राज्यों में अलग-अलग निर्धनता रेखाएँ अर्थात् कुल 32 निर्धनता रेखाएँ बनती हैं।

सन् 1993-94 के मूल्यों पर गरीबी का स्वरूप या प्रकृति इस प्रकार थी। इसके अन्तर्गत गरीबी की रेखा ग्रामीण क्षेत्रों के लिए प्रति व्यक्ति प्रतिमाह 228.9 रुपये तथा शहरी क्षेत्रों के लिए 264.1 रुपए आंकी गयी है। सन् 1973-94 की अवधि में ग्रामीण व शहरी दोनों क्षेत्रों में निर्धनता के अनुपात घटे हैं। 1973-74 में ग्रामीण खेत्रों में गरीबी की रेखा के नीचे रहने वाले लोगों का अनुपात 56.4% था तथा शहरी क्षेत्रों में यह 49% था, जबड़क 1983 में ग्रामीण क्षेत्रों में यह 39.1% व शहरी क्षेत्रों में 38.2% हो गया व 1993-94 में ग्रामीण क्षेत्रों में यह 37.3% व शहरी क्षेत्रों में

32.4% हो गया था।

दाण्डेकर एवं रथ ने 2250 कैलोरीयुक्त खाद्यान्न को वांछित न्यूनतम उपभोग स्तर मानते हुए देश में गरीबी का चित्र खींचा है। दाण्डेकर व रथ के अनुसार 1960-61 में ग्रामीण क्षेत्र में 13.5 करोड़ व नगरीय क्षेत्र में 4.2 करोड़ लोग गरीबी की रेखा के नीचे थे तथा 1968-69 में ग्रामीण क्षेत्र में 16.6 करोड़ व नगरीय क्षेत्र में 4.9 करोड़ लोग गरीबी की रेखा के नीचे हैं।

लकड़ावाला विशेषज्ञ समूह के ताजा अनुमानों के अनुसार 1987-88 में देश में लगभग 30.7 करोड़ व्यक्ति गरीब थे। 1993-94 में इनकी संख्या 32.0 करोड़ व्यक्ति हो गयी।

डी.टी. लकड़ावाला के अनुसार निर्धन अनुपात 1993-94 में 35.97% था। इसी फार्मूले के आधार पर 1994-95 में देश में निर्धनता रेखा के नीचे जनसंख्या 35.88% थी।

सातवें वित्त आयोग ने सार्वजनिक व्यय को भी न्यूनतम उपभोग व्यय में शमिल कर लिया और बताया कि 1970-71 में देश में गरीबी रेखा के नीचे लोगों की संख्या 27.7 करोड़ थी जिनमें 22.5 करोड़ ग्रामीण क्षेत्रों में तथा 5.2 करोड़ शहरी क्ष्क्षेत्रों में थे।

एफ. पी. डब्ल्यू. डास्कोय ने NSS (नेशनल सेम्पल सर्वे) 1963-64 के आंकड़ों के आधार पर भारत में गरीबी की तीन श्रेणियों अतिदीन, दीन व निर्धन बतायी। इनके अनुसार 1963-64 में भारत में 6.2 करोड़ व्यक्ति अतिदीन, 10.4 करोड़ व्यक्ति दीन व 16.2 करोड़ व्यक्ति निर्धन थे।

वी. एम. दाण्डेकर व रथ के अनुसार गरीबी रेखा से नीचे लोगों की संख्या 1960-61 से 1968-69 तक के अन्तराल में 17.7 करोड़ से बढ़कर 21.5 करोड़ हो गयी, परन्तु प्रतिशत वही 41% ही रहा।

योजना आयोग के अनुमान

भारतीय योजना आयोग के नवीनतम अनुमानों के अनुसार भारत में गरीबी रेखा के नीचे जीवन बसर करने वाली जनसंख्या वर्ष 1993-94 के 35.97% से घटकर 1999-2000 में 26.10% रह गई है। ग्रामीण क्षेत्रों में गरीबी रेखा के नीचे जीवनयापन करने वाले नागरिकों की संख्या 1993-94 में 37.27% थी जो 1999-2000 में घटक 27.09% रह गई है। इसी प्रकार गरीबी रेखा के नीचे जीवनयापन करने वाले शहरी नागरिकों की संख्या 1993-94 में जहाँ 32.36% थी, वहाँ 1999-2000 में घटकर

23.62% रह गई है। 1993-94 में गरीबी रेखा से नीचे जीवनयापन करने वाले लोगों की संख्या 32 करोड़ रु. के लगभग थी जो वर्ष 1999-2000 में घटकर 26.03 करोड़ रह गई है। इनमें ग्रामीण गरीबों की संख्या 24.04 करोड़ से घटकर 1932. करोड़ तथा शहरी गरीबों की संख्या 7.63 करोड़ से घटकर 6.71 रह गई है।

देश में क्षेत्रीय दृष्टि से विचार करें तो जम्मू-कश्मीर, पंजाब, हिमाचल प्रदेश तथा केरल राज्य में गरीबी रेखा सेनीचे लोगों की संख्या 4 से 13 प्रतिशत के बीच है, जबड़क उडी़सा, बिहार, मध्य प्रदेश, आसाम, उत्तरप्रदेश राज्यों में गरीबी का प्रतिशत 30 से 47 के बीच में है। शेष राज्यों में 15 से 29 प्रतिशत के बीच गरीबी है। सर्वाधिक गरीबों की संख्या उड़ीसा में 47.15 प्रतिशत है और सबसे कम गरीबी का प्रतिशत 3.48 जम्मू-कश्मीर में है।

भारत में गरीबी अथवा निर्धनता के प्रमुख कारण

(Main Causes of Poverty in India)

भारत के संबंध में एक कहावत बहुत ही अधिक चरितार्थ है कि "भारत एक धनी देश है जिसमें निर्धन लोग निवास करते हैं।" इसका अभिप्राय यह है कि भारत में संसाधन बहुत अधिक मात्रा में उपलब्ध हैं, लेकिन भारत सरकार वित्तीय एवं तकनीकी कठिनाइयों के कारण इन उपलब्ध प्राकृतिक संसाधनों का पूर्ण रूप से विदोहर नहीं कर पा रही है। जिसके कारण भारत की राष्ट्रीय आय, प्रति व्यक्ति आय, जीवन-स्तर, शेक्षणिक-स्तर, राजनीतिक सुदृढ़ता इत्यादि अन्य राष्ट्रों की तुलना में बहुत कम है। लकड़ावाला फार्मूले के आधार पर 1994-95 में भारत की लगभग 35.88 प्रतिशत जनसंख्या गरीबी की रेखा के नीचे रहती है। भारत में व्याप्त गरीबी के लिए निम्नलिखित कारण प्रमुख रूप से उत्तरदायी हैं—

1. वित्तीय साधनों की कमी—भारत प्रारंभ से ही एक गरीब एवं निर्धन राष्ट्र रहा है जिसके कारण भारत के पास वित्तीय साधनों की कमी रही है। वित्तीय साधनों की कमी के कारण हम आर्थिक विकास सम्बन्धी योजनाएँ सुचारू रूप से क्रियान्वित नहीं कर सके हैं।

2. तकनीकी ज्ञान का अभाव—किसी भी देश के सुव्यवस्थित आर्थिक विकास के लिए न केवल वित्तीय साधनों की आवश्यकता पड़ती है, बड़ल्क तकीनकी ज्ञान भी प्रचुर मात्रा में उपलब्ध होना चाहिए। तकनीकी ज्ञान के माध्यम से प्राकृतिक साधनों का पता लगाया जा सकता है और न्यूनतम लागत पर अधिकतम उत्पादन को संभव किया जा सकता है। भारत में अभी तक तकीनीकी ज्ञान का अभाव है।

3. प्राकृतिक साधनों का समुचित उपयोग नहीं—भारत अभी तक उपलब्ध प्राकृतिक साधनों का पूर्ण रूप से उपयोग नहीं कर पाया है जिसके कारण आर्थिक विकास की दृष्टि से पिछड़ा हुआ है। वर्तमान में भारत के सामने केवल यही समस्या नहीं है कि प्राकृतिक साधनों का विदोहन किया जाए बड़ल्क भारत को यह भी मालूम नहीं है कि किस स्थान पर कौन-कौन से प्राकृतिक साधन उपलब्ध हैं? इनका पता लगाने के लिए हम विदेशों से विशेषज्ञों का आयात करते हैं।

4. जनसंख्या में तेजी से वृद्धि—भारत की निर्धनता अथवा गरीबी का एक महत्वपूर्ण कारण यह भी रहा है कि भारत में जनसंख्या में तीव्र गति से वृद्धि हो रही है और हम इस तीव्र वृद्धि को रोकने में असमर्थ रहे हैं। वास्तव में गरीबी की रेखा से नीचे आने के लिए बढ़ती हुई जनसंख्या जिम्मेदार है।

वर्ष 1951 से 2001 की अवधि में ग्रामीण जनसंख्या में लगभग 40 करोड़ की वृद्धि हुई है। ग्रामीण क्षेत्रों में रोजगार के साधन नहीं होने से जनसंख्या ग्रामीण क्षेत्रों में शहरी क्षेत्रों की आरे पलायन करती है। जनसंख्या वृद्धि में श्रमशक्ति बढ़ती है, जिससे रोजगार की माँग में वृद्धि होती है व खाद्यान्न, वस्त्र, शिक्षा, मकान आदि अनेक वस्तुओं की माँग बढ़ती है जिसकी पूर्ति के अभाव में गरीबी का बढ़ना स्वाभाविक ही है।

5. बेरोजगारी एवं अर्द्ध बेरोजगारी की समस्या—भारतीय अर्थव्यवस्था में यह समस्या भी बहुत गंभीर रूप धारण कर चुकी है जिसको तत्काल हल करना सरकार के लिए एक असंभव कार्य है। देश में बेरोजगारी के साथ-साथ अर्द्ध-बेरोजगारी भी बड़ी मात्रा में है। 2000-01 के अंत तक पंजीकृत बेरोजगारों की संख्या लगभग 4 करोड़ पहुँच गई थी।

6. पूँजी निर्माण की धीमी गति—जैसाकि ऊपर बताया गया है कि भारत में निर्धन लोग निवास करते हैं। वे निर्धन इसलिए हैं क्योंकि वे निर्धन हैं। इसलिए उनकी प्रति व्यक्ति आय बहुत कम है। प्रति व्यक्ति आय बहुत कम होने के कारण उकनी आय का एक बहुत बड़ा भाग उपयोग पर ही व्यय हो जाता है जिससे बचत नहीं हो पोती है और बचत नहीं होने से पूँजी निर्माण की दर धीमी रहती है।

7. प्राकृतिक विपदाएँ—भारत में गरीबी अथवा निर्धनता को बढ़ाने में प्राकृतिक विपदाओं का भी हाथ रहा है। समय पर मानसून का न आना, अकाल तथा बाढ़ जैसी स्थितियों से अर्थव्यवस्था में काफी उथल-पुथल हो जाती है। कृषि फसलें समय पर सन्तोषजनक नहीं हो पाती हैं जिससे लोगों के रोजगार के अवसर समाप्त हो जाते हैं और गरीबी बढ़ती है।

8. आर्थिक असमानता—आर्थिक असमानता का अभिप्राय सम्पूर्ण अर्थव्यवस्था का दो वर्गों-गरीबी और अमीरी के बीच बँट जाने से होता है। किसी भी अर्थव्यवस्था में एक बार ऐसी स्थिति उत्पन्न हो जाती है तो वह नियमित रूप से बनी रहती है और इसके परिणाम अच्छे नहीं होते हैं। धनी और अधिक धनी तथा निर्धन और अधिक निर्धन होते जाते हैं।

9. आकस्मिक श्रमिकों में वृद्धि—आकस्मिक मजदूरों की संख्या के बढ़ने से गरीबी में वृद्धि होती है, क्योंकि उनको पूरे समय तक काम नहीं मिलता है। मजदूरी पर काम करने वाले श्रमिकों में 1972-73 से 1982-83 तक आकस्मिक मजदूरों का अंश 65 प्रशित से बढ़कर 73 प्रतिशत हो गया है। इससे मुख्य रूप से ग्रामीण निर्धनता में वृद्धि होती है।

10. बढ़ती हुई मुद्रास्फीति—साधारणतया प्रत्येक विकासशील देश में मुद्रा-स्फीति की स्थिति देखने को मिलती है जिसके कारण मुद्रा के मूल्य में कमी आती है और वस्तुओं एवं सेवाओं के मूल्य बढ़ने लगते हैं जिससे गरीबों का शोषण होता है और निर्धनता बढ़ती है। 1998-99 में कीमतों में वार्षिक वृद्धि 4.5% तथा 2000-01 में 6.6% रही है। 2000-01 में मुद्रा स्फीति की वार्षिक दर 7.1% तथा 2001-02 में 4.7% रहने का अनुमान है।

11. प्रति व्यक्ति आय एवं राष्ट्रीय आय का कम होना—जैसाकि ऊपर बताया गया है कि भारत एक विकासशील राष्ट्र है। भारतीय कृषि मानसून पर आधारित है, तकनीकी ज्ञान का अीाव है, लोगों को रोजगार के अवसर पर्याप्त मात्रा में उपलब्ध नहीं हो पाते हैं, उत्पादन कम होता है जिसके फलस्वरूप प्रति व्यक्ति आय बहुत कम होती है और कुल मिलाकर राष्ट्रीय आय भी बहुत कम होती है। भारत की प्रति व्यक्ति आय व राष्ट्रीय आय अन्य राष्ट्रों की तुलना में बहुत कम है।

12. खर्चीले सामाजिक रीति-रिवाज—भारत में नागरिक अशिक्षित, रूढ़िवादी, व परम्परावादी हैं। प्रति व्यक्ति आय व जीवन-स्तर निम्न होने पर भी वे सामाजिक रीति-रिवाज एवं परम्पराओं, जैसे—दहेज, मृत्यु भोज इत्यादि पर बहुत अधिक खर्च करते हैं। इससे उनकी निर्धनता में निरन्तर वृद्धि होती है।

13. शिक्षण एवं प्रशिक्षण सुविधाओं का अभाव—भारत में बढ़ती हुई जनसंख्या की माँग के अनुसार विद्यालय, महाविद्यालय, विश्वविद्यालय तथा प्रशिक्षण केन्द्र उपलब्ध नहीं हैं और जहाँ ये उपलब्ध हैं वहाँ ये सुविधाएँ काफी महँगी हैं जिसके कारण गरीब एवं निर्धन वर्ग के लोगों को ये सुविधाएँ पर्याप्त मात्रा में उपलब्ध नहीं हो पाती हैं जिससे उन्हें नौकरी के अच्छे अवसर प्राप्त नहीं हो पाते हैं और

वे गरीब ही बने रहते हैं।

14. जन-कल्याण कार्यों की कमी—यद्यपि भारत सरकार के द्वारा पंचवर्षीय योजनाओं में जन-कल्याण कार्यों, जैसे—सड़क, बिजली, पानी, अस्पताल, डकघर इत्यादि पर ध्यान दिया गया है, लेकिन ये सुविधाएँ अभी पर्याप्त मात्रा में उपलब्ध नहीं है। इन सुविधाओं में वृद्धि होने से नागरिकों के जीवन-स्तर में वृद्धि होती है, औद्योगिक विकास के मार्ग खुलते हैं और आर्थिक विकास संभव होता है, लेकिन भारत में इस प्रकार की सुविधाओं का अभाव होने के कारण गरीबी अभी भी बनी हुई है।

15. उद्यमियों एवं साहसियों का अभाव—अनेक उद्योग एवं व्यवसाय इसी प्रकृति के होते हैं जिनमें बहुत बड़ी मात्रा में पूँजी लगती है, जोखिम अधिक होती है तथा लाभ लम्बे समय में प्राप्त होते हैं जिसके कारण निजी साहसी एवं उद्योगपति ऐसे व्यवसायों में प्रवेश नहीं करते हैं। इससे कृषि उत्पादन में बाधा पड़ती है और रोजगार के अवसर भी पर्याप्त मात्रा में उपलब्ध नहीं हो पाते हैं जिससे निर्धनता बनी रहती है।

16. लघु पैमाने पर उत्पादन—भारत में उत्पादन संबंधी सुविधाएँ बड़ी मात्रा में उपलब्ध न होने के कारण उत्पादन का छोटा पैमाना काम में लिया जाता है जिसके कारण बड़े पैमाने के उत्पादन की मितव्ययिताएँ प्राप्त नहीं हो पाती हैं जिससे आर्थिक विकास की प्रक्रिया में बाधा पड़ती है तथा गरीबी निरन्तर बनी रहती है।

17. अंग्रेजों का साम्राज्य—भारत में आज जो गरीबी विद्यमान है, उसके लिए अंग्रेज भी जिम्मेदार हैं। वर्ष 1947 से पूर्व भारत अंग्रेजों के अधीन था और अंग्रेजों ने भारत के आर्थिक विकास के लिए कोई भी अच्छी नीति निर्धारित नहीं की, जिसके कारण भारत में गरीबी तभी से बनी हुई है।

18. अस्पष्ट आर्थिक नीतियाँ—भारत सरकार के द्वारा समय-समय पर आर्थिक विकास संबंधी जो नीतियाँ अपनायी जाती हैं, जैसे—औद्योगिक लाइसेंसिंग नीति, विदेशी व्यापार नीति, तटकर नीति, मौद्रिक नीति इत्यादि ये सभी पूर्णतया स्पष्ट नहीं होती हैं जिसके कारण विकास में बाधा पड़ती है और निजी पूँजीपति ऐसे उद्योगों में प्रवेश करने से हिचकिचाते हैं।

19. पड़ोसी राष्ट्रों का शत्रुतापूर्ण व्यवहार—जब पड़ोसी एवं अन्य राष्ट्रों का व्यवहार शत्रुतापूर्ण होता है तो सरकार का ध्यान आर्थिक विकास से हटकर सुरक्षा में लग जाता है और सरकार अपने बजट का एक बड़ा भाग सुरक्षा पर व्यय करती है जिससे आर्थिक विकास में बाधा पड़ती है और गरीबी में वृद्धि होती है।

20. बाजार की अपूर्णताएँ—भारत में सभी बाजार समान रूप से पूर्ण नहीं है, कुछ बाजार अधिक साधन-सम्पन्न हैं तो कुछ बाजारों में यातायात, सन्देशवाहन, बैंकिंग व बीमा सुविधाओं का काफी अभाव है जिसके कारण श्रमिक अधिक मजदूरी प्राप्त होने पर भी कम सुविधाओं वाले स्थानों पर नहीं आते हैं। इसी प्रकार ब्याज की दर अधिक होने पर भी पूँजी की गतिशीलता नहीं बढ़ पाती है। ऐसा होने से आर्थिक विकस में बाधा पड़ती है और गरीबी बढ़ती है।

21. आर्थिक संगठनों का कमजोर होना—वर्तमान में देश में विभिन्न आर्थिक संगठन (बैंकिंग व बीमा कम्पनियाँ) जो कार्यरत हैं, वे काफी दुर्बल हैं। देश की आवश्यकता के अनुसार कृषि, उद्योग, यातायात व व्यापार के क्षेत्र में पर्याप्त वित्तीय सहायता प्रदान करने की स्थिति में नहीं है जिससे आर्थिक विकास में बाधा पड़ती है और दुर्बलता या गरीबी में वृद्धि होती है।

22. असन्तुलित भुगतान सन्तुलन—स्वतन्त्रता प्राप्ति से लेकर अब तक भारत का भुगतान सन्तुलन सदैव (केवल दो वर्षों को छोड़कर) असन्तुलित रहा है। भारत आर्थिक विकास की आवश्यकताओं को पूरा करने के लिए आयात अधिक करता है और निर्यात कम, जिसके कारण विदेशी विनिमय की समस्या उत्पन्न होती है और भारत सरकार सदैव इसे सुधारने का प्रयत्न करती रहती है। आर्थिक विकास की ओर पूरा ध्यान नहीं दे पाती है।

23. नैतिक मूल्यों में गिरावट—वर्तमान में कोई भी व्यक्ति राष्ट्रहित में मेहनत और ईमानदारी से काम नहीं करता है। सभी रिश्वत और चोरबाजारी से अधिक से अधिक धन कमाना चाहते हैं। ऐसा होने से धन कुछेक व्यक्तियों के हाथों में जाने लगता है और गरीबी, गरीब रह जाते हैं।

24. प्रशासनिक ढील—सरकारी कार्यालयों में कर्मचारी अच्छी तरह काम नहीं करते हैं। उनमें नौकरशाही, लालफीताशाही जैसी गलत भावनाएँ घर कर चुकी हैं जिसके कारण सरकार की अच्छी-अच्छी नीतियाँ, जो गरीबी दूर करने से संबंधित हैं, असफल हो जाती हैं।

गरीबी अथवा निर्धनता को दूर करने के उपाय एवं सरकार द्वारा किये गये प्रयास

(Suggestions to remove Poverty and step taken by Govt.)

उपर्युक्त विवेचन से यह पूर्ण रूप से स्पष्ट है कि भारत में गरीबी बहुत मात्रा में उपलब्ध है, जिसके लिए अनेक कारण उत्तरदायी हैं। इनका विवरण करने पर ही

देश का तीव्र गति से आर्थिक विकास संभव है। मोटे तौर पर भारत में गरीबी अथवा निर्धनता को दूर करने के लिए निम्नलिखित सुझाव दिए जा सकते हैं—

1. आर्थिक विकास की दर को बढ़ाना—आर्थिक विकास की दर में वृद्धि करने से निर्धनता की समस्या का निवारण किया जा सकता है। यद्यपि भारत सरकार के द्वारा पंचवर्षीय योजनाओं में आर्थिक विकास की दर को ऊँचा करने के प्रयत्न किये गये हैं, लेकिन अभी तक आर्थिक विकास की सन्तोषजनक दर प्राप्त नहीं कर सके हैं। सातवीं पंचवर्षीय योजना में आर्थिक विकास की सन्तोषजनक दर प्राप्त नहीं कर सके हैं। सातवीं पंचवर्षीय योजना में आर्थिक विकास की दर 5.6% रही। आठवीं योजना में 6.7% वार्षिक रही। नवीं योजना में आर्थिक विकास की दर 7% करने का लक्ष्य है।

2. बचत, विनियोग एवं पूँजी-निर्माण में वृद्धि—यदि सरकार के द्वारा कुछ इस प्रकार की योजनाएँ लागू की जाएं जिससे नागरिक अपनी बचतों को बढ़ा सकें तो विनियोग और पूँजी-निर्माण की दर में स्वत: वृद्धि होगी तथा गरीबी को दूर करने में मदद मिलेगी। सरकार द्वारा अल्प बचतों को प्रोत्साहन देने के लिए आकर्षक योजनाएँ करों में छूट, बैंकों के राष्ट्रीयकरण द्वारा सुरक्षा प्रदान की है और दूसरी ओर विनियोग को बढ़ावा दिया गया है।

3. जनसंख्या वृद्धि पर रोक—जनसंख्या वृद्धि पर रोक लगाकर निर्धनता को आसानी से समाप्त किया जा सकता है। बढ़ती हुई जनसंख्या को रोकने से एक ओर तो सीमित आय से अधिकतम सन्तुष्टि प्राप्त की जा सकेगी तथा दूसरी ओर बेरोजगारों की संख्या में वृद्धि नहीं होगी। देश में उपलब्ध समस्त प्राकृतिक एवं मानवीय संसाधन सीमित जनसंख्या के लिए ही रहेंगे।

सरकार द्वारा जनसंख्या वृद्धि पर नियंत्रण करने के लिए परिवार नियोजन कार्यक्रमों पर 50 वर्षों में लगभग 16,400 करोड़ रुपये व्यय किये गये हैं। स्वैच्छिक परिवार नियोजन पर विशेष ध्यान दिया गया है।

4. बेरोजगारी की समस्या का निवारण—भारतीय अर्थव्यवस्था में बेरोजगारी एवं अर्द्ध-बेरोजगारी बहुत बड़ी मात्रा में उपलब्ध है जिसका निवारण करके गरीबी अथवा निर्धनता को आसानी से समाप्त किया जा सकता है। यद्यपि इस ओर भारत सरकार के द्वारा काफी काम किया गया है, लेकिन वह सन्तोषजनक नहीं है।

5. मुद्रास्फीति पर नियंत्रण—रिजर्व बैंक अर्थव्यवस्था में व्याप्त मुद्रास्फीति पर नियंत्रण करने के लिए अनेक प्रयत्न करता है। यदि इस दिशा में निजी क्षेत्र का भी सहयोग मिले तो गरीबों को शोषण से मुक्ति दिलाई जा सकती है।

सरकार द्वारा मुद्रा स्फीति को प्रभावी ढंग से नियमित करने के लिए हीनार्थ प्रबन्ध पर नियंत्रण, फिजूल खर्च पर रोक, सस्त गल्ले की दुकानों के विस्तार के साथ-साथ आवश्यक वस्तुओं की सार्वजनिक वितरण प्रणाली को सुचारू रूप से बढ़ाया है।

6. प्रगतिशील कर नीति—यद्यपि भारत सरकार के द्वारा करों को वसूल करने में इसी नीति का पालन किया जाता है, लेकिन इसे और अधिक प्रभावी बनाने की आवश्यकता है जिससे धनिकों पर उनकी बढ़ती हुई आय पर अधिक कर लगाया जा सके और गरीबों पर कम। ऐसा करने से निर्धनता में स्वतः कमी आएगी।

7. सम्पत्तियों के उत्तराधिकार एवं हस्तान्तरण संबंधी नियमों को प्रभावी बनाना—निजी क्षेत्र की सम्पत्तियों के संबंध में उत्तराधिकार तथा हस्तान्तरण संबंधी नियमों में भी परिवर्तन करने की आवश्यकता है। उत्तराधिकार के रूप में अधिक सम्पत्ति निजी क्षेत्र में ही न रह जाए, इसके लिए प्रगतिशील मृत्यु कर लगाये जा सकते हैं तथा आवश्यकता से अधिक सम्पत्ति बच्चों को हस्तान्तरित न होकर इसके लिए सरकार ने भूमि की अधिकतम सीमा निर्धारित की है।

8. एकाधिकारी प्रवृत्ति पर रोक—बड़े-बड़े पूँजीपति एवं धनिक वर्ग के लोग कुछ विशेष प्रकार की वस्तुओं का उत्पादन करके एकाधिकार की स्थिति प्राप्त कर लेते हैं और अधिक लाभ कमाने में सफल हो जाते हैं। इन वस्तुओं की स्थानापन्न वस्तुएँ उत्पादित करके एकाधिकारी प्रवृत्ति पर रोक लगाई जा सकती है और गरीबों को शोषण से बचाया जा सकता है।

सरकार द्वारा एकाधिकार एवं प्रतिबन्धात्मक व्यापार विधियाँ कानूनन द्वारा आर्थिक सत्ता के केन्द्रीकरण पर रोक का प्रयास किया गया है।

9. मुनाफाखोरी एवं चोरबाजारी पर रोक—अनेक पूँजीपति एवं उत्पादक माल को गोदामों में संग्रह करके बाजार में कृत्रिम कमी बता देते हैं और मूल्य बढ़ाकर अधिक लाभ कमाने में सफल हो जाते हैं इससे गरीबों का शोषण होता है। इस ओर सरकार को विशेष रूप से ध्यान देना चाहिए और यदि आवश्यकता हो तो कुछ वस्तुओं का राष्ट्रीयकरण कर देना चाहिए।

सरकार द्वारा मुनाफाखोरी एवं चोरबाजारी को रोकने के लिए आवश्यक वस्तुओं की उचित मूल्यों पर उपलब्धि हेतु सार्वजनिक वितरण प्रणाली लागू की गई है।

10. जन-कल्याण कार्यों में वृद्धि—गरीबी को समाप्त करने का यह एक सुलभ तरीका है जिसमें सरकार पंचवर्षीय योजनाओं तथा बीस सूत्रीय कार्यक्रमों के

माध्यम से निर्धन वर्ग की छोटी-छोटी आवश्यकताओं को पूरा करने की ओर ध्यान दे, जैसे—बच्चों के लिए स्कूल, अस्पताल, डाकघर, बैंक, मनोरंजन केन्द्र, बेकारी भत्ता इत्यादि।

11. सार्वजनिक विनियोग एवं औद्योगिक लाइसेन्स नीति—सार्वजनिक क्षेत्रों में विनियोग की मात्रा को बढ़ाकर तथा निजी क्षेत्रों में दिये जाने वाले लाइसेंसों पर प्रतिबन्ध लगाकर निर्धनता में कमी लाई जा सकती है।

12. अधिक निजी सम्पत्ति रखने पर रोक—यदि सरकार के द्वारा इस प्रकार की कोई अधिकतम सीमा निश्चित कर दी जाए कि व्यक्ति इस निश्चित सीमा से अधिक निजी सम्पत्ति नहीं रख सकते हैं तो गरीबी स्वत: कम होती जाएगी।

13. सामाजिक रीति-रिवाजों में परिवर्तन—सामाजिक रीति-रिवाजों में परिवर्तन करके भी गरीबी को कम किया जा सकता है। भारत जैसे विकासशील एवं गरीब राष्ट्र में मृत्युभोज, दहेज प्रथा जैसी अनेक फिजूलखर्ची वाली प्रथाएँ विद्यमान हैं।

14. कर की चोरी पर रोक—सरकार द्वारा कुछ इस प्रकार के विशेष प्रयास किये जाने चाहिए जिससे कि करों में चोरी पर रोक लगे। इससे धनी वर्ग अधिक मात्रा में कर चुकायेंगे और निर्धन वर्ग को कम से कम कर देना पड़ेगा, इससे निर्धनता में कमी आएगी।

15. गरीबी हटाओ कार्यक्रमों का विस्तार—पंचवर्षीय योजनाओं में इस दिशा में यद्यपि भारत सरकार के द्वारा अनेक प्रयास किये गये हैं, लेकिन उन्हें और अधिक प्रभावशाली बनाने की आवश्यकता है। निर्धनता दूर होने पर आर्थिक विषमता में भी कमी जाएगी।

सरकार द्वारा गरीबी निवारण के कई विशिष्ट कार्यक्रम लागू किये गये हैं जिनका अध्ययन आगे किया गया है।

16. कृषि विकास के लिए विशेष प्रयत्न—भारत एक कृषि प्रधान देश है। यहाँ की लगभग 75 प्रतिशत जनसंख्या कृषि व्यवसाय पर निर्भर है। देश में कृषि व्यवसाय काफी पिछड़ी हुई स्थिति में है जिसके कारण सम्पूर्ण देश में गरीबी का वातावरण छाया हुआ है। देश की लगभग 32 प्रतिशत जनसंख्या गरीबी बी रेखा के नीचे निवास करती है, अत: कृषि व्यवसाय को सुदृढ़ कर गरीबी की समस्या का निवारण किया जा सकता है। इसके लिए भारत सरकार के द्वारा समय-समय पर निम्नलिखित कार्य किये गये हैं—(i) भूमि सुधार कार्यक्रम, (ii) कृष आदानों का प्रबन्ध

करना, (iii) संस्थागत कृषि वित्त की व्यवस्था करना, (iv) कृषि विपणन में सुधार करना, (v) गैर-कृषि रोजगार में वृद्धि करना इत्यादि।

17. जन-सहयोग की आवश्यकता—सरकार ने समय-समय पर गरीबी को दूर करने के लिए काफी प्रयास किये हैं और कर रही है, लेकिन जब तक जनता का पूर्ण सहयोग प्राप्त न हो, सरकारी प्रयत्न असफल रहते हैं।

18. राजनीतिक चेतना—नागरिकों में राजनीतिक चेतना जागृत होनी चाहिए। वर्तमान में कोई भी सरकार किसी भी क्षेत्र में कोई कार्य करने के लिए तब तक आगे नहीं आती है जब तक कि सरकार पर दबाव न डाला जाए। इस प्रकार सरकार पर दबाव डालकर आर्थिक विकास संबंधी कार्य करवाये जायें और गरीबी को दूर करने के प्रयत्न किये जायें।

19. कुशल प्रशासन—प्रशासन में ढील, लालफीताशाही, लापरवाही आर्थिक विकास के मार्ग में बाधा डालती है, अतः इन पर पूर्ण रूप से नियंत्रण करने की आवश्यकता है जिससे आर्थिक विकास तेजी से संभव हो और गरीबी दूर करने में मदद मिले।

पंचवर्षीय योजनाओं में भारत सरकार द्वारा गरीबी को दूर करने के लिए किये गए प्रयत्न

(Efforts madfe by Government of India to remove Poverty during Five-Year Plans)

प्रथम पंचवर्षीय योजना—एक संक्रमणकालीन योजना थी, इसलिए उसमें लोगों के जीवन-स्तर को ऊँचा उठाने के प्रयत्न किये गये हैं।

द्वितीय पंचवर्षीय योजना—में छोटे लोगों को ऊपर उठाने के लिए बल दिया गया है।

तृतीय पंचवर्षीय योजना—में भूमि संबंधों में सुधार करके ग्रामीण क्षेत्रों में गरीबी को दूर करने के प्रयत्न किये गये।

चतुर्थ पंचवर्षीय योजना—में गरीबी निवारण के लिए विशेष प्रयत्न किये गये। जनसामान्य को रोजगार व शिक्षा सेवाएँ प्रदान की गयीं।

पांचवीं पंचवर्षीय योजना—में 22 करोड़ लोगों को गरीबी की रेखा से नीचे बताया गया और गरीबी को दूर करने के लिए विशेष कार्यक्र, जैसे—'गरीबी हटाओ' लागू किये गये।

छठी पंचवर्षीय योजना—में 'गरीबी हटाओ' कार्यक्रम सफलतापूर्वक क्रियान्वित किये गये जिसके फलस्वरूप इस योजना में 3.6 करोड़ लोगों को गरीबी की रेखा से ऊपर उठाया गया। गरीबी हटाने के लिए समन्वित ग्रामीण विकास कार्यक्रम (IRDP) को आधारभूत इकाई माना गया। छठी पंचवर्षीय योजना में यह भी प्रावधन किया गया कि वर्ष के मन्दे समय में राष्ट्रीय ग्रामीण रोजगार कार्यक्रम (NREP) से गरीबों को रोजगार उपलब्ध कराया जाए।

सातवीं पंचवर्षीय योजना—सातवीं पंचवर्षीय योजना में गरीबी निवारण के कार्यक्रमों, जैसे—समन्वित ग्रामीण विकास कार्यक्रम, ग्रामीण भूमिहीन रोजगार गारण्टी कार्यक्रम आदि को अधिक प्रभावी बनाया गया। विभिन्न रोजगार कार्यक्रमों से लगभग 246 करोड़ मानव दिवसों का अतिरिक्त रोजगार उपलब्ध कराने का लक्ष्य था। इस योजना में गरीबी की रेखा के नीचे जनसंख्या 27.3 करोड़ से घटकर 21.1 करोड़ रहने का लक्ष्य था।

आठवीं पंचवर्षीय योजना—इस योजनाकाल में भी रोजगार के क्षेत्र में 3 प्रतिशत वार्षिक वृद्धि का लक्ष्य निर्धारित किया गया था। इसके साथ ही इस योजना में गरीबी निवारण कार्यक्रमों पर विशेष जोर दिया गया। देश के लगभग 2475 पिछड़े विकास खण्डों में रोजगार बीमा योजना आवश्यकता आधारित 100 दिन का रोजगार प्रत्येक परिवार में दो वयस्क सदस्यों को देने की व्यवस्था की गई थी।

भारत में लगभग 2475 पिछड़े विकास खण्डों में रोजगार बीमा योजना आवश्यकता आधारित 100 दिन का रोजगार प्रत्येक परिवार में दो वयस्क सदस्यों को दिये जाने की व्यवस्था की गयी है। इससे देश में गरीबी की समस्या का समाधान करने में मदद मिलेगी। वर्ष 1997-98 में 1970 करोड़ रुपये के व्यय के प्रावधान से 1547 लाख मानव दिवसों को रोजगार के अवसर उपलब्ध करवाये गये।

17

आय की समस्या

किसी भी राष्ट्र की अर्थव्यवस्था का सही ढंग से आर्थिक विकास हो रहा है अथवा नहीं। इस बात की जानकारी हमें केवल उस राष्ट्र की राष्ट्रीय आय तथा उत्पादन में वृद्धि से नहीं मिलती है, बड़ल्क हमें यह भी देखना है कि आय एवं उत्पादन का सही वितरण किया जा रहा है अथवा नहीं। यदि आय एवं सम्पत्ति का वितरण सही नहीं है तो आर्थिक विकास अच्छी तरह नहीं माना जायेगा। इसके लिए हम यह जानने का प्रयत्न करते हैं कि उस देश में आय एवं सम्पत्ति के वितरण का स्वरूप किस प्रकार का है? व्यक्तिगत तथा प्रादेशिक वितरण की स्थिति किस प्रकार की है? वितरण में समानता है या असमानता तथा विषमता का आर्थिक जीवन पर क्या प्रभाव पड़ा है? इन समस्त प्रश्नों का संबंध राष्ट्रीय आय एवं सम्पत्ति के वितरण से है जिसका अर्थव्यवस्था पर गहरा प्रभाव पड़ता है।

अर्थव्यवस्था में आय के वितरण का महत्त्व

(Importance of Distribution of Income in an Economy)

जैसाकि ऊपर बताया गया है कि किसी देश की अर्थव्यवस्था पर उसकी आय और सम्पत्ति के वितरण का गहरा प्रभाव पड़ता है। यदि आय और सम्पत्ति का वितरण

व्यक्तिगत तथा प्रादेशिक स्तर पर समान है तो समृद्धि बढ़ती है, आर्थिक विकास को बढ़ावा मिलता है, साथ ही राजनीतिक शान्ति के साथ-साथ सामाजिक सद्भावना भी पाई जाती है। व्यक्तिगत कुशलता एवं प्रेरणा को बढ़ावा मिलता है, सामाजिक कल्याण में वृद्धि होती है। अमीरों और गरीबों के बीच की खाई पटती चली जाती है और सभी स्थानों पर शान्ति और सद्भावना का वातावरण देखने को मिलता है।

उपर्युक्त स्थिति के विपरीत यदि अर्थव्यवस्था में आय और सम्पत्ति का वितरण असमान होता है तो अनेक प्रकार की आर्थिक, सामाजिक एवं राजनीतिक समस्याएँ पैदा हो जाती हैं। आर्थिक विकास में बाधा पड़ती है, वर्ग संघर्ष को प्रोत्साहन मिलता है, साथ ही राजनीतिक शान्ति एवं सुदृढ़ता ढीली पड़ जाती है। यदि इस संबंध में यह कहा जाये कि गरीबी विश्व समृद्धि को खतरे में डाल सकती है तो कोई अतिश्योक्ति नही होगी। यदि अर्थव्यवस्था में विषमताएँ पायी जाती हैं तो आर्थिक शोषण को बढ़ावा मिलता है। जो लोग गरीब होते हैं, वे अपनी गरीबी अर्थात् निम्न स्तर के कारण और भी गरीब होते जाते हैं। साथ ही धनिक लोग देश में उपलब्ध साधनों को कम उपयोगी क्षेत्रों में काम में लेकर गरीबों के सामाजिक कल्याण में कमी कर देते हैं।

वास्तव में किसी देश की अर्थव्यवस्था में धन व सम्पत्ति का असमान वितरण एक अभिशाप है जिसमें धनी वर्ग अपनी विलासितापूर्ण वस्तुओं के लिए गरीबी, भुखमरी तथा बेरोजगारी की बड़ल चढ़ा देते हैं। इसमें खूनी क्रान्ति को बढ़ावा मिलता है। इन सब परिस्थितियों को ध्यान में रखते हुए निष्कर्ष के तौर पर हम यह कह सकते हैं कि यदि किसी देश की अर्थव्यवस्था में सन्तुलित आर्थिक विकास करना है तो आय एवं सम्पत्ति का वितरण समान होना चाहिए।

भारतीय अर्थव्यवस्था में आर्थिक विषमताओं अथवा आय की असमानताओं के कारण

(Causes of Economic Disparities or Income Inequality in Indian Economy)

भारतीय अर्थव्यवस्था में अनेक प्रकार की आर्थिक विषमताएँ विद्यमान हैं। आर्थिक विषमताओं अथवा आय की असमानताओं के कारणों को निम्नलिखित बिन्दुओं के अन्तर्गत स्पष्ट किया गया है—

1. जन्मजात योग्यताओं में विभिन्नता—इस प्रकार की विभिन्नता वैयक्तिक आय एवं सम्पत्ति के वितरण में असमानताओं का प्रमुख कारण मानी जाती है। जो लोग दूसरों की तुलना में अधिक योग्य, परिश्रमी तथा बुद्धिमान होते हैं, उनके पास धन एवं सम्पत्ति अधिक मात्रा में पायी जाती है। इसके विपरीत जो लोग तुलनात्मक

कम बुद्धिमान, कम योग्य व अकुशल होते हैं उनकी आय कम होती है अर्थात् कम धनवान होते हैं।

2. कर चोरी—जो लोग कर की चोरी करने में बड़ी मात्रा में सफल हो जाते हैं उनके पास धन व सम्पत्ति अधिक शेष रह जाती है। इसके विपरीत जो लोग कर की चोरी करने में सक्षम नहीं होते हैं उनकी आय का बड़ा भाग सरकार को हस्तान्तरित हो जाता है जिससे उनके पास शेष धन कम मात्रा में बचता है। व्यावहारिक जीवन में ऐसा देखा गया है कि धनवान एवं चतुर व्यक्ति अधिक कर की चोरी करते हैं, जबड़क ईमानदार व कम आय वर्ग के लोग बहुत कम कर की चोरी करते हैं। इस प्रकार कर की चोरी से आर्थिक विषमता में वृद्धि होती है।

3. मुद्रास्फीति—भारत में आर्थिक विषमता के लिए मुद्रास्फीति भी जिम्मेदार होती है। मुद्रास्फीति के कारण वस्तुओं और सेवाओं के मूल्यों में वृद्धि होती है और बढ़े हुए मूल्यों का लाभ उत्पादकों और पूँजीपतियों को प्राप्त होता है, जबड़क कम आय वर्ग के लोगों का शोषण होता है और उनकी क्रय-शक्ति भी कम हो जाती है। ऐसा होने से धनी और अधिक धनी तथा निर्धन और होते जाते हैं अर्थात् आर्थिक विषमता बढ़ती है।

4. जनसंख्या में तीव्र गति से वृद्धि—गत वर्षों में भारत में जनसंख्या में तीव्र गति से वृद्धि हुई है। यह वृद्धि आर्थिक असमानता के लिए स्वयं उत्तरदायी है। देश में उपलब्ध प्राकृतिक साधनों पर जनसंख्या का भार तीव्र गति से बढ़ने के कारण प्रति व्यक्ति आय तथा जीवन-स्तर में वृद्धि संभव नहीं हो सकी है। इसके साथ निर्धन वर्ग द्वारा अधिक बच्चे पैदा करना एक सामान्य प्रवृत्ति पाई गई है, जबड़क धनी वर्ग के लोग परिवार नियोजन अपनाकर अपने जीचवन का आनन्द उठाते हैं।

5. अवसरों की असमानता—इस संबंध में यह कहा जाता है कि जिन व्यक्तियों को अपने जीवन में धन कमाने के अच्छे अवसर मिल जाते हैं वे अधिक धनवार हो जाते हैं चाहे उनमें व्यक्तिगत योग्यता, कुशलता तथा परिश्रम करने की इच्छा न हो। धनी वर्ग के साधारण बुद्धि वाले लड़के-लड़कियाँ अच्छे अवसर प्राप्त कर अधिक धन कमाने में सफल हो जाते हैं। इसके विपरीत जिन व्यक्तियों को अच्छे अवसर प्राप्त नहीं होते हैं वे अधिक धन कमाने में सफल नहीं हो पाते हैं, चाहे वे कितने ही मेहनती, कुशल और ईमानदार क्यों न हो?

6. व्यवसाय के स्वरूप में अन्तर—कुछ व्यवसाय इस तरह के होते हैं जिनमें बहुत अधिक आय प्राप्त होती है, जैसे—जोखिमपूर्ण कोई भी व्यवसाय तथा फिल्मी दुनिया में एक अभिनेता का पारिश्रमिक। इसके विपरीत कुछ व्यवसाय अथवा पेशे

इस प्रकृति के होते हैं जिनमें काम करने वाले व्यक्तियों को बहुत कम आय प्राप्त होती है, जैसे—निजी स्कूल के अध्यापक का वेतन। इस प्रकार स्वाभाविक है कि इन दोनों प्रकार के व्यवसायों में काम करने वाले व्यक्तियों में आर्थिक विषमता पर्याप्त मात्रा में पायी जायेगी।

7. आर्थिक शोषण की प्रवृत्ति—जब पूँजीपतियों एवं उत्पादकों के मन में आर्थिक शोषण की प्रवृत्ति जन्म लेती है तो वे श्रमिकों, उपभोक्ताओं, सरकार देश व समाज का बड़ी मात्रा में शोषण करते हैं जिससे आर्थिक विषमता को बढ़ावा मिलता है। गरीबी और अमीरी के बीच की खाई निरन्तर बढ़ती चली जाती है। धनी वर्ग के लोग विलासितापूर्ण वस्तुओं का उपभोग करते हैं, जबड़क निर्धन वर्ग के लोग अपनी अनिवार्य आवश्यकताओं को भी ढंग से पूरा नहीं कर पाते हैं।

8. बेरोजगारी की समस्या—बेरोजगारी की समस्या भी आर्थिक विषमता को बढ़ावा देती है। भारत जैसे विकासशील राष्ट्र में यह समस्या बहुत अधिक मात्रा में पायी जाती है। भारत में रोजगार कार्यालयों में पंजीकृत बेरोजगारों की संख्या वर्तमान में लगभग 4.5 करोड़ है। कुछ लोग छिपी हुई बेरोजगारी की स्थिति में हैं तो कुछ मौसमी बेकारी के कारण पर्याप्त आय अर्जित नहीं कर पाते हैं। ग्रामीण क्षेत्रों में अर्द्ध-बेरोजगारी की स्थिति भी आर्थिक विषमता को बढ़ाने में सहायक रही है। इसके विपरीत जिन व्यक्तियों को रोजगार के साधन पर्याप्त मात्रा में उपलब्ध हो जाते हैं वे अच्छी आय कमा लेते हैं। इस प्रकार इन दोनों वर्गों के लोगों के बीच आर्थिक विषमता स्वतः बन जाती है।

9. सम्पत्ति एवं भू-स्वामित्व की विषमता—साधारणतया ऐसा देखा गया है कि जिन व्यक्तियों के पास सम्पत्ति अथवा भू-स्वामित्व अधिक होता है उनकी आय भी बहुत अधिक होती है, क्योंकि वे अपने साधनों का सदुपयोग निजी लाभों के लिए ही करते हैं और अपनी आय को निरन्तर बढ़ाते जाते हैं। इस प्रकार की स्थिति पूँजीवादी अर्थव्यवस्थाओं में बहुत अधिक देखने को मिलती है। भारत में भी जागीरदारों, भू-स्वामियों तथा उद्योगपतियों का कुल सम्पत्तियों में एक बहुत बड़े भाग पर स्वामित्व है जिसके कारण वे कुल राष्ट्रीय आय का एक बहुत बड़ा भाग प्राप्त करने में सफल हो जाते हैं, जबड़क निर्धन वर्ग एवं श्रमिकों को आय का एक बहुत छोटा भाग प्राप्त होता है जिसके कारण आर्थिक विषमता बढ़ती है।

10. उत्तराधिकार का नियम—भारत में प्रचलित उत्तराधिकार प्रथा के कारण भी आर्थिक विषमता को जन्म मिलता है। उत्तराधिकार के नियम के अनुसार पैतृक सम्पत्ति पीढ़ी दर पीढ़ी उत्तराधिकारी के रूप में बच्चों को मिलती जाती है। इस प्रकार

जो बच्चे धनी परिवार में जन्म लेते हैं वे अधिक भाग्यशाली समझे जाते हैं। इसके विपरीत जो बच्चे निर्धन अथवा गरीब परिवार में जन्म लेते हैं वे सदैव गरीब बने रहते हैं। भारतीय कृषक के संबंध में यह कहा जाता है कि "वह ऋण में जन्म लेता है, ऋण में जीवित रहता है और ऋण में ही मरता है।" इस प्रकार आर्थिक विषमता निरन्तर विद्यमान रहती है।

11. एकाधिकारी नीतियाँ—अर्थव्यवस्था में अनेक वस्तुएँ एवं सेवाएँ ऐसी होती हैं जिनकी कोई दूसरी स्थानापन्न वस्तुऐं एवं सेवाएँ नहीं होती हैं जिसके कारण इनके उत्पादक एकाधिकारी स्थिति प्राप्त कर लेते हैं और बाजार में माल की कृत्रिम कमी बताकर कीमतें ऊंची करके अधिक लाभ कमाने में सफल होते हैं। इससे उपभोक्ताओं का शोषण होता है, इनकी क्रय शक्ति कम होती है और आर्थिक विषमता को बढ़ावा मिलता है।

12. मुनाफाखोरी एवं चोर-बाजारी की नीति—पूँजीपति एवं धनी वर्ग अधिक लाभ कमाने की लालसा में माल को गोदामों में रख लेते हैं और बाजार में कृत्रिम कमी बताकर कीमतों को बढ़ाने में सक्षम हो जाते हैं। इससे उनके लाभ बढ़ते हैं, चोर-बाजारी एवं मुनाफाखोरी को प्रोत्साहन मिलता है तथा उपभोक्ताओं का बड़ी मात्रा में शोषण होता है। इससे आर्थिक विषमता बढ़ती है।

13. शिक्षण एवं प्रशिक्षण सुविधाओं का लाभ उठाना—जो व्यक्ति देश में उपलब्ध शिक्षण एवं प्रशिक्षण सुविधाओं का पर्याप्त मात्रा में लाभ उठा लेते हैं उन्हें भविष्य में नौकरी एवं व्यवसाय के अच्छे अवसर प्राप्त होते हैं और अधिक आय कमाने में सफल होते हैं। इसके विपरीत जो व्यक्ति किन्हीं कारणों से इन सुविधाओं का लाभ नहीं उठा पाते हैं, वे पिछड़ जाते हैं और अच्छे अवसर प्राप्त नहीं कर पाते हैं जिसके कारण उनकी आय कम होती है और पहले वर्ग की तुलना में आर्थिक विषमता बनी रहती है।

14. प्राकृतिक संसाधनों की उपलब्धता—यदि हम आर्थिक विषमता को क्षेत्रीय आधार पर देखें तो पता चलता है कि देश के जिन भागों में प्राकृतिक साधन पर्याप्त मात्रा में उपलब्ध हैं और उनका समुचित ढंग से विदोहन किया गया है तो उन राज्यों में आय बहुत अधिक होगी। इसके विपरीत जिन राजयों में प्राकृतिक साधन पर्याप्त मात्रा में उपलब्ध नहीं है या उनका सही ढंग से सदुपयोग नहीं किया गया है तो उन राज्यों की वार्षिक आय बहुत कम होगी और वे आर्थिक दृष्टि से पिछड़े हुए राज्य माने जाएंगे।

15. निर्धनता का कुचक्र—भारत एक विकासशील राष्ट्र है और यह प्रारंभ से ही कृषि प्रधान और गरीब राष्ट्र रहा है। यहाँ की लगभग 75% जनसंख्या इसी श्रेणी में आती है। इन परिस्थितियों के कारण कुल जनसंख्या का यह भाग अभी तक ऊपर नहीं उठ पाया है, जबड़क देश के कुल सम्पत्ति एवं धन का लगभग 47 प्रतिशत भाग चुने हुए चार औद्योगिक घरानों-टाटा, बिड़ला, मफतलाल और सिंघानिया के पास केन्द्रित है जिसके कारण भारतीय अर्थव्यवस्था में बड़ी मात्रा में आर्थिक विषमता बनी हुई है।

16. राजनीतिक चेतना की कमी—नागरिकों में राजनीतिक चेतना आर्थिक विकास के लिए उत्तरदायीह होती है। जिन लोगों में राजनीतिक चेतना बड़ी मात्रा में पाई जाती है, वे लोग केन्द्र पर दबाव डालकर अपने क्षेत्र का विकास करने में सफल हो जाते हैं तथा जिन लोगों में इस प्रकार की भावना का अभाव होता है, उनका क्षेत्र तुलनात्मक बहुत पिछड़ा होता है जिसके कारण आर्थिक विषमता पाई जाती है।

17. विकास संबंधी सुविधाओं की उपलब्धता—जिन क्षेत्रों में विाकस संबंधी सुविधाएँ-परिवहन, संचार, बीमा, बैंकिंग, विद्युत तथा जल आपूर्ति पर्याप्त मात्रा में उपलब्ध होती हैं उन क्षेत्रों का तीव्र गति से विकास संभव होता है। इसके विपरीत जिन क्षेत्रों में इस प्रकार की सुविधाएँ विकसित नहीं हो पाती हैं, उन क्षेत्रों में विकास की गति बहुत मन्द होती है। इससे आर्थिक विषमता को जन्म मिलता है।

18. सरकार की उपेक्षा—जिन क्षेत्रों में सरकार पंचवर्षीय योजनाओं में पर्याप्त ध्यान देती है उन क्षेत्रों का तीव्र गति से विकास संभव होता है। इसके विपरीत जिन क्षेत्रों में सरकार किन्हीं कारणों से विकास के लिए ध्यान नहीं दे पाती है उन क्षेत्रों में तुलनात्मक कम विकास होता है। इससे आर्थिक विषमता पैदा होती है और निरन्तर बढ़ती जाती है।

भारत सरकार द्वारा आर्थिक विषमता अथवा आय की असमानता को दूर करने के लिए किए गए उपाय

(Measures adopted by Government of India to remove the Economic Disparities or Income Inequality)

उपर्युक्त विवेचन से यह पूर्ण रूप से स्पष्ट है कि भारतीय अर्थव्यवस्था में आर्थिक विषमता अनेक रूपों में देखने को मिलती है और इसके लिए अनेक कारण उत्तरदायी हैं। यदि भारतीय अर्थव्यवस्था का सन्तुलित आर्थिक विकास करना है तो इस असमानता को शीघ्र ही दूर करना होगा। इस संबंध में भारत सरकार द्वारा समय-

समय पर अनेक प्रयसा किये गये हैं जिनका संक्षिप्त विवेचन निम्न प्रकार है—

1. प्रगतिशील कर नीति—यद्यपि भारत सरकार के द्वारा करों को वसूल करने में इसी नीति का पालन किया जाता है, लेकिन इसेक और अधिक प्रभावी बनाने की आवश्यकता है जिससे धनिकों पर उनकी बढ़ती हुई आय पर अधिक कर लगाया जा सके और गरीबों पर कम। ऐसा करने से आर्थिक विषमता में कमी आएगी।

2. सम्पत्तियों के उत्तराधिकार एवं हस्तान्तरण संबंधी नियमों को प्रभावी बनाना—निजी क्षेत्र की सम्पत्तियों के संबंध में उत्तराधिकार तथा हस्तान्तरण संबंधी नियमों में परिवर्तन करने की आवश्यकता है। उत्तराधिकार के रूप में अधिक सम्पत्ति निजी क्षेत्र में ही न रह जाए, इसके लिए प्रगतिशील मृत्यु कर लगाये जा सकते हैं तथा आवश्यकता से अधिक सम्पत्ति बच्चों को हस्तान्तरित न हो, इस पर सरकार अधिग्रहण संबंधी कार्यवाही कर सकती है।

3. जनसंख्या पर नियंत्रण—जनसंख्या वृद्धि पर प्रभावी नियंत्रण करके आर्थिक विषमता को समाप्त किया जा सकता है। इस दिशा में भारत सरकार द्वारा काफी प्रयत्न किये गये हैं। पिछले 51 वर्षों में इस मद पर 26,500 करोड़ रु. व्यय किया गया है और उसमें नसबन्दी, लूप तथा परिवार नियोजन पद्धतियों से लगभग 25 करोड़ बच्चों का जन्म रोका गया है।

4. मुद्रास्फीति पर नियंत्रण—रिजर्व बैंक अर्थव्यवस्था में व्याप्त मुद्रास्फीति पर नियंत्रण करने के लिए अनेक प्रयत्न करती है। यदि इस दिशा में निजी क्षेत्र का भी सहयोग मिले तो आर्थिक विषमता को और भी कम करने में मदद मिलेगी। भारत सरकार द्वारा देश में मुद्रास्फीति को कम करने के लिए आवश्यकता की वस्तुओं के लिए 4.65 लाख दुकानें खोली गई हैं। मुनाफाखोरी एवं चोरबाजारी पर नियंत्रण किया गया है।

5. बेरोजगारी का अन्त—भारत में बेरोजगारी की समस्या बड़ी मात्रा में उपलब्ध है। इसको कम करके आर्थिक विषमता को समाप्त किया जा सकता है।

6. एकाधिकारी प्रवृत्ति पर रोक—बड़े-बड़े पूँजीपति एवं धनिक वर्ग के लोग कुछ विशेष प्रकार की वस्तुओं का उत्पादन करके एकाधिकार की स्थिति प्राप्त कर लेते हैं और अधिक लाभ कमाने में सफल हो जाते हैं। इन वस्तुओं की स्थानापन्न वस्तुएँ उत्पादित करके एकाधिकारी प्रवृत्ति पर रोग लगायी जा सकती है।

7. मुनाफाखोरी एवं चोरबाजारी पर रोक—अनेक पूँजीपति एवं उत्पादक माल को गोदाम में संग्रह करके बाजार में कृत्रिम कमी बता देते हैं और मूल्य बढ़ाकर

अधिक लाभ कमाने में सफल हो जाते हैं। इस ओर सरकार को विशेष रूप से ध्यान देना चाहिए और यदि आवश्यक हो तो कुछ वस्तुओं का राष्ट्रीयकरण कर देना चाहिए।

8. जन-कल्याण कार्यों में वृद्धि—आर्थिक विषमता को समाप्त करने का यह एक सुलभ तरीका है जिसमें सरकार पंचवर्षीय योजनाओं तथा बीस सूत्रीय कार्यक्रमों के माध्यम से निर्धन वर्ग की छोटी-छोटी आवश्यकताओं को पूरा करने की ओर ध्यान दे, जैसे—बच्चों के स्कूल, अस्पताल, डाकघर, बैंक, मनोरंजन केन्द्र, बेकारी भत्ता इत्यादि। इस दिशा में समाज कल्यण विभाग द्वारा सहायता, अनुदान, बेकारी भत्ता, न्यायिक सहायता, नि:शुल्क शिक्ष आदि कार्यक्रमों पर ध्यान दिया गया है।

9. सार्वजनिक विनियोग तथा औद्योगिक लाइसेन्स नीति—सार्वजनिक क्षेत्रों में विनियोग की मात्रा को बढ़ाकर तथा निजी क्षेत्रों में दिये जाने वाले लाइसेंसों पर प्रतिबन्ध लगाकर आर्थिक विषमता को समाप्त किया जा सकता है।

10. अधिक निजी सम्पत्ति रखने पर रोक—यदि सरकार द्वारा इस प्रकार की कोई अधिकतम सीमा निश्चित कर दी जाए कि व्यक्ति इस निश्चित सीमा से अधिक निजी सम्पत्ति नहीं रख सकते हैं तो आर्थिक विषमता में स्वत: ही कमी आ जाएगी।

11. सामाजिक रीति-रिवाजों में परिवर्तन—सामाजिक रीति-रिवाजों में परिवर्तन करके भी आर्थिक विषमता को कम किया जा सकता है। भारत जैसे विकासशील एवं गरीब राष्ट्र में मृत्युभोज, दहेज प्रथा जैसी अनेक फिजूलखर्ची वाली प्रथाएँ विद्यमान हैं।

12. कर की चोरी पर रोक—सरकार के द्वारा कुछ इस प्रकार के विशेष प्रयास किये जाने चाहिए जिससे कि करों की चोरी पर रोक लगे। इससे आर्थिक विषमता को कम करने में मदद मिलेगी।

13. गरीबी हटाओ कार्यक्रमों का विस्तार—पंचवर्षीय योजनाओं में इस कार्यक्रम के अन्तर्गत समन्वित ग्रामीण विकास कार्यक्रम, राष्ट्रीय ग्रामीण रोजगार कार्यक्रम, ग्रामीण भूमिहीन श्रमिक रोजगार गारण्टी योजना इत्यादि लागू कर देश में लगभग 4.5 करोड़ लोगों को गरीबी रेखा से ऊपर उठाया गया है, जबड़क सातवीं पंचवर्षीय योजना में लगभग 6 करोड़ लोगों को गरीबी रेखा से ऊपर उठाने का लक्ष्य निर्धारित किया गया था। लेकिन इन्हें और अधिक प्रभावशाली बनाने की आवश्यकता है। निर्धनता दूर होने पर आर्थिक विषमता में कमी आएगी।

18

बाल श्रम

श्रमिक समस्या सुधारने के लिए सरकार ने स्वतन्त्रता से पहले तथा स्वतन्त्रता के बाद अनेक कानून बनाये। अन्य देशों में श्रमिकों की स्थिति भारत की तुलना में बहुत श्रेष्ठ है। भारत में 1931 में शाही श्रमिक कमीशन ने अनेक सिफारिशें की, उसके आधार पर सरकार ने कानून बनाये। अन्तर्राष्ट्रीय श्रमिक संघ की स्थापना होने से श्रमिक सम्बन्धी कानूनों को प्रोत्साहन मिला।

(1) फैक्ट्री कानून–

इस कानून के अनेक प्रावधान हैं, इन प्रावधानों की निम्न बातें प्रमुख हैं–

(i) वह फैक्ट्री जहाँ 20 से अधिक व्यक्ति कार्य करते हैं उस पर यह कानून लागू होता है।

(ii) वर्षपर्यन्त चलने वाली फैक्ट्री और मौसमी फैक्ट्री में अन्तर किया है। दोनों के काम के घण्टों में भिन्नता है। कपास, जूट, शक्कर, चाय आदि की फैक्ट्रियाँ मौसमी फैक्ट्रियाँ ही हैं।

(iii) मौसमी कारखानों में पुरूष के लिए एक दिन में अधिकतम 11 घण्टे और स्त्रियों के लिए अधिकतम 10 घण्टे तक कार्य निर्धारित किया गया। वर्षपर्यन्त

चलने वाली फैक्ट्रियों में स्त्री-पुरूषों से एक दिन में 10 घण्टे से अधिक कार्य नहीं करवाया जाये।

(iv) 12 वर्ष से कम आयु के बच्चे से फैक्ट्री में काम करवाना वर्जित है। 12 से 15 वर्ष की आयु वाला बच्चा है। 15 से 17 वर्ष की आयु वालों की अलग श्रेणी है। 12 वर्ष से अधिक उम्र का बालक डॉक्टरी सर्टिफिकेट के आधार पर ही काम कर सकता है। बालक मजदूर से 5 घण्टे से अधिक एक दिन में काम नहीं करवाया जा सकता।

(v) रविवार के अवकाश का प्रावधान है।

(vi) प्रत्येक फैक्ट्री में कानून की दृष्टि से श्रमिकों के लिए सुरक्षा प्रबन्ध अनिवार्य हैं।

(2) बालक बन्धक कानून,1933

माता-पिता अपने बच्चों को श्रम मालिकों के पास बन्धक नहीं रख सकते। ऐसा करने पर माता पिता और बन्धक रखने वाले को दण्ड दिया जा सकता है।

(3) बालकों को नौकर रखने का कानून,1938

इसके अनुसार 15 वर्ष से कम उम्र के बालकों को नौकर नहीं रखा जा सकता।

(4) संशोधित फैक्ट्री कानून,1940

इस कानून के अनुसार राज्य सरकारों को अधिकार दिया गया है कि 10 व्यक्तियों से कम होने पर भी उस कारखाने को फैक्ट्री घोषित कर सकते हैं। इससे छोटे वर्कशॉप में काम करने वालों को संरक्षण मिला।

(5) खानों में काम करने वालों के सम्बन्ध में कानून,1935

इस कानून की मुख्य धाराएँ इस प्रकार हैं-

(i) यह कानून उन स्थानों पर लागू होगा जिन्हें किसी खनिज पदार्थ को प्राप्त करने के लिए खोदा जाये।

(ii) खानों में पुरूष से एक दिन में 10 घण्टे से अधिक काम नहीं करवाया जा सकता। 15 वर्ष से कम उम्र के बच्चों के लिए काम करना निषेध है।

(iii) खान में होने वाली दुर्घटनाओं का रजिस्टर प्रबन्धक रखेगा। वह दुर्घटना की सूचना प्रमुख निरीक्षक (इंस्पेक्टर) को देगा।

(iv) खान में आवश्यक सुविधाएँ तथा प्राथमिक चिकित्सा व्यवस्था होना अनिवार्य है।

(6) बागों में काम करने वाले श्रमिकों से सम्बन्धित कानून

चाय बागानों में सर्वाधिक श्रमिक कार्यरत रहते हैं। सन् 1932 में चाय बागान श्रमिकों से सम्बन्धित बना कानून महत्त्वपूर्ण है। उसके प्रावधान में मुख्य हैं–

(i) प्रवासी श्रमिकों के लिए केन्द्र सरकार एक नियंत्रक (कण्ट्रोलर) नियुक्त करने का अधिकार रखती है।

(ii) केन्द्र सरकार किसी भी क्षेत्र को 'नियन्त्रित प्रवास क्षेत्र' घोषित कर सकती है। चाय बागानों में श्रमिकों की भर्ती चाय के बाग के लाईसेन्स प्राप्त एजेन्ट ही कर सकते हैं।

(iii) चाय के बागान में काम करने के लिए जाने वाला व्यक्ति तीन वर्ष बाद चाय के बागान के खर्चे पर पुनः अपने घर लौटने का अधिकारी है।

(iv) 16 वर्ष से कम आयु के बालक को चाय बागान में भर्ती नहीं किया जा सकता।

(v) प्रवासी मजदूरों का नियन्त्रक श्रमिकों के हितों की देखभाल करता है तथा कार्य विधिवत् हो इसका ध्यान रखता है।

श्रमिक असंतोष को दूर करने के उपाय

(1) श्रम नीति–श्रमिक समस्याओं का प्रतिदिन बढ़ना, औद्योगिक तनाव, हड़ताल, तालाबन्दी, मजदूरों की छँटनी आदि से श्रमिकों को भी नुकसान होता है। श्रम नीति का सही निर्धारण होना चाहिए और उसका पालन होना चाहिए। श्रमिकों के जीवन स्तर को उन्नत करने, उत्पादन वृद्धि के लाभ में उन्हें उचित हिस्सा दिलाने, न्यूनतम वेतन, सामाजिक सुरक्षा, आवास की व्यवस्था तथा कार्य की दशाओं में सुधार श्रमनीति के आवश्यक पहलु हैं लेकिन श्रमनीति का परिपालन नहीं हो पाया है। श्रमिक असंतोष मिटाने के लिए श्रमनीति का प्रभावी तरीके से परिपालन होना चाहिए।

(2) प्रबन्ध में श्रमिकों की भागीदारी– महात्मा गांधी ने प्रबन्ध में श्रमिकों की भागीदारी का सुझाव दिया था। मालिक और मजदूर के बीच सदैव संघर्ष होता रहा है। मालिक अधिक से अधिक लाभ कमाने के लिए मजदूर का शोषण करता रहा है। प्रबन्धकों और मजदूरों के बीच की दूरी को समाप्त करने के उद्देश्य से प्रबन्ध में श्रमिकों की भागीदारी की बात की जाती है। मजदूर और मालिक के बीच समन्वय बनाये रखने के लिए 'प्रबन्ध समिति' का गठन किया जाता है। इसमें श्रमिकों

की भी भागीदारी होती है। किसी भी उद्योग में श्रमिकों को अपने योगदान का भान होना चाहिए। प्रबन्ध में श्रमिक भागीदार बनते हैं तो पूँजीपति के साथ सम्बन्ध सौहार्द्रपूर्ण हो जाते हैं, उन्हें उद्योग की आर्थिक स्थिति की जानकारी हो जाती है। वे उत्पादन बढ़ाने के उपायों में अपने सुझाव दे सकते हैं। श्रमिकों के कल्याण का पूरा ध्यान रखा जा सकता है।

अनेक लाभ श्रमिकों और प्रबन्धकों के लिए होने के बावजूद भी श्रमिकों की प्रबन्ध में भागीदारी अभी तक संतोषप्रद नहीं है।

(3) श्रम-संघों की भूमिका–श्रमिकों की कार्यदशाओं में सुधार तथा श्रमिकों के कल्याण के लिए श्रम-संघों का गठन हुआ। यह संगठन मूल रूप से अपने सदस्यों और व्यापार, रोजगार आदि के हितों के उद्देश्य से संगठित किया जाता है। श्रम संघों का उद्देश्य श्रमिकों का उद्योग पर नियन्त्रण करना होता है। मार्क्स व एंजिल्स के मतानुसार श्रम-संघ, वर्ग-संघर्ष की प्रक्रिया में पूँजीवादी अर्थव्यवस्था को समाप्त करने के लिए कार्य करता है।

भारत में श्रमिक संघों का विकास औद्योगिकरण के परिणामस्वरूप हुआ। 1904 में स्वदेशी आन्दोलन के समय श्रमिकों में राजनैतिक चेतना जागृत हुई तथा देश में अनेक श्रम संघों की स्थापना हुई। भारत में सबसे पहले 1920 में 'ऑल इण्डिया ट्रेड यूनियन काँग्रेस' की स्थापना हुई।

श्रम-संघ श्रमिकों के कल्याण के लिए प्रबन्धकों तथा सरकार के साथ सम्पर्क बनाये रखते हैं। श्रमिकों की विभिन्न समस्याओं के समाधान के लिए पहल करते हैं। श्रम-संघों के कारण श्रमिकों का आत्म-विश्वास बढ़ा है। मजबूत श्रम-संघ ही श्रमिक असंतोष को दूर करने में महत्त्वपूर्ण भूमिका निभा सकते हैं।

(4) सरकार द्वारा किये गये प्रयास–श्रमिक असंतोष को दूर करने के लिए सरकार ने अनेक कदम उठाये हैं, जो निम्न हैं–

(i) उद्योगों की सफलता के लिए रिजर्व बैंक वित्तीय सहायता उपलब्ध करवाता है।

(ii)जून 1986 के अन्त तक भारतीय औद्योगिक पुनर्निर्माण बैंक ने 393 इकाइयों को सहायता प्रदान की है, इनमें से 136 औद्योगिक इकाइयाँ पुनः काम करने लगी हैं तथा उन्होंने लाभ भी कमाया है।

(iii)सरकार द्वारा 1986 में लघु उद्योग विकास फण्ड की स्थापना भी की गई जो लघु क्षेत्र की कमजोर इकाइयों को रियायती दरों पर ऋण प्रदान करेगा।

(iv) औद्योगिक विकास अधिनियम,1951 के अनुसार सरकार ने 1967 से 1984 तक 80 इकाइयों का प्रबन्ध अपने हाथ में ले लिया, इनमें से 47 का राष्ट्रीयकरण कर दिया गया।

(v) केन्द्र सरकार ने अक्षम इकाइयों के लिए 'बीमार औद्योगिक कम्पनी विशेष प्रावधान 1985' पारित किया जिसके अन्तर्गत औद्योगिक तथा वित्तीय पुनः निर्माण बोर्ड ने जनवरी 1987 से कार्य करना प्रारम्भ किया। बोर्ड को पुनः स्थापना कार्यक्रम, 'प्रबन्ध परिवर्तन' तथा एकीकरण व विक्रय-समापन सम्बन्धी अधिकार प्रदान कर दिये गये हैं।

(vi) औद्योगिक सम्बन्ध सुधारने की दिशा में औद्योगिक सम्बन्ध आयोग के गठन का प्रस्ताव है तथा सरकार ने स्पष्ट किया है कि श्रम कानूनों के क्रियान्वयन पर जोर दिया जायेगा।

सरकारी प्रयासों के फलस्वरूप उद्योगों का भविष्य सुरक्षित हुआ है। श्रमिकों की मजदूरी भी सुरक्षित हुई है।

गली के बच्चे और बाल श्रमिक

औद्योगीकरण की प्रक्रिया के परिणामस्वरूप नगरों में आव्रजन प्रारम्भ हुआ। गाँव में सीमित रोजगार के अवसर नहीं होने के कारण लोग शहरों की ओर जाने लगे। नगरीकरण की प्रक्रिया में नगरों की आबादी बढ़ने लगी। गाँव से शहर में आने वालों के पास समुचित आवास व्यवस्था नहीं होने के कारण अनेक लोगों ने रेल की पटरियों के आसपास अपना डेरा जमाया, कुछ कच्ची छत के नीचे रहने लगे तो कुछ पक्की छत के नीचे। कई ऐसे भी थे जो खुले आसमान के नीचे जहां भी खाली जगह मिल गई वहीं रहने लगे। इनमें से बहुत से परिवार ऐसे भी हैं जिनके बच्चे तरह-तरह के काम करते हैं। नगरों में रहने वाले इन बच्चों की तीन प्रकार की समस्याएँ हैं-

(i) बाल श्रम और शोषण,

(ii) बच्चों का यौन शोषण,

(iii) बच्चों के साथ दुर्व्यवहार, उपेक्षा और छोड़ देना।

जब किशोरावस्था या इससे भी कम उम्र में बच्चों के साथ दुर्व्यवहार किया जाता है, उनकी उपेक्षा की जाती है और उन्हें छोड़ दिया जाता है तो वे गलियों में आने का साहस करते हैं। गली के बच्चे समाज में व्याप्त गहरी अशान्ति का एक

लक्षण है। ऐसे बच्चे मजबूरन नगरों की गलियों में अपना जीवन व्यतीत करने को विवश हो जाते हैं।

गली के बच्चे कौन?

गली के बच्चे किसी देश विशेष से सम्बन्धित प्रघटना नहीं हैं, वास्तव में यह एक विश्वव्यापी सामाजिक वास्तविकता है। गली के बच्चे किसे कहेंगे इस सम्बन्ध में कोई एक मत नहीं है। इसी प्रकार "अनाथ" और "अपंग" बच्चों के समान गली के बच्चों की कोई अलग से पहचान भी नहीं है। गली के बच्चों की परिभाषा यूनिसेफ ने इस प्रकार दी है,काम और रहने की दशाओं के आधार पर अधिकांश बच्चे गली में रहकर अपना जीवन बिताते हैं। इन बच्चों के लिए गली ही सर्वोच्च कार्यस्थल है। वे अपने परिश्रम की निम्न प्राप्ति के कारण सबसे अधिक समय गली में ही व्यतीत करते हैं। कई बच्चे अन्य प्रकार के कार्य करके अपनी जीविका का प्रबन्ध करते हैं जैसे फेरी करके, जूतों की पॉलिश करके, बिखरी पड़ी वस्तुओं को चुनकर और कभी-कभी चोरी करके तथा गली की वैश्या के रूप में काम करके। उनके कार्य और जीवन की प्रकृति की दृष्टि से वे अपने हाल में होते हैं। अधिकांश वयस्कों के द्वारा असुरक्षित हैं। इन्हीं कारणों से वे अनेक खतरों और दुर्व्यवहार के शिकार होते हैं तथा अपनी सुरक्षा और विकास की आवश्यक सेवाओं के लिए लालायित रहते हैं।

यूनिसेफ द्वारा गली के बच्चों को समझने के लिए पाँच तत्वों पर जोर दिया गया-

(i) एकत्रित होने का एकमात्र स्थान गली है,

(ii) कार्य करने की विशिष्ट दशाएँ,

(iii) जीवन की विशिष्ट दशाएँ

(iv) गली में बिताये जाने वाला बहुत बडी मात्रा में समय एवं

(v) खतरों एवं दुर्व्यवहार से बचाव का अभाव।

उपर्युक्त स्थिति में रहने वाले बच्चे गली के बच्चे कहलाते हैं।

गली के बच्चों की परिभाषा देते हुए अग्नेल्लि लिखते हैं, "एक गली का बच्चा या युवा कोई भी नाबालिग है जिसके लिए गली (बिना कब्जे वाला आवास, बेकार पड़ी जमीन आदि) उसका आदतन घर है, जो पर्याप्त सुरक्षा के अभाव में रहता/रहती है।"

इस परिभाषा में स्थान और सुरक्षा पर विशेष जोर दिया गया है, अन्य तत्व जैसे आजीविका, कार्यदशाएँ आदि का उल्लेख नहीं है।

यूनिसेफ द्वारा गठित समिति ने सभी गली के बच्चों को एक समान नहीं बताया। बच्चों को अपने परिवार के साथ सम्बन्ध भी गली के बच्चों को समझने का तरीका है।

गली के बच्चों और उनके परिवार के साथ सम्बन्ध के आधार पर तीन श्रेणियों में रखा गया है-

(i) **गली पर बच्चे**-काम करने वाले ऐसे बच्चे जिनका न्यूनाधिक नियमित सम्पर्क अपने परिवार के साथ बना रहता है, कार्य करने के लिए या तो किसी के अधीन रहते हैं या अपने ही परिवार के मार्गदर्शन में गलियों में काम करते हैं लेकिन अक्सर रात्रि में अपने परिवार के साथ सोने के लिए आ जाते हैं। इन्हें गली पर बच्चे कहते हैं।

(ii) **गली के बच्चे**-इस समूह के बच्चों के लिए गली ही अपना घर होता है। इन बच्चों के मन में परिवार और अपने घर की छत का अहसास अपने ही साथियों के बीच होता है, इनको भोजन भी अपने साथियों के समान ही उपलब्ध होता है। इनका परिवार के साथ सम्बन्ध तो होता है लेकिन ये घर (परिवार) से बहुत दूर होते हैं, अपने पूर्व मकान पर ये कभी-कभी बहुत कम जाते हैं। इनको गली के बच्चे कहा जाता है।

(iii) **परित्यक्त बच्चे**-वे बच्चे जिनका अपना कोई परिवार नहीं होता, अनाथ और भागे हुए शरणार्थी इसमें सम्मिलित हैं। ये भावनात्मक अशान्ति का शिकार होते हैं। इनकी अपनी ही दुनिया होती है। ये पूर्णतया अपने आप पर ही निर्भर होते हैं।

यहां एक बात ध्यान देने योग्य है कि बच्चों को उनके परिवार के साथ सम्बन्धों के आधार पर जिन तीन श्रेणियों में रखा गया है, उनमें केवल लड़के ही सम्मिलित नहीं है अपितु लड़कियाँ भी सम्मिलित हैं।

गली के बच्चों का अर्थ सर्वमान्य तरीके से बताने के लिए हम यह कह सकते हैं कि कार्य करने की और जीने की कुछ परिस्थितियाँ और एकत्रित होने का एक महत्त्वपूर्ण स्थान हैं। इसमें व्यक्तिगत तौर पर किसी बच्चे की व्यक्तिगत और सामाजिक विशेषताओं का कोई महत्त्व नहीं है अर्थात् गली के बच्चे से तात्पर्य उन समस्त बच्चों से है जो नगरों की गलियों में काम करते हैं। न तो वहाँ उनके द्वारा

बिताये जाने वाले समय का कोई संदर्भ है और न ही उनका वहाँ रहने का काई कारण। श्रमिकों की समस्याएँ, श्रमिक असंतोष के कारण, श्रम कानून, श्रमिक असंतोष को दूर करने के उपाय, गली के बच्चे कौन? गली के बच्चों की विशेषताएँ, भारतीय गली के बच्चे, गली के बच्चों की संकटपूर्ण स्थिति और दुर्दशा, गली के बच्चों के लिए नीति और कार्यक्रम, बाल श्रमिक कौन? बाल मजदूरी का कारण, बाल श्रमिक और कानून।

व्यक्ति को अपनी आवश्यकताओं को पूरा करने के लिए कोई न कोई काम अवश्य करना पड़ता है। काम की प्रकृति एक समान नहीं होती। कुछ काम केवल बुद्धि से किये जाते हैं तो कुछ काम केवल कागज और पेन का प्रयोग करके किये जाते हैं और कई व्यक्ति शारीरिक श्रम करने का काम भी करते हैं।

श्रमिक का अर्थ उस व्यक्ति से है जो किसी भी प्रकार का शारीरिक श्रम करता है और श्रम के बदले वह अपना पारिश्रमिक प्राप्त करता है जिसे मजदूरी कहते हैं। कोलिन्स कोबिल्ड इंग्लिश लैंग्वेज डिक्शनरी के अनुसार, श्रमिक वह व्यक्ति है, जो ऐसा कार्य करता है जिसमें कठोर शारीरिक श्रम तथा कार्य निहित होता है। विभिन्न प्रकार के छोटे बड़े उद्योगों में श्रमिकों की भूमिका अपरिहार्य होती है। सामान को एक स्थान से दूसरे स्थान पर पहुँचाना, निर्माण कार्यों में योगदान, खेतों में बुवाई, निराई, गुडाई, कटाई का काम करना, सभी कल कारखानों व फैक्ट्रियों के निर्माण कार्य से लेकर उत्पादन व वितरण के कार्य में श्रम करना। आज भारत में अनेक उद्योग-धन्धे हैं जिनमें हजारों श्रमिक कार्यरत हैं।

1991 की जनगणना के अनुसार कुल 30.60 करोड़ श्रमिक अर्थात् कुल जनसंख्या का 37.5 प्रतिशत भाग श्रमिकों का था। कुल श्रमिकों में से 24.17 करोड़ ग्रामीण एवं 6.43 करोड़ शहरी थे। लिंगभेद के अनुसार 21.68 करोड़ पुरूष तथा 8.74 करोड़ महिला श्रमिक थे। श्रमिकों की संख्या के आँकडों से यह समझ में आता है कि भारत में श्रमिकों की सामाजिक आर्थिक दशा उनकी समस्याएँ और असंतोष के कारण तथा उपचार बहुत महत्त्वपूर्ण तथा प्रासंगिक है।

श्रमिकों की समस्याएँ

भारत में श्रमिकों को अनेक कठिनाइयों का सामना करना पड़ता है। उनकी प्रमुख समस्याएँ निम्न प्रकार हैं-

(i) प्रवास से सम्बन्धित समस्या– जैसा कि जनगणना के आँकड़ों से स्पष्ट है, गामीण क्षेत्रों से श्रमिकों की संख्या नगरीय क्षेत्रों के श्रमिकों से चार गुना अधिक है। गाँव से श्रमिक फैक्ट्री में काम करने के लिए शहर में जाता है, जहाँ

फैक्ट्री है या उसे काम मिलता है सामान्यतया वह स्थान उसके गाँव में नहीं होता। वह अपने कार्यस्थल पर भी स्थायी रूप से निवास नहीं करता। अनेक कारणों से अनेक अवसरों पर श्रमिक अपने गाँव जाता है। कभी सामाजिक कार्य होते हैं, कभी फसल बोने का समय होता है, कभी त्यौहार-उत्सव होते हैं तो ऐसी दशाओं में वह कई बार लम्बी अवधि तक अपने काम पर नहीं लौटता। फलस्वरूप एक ओर जहाँ उसे स्वयं अपनी मजदूरी से वंचित रहना पड़ता है वहीं दूसरी ओर श्रमिकों की अनुपस्थिति से उत्पादन में गिरावट आती है। श्रमिकों को भी हानि होती है और उस उद्योग में भी नुकसान होता है।

(ii) श्रमिकों के जीवन-स्तर एवं उनकी कार्यक्षमता की समस्या– श्रमिकों की आर्थिक स्थिति कमजोर होने के कारण उनका जीवन स्तर बहुत ही निम्न है। उन्हें अभावग्रस्त जीवन व्यतीत करना पड़ता है। उसे सभी प्रकार की न्यूनतम आवश्यकताएँ पूरी करने में अनेक कठिनाइयों का सामना करना पड़ता है। विश्व के अन्य देशों की तुलना में भारतीय श्रमिकों की आय प्रति व्यक्ति बहुत कम है। जीवन स्तर निम्न होने से वे कुपोषण का शिकार हो जाते हैं, उनकी शारीरिक क्षमता गिर जाती है। उनकी काम करने की क्षमता भी कम हो जाती है। अमरीका और इंग्लैण्ड के श्रमिक भारतीय श्रमिकों की तुलना में तीन से चार गुना ज्यादा काम करते हैं। कार्यक्षमता बढ़ाने के लिए श्रमिकों को न्यायोचित वेतन, चिकित्सा सुविधा, आवास, शिक्षा आदि प्रदान किये जाने चाहिए।

(iii) श्रमिकों की भर्ती की समस्या– किसी भी कारखाने या फैक्ट्री में श्रमिकों की भर्ती के लिए अलग-अलग प्रकार की व्यवस्थाएँ बनी हुई हैं। पहले जब श्रमिकों की कमी थी तो मालिक किसी मध्यस्थ के माध्यम से श्रमिकों की भर्ती करता था, यह प्रथा आज भी जारी है। जो मध्यस्थ होता है उसे सरदार, मिस्त्री, जाबर, नायक आदि के नाम से जाना जाता है। जाबर या नायक के माध्यम से भर्ती होने वाले श्रमिक हमेशा उससे दबे रहते हैं। वह भी श्रमिकों के साथ ब्लेकमेलिंग करता है। असम के चाय बागानों में शर्तबन्द श्रमिकों की प्रथा रही है। चाय बागानों में असामान्य परिस्थितियों में काम करना पड़ता है। एक बार श्रमिक को भर्ती करने पर वह छोड़कर चला न जाये इसके लिए उस पर पूरी निगरानी रखी जाती है। खानों में काम करने के लिए श्रमिकों की भर्ती ठेकेदारों के माध्यम से की जाती है। ठेकेदार श्रमिकों की भर्ती के साथ खुदाई के भी ठेके लेते हैं। ठेकेदार श्रमिकों से अधिक से अधिक काम लेकर कम से कम मजदूरी देता है, उनका शोषण करता है। जहाजों पर काम करने के लिए श्रमिकों की भर्ती ब्रिटिश काल में ब्रिटिश कम्पनियाँ सरकारी लाइसेन्स प्राप्त दलालों के माध्यम से करवाती थी। इससे भर्ती होने वाला श्रमिक रिश्वत

देकर भर्ती हो सकता था। रिश्वत देकर भर्ती होने की समस्या अभी भी बनी हुई है। रेलवे में भी बहुत बड़ी संख्या में श्रमिकों की आवश्यकता होती है। रेलवे में इंजीनियरिंग, यातायात, व्यापार और वर्कशॉप में श्रमिक काम करते हैं। यहाँ भी सबसे बड़ी समस्या रिश्वत देकर भर्ती होने की ही है।

अन्य क्षेत्रों में श्रमिकों को ठेकेदारों के माध्यम से काम मिलता है जैसे केन्द्रीय लोक निर्माण विभाग, राज्य सरकारों का लोक निर्माण विभाग। ये विभाग निर्माण कार्य करवाते हैं। इन कार्यों को ठेकेदारों के माध्यम से करवाया जाता है। ठेकेदार जिन श्रमिकों से काम लेते हैं उनका बहुत शोषण करते हैं। उनसे भी कम मजदूरी में अधिक कार्य करवाया जाता है। कई मौसमी श्रमिक भी होते हैं, इन्हें केवल फैक्ट्री चलने के समय में ही कम मजदूरी पर काम मिलता है। जैसे कपास और शक्कर की फैक्ट्रियों में काम करने वाले श्रमिक। अनेक उद्योग ऐसे भी हैं जहाँ स्त्रियों और बच्चों से भी काम करवाया जाता है।

सभी क्षेत्रों में श्रमिकों को भर्ती होने के लिए कठिनाइयों का सामना करना पड़ता है। उनका शोषण होता है।

(iv) ऋणग्रस्तता- भारतीय श्रमिक ऋणग्रस्तता से मुक्त नहीं हो पाता। श्रम अनुसंधान समिति के अनुसार, मुम्बई में 63 प्रतिशत श्रमिक परिवार कर्ज में डूबे हुए थे। ऋणग्रस्तता श्रमिकों की कार्यकुशलता को प्रभावित करती है। श्रमिकों को वेतन पूरा नहीं मिलता, उन्हें अपनी सामाजिक जिम्मदारियों को निर्वहन करने और गंभीर बीमारी का इलाज करवाने के लिए ऋण लेना पड़ता है। कुछ श्रमिक तो अपनी बुरी आदतों के कारण ऋणग्रस्तता के शिकार हो जाते हैं। कभी कभी श्रमिक को ऋण विरासत में प्राप्त होता है। वंशानुगत ऋण का हस्तान्तरण भी श्रमिकों में आम बात है। ऋणग्रस्तता से जीवन स्तर तथा कार्यक्षमता में भी गिरावट आती है।

(v) कार्य करने की असामान्य दशाएँ- भारत में श्रमिकों को असामान्य दशाओं में कार्य करना पड़ता है। श्रमिकों को फैक्ट्रियों में दिन-रात अलग-अलग पारियों में काम करना पड़ता है। उनके काम करने के घण्टे भी अधिक होते हैं। ज्यादा घण्टे काम करने से थकान आती है और उत्पादन प्रभावित होता है। श्रमिकों की काम करने की जगह पर अत्यधिक गर्मी, उमस, घुटन होती है व शुद्ध वायु का अभाव होता है। जहाँ वे काम करते हैं वहाँ पर धुआँ, धूल तथा मशीनों का खतरा सदैव बना रहता है। कार्यदशा अनुपयुक्त होने का प्रभाव उत्पादन पर पड़ता है। इससे राष्ट्रीय हानि उठानी पड़ती है तथा श्रमिकों में भी असंतोष उत्पन्न होता है।

(vi) असुरक्षित एवं जोखिमपूर्ण जीवन– श्रमिक जिन दशाओं में काम करते हैं उन परिस्थितियों में उनके जीवन को खतरा बना रहता है। अत्यधिक गर्मी, मशीनों की जोखिम, दुर्घटनाओं का खतरा सदैव बना रहता है। कई बार फैक्ट्रियों में आग लग जाती है, श्रमिक मशीन के असावधानीपूर्ण उपयोग से विकलांग हो जाते हैं और विकलांग होने पर पुनः काम करने योग्य नहीं रहते। श्रमिक का जीवन सदैव असुरक्षित और जोखिमपूर्ण होने के कारण असंतोष उत्पन्न होता है।

(vii) आर्थिक शोषण– मिल मालिकों द्वारा श्रमिकों का आर्थिक शोषण भी किया जाता है। श्रमिकों को बीमा, भविष्यनिधि, क्षतिपूर्ति लाभ, वार्षिक वेतन वृद्धि आदि नहीं मिलते हैं। श्रमिकों को जब चाहे काम से मुक्त कर दिया जाता है। श्रमिक के लिए अपना कार्य सुरक्षित नहीं होता। लम्बे अवकाश पर जाने के बाद पुनः लौटने पर काम पर रख लेने की कोई गारण्टी नहीं होती। काम अधिक और पारिश्रमिक बहुत कम। श्रमिक को सबसे अधिक शारीरिक श्रम करना पड़ता है, वह सदैव जोखिम में रहता है फिर भी उसे आर्थिक दृष्टि से सबसे कम पारिश्रमिक दिया जाता है। इस आर्थिक शोषण से श्रमिक के मन में असंतोष उत्पन्न होता है।

(viii) स्वास्थ्य की समस्या– औद्योगिक क्रान्ति के बाद जो उद्योग मशीनों से चलने लगे, उससे श्रमिकों के स्वास्थ्य की समस्या उत्पन्न हुई। पहले कुटीर और लघु उद्योगों से जुड़े श्रमिकों का स्वास्थ्य ठीक रहता था। वे प्राकृतिक वातावरण में काम करते थे। आजकल जिन कारखानों में मजदूर काम करते हैं उनका आन्तरिक वातावरण बहुत प्रदूषित होता है। धूल और धुआँ सदैव बना रहता है। कहीं अत्यधिक नमी है तो कहीं अत्यधिक गर्मी। कई उद्योगों में खतरनाक रसायनों का उपयोग भी होता है, इन रसायनो से हानिकारक गैसें निकलती हैं जो कि स्वास्थ्य पर प्रतिकूल प्रभाव डालती हैं। अधिकांश श्रमिक टी.बी. और श्वांस की बीमारी से ग्रसित हो जाते हैं। असाधारण कार्यदशाएँ श्रमिकों के स्वास्थ्य के साथ खिलवाड करती हैं।

(ix) मादक द्रव्यों का सेवन एवं मद्यपान– श्रमिकों को लगातार कई घण्टों तक काम करना पड़ता है। अत्यधिक शारीरिक श्रम करने के बाद भी संतोषप्रद वेतन, सुविधाएँ, आवास आदि उपलब्ध नहीं हो पाते हैं। उनका जीवन निराशापूर्ण एवं असन्तोषजनक बना रहता है। इस निराशा और असंतोष को दूर करने के उपाय के रूप में अधिकांश श्रमिक शराब पीते हैं, कुछ अन्य प्रकार के मादक द्रव्यों का सेवन करते हैं जैसे अफीम, गाँजा, चरस आदि। मद्यपान और मादक द्रव्यों का उपयोग एक आदत बन जाती है जिससे शारीरिक नुकसान के साथ आर्थिक संकट भी बना रहता है।

(x) बाल एवं महिला श्रमिकों की समस्याएँ– औद्योगीकरण की वृद्धि के साथ-साथ बालकों और महिलाओं को भी श्रमिक के रूप में भर्ती किया जाने लगा। छोटे-छोटे उद्योगों में जहाँ ज्यादा भारी शारीरिक श्रम नहीं करना पड़ता, वहाँ महिलाएँ और बच्चे कम पारिश्रमिक पर श्रम के लिए उपलब्ध हो जाते हैं। सबसे अधिक शोषण बाल श्रमिकों और महिला श्रमिकों का होता है। समय-समय पर बने अधिनियमों से बाल श्रम पर रोक लगाई गई , लेकिन निर्धनता के कारण माता-पिता विवश होकर बच्चों को काम पर लगा देते हैं। पारिवारिक आर्थिक परेशानियों के कारण महिलाओं को भी श्रमिक के रूप में काम करना पड़ता है। मजदूरी कम प्राप्त करके दुर्व्यवहार के शिकार भी ये बाल श्रमिक और महिला श्रमिक बन जाते हैं।

श्रमिक असंतोष के कारण

वैसे तो श्रमिकों की समस्याओं का विवेचन करने से श्रमिक असंतोष स्पष्ट हो जाता है फिर भी कारणों के रूप में संक्षेप में हम आर्थिक, प्रबन्धकीय और राजनीतिक कारणों की चर्चा कर रहे हैं-

(1) आर्थिक कारण– श्रमिक असंतोष का प्रमुख कारण आर्थिक है। श्रमिकों की मजदूरी समाज के निर्धारित जीवन स्तर के अनुसार बहुत कम है। मँहगाई तो निरन्तर बढ़ रही है लेकिन श्रमिकों को दी जाने वाली मजदूरी उस अनुपात में नहीं बढ़ती है। श्रमिक संघ श्रमिकों के बेहतर पारिश्रमिक, बोनस आदि की माँग करते रहते हैं। जब प्रबन्धक या मालिक इस ओर ध्यान नहीं देते हैं तो श्रमिक असंतोष बढ़ता है।

(2) प्रबन्ध सम्बन्धी कारण– श्रमिक जिन उद्योगों में काम करते हैं वहां के प्रबन्ध के साथ सम्बन्ध, प्रबन्धकीय मनोवृत्ति आदि से भी उनमें असंतोष उत्पन्न होता है। प्रबन्धकों का श्रमिकों के साथ दुर्व्यवहार करना, प्रबन्ध और मजदूर संघो के बीच कटुता उत्पन्न होना, प्रबन्धक द्वारा श्रमिकों के कल्याण को महत्व देने के स्थान पर उनका अधिक से अधिक शोषण करने की प्रवृत्ति रखना। बिना पूर्व सूचना के मालिक का मजदूरों को काम से अलग कर फैक्ट्री से निकाल देना। उनकी मजदूरी में गैरकानूनी तरीके से कटौती करना। श्रम कानूनों की अनदेखी करके मालिक द्वारा सामन्ती तरीके से व्यवहार करना। इन सभी परिस्थितियों को प्रबन्ध सम्बन्धी कारणों में सम्मिलित किया जाता है जो कि श्रमिकों में असंतोष उत्पन्न करते हैं।

(3) राजनीतिक कारण– श्रमिक असंतोष उत्पन्न होने में राजनीतिक कारक भी उत्तरदायी होता है। हर क्षेत्र में राजनीति का दखल और राजनेताओं का प्रभाव है। प्रत्येक राजनीतिक दल देश के मजदूरों और किसानों का हितैषी बनकर अपने

दल के प्रति सहानुभूति प्राप्त करने का प्रयास करता है। आज भारत में जितने भी श्रमसंघ है उनका सम्बन्ध किसी न किसी राजनीतिक दल से है। श्रम संघ की नीतियाँ राजनीतिक दल द्वारा निर्मित होती हैं। जब राजनीतिक दल आन्दोलन चलाते हैं तो उनके पास बहुत बड़ी ताकत श्रमिकों की भी होती है। जब सरकारें बदलती हैं, एक राजनीतिक दल सत्ता से बाहर होता है और अन्य राजनीतिक दल की सरकार बनती है तो कुछ श्रमसंघ असंतुष्ट होकर सरकार का विरोध करने लगते हैं।

(4) अन्य कारण– श्रमिक असंतोष के अन्य कारणों में हम श्रमिकों की दोषपूर्ण भर्ती–पद्धति, उनके काम करने की असामान्य दशाएँ, श्रमिक सेवा शर्तों का अभाव, विज्ञान और तकनीकी की उन्नति तथा मनोवैज्ञानिक कारणों को सम्मिलित कर सकते हैं।

19

युवकों की समस्याएँ

आज का युवक अपने चारों ओर की परिस्थितियों और अपने अधिकारों के प्रति सजग है। वह आज अपनी आकांक्षाओं को पूर्ण होते हुए नहीं देखता है। शिक्षा प्राप्त करने के पश्चात् भी वह कोई नौकरी प्राप्त नहीं कर पाता है, उसे अभावमय स्थिति में अपना जीवन बिताना पड़ता है। वह जीवन के विभिन्न क्षेत्रों में व्याप्त भ्रष्टाचार को देखता है, भाई-भतीजावाद और जातिवाद को देखता है। वह आर्थिक दृष्टि से अपने को असुरक्षित महसूस करता है, अपने भविष्य को अन्धकारमय पाता है। साथ ही आज का युवक वर्ग दिशाहीन है, यद्यपि इसके लिए सामाजिक, आर्थिक और राजनीतिक परिस्थितियां विशेषत: उत्तरदायी हैं। योग्य नेतृत्व का अभाव भी छात्र असन्तोष की दिशाहीनता के लिए काफी हद तक जिम्मेदार है।भारत में छात्र असन्तोष युवकों में व्याप्त असन्तोष, निराशा, तनाव, शिक्षण संस्थाओं में पायी जाने वाली कमियों, सार्वज़निक जीवन में भ्रष्टाचार एवं राजनीतिक दलों एवं नेताओं की स्वार्थपरता का परिणाम है। आज का युवक समाज के आदर्श-नियमों को अपने में आत्मसात् नहीं कर सका है। वह सामाजिक मूल्यों को भी अपने व्यक्तित्व का अंग नहीं बना सका है। ऐसी स्थिति में वह समाज की मान्य परम्पराओं की चिन्ता नहीं करते हुए अपने स्वयं के स्वार्थों की पूर्ति पर अधिक ध्यान देने लगता है। वह अपने उद्देश्यों की

पूर्ति को महत्व देता है, चाहे उसे व्यवहार के अमान्य तरीके ही क्यों न अपनाने पड़ें। छात्र असन्तोष एक ऐसी स्थिति को व्यक्त करता है जिसमें परिवार, पड़ौस और शिक्षण संस्था का नियन्त्रणकारी प्रभाव समाप्त होता हुआ दिखाई पड़ता है। युवा-वर्ग प्रमुखतः अपने परिवार, मित्र-समूह और शिक्षण संस्थाओं से सम्बन्धित होता है। ये सभी आज युवकों के व्यवहारों को नियन्त्रित करने में असमर्थ रहे हैं। छात्र असन्तोष में एक बात स्पष्ट दिखाई पड़ती है। आज का युवा वर्ग अपने प्रत्येक प्रकार के व्यवहार को भ्रान्त तर्कों के आधार पर उचित बताता है। वह प्रत्येक वस्तु और व्यवहार को अपने ही दृष्टिकोण से देखना और समझना चाहता है, न कि उसके वास्तविक रूप में। छात्र असन्तोष की अभिव्यक्ति हिंसात्मक अधिक और अहिंसात्मक कम होती है। आए दिन तोड़-फोड़, लूटपाट, आगजनी और हत्याओं की घटनाएं समाचार-पत्रों में पढ़ने एवं देखने-सुनने को मिलती हैं। इनके पीछे साधारणतः युवा शक्ति ही होती है। युवकों में शारीरिक शक्ति और जोश अधिक परन्तु अनुभव की कमी होती है। आज का युवा वर्ग अपनी संख्या की शक्ति से परिचित है और फिर आवश्यकता पड़ने पर उन्हें राजनीतिक दलों एवं नेताओं का समर्थन आसानी से प्राप्त हो जाता है। परिस्थितियों से निपटने और कानून को तोड़ने वाले युवकों के खिलाफ आवश्यक कार्यवाही करने की प्रशासन की असमर्थता विद्यार्थी सक्रियता को बढ़ाने में विशेषतः योग देती है।

छात्र असन्तोष का क्षेत्र काफी व्यापक है। यह अनेक रूपों में अभिव्यक्त होता है। इसके प्रमुख क्षेत्र चार हैं : (i) शिक्षा के क्षेत्र में, (ii) आर्थिक क्षेत्र में, (iii) राजनीतिक क्षेत्र में, (iv) सार्वजनिक क्षेत्र में।

(1) **शिक्षा के क्षेत्र में** - आज शायद ही कोई ऐसा विद्यालय, महाविद्यालय एवं विश्वविद्यालय बचा हो जहां किसी शैक्षणिक सत्र में प्रदर्शन, हडताल, तोड़-फोड़, घेराव, मारपीट या आगजनी नहीं होती हो। छोटी-छोटी बातों को लेकर विद्यार्थी आए दिन हड़ताल करता है, अध्यापकों,प्राचार्यों, कुलपतियों एवं प्रशासकों के विरूद्ध नारे लगाता है और यदाकदा घेराव और मारपीट तक का भी सहारा लेता है। कभी दाखिलों को लेकर तो कभी छात्र-संघ के चुनावों को लेकर और कभी परीक्षा में नकल के प्रश्न को लेकर प्रदर्शन किए जाते हैं, धमकी दी जाती है और सम्पत्ति को नुकसान पहुंचाया जाता है। ये सब युवा असन्तोष की ही अभिव्यक्तियां हैं।

(2) **आर्थिक क्षेत्र में** - आज युवकों में निराशा, असन्तोष एवं तनाव का मुख्य कारण उनके जीवन में व्याप्त आर्थिक असुरक्षा है। युवक शिक्षा प्राप्त करने के पश्चात् कोई नौकरी करना चाहते हैं, अपने को किसी व्यवसाय में लगाना चाहते हैं,

रोटी-रोजी कमाना चाहते हैं परन्तु उन्हें ऐसी कोई सुविधा साधारणतः नहीं मिल पाती है। वे नौकरी के लिए हर बार आवेदन पत्र भरतें हैं, साक्षात्कार देते रहते हैं और असफल होते रहते हैं। परिणामस्वरूप उनमें घोर निराशा दिखाई पड़ती है। समय-समय पर अनेक विश्वविद्यालयों के दीक्षान्त समारोहों पर छात्र नारे लगाते रहे हैं, "हमें डिग्री नहीं चाहिए", "हमें डिग्री नहीं नौकरी चाहिए।" आज महाविद्यालयों एवं विश्वविद्यालयों में छात्र अनुशासनहीन है, उनमें असन्तोष व्याप्त है। आखिर क्यों? इसका मुख्य कारण शिक्षा प्राप्त करने के पश्चात् भी रोजी-रोटी कमाने की सुविधाओं का अभाव है। आर्थिक क्षेत्र में छात्र सक्रियता नौकरी में भर्ती के सम्बन्ध में अनियमितताओं को लेकर अधिकारियों एवं उद्योगपतियों के घेराव, प्रदर्शन और नारेबाजी के रूप में व्यक्त होती है। अनेक राज्यों विशेषतः पश्चिमी बंगाल में आर्थिक क्षेत्र में छात्र सक्रियता का उग्र रूप देखने को मिलता है। वहां युवा वर्ग उद्योगपतियों के खिलाफ आन्दोलन चलाते हैं, लूटपाट, मारपीट और हत्याएं तक करते हैं। वहां वे हिंसात्मक तरीके तक अपनाकर अपने आर्थिक हितों की पूर्ति का प्रयत्न करते हैं। विभिन्न राज्यों में आरक्षण के विरोध में स्कूलों, कालेजों एवं विश्वविद्यालयों में हड़तालें होती ही रहती हैं। इसका कारण यह है कि वर्तमान में 50 प्रतिशत स्थान नौकरियों में अनुसूचित जातियों, जनजातियों, पिछड़े वर्गों एवं आर्थिक दृष्टि से अन्य पिछड़े लोगों के लिए आरक्षित कर दिए गए हैं। इससे अन्य जातियों के योग्य छात्रों के नौकरियों के अवसर बहुत कम हो गए हैं। वोटों की राजनीति ने योग्य छात्रों के हितों की अनदेखी की है।

(3) **राजनीतिक क्षेत्र में** - सभी राजनीतिक दल अपने उद्देश्यों की पूर्ति हेतु युवा-वर्ग की शक्ति को काम में लेना चाहते हैं। वे कई बार युवकों व विद्यार्थियों को गुमराह करके उन्हें अव्यवस्था फैलाने, उपद्रव कराने, बाजार बन्द कराने, और तोड़-फोड़ आदि कराने में प्रयुक्त करते हैं। युवक भी मंजे हुए राजनेताओं के चक्कर में पड़कर व्यवहार की मान्य परम्पराओं की चिन्ता नहीं करते हुए समाज-विरोधी व्यवहार करते हैं। आज युवकों और विशेषकर छात्रों में राजनीति में भाग लेने और चुनाव लड़ने की प्रवृत्ति दिन-प्रतिदिन बढती ही जा रही है। राजनीतिक दल भी अपने चुनाव प्रचार में छात्रों का खुलकर प्रयोग करना चाहते हैं। आज अनेक राजनीतिक दलों के अपने-अपने 'युवा संगठन' पाए जाते हैं। वे युवकों की शक्ति का दलीय स्वार्थों की पूर्ति के लिए प्रयोग करते हैं, न कि राष्ट्र हित के लिए। छात्र सक्रियता या राजनीतिक क्षेत्र में उग्र रूप पश्चिमी बंगाल में नक्सलवादी आन्दोलन के रूप में प्रकट हुआ जहां युवक संगठित रूप में तोड़-फोड़, लूटपाट, आगजनी और हत्याओं के माध्यम से राजनीतिक परिवर्तन लाना चाहते थे।

(4) **सार्वजनिक क्षेत्र में** – आज सभाओं, सम्मेलनों, सिनेमाघरों, बाजारों और खेल के मैदानों में छात्र सक्रियता स्पष्टतः देखने को मिलती है। सभा-सम्मेलनों और सांस्कृतिक समारोहों में प्रवेश को लेकर, सिनेमाघरों व खेल के मैदानों में टिकटों को लेकर और अन्यत्र अन्य किसी कारण को लेकर आए-दिन मारपीट और उपद्रव होते रहते हैं। कभी फर्नीचर तोड़ दिया जाता है, कभी आग लगा दी जाती है और कभी किसी मालिक, संयोजक और मैनेजर को पीट दिया जाता है। युवा वर्ग भी सार्वजनिक क्षेत्र में खुलकर यह सब कुछ इसलिए करता है कि सामूहिक अपराध में किसी को भी अपराध के लिए उत्तरदायी नहीं ठहराया जा सकता है, कोई भी व्यक्ति अपराधी सिद्ध नहीं किया जा सकता है। यही कारण है कि युवा-वर्ग शक्ति के जोश में मनमाने तरीके से व्यवहार करता है, अनुशासनहीन कार्यवाही और हिंसात्मक गतिविधियां को भड़काता है।भारत में आज छात्र असन्तोष की अभिव्यक्ति नैतिक मूल्यों के उल्लंघन के रूप में भी हो रही है। आज अनेक छात्र नैतिकता के सभी मानदण्डों को तोड़कर अनैतिक कार्यों में संलग्न हैं, अशोभनीय कार्यों में लिप्त हैं। कई प्रकार की चिन्ताओं एवं निराशाओं से मुक्ति पाने के लिए युवकों में मद्यपान व मादक द्रव्य-व्यसन की प्रवृत्ति बढ़ती जा रही है। कई स्थानों पर तो युवा/छात्र सक्रियता लड़कियों एवं महिलाओं को छेड़ने के रूप में व्यक्त हो रही है। आज जीवन में यौनिक पवित्रता का कई युवकों के लिए वह महत्त्व नहीं रहा है जो कुछ समय पूर्व तक था। यह सब कुछ नैतिक मूल्यों में गिरावट का परिणाम है। आज पारिवारिक क्षेत्र में युवा सक्रियता माता-पिता और अन्य वृद्धजनों के प्रति अश्रद्धा, उनके साथ मन-मुटाव और लड़ाई-झगड़े के रूप में प्रकट होती है।उपर्युक्त विवेचन से युवकों की समस्याओं एवं छात्र असन्तोष की प्रकृति स्पष्ट है। इतना अवश्य कहा जा सकता है कि भारत में युवा सक्रियता या युवकों की समस्याएं अनेक परिस्थितियों का परिणाम हैं। आज युवा-वर्ग को विभिन्न क्षेत्रों में असुरक्षाओं का सामना करना पड़ता है, वे आज मूल्यों के संघर्ष के कारण संवेगात्मक अस्थिरता की स्थिति में हैं। आज आचरण के मान्य प्रतिमान टूटते से नजर आ रहे हैं। इसके अलावा अपने चारों ओर के दूषित पर्यावरण से युवा-वर्ग काफी प्रभावित है। वह वर्तमान में दिशाहीन है, जो चाहे उसे उधर मोड़ देता है। आज के अधिकांश युवकों में उचित संस्कारों के अभाव में वह आन्दोलनात्मक प्रवृत्ति पायी जाती है जिसके पीछे कोई ठोस राजनीतिक, सामाजिक एवं सांस्कृतिक आधार नहीं है। कुछ प्रमुख समस्याओं का विवेचन नीचे किया जा रहा है।

आर्थिक समस्या- वर्तमान में युवकों की एक प्रमुख समस्या, आर्थिक समस्या है। उच्च शिक्षा प्राप्त करने के पश्चात् युवक आर्थिक असुरक्षा महसूस करते हैं। अधिकांश युवकों को उनकी योग्यता के अनुरूप नौकरियां नहीं मिल पातीं। शिक्षित

युवकों में **बेकारी की समस्या** काफी गम्भीर है। पढ़ लिखकर भी अपने माता-पिता और स्वयं की आकांक्षाओं को पूर्ण नहीं कर पाने के कारण युवकों में तनाव व असन्तोष है जिसकी अभिव्यक्ति तोड़-फोड़, आगजनी, लूट-पाट, आतंकवाद, आदि के रूप में होती है। भ्रष्टाचार, भाई-भतीजावाद एवं आरक्षण ने इस समस्या को और भी भयावह बना दिया है। बेकारी के साथ ही जुड़ी हुई एक अन्य समस्या युवकों में व्याप्त निर्धनता है। एक ओर विलासिता है तो दूसरी ओर निर्धनता। आज का युवक गरीब-अमीर के बीच की बढ़ी हुई खाई को देखता है और उसके लिए समाज-व्यवस्था को उत्तरदायी मानता है। इसका परिणाम होता है युवकों में बढ़ता हुआ असन्तोष जो कई रूपों में प्रकट होता है।

मद्यपान एवं मादक द्रव्य व्यसन -आज युवकों में मद्यपान व मादक द्रव्य व्यसन की प्रवृत्ति दिनों-दिन बढ़ती ही जा रही है। महाविद्यालयों एवं विश्वविद्यालयों में आज तक किये गये सर्वेक्षण इस बढ़ती हुई प्रवृत्ति की पुष्टि ही करते हैं। शराब पीना-पिलाना तथा मादक-द्रव्यों को काम में लेना आज फैशन सा बन गया है। कई प्रकार की निराशाओं एवं कुंठाओं से ग्रसित युवक नशीले पदार्थों के सेवन के सुगमता से शिकार हो जाते हैं। परिणामस्वरूप उनके स्वास्थ्य पर इसका बुरा प्रभाव पड़ता है।

नैतिक मूल्यों का हास - आज अधिकतर युवकों में यह प्रवृत्ति पनपती जा रही है कि 'खाओ, पीओ और मौज करो'। इसी प्रवृत्ति के कारण युवकों में राष्ट्रीय दृष्टिकोण का अभाव पाया जाता है, राष्ट्रीय समस्याओं के प्रति अधिकतर युवक उदासीन हैं। आज नैतिक मूल्यों का सर्वत्र हास हुआ है। टी. वी. पर प्रसारित होने वाले अनेक कार्यक्रमों ने इस प्रक्रिया में योग ही दिया है। व्यक्तिवादी एवं भौतिकवादी दृष्टिकोण ने युवकों को दिशा भ्रमित कर दिया है। आज शिक्षक एवं महापुरूष इनके आदर्श नहीं हैं। इनके आदर्श तो आज नेता व अभिनेता बन गये हैं, या भ्रष्ट अधिकारी। यही कारण है कि वर्तमान में युवा-शक्ति का प्रयोग सृजनात्मक कार्यों में नहीं हो रहा है। आज देश के सामने सबसे बड़ा संकट राष्ट्रीय चरित्र का है सही व्यक्तित्व-निर्माण का है। अत: नैतिक मूल्यों के हास को रोकना समय की मांग है। इसके लिए संस्कार देने की समुचित व्यवस्था होनी चाहिए।

आतंकवाद - ऐतिहासिक दृष्टि से आतंकवाद व्यापक असन्तोष, विद्रोह भावना तथा अनुशासनहीनता की अभिव्यक्ति है। व्यावहारिक रूप में वह राजनीतिक स्वार्थपरता की सिद्धि के लिए अमोघ अस्त्र बन गया है। हत्या, अपहरण, बलात्कार, लूट, आगजनी, रास्ता जाम, आदि उसके विभिन्न रूप हैं। अपनी बात मनवाने के

लिए अथवा मनमानी करने के लिए आतंकवाद युवकों की जीवन पद्धति का एक महत्वपूर्ण अंग बनता जा रहा है। उसके मूल में राजनीति प्रेरित धर्मान्धता है। वर्तमान में भारत में आतंकवाद का साया कश्मीर तथा असम तक ही सीमित नहीं है, वरन यह बिहार, बंगाल एवं आंध्र में भी पनप रहा है। समय-समय पर होने वाले साम्प्रदायिक दंगे, आरक्षण विरोधी आन्दोलन, भाषा एवं प्रान्त को लेकर होने वाले आन्दोलन, नक्सलवाद, असम का बोदो आन्दोलन, आदि किसी न किसी रूप में आतंक से जुड़े रहे हैं और ये आन्दोलनकारी हिंसा एवं भय के द्वारा सरकार पर अपनी मांगे मनवाने के लिए दबाव डालते रहे हैं। वर्तमान में असम और कश्मीर में आतंकवाद चरम सीमा पर है जिसने देश की एकता और अखण्डता को चुनौती दे रखी है। आतंकवाद के विभिन्न कारणों में से एक प्रमुख कारण युवकों में बढ़ती बेकारी है। अत: बेकारी को समाप्त करने के लिए कारगर उपाय ढूंढे जाने चाहिए।

छात्र असन्तोष- आज युवकों में असन्तोष बढ़ता जा रहा है और इस बढ़ते असन्तोष का ही परिणाम है कि युवा वर्ग उत्तेजनापूर्ण आन्दोलनों की ओर प्रवृत्त होता जा रहा है। स्वतन्त्रता प्राप्ति के पश्चात युवाओं ने, हमारे विश्वविद्यालयों एवं महाविद्यालयों के छात्रों ने असमानता, शोषण, भ्रष्टाचार, पुलिस नृशंसता, राजनीतिक सांठ-गांठ, प्रशासनिक निर्दयता, धार्मिक कट्टरवाद, आदि को आज तक सहन किया है, लेकिन सहनशीलता की भी एक सीमा होती है। अब युवाओं का धैर्य टूटता जा रहा है, उनमें असन्तोष उफान का रूप ग्रहण करता जा रहा है। यही बढ़ता असन्तोष उत्तेजनापूर्ण आन्दोलनों के लिए ईंधन का काम कर रहा है। आज स्वतन्त्र भारत में युवकों की आकांक्षाएं बहुत बढ़ चुकी हैं। आज के युवक यह महसूस करते हैं कि वर्तमान में अवसरों का अभाव है, बेकारी है, जाति पर आधारित आरक्षण है, उच्च शिक्षा की सीमाएं, विशेषत: तकनीकि तथा व्यावसायिक शिक्षा से सम्बन्धित अनावश्यक हैं तथा इन्हें हटाया जा सकता है। आज के युवा अच्छी नौकरी चाहते हैं, आर्थिक सुरक्षा चाहते हैं, पदोन्नति के अवसर चाहते हैं। वे ऊपर उठना चाहते हैं, सामाजिक गतिशीलता चाहते हैं, उन सब चीजों को प्राप्त करना और उपभोग करना चाहते हैं जो कई अन्य व्यक्तियों को प्राप्त हैं। वर्तमान में युवकों की प्राप्त करने की आकांक्षाओं व प्राप्तियों के बीच की दरार काफी बढ़ गयी है। साथ ही युवक यह भी महसूस करते हैं कि मौजूदा सामाजिक संरचना एवं सत्ता में बैठे अभिजनों से उनकी आकांक्षाओं की पूर्ति की आशा एवं सम्भावना नहीं है। परिणाम यह होता है कि युवक असन्तुष्ट एवं दुखी हो जाते हैं तथा ऐसी स्थिति में उत्तेजनापूर्ण आन्दोलनों की सम्भावना काफी बढ़ जाती है। आज भारत में यही स्थिति पायी जाती है, छात्र असन्तोष या

अनुशासनहीनता इसी का परिणाम है। युवकों में शिक्षा से सम्बन्धित विभिन्न समस्याओं एवं असन्तोष पर इसी अध्याय में सविस्तार विचार किया गया है।

युवकों की समस्याओं तथा छात्र असन्तोष के कारण

भारत में छात्र असन्तोष के कारणों पर राष्ट्रीय और अन्तर्राष्ट्रीय पर्यावरण के सन्दर्भ में विचार किया जाना चाहिए। इस स्थिति के लिए केवल विश्वविद्यालयों या कॉलेज अधिकारियों, अध्यापकों तथा माता-पिता या राजनीतिज्ञों एवं साम्प्रदायिक समूहों की अस्वस्थ गतिविधियों को ही उत्तरदायी नहीं माना जा सकता। इन तत्वों के अतिरिक्त पुलिस द्वारा विचारपूर्वक बल का प्रयोग या पुलिस जुल्म भी छात्र असन्तोष का एक प्रमुख कारण है।

युवा असन्तोष पर प्रकाशित एक रिपोर्ट में छात्र असन्तोष के प्रमुख चार कारण बताए गए हैं-(1) उचित शैक्षणिक पर्यावरण का अभाव, (2) सत्ता (माता-पिता, शैक्षणिक एवं सरकारी) के प्रति आदर एवं सम्मान का अभाव, (3)आदर्श विचारधारा से सम्बद्ध नैराश्य, (4)राजनीतिक हस्तक्षेप।

विश्वविद्यालय अनुदान आयोग द्वारा नियुक्त कमेटी ने छात्र असन्तोष के पांच कारक बताए हैं-(1)आर्थिक कारक, (2)परीक्षा एवं प्रवेश प्रणाली, (3)पढ़ाई सम्बन्धी सुविधाओं का अभाव, (4)रहने व खाने-पीने की व्यवस्था का अभाव,(5)त्रुटिपूर्ण नेतृत्व।

पत्रिका **'सेमीनार'** में वर्णित विचारों के अनुसार छात्र असन्तोष का कारण वह सामाजिक पर्यावरण है जिसमें वह रहता है। **मेटा स्पेन्सर ने भारतीय विद्यार्थियों की असन्तुष्टि का मूल कारण भविष्य की असुरक्षात्मक भावना को माना है। जे.पी. नायक तथा डॉ. राव** ने बतलाया है कि स्वतन्त्रता-प्राप्ति के पश्चात् शिक्षण संस्थाओं में कुछ विद्यार्थी ऐसे परिवारों से आए हैं जिनकी शैक्षणिक परम्पराएं नहीं रही हैं। परिणामस्वरूप ऐसे विद्यार्थी नगरीय पर्यावरण से सामंजस्य स्थापित नहीं कर पाते। आचार्य नरेन्द्रदेव समिति के अनुसार अभिभावकों की उदासीनता, राजनीतिक दलों का हस्तक्षेप, अध्यापकों में दलबन्दी एवं अव्यावहारिक शैक्षणिक नीतियां आदि छात्र असन्तोष के प्रमुख कारण रहे हैं। **मुदालियर आयोग** के अनुसार परीक्षा प्रणाली, राजनीतिक आन्दोलन, छात्र संघ, समाज में गिरती हुई नियन्त्रण की स्थिति एवं अध्यापकों में नैतिक प्रभाव की कमी छात्र एवं युवा असन्तोष के लिए उत्तरदायी हैं। **छात्र व युवा असन्तोष के प्रमुख कारण इस प्रकार हैं :**

(1) **शैक्षणिक कारक** - छात्र असन्तोष के लिए शिक्षण व्यवस्था से सम्बन्धित कई कारक उत्तरदायी हैं, उनमें से प्रमुख इस प्रकार हैं:

(i) **शिक्षण संस्थाओं में पर्याप्त सुविधाओं का अभाव**- शिक्षण संस्थाओं में पुस्तकालयों एवं प्रयोगशालाओं की अपर्याप्त सुविधा, अध्यापकों का अभाव, वांछित विषयों का न होना, छात्रावास की कमी, वहां खाने-पीने व रहने की व्यवस्था की कमी, खेल-कूद की सुविधाओं का अभाव, केन्टीन की उचित सुविधा का न होना, आदि भी छात्रों में असन्तोष पैदा करते हैं और वे इन सुविधाओं को प्राप्त करने के लिए आन्दोलन का सहारा लेते हैं।

(ii) **परीक्षा एवं प्रवेश प्रणाली**- शिक्षण संस्थाओं में प्रवेश सम्बन्धि नीतियां, कक्षा में पढ़ाने का माध्यम, परीक्षा प्रणाली में होने वाले परिवर्तन तथा पास होने के नियमों में फेर-बदल, आदि भी छात्र असन्तोष के लिए उत्तरदायी हैं। परिक्षाओं का समय पर न होना या उनकी तिथियां आगे बढ़वाने, अंग्रेजी के स्थान पर हिन्दी माध्यम द्वारा पढ़ाने, पूरक परीक्षा एवं उत्तीर्ण होने के नियमों को उदार बनाने, बिना परीक्षा दिए उत्तीर्ण होने एवं सामूहिक नकल तक के लिए भारतीय विद्यार्थियों ने आन्दोलन किए हैं।

(iii) **छात्र एवं अध्यापकों के सम्बन्धों में दूरी**- आज छात्र एवं अध्यापकों के बीच सम्बन्ध मधुर नहीं रहे हैं। छात्रों की संख्या बढ़ जाने के कारण यह सम्भव नहीं है कि अध्यापक प्रत्येक छात्र से आत्मीय एवं घनिष्ठ सम्बन्ध बना सके, उनकी समस्याओं को जानकर उन्हें हल करने के लिए प्रयास कर सके। छात्र-शिक्षक अनुपात बढ़ जाने के कारण अध्यापकों का छात्रों पर नियन्त्रण शिथिल हुआ है और उनमें स्वच्छन्द प्रवृत्ति पनपी है, वे अध्ययन में रूचि न लेकर बाह्य गतिविधियों में संलग्न रहते हैं। कई बार शिक्षक वे व्यक्ति बनते हैं जिन्हें अन्य क्षेत्रों में रोजगार की सुविधा नहीं मिलती। ऐसे व्यक्तियों का सामान्यत: छात्रों एवं संस्था के प्रति कोई लगाव नहीं होता। अदक्ष एवं अनुभवहीन अध्यापक भी सफल नहीं होते। अध्यापक का प्रमुख कार्य छात्रों का सही नेतृत्व, प्रोत्साहन एवं मार्ग-दर्शन है जो योग्य एवं निष्ठावान अध्यापक ही कर सकते हैं। छात्र अध्यापकों के निकट सम्पर्क से कई बातें सीखता है, किन्तु आज की बदली परिस्थितियों में अध्यापक छात्र के आदर्श नहीं रहे हैं। उनमें सामाजिक एवं मानसिक दूरी इतनी बढ़ गई है कि कई बार छात्रों की उचित मांगों पर तब तक ध्यान नहीं दिया जाता जब तक कि वे आन्दोलन पर उतारू नहीं हो जाते। छात्र अध्यापक दूरी के कारण योग्य एवं गरीब छात्रों को सुविधाएं नहीं मिल पातीं और उदण्ड छात्र दण्ड से बच जाते हैं। ये सभी परिस्थितियां छात्रों में असन्तोष एवं अनुशासनहीनता पैदा करती हैं।

(iv) **दोषपूर्ण एवं अनुपयोगी शिक्षा**- वर्तमान शिक्षा-प्रणाली में अनेक दोष हैं। यह हमें आजीविका के लिए तैयार नहीं करती। इस शिक्षा प्रणाली का प्रचलन अंग्रेजों ने अपने लिए बाबू तैयार करने के लिए किया था। स्वतन्त्रता-प्राप्ति के पूर्व हमने कल्पना की थी कि हम स्वतन्त्र भारत में शिक्षा में आमूलचूल परिवर्तन करेंगे, आदर्श पाठ्यक्रम बनाएंगे। हमारे शिक्षा संस्थान क्लर्क व बाबू पैदा करने वाली फैक्ट्रियां नहीं वरन् राष्ट्र की भावी आशा व आकांक्षाओं के वाहक एवं विश्व नागरिक निर्माण करने वाले विद्यापीठ होंगे। परन्तु सदियों की पराधीनता ने हमें इतना प्रमादी बना दिया कि शिक्षा के नए प्रयोगों के इतने संकल्प-विकल्पों के पश्चात् भी हम जहां के तहां खड़े हैं।

शिक्षा के साधारणतः दो उद्देश्य माने गए हैं : प्रथम, समाज की विद्यमान आर्थिक व्यवस्था में आजीविका कमाने हेतु व्यक्तियों को प्रशिक्षण देना। इसका तात्पर्य है व्यक्तियों के व्यावसायिक ज्ञान और निपुणता में वृद्धि करना एवं प्रविधियों को सिखाना। द्वितीय, समाज में युवकों का समाजीकरण करना, उन्हें ऐसा ज्ञान, मूल्य, प्रवृत्तियां तथा व्यवहार के आदर्श मानदण्ड प्रदान करना जो उन्हें वयस्क होने पर विभिन्न सामाजिक सम्बन्धों के बीच अपनी भूमिकाएं निभाने के योग्य बना सकें।

युवकों एवं छात्र असन्तोष की समस्याओं को नियन्त्रित करने के उपाय

व्यावसायिक भूमिका निभाने के लिए युवा पीढ़ी को पूरी तरह प्रशिक्षित करने में शैक्षणिक प्रणाली की असफलता, युवा पीढ़ी के समाजीकरण के कार्य को पूर्णता के साथ पूरा करने की अयोग्यता तथा अपने आदर्श मानदण्डों एवं तरीकों और नीतियों को देश में बदले हुए मूल्यों तथा प्रवृत्तियों के अनुरूप बनाने में असमर्थता शिक्षण प्रणाली के प्रति उन लोगों में अनिष्ठा के प्रमुख कारण हैं जो इस प्रणाली में भाग लेते हैं। **यहां युवा सक्रियता या असन्तोष एवं अनुशासनहीनता की समस्या को हल करने हेतु कुछ सुझाव प्रस्तुत किए जा रहे हैं :**

(1) **शिक्षा व्यवसाय से सम्बन्धित कमियों को दूर किया जाय**- शिक्षण प्रणाली में पायी जाने वाली कमियों को शीघ्र दूर करने की अत्यन्त आवश्यकता है। शिक्षाशास्त्रियों को इस ओर ध्यान देना होगा कि विभिन्न विषयों के पाठ्यक्रमों में कौन-कौनसी बातें सम्मिलित करनी हैं और कौन-कौनसी नहीं। परीक्षा प्रणाली और मूल्यांकन के तरीके को भी बदलना होगा। यह तरीका इस प्रकार होना चाहिए कि विद्यार्थी को वर्ष भर पढ़ाई के कार्य में लगा रहना पड़े और मूल्यांकन में पढ़ाने वाले अध्यापक की सहभागिता हो। ऐसी स्थिति में कक्षा में नियमित रूप से कार्य हो सकेगा।

(2) **अध्यापक-विद्यार्थी सम्बन्धों में निकटता लायी जाय-** अध्यापक-विद्यार्थी के सम्बन्धों में निकटता का अभाव तथा शैक्षिक स्तर का गिरना सम्पूर्ण शिक्षण प्रणाली के प्रति अनिष्ठा और अविश्वास का प्रमुख कारण प्रतीत होता है। भारत में शिक्षा के तीव्र प्रसार के साथ-साथ हमें इस ओर विशेष ध्यान देना होगा कि शिक्षा का स्तर गिरे नहीं। इसके लिए आवश्यक है कि **योग्य व्यक्तियों को शिक्षा अधिकारियों के रूप में पद-भार संभालने का अवसर दिया जाए।** ऐसे पदों पर राजनीतिक प्रभाव के आधार पर नियुक्तियां नहीं होनी चाहिए।

(3) **उचित छात्र नेतृत्व का विकास किया जाय-** शिक्षण संस्थाओं में विद्यार्थियों को इस प्रकार के अवसर उपलब्ध कराए जाने चाहिए कि **छात्रों की नेतृत्व सम्बन्धी आवश्यकता की पूर्ति मान्यता प्राप्त तरीकों से हो सके।** यदि विद्यार्थियों की शक्ति का पूरा-पूरा उपयोग शिक्षण-संस्थाओं में किया जाए तो राजनीतिज्ञों को उन्हें भड़काने और अपनी स्वार्थ-पूर्ति के लिए उनका शोषण करने का अवसर ही नहीं मिलेगा। सामान्यत: राजनीतिज्ञ न केवल शिक्षकों का बल्कि विद्यार्थी-राजनीतिज्ञों का भी शोषण करते रहे हैं। शैक्षिक गतिविधियों में कम रूचि एवं कम सहभागिता के कारण ही कई अध्यापक राजनीतिज्ञों के हाथ में कठपुतली बन जाते हैं और इसी स्थिति के कारण छात्र-संघों का उदय श्रमिक-संघों के रूप में होता है जिनके द्वारा समय-समय पर मांग-पत्र प्रस्तुत किए जाते हैं। शिक्षा जगत में शोचनीय स्थिति के लिए स्वयं शिक्षा-अधिकारी उत्तरदायी हैं जो स्कूल एवं कालेज विद्यार्थियों का राजनीतिक उद्देश्यों की पूर्ति के लिए जुलूसों, प्रदर्शनों तथा सभाओं में उपयोग करने की आज्ञा देते हैं। ऐसे अधिकारी स्वयं की पदोन्नति के लिए राजनेताओं को प्रसन्न करने हेतु छात्रों का दुरूपयोग करते हैं।

(4) **शिक्षा समाजीकरण में सहायक हो-** शैक्षणिक प्रणाली में इस प्रकार से परिवर्तन किए जाने चाहिए कि वह **स्वतन्त्र भारत के नवीन आदर्शों के अनुरूप विद्यार्थियों का समाजीकरण** कर सके। आज आवश्यकता इस बात की है कि विद्यार्थियों और अध्यापकों में ऐसे मूल्यों का आन्तरिकीकरण हो जो नवीन आदर्शों के अनुकूल हों। उदाहरण के रूप में, एक आधुनिकीकरण की ओर बढ़ते हुए समाज में प्रस्थिति के निर्धारण में आरोपण या प्रदत्त के स्थान पर उपलब्धि के महत्व का पाया जाना स्वभाविक है। पहले अध्यापकों का अध्यापक होने के कारण ही आदर और सम्मान किया जाता था, परन्तु अब बौद्धिक नेतृत्व की अपनी क्षमता के आधार पर ही वे सम्माननीय स्थिति प्राप्त कर सकते हैं। कॉलेज शिक्षण में प्रतिभाशाली व्यक्ति आएं, इसके लिए आवश्यक है कि आय तथा कार्य की दशाएं समुचित हों। यदि कालेजों एवं विश्वविद्यालयों को उचित मात्रा में स्वतन्त्रता एवं आर्थिक साधन उपलब्ध कराए

जाएं तो शैक्षिक जीवन निश्चित रूप से ऊपर उठ सकेगा और नवीन मूल्यों का आन्तरिकीकरण हो सकेगा।

(5) **छात्र अध्यापकों का अनुपात घटाया जाय-** एस. एम. लिप्सेट ने बतलाया है कि अमरीकन विद्यार्थियों में नैराश्य तथा असामंजस्यता के लिए शिक्षा का प्रसार और परिणामस्वरूप व्यक्तित्व-लोप उत्तरदायी हैं। वे अब अपने को घनिष्ठ रूप से सम्बद्ध शैक्षिक समुदाय के व्यक्तियों के रूप में सम्बन्धित नहीं समझते। परिणाम यह होता है कि विद्यार्थियों में शैक्षणिक प्रणाली के प्रति अनिष्ठा तथा अलगाव के भाव पैदा होते हैं। आधुनिक भारत शिक्षा के प्रसार के साथ-साथ इस स्थिति की ओर आगे बढ़ रहा है। आवश्यकता इस बात की है कि **शैक्षिक गतिविधियों में अध्यापकों एवं विद्यार्थियों की अधिकाधिक सहभागिता को प्रोत्साहित किया जाय। इसके लिए अध्यापक-विद्यार्थी अनुपात को घटाने की जरूरत है।**

(6) **राजनीतिक दलों का हस्तक्षेप रोका जाय-** छात्र अनुशासनहीनता पर विश्वविद्यालय अनुदान आयोग द्वारा प्रस्तुत रिपोर्ट में बतलाया गया है कि **विश्वविद्यालयों तथा कॉलेजों में राजनीतिक दलों के हस्तक्षेप और छात्र-संघों के श्रमिक संघ के रूप में कार्य करने को रोका जाय।** छात्र-सुविधाएं उचित मात्रा में उपलब्ध करायी जानी चाहिए। शिक्षा आयोग की रिपोर्ट में कहा गया है कि संस्था के प्रधान को, विद्यार्थियों के साथ सहानुभूतिपूर्ण, समझदारीपूर्वक तथा उचित तरीके से व्यवहार करना चाहिए। जहां आवश्यक हो, वहां परिस्थिति के अनुरूप उसे दृढ़ता का परिचय भी देना चाहिए। विद्यार्थियों को यह भली-भांति समझा दिया जाना चाहिए कि कुछ ऐसे क्षेत्र हैं, जैसे पाठ्यक्रम, परीक्षाएं, शैक्षिक स्तर, अध्यापकों की नियुक्ति, आदि जिनमें उन्हें कोई हस्तक्षेप नहीं करना है। विद्यार्थियों से सम्बन्धित मामलों में निर्णय लेने की प्रक्रिया तथा कार्यक्रमों में विद्यार्थियों की अधिक सहभागिता होनी चाहिए ताकि उनमें इस भावना को दूर किया जा सके कि वे विश्वविद्यालय समुदाय के पूर्ण सदस्य नहीं हैं।

(7) शिक्षा एवं रोजगार में समन्वय स्थापित किया जाये ताकि युवकों को आर्थिक असुरक्षा से मुक्ति मिल सके।

(8) नैतिक शिक्षा पर विशेष जोर दिया जाय ताकि विद्यार्थियों के चरित्र निर्माण में सहायता मिल सके।

(9) छात्रों एवं अध्यापकों के लिए आचार-संहिता होनी चाहिए ताकि दोनों के व्यवहारों को नियन्त्रित किया जा सके और विचलन को रोका जा सके।

(10) शिक्षण-संस्थाओं में छात्रों के नियन्त्रित प्रवेश की व्यवस्था की जानी चाहिए। महाविद्यालयों एवं विश्वविद्यालयों का भीड़-भाड़युक्त वातावरण युवा सक्रियता या असन्तोष को बढ़ाने में योग देता है।

(11) छात्र-संघों की संरचना में परिवर्तन किया जाना चाहिए। छात्र-संघों के चुनाव अप्रत्यक्ष प्रणाली से होने चाहिए। अप्रत्यक्ष चुनाव प्रणाली से गुटबन्दी को कम किया जा सकेगा और युवकों को स्वार्थी राजनीतिज्ञों के कुप्रभाव से बचाया जा सकेगा।

(12) युवा असन्तोष को कम करने हेतु परीक्षा-प्रणाली में सुधार किया जाना चाहिए। आज परीक्षाओं में नकल करने की प्रवृत्ति बढ़ती जा रही है। इसे दूर करने हेतु परीक्षा-प्रणाली में सुधार आवश्यक है।

आज देश के हजारों-लाखों युवकों में असन्तोष एवं आक्रोश पाया जाता है, सक्रियता दिखायी पड़ती है। वे आज कई प्रकार के तनावों से ग्रसित हैं। युवकों में पाये जाने वाला तनाव एवं असन्तोष कई रूपों में प्रकट होता है। कई युवक प्रदर्शनों, तोड़-फोड़, आगजनी,मारपीट,हड़तालों,घेराव एवं हिंसात्मक दंगों में भाग लेते हैं। कभी किसी कालेज या विश्वविद्यालय में हिंसा की अग्नि भड़क उठती है तो कभी किसी कारखाने में। कभी भाषा के नाम पर आन्दोलन चलते हैं तो कभी शिक्षा प्रणाली में परिवर्तन के नाम पर तो कभी आरक्षण के नाम पर। कभी छात्र आक्रोश प्रशासन या व्यवस्था के विरूद्ध भड़क उठता है तो कभी मंहगाई या भ्रष्टाचार के विरूद्ध आन्दोलन के रूप में। कहीं जाति के नाम पर तो कहीं वर्ग के नाम पर और कहीं प्रान्तीयता व धर्म के नाम पर झगड़े होते हैं। युवा सक्रियता या असन्तोष अक्सर विद्यार्थी अनुशासनहीनता के रूप में प्रकट होता है। उप-कुलपतियों एवं नेताओं का समय समय पर घेराव होता है। आखिर यह सब कुछ क्या और क्यों है? युवकों में अति सक्रियता या असन्तोष का प्रमुख कारण उनका मौजूदा व्यवस्था से असन्तुष्ट होना है। आज का युवक अपने आप को असुरक्षित महसूस करता है,उसे अपने प्रयत्नों से अपने लिए कोई प्रस्थिति अर्जित करनी होती है। उच्च शिक्षा प्राप्त करने के पश्चात् भी उसे नौकरी या व्यवसाय की तलाश में दर-दर की ठोकरें खाने को बाध्य होना पड़ता है। वह न तो सुगमता से अपनी आकांक्षाओं का और न ही माता-पिता की अपेक्षाओं को पूर्ण कर पाता है। वह जीवन में कई स्वप्न संजोता है, पर यथार्थ के धरातल पर उन्हें टूटते हुए देखता है। यह सारी परिस्थिति उसमें सक्रियता या असन्तोष बढाने में योग देती है। आज के युवक अनेक समस्याओं से घिरे हुए हैं सार्वजनिक जीवन में व्याप्त भ्रष्टाचार भी युवकों को व्यवस्था के विरूद्ध उठ खड़े होने को बाध्य कर देता है।

आज युवकों में तरूणाई का उफान अवश्य है,जोश है,कुछ कर गुजरने की लालसा है परन्तु उनमें से अधिकांश दिशाहीन प्रतीत होते हैं। सुयोग्य नेतृत्व के द्वारा ही उनकी समस्याओं को ठीक ढंग से समझकर उनको सही मार्ग पर लाया और राष्ट्र-निर्माण में उनका सहयोग प्राप्त किया जा सकता है।

आज भारतीय युवक को अनुशासनहीन माना जाता है। कहा जाता है कि वह तोड़-फोड़ में विश्वास करता है, अशान्ति फैलाता है, जनजीवन के मार्ग में बाधा उपस्थित करता है। इसमें कोई सन्देह नहीं कि युवकों में व्याकुलता पायी जाती है, वे आज असन्तुष्ट हैं। स्वतन्त्रता प्राप्ति के पश्चात् छात्र आन्दोलन की घटनाएं व्यापक रूप ग्रहण करती रही हैं। समय-समय पर विश्वविद्यालयों तथा कालेजों में हड़ताल, पथराव, प्राध्यापकों का अनादर, फर्नीचर की तोड़-फोड़, सार्वजनिक सम्पत्ति की हानि, परीक्षाओं का बहिष्कार, जलूस, प्रदर्शन, घेराव तथा मारपीट, आदि की घटनाएं समाचार पत्रों में छपती रही हैं। आखिर प्रश्न यह उठता है कि छात्रों में असन्तोष क्यों पाया जाता है? इस असन्तोष के लिए कौन उत्तरदायी है? शिक्षा के सन्दर्भ में व्याप्त असन्तोष के सम्बन्ध में भूतपूर्व केन्द्रीय शिक्षा मन्त्री **डॉ. राव** का कहना है ,"विद्यार्थी अनुशासनहीनता न तो युवा विक्षोभ का प्रदर्शन मात्र ही है और न इसकी व्याख्या निहित स्वार्थ वाले बाहरी तत्वों (जो विद्यार्थी अशान्ति से लाभ उठाने के लिए प्रयत्नशील हैं, चाहे वे राजनीतिक हों अथवा गैर-राजनीतिक) के कार्यों द्वारा की जा सकती है। विद्यार्थी अनुशासनहीनता एक सांस्कृतिक,आर्थिक समाजशास्त्रीय एवं शैक्षणिक समस्या है। यदि हम इनके उपचार के उचित उपाय प्राप्त करना चाहते हैं तो इनका वस्तुनिष्ठ एवं वैज्ञानिक रीति से अध्ययन तथा विश्लेषण करना होगा। किसी रोग का निवारण उसके बाहरी लक्षणों का उपचार करने या शक्ति द्वारा दमन करने से नहीं होगा।"

दमन की नीति या बल-प्रयोग के द्वारा किसी असन्तोष को कुछ समय के लिए दबाया जा सकता है परन्तु समस्या को हल नहीं किया जा सकता। आज **युवा तनाव या छात्र असन्तोष एक सामाजिक समस्या के रूप में है**। यह असन्तोष सम्पूर्ण समाज एवं राष्ट्र के लिए एक चुनौती है। आज युवा वर्ग समस्या से ग्रसित है और कुछ कर-गुजरने को व्याकुल है।

युवा एवं छात्र असन्तोष का अर्थ

वर्तमान में संसार के अनेक देशों में युवा तनाव, सक्रियता या छात्र असन्तोष देखने को मिलता है। युवकों ने विश्व के अनेक देशों में महत्वपूर्ण रचनात्मक भूमिका निभाई है। अनेक देशों में युवकों ने समय-समय पर सरकार की नीतियों का विरोध किया है और राजनीतिक, सामाजिक और सांस्कृतिक परिवर्तन लाने में महत्वपूर्ण योग

दिया है। वर्तमान में भारत में युवा सक्रियता अनेक प्रकार की निराशाओं, असंन्तोष और दिशाहीनता से ग्रसित है। यहां समय-समय पर होने वाले प्रदर्शन, आन्दोलन, तोड़-फोड़, घेराव आदि युवा सक्रियता या छात्र असन्तोष की ही अभिव्यक्ति है। इन्हें भ्रान्त तर्कों के नाम पर उचित सिद्ध करने का प्रयास किया जाता है। **छात्र असंन्तोष के लिए अनेक शब्दों जैसे-युवा तनाव, युवा असन्तोष या विद्यार्थी असन्तोष** जैसे शब्दों का प्रयोग किया जाता है। यहां छात्र असन्तोष के नाम पर अनुशासनहीनता, नियमहीनता, तोड़-फोड़, आगजनी और पथराव तक को उचित माना जाता है। इस रूप में छात्र असन्तोष एक सामुदायिक समस्या है।

युवकों में आज असन्तोष, निराशा एवं तनाव पाया जाता है। इन सबके परिणामस्वरूप युवक किसी भी छोटी-मोटी घटना को लेकर आन्दोलन करने को तैयार हो जाते हैं। आखिर ऐसा क्यों है? भारतीय सन्दर्भ में छात्र असन्तोष पर विचार करने पर हम पाते हैं कि यहां स्वतन्त्रता प्राप्ति के 53 वर्षों के बाद भी युवक अपने आप को असुरक्षित महसूस करता है, शिक्षा प्राप्त करने के पश्चात् भी वह आसानी से नौकरी प्राप्त नहीं कर सकता। वह अपने को असहाय, असमर्थ और दीन-हीन महसूस करता है। वह अपनी आवश्यकताओं और अपेक्षाओं को पूर्ण होते हुए नहीं देखता है। परिणामस्वरूप उसमें असन्तोष, निराशा और तनाव पाया जाता है। वह विद्रोहात्मक रूख अपना लेता है, प्रदर्शन, तोड़-फोड़ और घेराव के लिए तैयार हो जाता है। परिस्थितियां उसे विवेकहीन तक बना देती हैं और वह उचित-अनुचित की चिन्ता किए बिना समाज विरोधी या हिंसात्मक कार्यों में अपने को लगा देता है।

युवा वर्ग अपनी निराशा और असन्तोष को हिंसात्मक या अहिंसात्मक प्रदर्शनों के द्वारा व्यक्त करता है। **इस छात्र वर्ग के द्वारा सार्वजनिक रूप से व्यक्त किए जाने वाले असन्तोष को ही छात्र असन्तोष के नाम से जाना जाता है।** युवा वर्ग अपने आप में शक्ति और साहस महसूस करता है, इसलिए वह अपने असन्तोष और आक्रोश को प्रदर्शनों, हडतालों, उपद्रवों तथा आन्दोलनों के रूप में व्यक्त करता है। ये सभी छात्र असन्तोष की अभिव्यक्तियां हैं। भारत में छात्र असन्तोष में दिशाहीनता और आन्दोलनकारी प्रवृत्ति अधिक है। होता यह है कि जहां विद्यार्थी को अपनी शक्ति के प्रदर्शन का कोई निर्माणात्मक या सृजनात्मक स्त्रोत नहीं मिलता, वहां वह अपने को असामाजिक कार्यों में लगा देता है। शक्ति प्रदर्शन के उचित माध्यम का अभाव तथा देश की सामाजिक, आर्थिक परिस्थितियों में व्याप्त असुरक्षा छात्र असन्तोष के लिए प्रमुखतः उत्तरदायी हैं। **छात्र असन्तोष को युवकों में व्याप्त उस असन्तोष के रूप में परिभाषित किया जा सकता है जिसकी अभिव्यक्ति हिंसात्मक या**

अहिंसात्मक आन्दोलनों के रूप में होती है। युवक अपने चारों ओर की परिस्थितियों और समस्याओं से ऊबकर परम्परागत आदर्श-नियमों एवं स्थापित व्यवस्थाओं के विरूद्ध आन्दोलनकारी प्रवृत्ति को अपना लेते हैं और तोड़-फोड़, घेराव, प्रदर्शन, आगजनी, लूट-पाट और हिंसात्मक गतिविधियों में संलग्न हो जाते हैं। भारत के छात्रों में व्याप्त असन्तोष निराशा और तनाव का परिणाम है।

असन्तोष का तात्पर्य है-मौजूदा व्यवस्था से असन्तुष्ट होना। विद्यार्थी प्रमुखतः शिक्षण संस्थाओं में पायी जाने वाली कमियों से खीझ उठता है। प्रारम्भ से ही उसे अनेक कठिनाइयों का सामना करना पड़ता है। उसके पिता अथवा संरक्षक को उसे शिक्षण संस्था में प्रवेश दिलाने के लिए सिफारिश तक पहुंचानी पड़ती है, समय-समय पर उसकी फीस, पुस्तकें, वस्त्र तथा अन्य आवश्यक खर्च उठाने के लिए आर्थिक कठिनाई का सामना करना पड़ता है। कई बार शिक्षण संस्था में विद्यार्थी को सही मार्गदर्शन नहीं मिल पाता। शिक्षक स्वयं की समस्या में उलझा रहता है, सुविधाओं का अभाव पाया जाता है, चरित्र निर्माण की ओर ध्यान नहीं दिया जाता, छात्र एवं अध्यापक के सम्बन्धों में औपचारिकता और दूरी पायी जाती है। ये सारी परिस्थितियां बालक के व्यक्तित्व के स्वस्थ विकास में बाधा उपस्थित करती है। कभी-कभी राजनीतिज्ञ विद्यार्थी-शक्ति का अपनी राजनीतिक महत्वाकांक्षा की पूर्ति के लिए भी प्रयोग करता है। विद्यार्थी पर सम्पूर्ण समाज की परिस्थितियों का प्रभाव पड़ता है। उसके चारों ओर का वातावरण कई बार उसे व्यवस्था के प्रति विद्रोहात्मक रूख अपनाने के लिए बाध्य कर देता है। आज उसका आदर्श अध्यापक नहीं रह गया है। उसकी प्रेरणा का स्त्रोत या तो ऐसा राजनेता है जो भ्रष्ट तरीके अपनाकर आगे बढ़ता है, विलासितापूर्ण जीवन व्यतीत करता है, या जिसके कहने और करने में रात-दिन का अन्तर पाया जाता है। इन परिस्थितियों में विद्यार्थी का समाजीकरण होता है, वह एक के बाद दूसरी परीक्षा पास करता जाता है, जीवन के दस या पन्द्रह वर्ष इसी प्रकार बिता देता है, स्नातक या स्नातकोत्तर परीक्षा पास करने या कोई व्यावसायिक परीक्षण प्राप्त करने के पश्चात् विद्यार्थी को नौकरी की तलाश में इधर-उधर भटकना पड़ता है। बेकारी की अवस्था में उसे मानसिक कष्ट सहन करना पड़ता है। वह अपने माता-पिता की अपेक्षाओं को पूर्ण नहीं कर पाता और उसकी स्वयं की आकांक्षाएं अधूरी रह जाती हैं। यह सारी परिस्थिति छात्र असन्तोष के लिए उत्तरदायी है।

यह वह मन:स्थिति है जब छात्र अपने में व्याकुलता, अशान्ति और विद्रोह का अनुभव करता है। ऐसी मानसिक दशा में वह विश्वविद्यालय या कॉलेज के नियमों का उल्लंघन करता है, शोर-गुल मचाता है, छोटी-छोटी बातों को लेकर झगड़ा करता

है। अपनी शिकायतों को दूर कराने अथवा किसी सार्वजनिक समस्या की ओर लोगों का ध्यान आकृष्ट करने की दृष्टि से वह प्रदर्शन करता है, हड़ताल का सहारा लेता है। यदाकदा विश्वविद्यालयों तथा कॉलेजों में हिंसा भी भड़क उठती है, आगजनी और सार्वजनिक सम्पत्ति को नष्ट करने की घटनाएं भी घटित हो जाती हैं। कभी किसी बस को नुकसान पहुंचाया जाता है तो कभी किसी इमारत को। ये सब छात्र असन्तोष को व्यक्त करते हैं। ऐसी स्थिति में युवकों एवं विद्यार्थियों को अनुशासनहीन एवं झगड़ालू मान लिया जाता है।स्पष्ट है कि विद्यार्थियों में पाया जाने वाला असन्तोष अनुशासनहीनता के रूप में व्यक्त होता है। **डॉ.फिलिप एलबैच** ने बतलाया कि सन् 1966 में भारत में कुल 2,206 छात्र प्रदर्शन हुए जिनमें 480 हिंसात्मक थे। इसी प्रकार के प्रदर्शन और छात्र आन्दोलन विभिन्न विश्वविद्यालयों एवं कालेजों में चलते ही रहते हैं। विद्यार्थियों में व्यवस्था के प्रति पाये जाने वाले असन्तोष के फलस्वरूप ही अनुशासनहीनता पनपती है। विद्यार्थियों से प्रमुखतः दो आशाएं की जाती हैं-**प्रथम**, विद्या प्राप्त करने एवं ज्ञान का अर्जन करने की तथा **द्वितीय,** उत्तरदायी एवं उपयोगी नागरिक बनने की। इन अपेक्षाओं की पूर्ति के लिए ही विद्यार्थियों को समाज द्वारा मान्यता प्राप्त साधनों का सहारा लेना पड़ता है। ऐसे साधन हैं-परीक्षा पास करना, विभिन्न शैक्षणिक एवं पाठ्येतर गतिविधियों में भाग लेना, छात्र संघ तथा अन्य समितियों में सम्मिलित होकर प्रबन्ध सम्बन्धी योग्यता प्राप्त करना और अनुशासित जीवन व्यतीत करना। जब विद्यार्थी उपर्युक्त अपेक्षाओं के विपरित कार्य करते हैं, उद्देश्यों एवं मान्यता प्राप्त साधनों की अवहेलना करते हैं, तो वे अनुशासनहीनता का परिचय देते हैं। विश्वविद्यालय द्वारा विद्यार्थी असन्तोष की समस्या का अध्ययन करने हेतु सन् 1960 में बनायी गयी कमेटी ने विद्यार्थी अनुशासनहीनता को परिभाषित करते हुए बतलाया है, ''जनसमूह का नैतिक पतन एवं सत्ता का सामूहिक उल्लंघन तथा वास्तविक या काल्पनिक शिकायतों को दूर कराने के लिए ऐसे तरीकों का उपयोग जो विद्यार्थियों के लिए उचित नहीं है।''

अस्थाना एवं **सूमा चिटनिस** ने युवा सक्रियता अर्थात् विद्यार्थी अनुशासनहीनता को भिन्न प्रकार से समझाने का प्रयत्न किया है। आपके अनुसार, किसी संगठन में अनुशासन निहित है। इनके उल्लंघन को ही अनुशासनहीनता कहा जाता है। सदस्य संगठन की अपेक्षाओं के अनुरूप आचरण इसलिए करते हैं कि वे उसके लक्ष्यों को स्वीकार करते हैं और यह मानते हैं कि व्यवहार के निर्धारित मानदण्ड इन लक्ष्यों की पूर्ति के लिए ही हैं। कोई संगठन अपने सदस्यों से नियमों के पूर्णतः पालन की आशा नहीं करता। लेकिन संगठन अपने सकारात्मक एवं नकारात्मक नियमों एवं निर्देशों के माध्यम से लक्ष्यों के अनुसार व्यवहार को निर्देशित करने और

अनुशासनहीनता को इतना सीमित रखने में अवश्य समर्थ होते हैं कि संगठनों के सामान्य कार्यों के संचालन में कोई बाधा नहीं आए। अनुशासनहीनता की गम्भीर समस्या केवल उस समय उत्पन्न होती है जब नियमों का उल्लंघन इस सीमा तक पहुंच जाता है कि उपलब्ध नियम एवं निर्देश परिस्थिति को नियन्त्रित करने में असमर्थ रहें। **अस्थाना** और **सूमा चिटनिस** के अनुसार निम्नलिखित में से किसी एक अथवा अधिक दशाओं के पाये जाने पर ऐसा होता है:

(1) सदस्यों की संगठन के लक्ष्यों में रूचि समाप्त हो सकती है। ऐसी स्थिति में वे संगठन की अनेक प्रक्रियाओं से अपने को पृथक् कर लेते हैं, और उसके नियमों का कठोरतापूर्वक पालन नहीं करते।

(2) इस स्थिति में सदस्यों का लक्ष्यों में विश्वास तो बना रहता है लेकिन वे इनकी प्राप्ति में संगठन की क्षमता के सम्बन्ध में सन्देह रखते हैं। ऐसी परिस्थिति में संगठन में पायी जाने वाली कमियों या अपर्याप्तताओं को दूर करने का प्रयत्न तार्किक हल मालूम पड़ता है। लेकिन विरोध अथवा समस्या का सही ढंग से विश्लेषण नहीं कर पा सकने के कारण पूर्व-स्थापित नियमों में परिवर्तन लाना या सुधारात्मक कदम उठाना सदैव सम्भव नहीं होता। ऐसी स्थिति में लोगों का संगठन में विश्वास और उसके प्रति आदर समाप्त हो जाता है। परिणाम यह होता है कि संगठन के आदर्श नियमों की अवहेलना होती है और अनुशासनहीनता पनपती है।

(3) संगठन में पायी जाने वाली अन्य दशाओं या सामान्य सामाजिक परिस्थिति के बदल जाने से किसी संगठन के नियमों के अनुपयुक्त होने पर वे अप्रभावशाली हो जाते हैं। ऐसी स्थिति में अनुशासनहीनता उत्पन्न होती है। संगठन के नियम उस अवस्था में भी असमर्थ प्रमाणित होते हैं जब उन मूल्यों एवं प्रवृत्तियों का सदस्यों में आन्तरिकीकरण नहीं हुआ हो जो इन नियमों के प्रभाव को बनाए रखने में योग देते हैं।

उपर्युक्त विवेचन से स्पष्ट है कि जब कोई संगठन या समाज परिस्थितियों के बदल जाने से अपने सदस्यों की आवश्यकताओं को पूरा करने में असमर्थ रहता है तो उनमें असन्तोष और निराशा पनपती है। इस स्थिति में वे समाज के आदर्श नियमों की परवाह नहीं करते हुए आन्दोलनात्मक प्रवृत्ति अपना लेते हैं और वह सब कुछ करने लगतें हैं जिनकी उनसे अपेक्षा नहीं की जाती। शिक्षा के सन्दर्भ में इसे ही छात्र अनुशासनहीनता या छात्र असन्तोष के नाम से जाना जाता है।